OpenCV 4를 활용한 **머신러닝 입문** 2/e

OpenCV 4를 활용한 머신러닝 입문 2/e

OpenCV 4, 파이썬, scikit-learn을 사용해
이미지 처리 앱을 만들기 위한 지능형 알고리즘

아디타 샤르마 · 비슈베쉬 라비 슈리말리 · 마이클 베이어 지음 테크 트랜스 그룹 T4 옮김

i!i
에이콘

에이콘출판의 기틀을 마련하신 故 정완재 선생님 (1935-2004)

| 지은이 소개 |

아디타 샤르마^{Aditya Sharma}

로버트 보쉬^{Robert Bosch}의 수석 엔지니어로서 자율 주행 컴퓨터 비전 문제를 해결하는 일을 하고 있다. 로버트 보쉬에서는 2019년 AI 해커톤 1위를 차지하기도 했다. IIT 만디와 IIIT 하이데라바드를 비롯한 인도의 일부 주요 기관과 협업을 진행하고 있다. IIT에서는 ICIP 2019와 MICCAI 2019에서 딥러닝을 이용한 의료영상 논문을 발표했다. IIIT에서는 초고해상도 문서 이미지 관련 업무에 큰 기여를 했다.

DataCamp와 LearnOpenCV의 머신러닝과 딥러닝에 관한 많은 논문을 작성했다. 유튜브 채널을 운영하고, NCVPRIPG 콘퍼런스(2017년)와 알리가르 무슬림 대학교에서 연설자로 참여해 딥러닝 워크숍을 진행해왔다.

비슈베쉬 라비 슈리말리^{Vishwesh Ravi Shrimali}

2018년 기계 공학을 전공했으며 BITS 필라니^{Bilani}를 졸업했다. 이후에 빅비전 LLC에서 딥러닝과 컴퓨터 비전 관련 업무를 수행했으며, 공식 OpenCV 코스를 개발했다. 프로그래밍과 AI에 관심이 많고 머신 공학 프로젝트에 적용했다. 또한 OpenCV에 관한 여러 블로그를 운영하고 있고 컴퓨터 비전의 선도적인 블로그인 LearnOpenCV에 딥러닝 관련 글도 게재했다. 블로그와 프로젝트를 진행하지 않을 때는 장시간의 산책을 하거나 통기타를 연주하는 것을 좋아한다.

마이클 베이어^{Michael Beyeler}

워싱턴 대학교^{University of Washington}의 신경 공학 및 데이터 과학 분야 박사후 연구원 ^{Postdoctoral Fellow}으로서 망막 보형물(생체 공학적 눈)을 이식받은 맹인 환자의 지각 경험을 향상시키고자 생체 공학 비전의 컴퓨터 이용 모델을 연구하고 있다. 이 연구는 신경 과학, 컴퓨터 공학, 컴퓨터 비전, 머신러닝의 교차점에 위치한다. 여러 오픈소스 소프트웨어 프로젝트에 적극적으로 참여하고 있으며 파이썬, C/C++, CUDA, MATLAB, 안드로이드와 관련된 전문 프로그래밍 경험을 쌓았다. 캘리포니아 대학교 어바인^{Irvine} 캠퍼스에서 컴퓨터 과학 박사 학위를 받았고, 스위스 취리히 연방 공과대학교에서 생명 공학 석사 학위와 전기 공학 학사 학위를 받았다.

윌슨 추^{Wilson Choo}

딥러닝 모델 연구를 하는 딥러닝 엔지니어다. 딥러닝, 컴퓨터 비전, 머신러닝을 구현하는 애플리케이션을 만드는 데 관심이 많다.

과거에 인텔 OpenVINO 툴킷 알고리즘의 검증과 벤치마킹, 맞춤형 안드로이드 OS 검증 등을 했다. 그리고 다른 하드웨어와 OS에 딥러닝 애플리케이션을 통합한 경험이 있다. 자주 사용하는 프로그래밍 언어는 자바, 파이썬, C++이다.

로버트 피셔^{Robert B. Fisher}

에든버러 대학에서 박사 학위를 받았고, 대학 연구 학장도 역임했다. 현재 국제 패턴 인식 협회^{International Association for Pattern Recognition} 산업 연락 위원장을 맡고 있다. 주 연구 분야는 고도의 컴퓨터 비전과 3D 비디오 분석으로, 이는 5권의 저술, 300개의 논문과 다른 서적들 내의 여러 장(Google H-index: 46)을 검토한 것으로 이어진다. 가장 최근에는 정원 가꾸기 로봇 개발 관련된 EC 자금 지원 프로젝트의 코디네이터로 활동하고 있다. 100만 건이 넘는 조회수를 기록한 여러 온라인 컴퓨터 비전 관련 자료들을 만들었다. 국제 패턴 인식 협회와 영국 머신 비전 협회의 멤버다.

| 옮긴이 소개 |

테크 트랜스 그룹 T4(greg_kim1002@naver.com)

최신 IT 테크놀로지에 대한 리서치를 목적으로 하는 스터디 그룹이다. 엔터프라이즈 환경에서 오픈소스를 활용한 프레임워크 구축에 관심이 많으며, 스프링^{Spring}, React.js, Node.js, OpenCV, ML 등의 기술에 주목하고 있다. 또한 다양한 오픈소스 기반의 플랫폼 개발과 활용에 관심이 많다. 옮긴 책으로는 에이콘출판사에서 펴낸 『OpenCV4 마스터 3/e』(2020), 『양자 컴퓨팅 발전과 전망』(2020) 등이 있다.

지금 전 세상을 뒤덮는 화두 중 하나가 머신러닝이라는 것을 아무도 부인하긴 어려울 것이다. 구글 딥마인드의 알파고가 세기의 이벤트를 많은 사람에게 보여준 이후에 그 관심도는 나날이 급상승 중이다. 이제는 우리 주변에서 머신러닝이 적용된 사물을 쉽게 볼 수 있다. 대표적인 예로 스마트폰에서도 이미 머신러닝이 적용돼 사용자들에게 많은 편의 사항을 제공하고 있다.

머신러닝이 적용된 사회에 살아가면서 머신러닝이라는 단어 외에도 내부에 어떠한 원리가 동작하는지를 함께 알아가야 한다. 이러한 시작점에 이 책이 일정한 역할을 할 수 있다고 믿는다. 이 책은 실제 컴퓨터 비전 작업을 할 때 직접적인 도움이 될 수 있도록 구성됐고 OpenCV의 최신 API(v4.0.0) 지식들을 포함한다.

1장부터 8장까지는 분류 및 회귀와 같은 통계 학습의 핵심 개념으로 시작해 지도/비지도 머신러닝도 살펴본다. 의사 결정 트리Decision tree, 서포트 벡터 머신Support vector machine, 베이지안Bayesian 네트워크와 같은 다양한 알고리즘을 탐색하고 다른 OpenCV 기능과 결합하는 방법을 배운다. 9장부터 11장까지는 딥러닝 기술, 숫자 필기 인식 분류, 앙상블 기법을 사용한 분류 방법과 모델 성능을 개선하기 위한 과정을 살펴본다.

12장은 2판에서 새롭게 도입한 부분이다. OpenVINO^{Open Visual Inference & Neural Network Optimization}도 학습할 수 있는데, OpenVINO는 개방형 시각 추론과 신경망 최적화 솔루션이며 고성능 컴퓨터 비전과 딥러닝 추론 애플리케이션 개발용으로 설계됐다.

이 책에서는 비전 처리와 관련된 분야에서 머신러닝을 어떻게 활용할 수 있는지 상세한 이론 설명과 예제를 통해 보여준다. 머신러닝을 완벽하게 이해하려면 가장 기본적인 원리를 이해하는 것이 좋다. 이해 과정은 이 책에서의 설명과 코드를 통해 시작해보자.

진심으로 모든 독자가 OpenCV와 머신러닝의 기본 이론을 이해하고 실제로 구현하는 데 이 책이 많은 도움이 되길 바란다. 이 책이 나오기까지 주변에서 묵묵히 많은 도움을 준 가족들과 진행하는 데 있어서 든든한 버팀목이 돼 주신 에이콘출판사 권성준 사장님, 황영주 상무님, 박창기 이사님, 조유나 님께 감사의 말씀을 드리고 싶다. 같이 고민해주고 처음부터 끝까지 살펴봐준 멤버들에게도 고마운 마음을 전하고 싶다.

| 차례 |

1부   머신러닝과 OpenCV의 기본 원리

2부   OpenCV 사용법

3부   OpenCV를 사용한 고급 머신러닝

세상이 바뀌고 인간이 더 똑똑하고 더 나은 머신들을 만들면서 머신러닝과 컴퓨터 비전 전문가에 대한 수요가 늘어났다. 머신러닝은 이름에서 알 수 있듯이 특정 매개변수 집합을 입력으로 받아 주어진 예측을 하기 위한 과정이다. 반면에 컴퓨터 비전은 머신에게 시각적 정보를 인식하게 한다. 이런 기술을 결합하면 시각 데이터를 이용해 예측을 할 수 있는 머신이 생겨 머신은 인간의 능력을 갖추는 데 한발짝 더 가까워진다. 여기에 딥러닝을 더하면 머신이 예측이라는 측면에서 인간의 능력까지 뛰어넘을 수 있다. 이는 억지스럽게 보일 수도 있지만, AI 시스템이 의사 결정 기반 시스템을 사용하면서 현실이 됐다. AI 카메라, AI 모니터, AI 사운드 시스템, AI 구동 프로세서 등이 갖춰졌다. 이 책을 읽고 AI 카메라를 만들 수 있다고 약속할 수는 없지만, 그렇게 하는 데 필요한 도구를 제공한다. 이 책에서 소개하는 가장 강력한 도구는 세계 최고 수준이며 가장 큰 컴퓨터 비전 라이브러리인 OpenCV다. OpenCV가 머신러닝에 사용되는 것이 흔하진 않지만, 머신러닝에서 어떻게 사용될 수 있는지의 예시와 개념을 제공한다. 이 책에서는 실제로 적용할 수 있는 접근법을 사용했으며, 지식을 모두 나타낼 수 있는 애플리케이션을 만들고자 이 책에 있는 모든 코드를 시도해 볼 것을 추천한다. 세상은 변하고 있고 이 책은 시도하는 자들이 세상을 더 좋게 바꿀 수 있도록 돕는다.

▌ 이 책의 대상 독자

초보자는 물론 고급 독자에게도 도움이 될 수 있게 모든 개념을 설명하려고 노력했다. 파이썬 프로그래밍에 대한 기본적인 지식이 있으면 좋지만, 의무 사항은 아니다. 이해할 수 없는 파이썬 구문을 발견할 때마다 인터넷에서 찾아보길 권한다. 도움은 모르는 것을 찾는 사람들에게만 항상 제공된다.

▌ 이 책에서 다루는 내용

1장, 머신러닝 시작에서는 이 책에 필요한 소프트웨어와 파이썬 모듈을 설치하는 방법을 설명한다.

2장, OpenCV으로 데이터 작업에서는 몇 가지 기본적인 OpenCV 기능을 살펴본다.

3장, 지도학습의 첫 번째 단계에서는 머신러닝에서 지도학습 방법의 기본을 다룬다. 파이썬에서 지원하는 OpenCV와 scikit-learn 라이브러리를 이용한 지도학습 방법의 몇 가지 예를 살펴본다.

4장, 데이터 표현과 특징 엔지니어링에서는 OpenCV의 ORB를 사용한 특징 검출 및 특징 인식과 같은 개념을 다룬다. 또한 차원의 저주와 같은 중요한 개념을 이해하려고 노력한다.

5장, 의사 결정 트리를 사용한 의료 진단에서는 트리의 깊이와 가지치기 등의 기법을 비롯해 의사 결정 트리 및 이와 관련된 중요한 개념을 소개한다. 의사 결정 트리를 이용한 유방암 진단 예측의 실용적 적용도 다룬다.

6장, 서포트 벡터 머신으로 보행자 검출에서는 벡터 머신을 지원하기 위한 소개와 OpenCV에서 구현할 수 있는 방법을 다룬다. 또한 OpenCV를 이용한 보행자 검출의 응용 방법도 다룬다.

7장, 베이지안 학습을 이용한 스팸 필터 구현에서는 나이브 베이즈 알고리즘, 다항 나이브 베이즈 등과 같은 내용뿐만 아니라 이를 구현할 수 있는 방법도 알아본다. 또한 스팸과 햄 데이터를 분류하는 머신러닝 어플리케이션을 구축한다.

8장, 비지도학습으로 숨겨진 구조 발견에서는 두 번째 등급의 머신러닝 알고리즘, 즉 비지도학습을 소개한다. k-최근접 이웃, k-평균 등을 이용한 클러스터링 기술을 알아본다.

9장, 딥러닝을 사용한 숫자 필기 인식 분류에서는 딥러닝 기법을 소개하고, MNIST 데이터 세트에서 이미지를 분류하고자 심층 신경망을 어떻게 사용하는지 살펴본다.

10장, 앙상블 기법으로 분류에서는 분류 목적을 위한 랜덤 포레스트, 배깅, 부스팅 등의 주제를 다룬다.

11장, 하이퍼 매개변수 튜닝으로 올바른 모델 선택에서는 모델 성능을 개선하고자 다양한 머신러닝 방법에서 최적의 매개변수 집합을 선택하는 과정을 살펴본다.

12장, OpenCV의 OpenVINO 사용에서는 OpenCV 4.0에서 소개된 OpenVINO 툴킷을 소개한다. 또한 이미지 분류를 예로 들어 OpenCV에서 사용할 수 있는 방법도 살펴본다.

13장, 결론에서는 책에서 다룬 주요 주제를 요약하고, 이후에 무엇을 더 할 수 있는지를 이야기한다.

▌ 이 책의 활용 방법

사용자가 파이썬 초보자라면 먼저 좋은 파이썬 프로그래밍 입문서, 온라인 튜토리얼이나 동영상 강의를 볼 것을 추천한다. 또한 데이터캠프DataCamp(http://www.datacamp.com)의 대화형 학습을 통해 파이썬을 배울 수 있다.

또한 파이썬의 Matplotlib 라이브러리에 대한 몇 가지 기본 개념을 배울 것을 권장한다. Matplotlib 라이브러리 튜토리얼은 https://www.datacamp.com/community/tutorials/matplotlib-tutorial-python를 이용한다.

이 책을 시작하기 전에 시스템에 아직 어떤 것도 설치할 필요는 없다. 1장에서 모든 설치 단계를 다루기 때문이다.

▌ 예제 코드 다운로드

이 책에서 사용된 예제 코드는 에이콘출판사의 도서정보 페이지인 http://www.acornpub.co.kr/book/ml-opencv4에서 다운로드할 수 있다.

또한 http://www.packtpub.com/support를 방문해 이메일을 등록하면 예제 코드를 받을 수 있으며, 이 링크를 통해 원서의 Errata도 확인할 수 있다.

깃허브 https://github.com/PacktPublishing/Machine-Learning-for-OpenCV-Second-Edition에서도 동일한 예제 코드를 다운로드할 수 있다.

컬러 이미지 다운로드

이 책에서 사용하는 스크린샷/다이어그램의 컬러 이미지를 포함하고 있는 PDF 파일을 제공한다. 이 파일은 http://www.packtpub.com/sites/default/files/downloads/9781789536300_ColorImages.pdf에서 다운로드할 수 있다. 동일한 파일을 에이콘출판사의 http://www.acornpub.co.kr/book/ml-opencv4에서도 다운로드할 수 있다.

▍ 편집 규약

이 책에는 몇 가지 유형의 텍스트가 사용된다.

텍스트 안의 코드: 텍스트 내에 코드가 포함된 유형으로, 데이터베이스 테이블 이름, 사용자 입력란 등이 이에 포함된다. 예를 들어 다음과 같다.

"랜덤 패치 방법을 구현하고자 max_sample<1.0과 max_features<1.0으로 둘 다 설정한다."

코드 블록은 다음과 같이 표시한다.

```
In [1]: from sklearn.ensemble import BaggingClassifier
  ...       from sklearn.neighbors import KNeighborsClassifier
  ...       bag_knn = BaggingClassifier(KNeighborsClassifier(),
  ...       n_estimators=10)
```

커맨드라인 입력이나 출력은 다음과 같이 표시한다.

```
$ conda install package_name
```

새로운 용어와 중요한 단어는 고딕체로 표시한다.

 경고나 중요한 노트는 이와 같이 나타낸다.

 팁이나 요령은 이와 같이 나타낸다.

▌독자 의견

독자 의견은 언제나 환영한다.

오탈자: 내용의 정확성을 위해 모든 노력을 기울였음에도 오류가 있을 수 있다. 이 책에서 잘못된 것을 발견하고 전달해준다면 매우 감사할 것이다. http://www.packtpub.com/submit-errata에서 해당 책을 선택하고 Errata Submission Form 링크를 클릭한 다음 발견한 오류 내용을 입력하면 된다. 한국어판의 정오표는 에이콘출판사의 도서정보 페이지 http://www.acornpub.co.kr/book/ml-opencv4에서 볼 수 있다.

저작권 침해: 어떤 형태로든 불법 복제물을 인터넷에서 발견한다면 적절한 조치를 취할 수 있도록 해당 주소나 사이트명을 알려주길 바란다. 의심되는 불법 복제물의 링크는 copyright@packtpub.com으로 보내주길 바란다.

질문: 이 책과 관련해 질문이 있다면 questions@packtpub.com으로 문의하길 바란다. 한국어판에 관한 질문은 에이콘출판사 편집 팀(editor@acornpub.co.kr)이나 옮긴이의 이메일로 문의하길 바란다.

머신러닝과 OpenCV의 기본 원리

이 책의 1부에서는 필수 라이브러리 설치를 시작으로 머신러닝과 OpenCV의 기본, 지도학습의 기본, 그 응용을 다루고, 마지막으로 OpenCV를 이용한 특징 검출과 인식 방법을 살펴본다.

1부에는 다음 장들이 있다.

- 1장, 머신러닝 시작
- 2장, OpenCV로 데이터 작업
- 3장, 지도학습의 첫 번째 단계
- 4장, 데이터와 엔지니어링 특징 표현

머신러닝 시작

여러분은 머신러닝 분야에 들어가기로 결정했다. 진짜 대단한 결정을 내렸다.

요즘은 머신러닝으로 모든 것을 할 수 있다. 이메일을 보호하고, 사진 속의 친구들에 자동으로 태그를 지정하고, 좋아하는 영화를 예측하는 등 주변의 많은 일을 할 수 있다. 인공지능의 한 형태인 머신러닝을 통해 컴퓨터는 과거에 수집된 데이터를 사용해 미래를 예측할 수 있다. 또한 컴퓨터 비전은 자율주행 자동차와 구글의 딥마인드DeepMind 같은 혁신적인 시스템을 주도하는 딥러닝 및 컨볼루션 신경망CNN, Convolutional Neural Networks과 함께 머신러닝의 가장 흥미로운 응용 분야 중 하나다.

하지만 초조할 필요는 없다. 머신러닝으로 이익을 얻고자 애플리케이션을 이전처럼 대규모로 변경할 필요가 없기 때문이다. 1장에서는 머신러닝이 왜 그렇게 인기

가 있었는지 이야기하고, 해결할 수 있는 문제의 종류를 살펴본다. 또한 OpenCV
를 사용해 머신러닝 문제를 해결하는 데 필요한 도구를 소개한다. 이 책 전반에
걸쳐서는 독자가 OpenCV와 파이썬에 대한 기본 지식을 이미 갖췄지만, 더 많은
것을 배울 여지가 있다고 가정한다. 또한 로컬 시스템에 OpenCV를 설치할 수 있
는 방법을 제공해 스스로 코드를 테스트해볼 수 있다.

그럼 이제 준비됐는가?

1장에서 다루는 내용은 다음과 같다.

- 머신러닝이란 무엇이며 어떤 범주를 갖는가?
- 파이썬의 중요 개념
- OpenCV 시작
- 로컬 시스템에 파이썬과 필수 모듈 설치
- 머신러닝 응용
- OpenCV 4.0에서 새롭게 도입된 기능

▌기술적 요구 사항

다음 링크에서 1장의 코드를 참고할 수 있다.

https://github.com/PacktPublishing/Machine-Learning-for-OpenCV-Second-
Edition/tree/master/Chapter01

다음은 간략한 소프트웨어, 하드웨어 요구 사양이다.

- OpenCV 버전 4.1.x(4.1.0이나 4.1.1 모두 잘 작동한다)
- 파이썬^{Python} 버전 3.6(모든 파이썬 버전 3.x는 괜찮다)
- 파이썬과 필수 모듈을 설치하기 위한 아나콘다 파이썬 3

- 이 책에서는 맥OS, 윈도우, 리눅스 기반 OS 등 모든 OS를 사용할 수 있다.
- 시스템에 최소 4GB의 RAM이 있는 것이 좋다.
- 이 책과 함께 제공된 코드를 실행하는 데 GPU는 필요하지 않다.

▎머신러닝 시작

머신러닝은 적어도 60년 전부터 있었다. 인공지능에 대한 탐구에서 비롯된 초기 머신러닝 시스템은 데이터를 처리하고 의사 결정을 하기 위해 if ... else문으로 직접 코딩한 규칙을 사용했다. 다음 그림처럼 들어오는 이메일을 구문 분석하고, 원하지 않는 메시지는 스팸 폴더로 옮기는 스팸 필터의 동작을 생각해보면 쉽게 이해될 것이다.

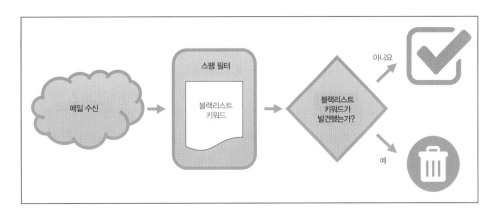

메시지에서 블랙리스트로 표시된 단어를 확인할 때마다 이메일을 스팸으로 표시하는 기능을 만들 수 있다. 이 기능은 전문가 시스템의 간단한 예가 될 수 있다(7장에서 이 기능은 훨씬 더 똑똑해진다).

의사 결정 트리(5장)에서 **의사 결정 트리**를 결합하고 중첩시킬 수 있다면 이러한 전문가의 의사 결정 규칙은 복잡해질 수 있다. 그러면 다음처럼 의사 결정 단계를 포함하는 정보에 입각해 의사 결정을 내릴 수 있다. 의사 결정 트리가 `if...else` 조건 집합처럼 보일지라도 훨씬 더 많으며, 실제로는 5장에서 살펴볼 머신러닝 알고리즘의 일종이라는 것을 유념해야 한다.

이러한 의사 결정 규칙은 직접 코딩할 수 있지만, 다음과 같은 두 가지 주요 단점을 가진다.

- 결정을 내리는 데 필요한 논리는 단일 영역 내의 특정 작업에만 적용된다. 예를 들어 스팸 필터를 사용해 친구의 사진에 태그를 지정할 수는 없다. 피싱 메일(개인 데이터를 훔칠 의도를 가짐)을 필터링하는 것처럼 스팸 필터의 처리를 조금만 다르게 바꾸길 원하더라도 모든 의사 결정 규칙을 재설계해야 한다.
- 게다가 규칙을 손수 만들려면 문제를 깊이 이해해야만 한다. 가능한 모든 예외를 포함해 어떤 유형의 이메일이 스팸인지를 정확히 알아야 한다. 이러한 작업들은 결코 쉽지 않다. 이렇게 정확히 처리하지 않으면 스팸 폴더로 우연히 필터링됐을 수 있는 중요한 메일을 더블체크하지 않고 처리할 가능성이 있다. 특히 다른 영역의 문제는 규칙을 간단히 설계하기 어렵다.

이제는 머신러닝을 적용하는 경우를 생각해보자. 예제를 제외한 다른 경우에는 처리 규칙을 정의하기 어려울 수 있다. 머신machines이 스스로 작업을 이해하고 해결할 수 있으면 제일 좋을 것 같다. 많은 양의 데이터 내에 숨겨져 있는 여러 주요 관계가 다양하면 사람이 놓칠 가능성도 있다(8장 참고). 많은 양의 데이터를 다룰 때 머신러닝은 종종 이러한 숨겨진 관계(데이터 마이닝data mining이라고도 함)를 추출하려고 사용한다.

사람이 만든 전문가 시스템이 실패한 예로 이미지에서 얼굴을 검출하는 경우를 들 수 있다. 오늘날 대부분의 스마트폰에서는 이미지에서 얼굴을 검출할 수 있다. 그렇지만 20년 전에는 얼굴 검출 방법이 대부분 지원되지 않았었다. 인간이 얼굴을 구성하고자 할 때 생각하는 방식이 머신에는 그다지 도움이 되지 않기 때문이다. 인간은 얼굴을 픽셀로 생각하지 않는다. 사용자가 얼굴을 검출한다면 눈, 코, 입 등과 같은 얼굴의 특징을 먼저 찾아봤을 것이다. 그렇지만 이제는 머신이 무엇을 알아야 구분할 수 있는지를 알기 때문에 이미지에 픽셀이 있고 픽셀에 특정 그레이스케일이 있다는 것을 머신에 알려준다. 오랜 시간 동안 이미지 표현 방식의 차이로 인해 머신이 이미지에서 얼굴을 검출해내는 결정 방법을 인간과 동일하게 적용하기는 어려웠다. 이 문제에 대한 다른 접근 방법은 4장에서 설명한다.

하지만 컨볼루션 신경망과 딥러닝의 등장으로(9장) 머신은 얼굴을 인식할 때 사람만큼 성공적으로 할 수 있게 됐다. 이제 사용자는 단순히 머신에 얼굴 이미지를 많이 보여주면 된다. 대부분의 접근 방식은 훈련 데이터에서 얼굴이 있는 위치를 나타내는 여러 형태의 어노테이션annotation이 필요하다. 따라서 머신은 사람이 인식할 때와 같은 방식으로 문제에 직접 접근하지 않고서도 얼굴을 식별할 수 있는 특성 집합을 가질 수 있다. 이것이 머신러닝의 진정한 힘이다.

▮ 머신러닝으로 해결할 수 있는 문제

대부분의 머신러닝 문제는 다음 세 가지 주요 범주 중 하나에 속한다.

- 지도학습supervised learning에서 사용자는 데이터 포인트의 레이블을 사용한다. 데이터 포인트의 레이블은 이미지에 포착된 물체의 등급, 얼굴 주위의 경계 상자, 이미지에 존재하는 숫자 또는 그 밖의 어떤 것이 될 수 있다. 문제에 대한 정답이 무엇인지 알려주는 교사가 있다고 가정해보자. 그러면 이제 학생은 문제와 정답을 모두 고려한 모델이나 방정식을 도출할 수 있고 정답이 있는(또는 없는) 문제의 답을 찾을 수 있다. 모델을 학습하는 데

들어가는 데이터를 훈련 데이터$^{training\ data}$라 하고, 프로세스/모델이 테스트하는 데이터를 테스트 데이터$^{test\ data}$라 한다. 이러한 예측 활동을 다음과 같은 두 가지 경우에 적용할 수 있다. 새로운 동물 사진을 정확히 식별하는 것(분류 문제)이나 다른 중고차의 판매 가격을 정확히 파악(회귀 문제)하는 것이 그 예가 될 수 있다. 이러한 내용들과 관련해 지금 관련 내용들이 별로 생각나지 않더라도 그리 걱정하지 말자. 앞으로 책 전반에 걸쳐 자세히 정리할 예정이다.

- 비지도학습$^{unsupervised\ learning}$에서 데이터 포인트는 연관 레이블을 갖지 않는다(8장 참고). 교사가 뒤죽박죽 퍼즐을 만들고 학생이 어떻게 해야 할지 고민하는 수업을 생각해보자. 여기서 가장 일반적인 결과로 유사한 특성을 가진 개체를 포함하는 군집^{cluster}을 만들 수 있다. 그러면 더 높은 차원 데이터(복잡한 데이터)를 다양한 방식으로 볼 수 있고 데이터는 간단해진다.

- 강화학습$^{reinforcement\ learning}$은 문제의 보상을 극대화한다. 따라서 교사가 정답을 맞힐 때마다 사탕을 주고 오답을 맞힐 때마다 벌을 주는 경우에 벌을 받는 횟수가 아니라 사탕을 받는 횟수를 늘리게 함으로써 결과를 강화한다.

이러한 세 가지 주요 범주는 다음 그림으로 설명된다.

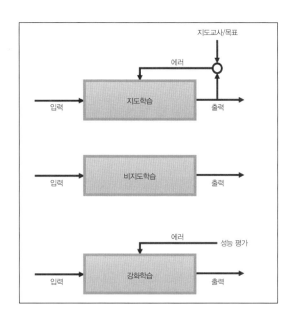

지금까지 주요 머신러닝 범주를 살펴봤으며, 이제 매우 유용하게 사용할 수 있는 파이썬의 몇 가지 개념을 살펴본다.

▋ 파이썬 시작

파이썬은 데이터 적재, 데이터 시각화, 통계, 이미지 처리, 자연어 처리 과정을 지원하기 위해 수많은 오픈소스 라이브러리를 제공하며, 덕분에 많은 데이터 과학과 머신러닝 애플리케이션의 공통 언어가 됐다. 파이썬을 사용하는 주된 이점 중하나는 주피터 노트북^{Jupyter Notebook}과 같은 터미널이나 다른 도구를 사용해 코드와직접 상호작용할 수 있다는 점이다.

C++로 OpenCV를 주로 사용했다면 적어도 이 책으로 공부하는 목적에서는 파이썬으로 전환할 것을 강력히 제안한다. 이러한 결정을 내려도 그 결과는 괜찮을 것이며, 나중에 돌아보면 생각보다 더욱더 좋다고 느끼게 될 것이다. 물론 C/C++ 프

로그래밍을 사용해도 충분히 괜찮다. 그렇지만 파이썬과 NVIDIA의 CUDA^Compute Unified Device Architecture를 통한 GPU 컴퓨팅과의 결합은 매우 중요하다. 새로운 주제별 기술을 배우고 싶다면 파이썬을 선택하는 것이 근본적으로 더 나은 결정일 수 있다. 적은 수의 구문으로 더 많은 것을 할 수 있기 때문이다. 이것은 프로그래밍 언어를 인지하는 과정에서 발생하는 부하를 줄이는 데 도움을 준다. C++의 구문적인 미묘함에 짜증을 내거나 한 형식에서 다른 형식으로 데이터를 변환하는 데 많은 시간을 낭비하는 대신, 파이썬은 머신러닝 전문가가 되는 목표에 집중할 수 있도록 도와준다.

OpenCV 시작

OpenCV의 열렬한 사용자가 된다고 해서 OpenCV가 강력한 힘을 가진다고 믿을 필요는 없다.

OpenCV는 컴퓨터 비전 애플리케이션용 인프라를 공통으로 제공하고자 만들어졌으며, 최첨단 컴퓨터 비전과 머신러닝 알고리즘의 복합 세트가 됐다. OpenCV는 47,000명 이상의 사용자 커뮤니티를 보유하고 있으며, 700만 번 이상 다운로드됐다. 꽤 인상적인 결과다. 오픈소스 프로젝트이므로 연구자, 기업, 정부 기관이 코드를 사용하고 수정하기가 매우 쉽다.

최근의 머신러닝 붐 이후로 많은 오픈소스 머신러닝 라이브러리가 등장했으며, OpenCV보다 훨씬 더 많은 기능을 제공하고 있다. 유명한 예로 scikit-learn이 있다. 이 라이브러리는 다양한 온라인 자습서와 코드뿐만 아니라 최첨단 머신러닝 알고리즘을 제공한다. OpenCV는 주로 컴퓨터 비전 알고리즘을 제공하고자 개발됐으므로 머신러닝 기능은 ml이라는 단일 모듈로만 제한된다. 이 책에서 볼 수 있듯이 OpenCV는 여전히 최첨단 알고리즘을 제공하지만, 때로는 기능이 조금 부족해 보일 수 있다. 드물게 필요한 기능이 없을 수 있으며, 이때는 다시 개발하는 대신 scikit-learn을 사용하면 된다. 마지막으로 파이썬 아나콘다 배포판을 사용하면 쉽게 OpenCV를 설치할 수 있고 다음 절에서 볼 수 있듯이 간단한 명령으로 설치할 수 있다.

 실시간 애플리케이션을 구축하고자 하는 고급 사용자라면 OpenCV의 알고리즘이 이 작업에 최적화돼 있고 파이썬은 필요한 곳에서 계산을 가속화할 수 있는 여러 가지 방법을 제공하기 때문에(예를 들어 Cython을 사용하거나 joblib/dask와 같은 병렬 처리 라이브러리를 사용) OpenCV, 파이썬을 사용하면 된다.

▎설치

시작하기 전에 먼저 데이터 과학 개발 환경을 구축하는 데 필요한 모든 도구와 라이브러리가 설치돼 있는지 확인해야 한다. 이 책에서 사용한 최신 코드를 깃허브^{GitHub}에서 다운로드한 후 다음 소프트웨어를 설치한다.

- 파이썬 3.6 이상을 지원하는 파이썬 아나콘다 배포판
- OpenCV 4.1
- 일부 지원용 패키지

 설치하기 귀찮은가? https://mybinder.org/v2/gh/PacktPublishing/Machine-Learning-for-OpenCV-Second-Edition/master를 방문하면 이 책의 모든 코드를 볼 수 있으며, 대화식으로 실행 가능한 환경과 100% 무료로 제공되는 오픈소스를 확인할 수 있다. 바인더(Binder) 프로젝트에 정말 감사하고 싶다.

이 책의 최신 코드 얻기

깃허브(https://github.com/PacktPublishing/Machine-Learning-for-OpenCV-Second-Edition)를 이용하면 이 책에서 사용한 최신 코드를 얻을 수 있다. 확장자가 .zip인 패키지(초급 사용자)를 다운로드하거나 깃^{Git}을 사용해 저장소^{repository}를 복제(중급 사용자)해 사용할 수 있다.

 깃은 파일의 변경 사항을 추적하고 다른 사람들과 코드에 대한 공동 작업을 수행할 수 있는 버전 관리 시스템이다. 또한 웹 플랫폼인 깃허브를 사용하면 공용 서버에서 코드를 타인에게 쉽게 공유할 수 있고, 코드를 개선하면서 로컬 복사본을 쉽게 업데이트하거나, 버그 보고서를 제출하거나, 코드 변경을 제안하기 쉽다.

깃을 사용하기로 결정했다면 첫 번째 단계로 깃이 이미 설치됐는지 확인해야 한다(https://git-scm.com/downloads). 설치돼 있으면 터미널(또는 윈도우에서는 명령 프롬프트)을 열어 수행한다.

- 윈도우 10에서는 시작 메뉴 버튼을 마우스 오른쪽 버튼으로 클릭하고 **명령 프롬프트**를 선택하면 된다.
- 맥OS X에서는 Cmd + Space 키를 눌러 스포트라이트 검색을 연 후 terminal을 입력하고 Enter 키를 누르면 된다.
- 우분투와 리눅스/유닉스에서는 Ctrl + Alt + T를 누른다. 레드햇에서 바탕화면을 마우스 오른쪽 버튼으로 클릭하고 메뉴에서 **터미널 열기**$^{Open\ Terminal}$를 선택한다.

코드를 다운로드할 디렉터리로 이동한다. 예를 들면 다음처럼 입력한다.

```
cd Desktop
```

그리고 다음 한 줄을 입력해 최신 코드의 로컬 복사본을 가져온다.

```
git clone
https://github.com/PacktPublishing/Machine-Learning-for-OpenCV-Second-Edition.git
```

OpenCV-ML 폴더에 최신 코드를 다운로드한다.

시간이 지나 코드가 온라인상으로 변경될 수 있다. 이 경우에는 OpenCV-ML 디렉터리에서 다음 명령을 실행해 로컬 복사본을 업데이트한다.

```
$ git pull origin master
```

파이썬의 아나콘다 배포판

아나콘다Anaconda는 컨티넘 애널리틱스Continuum Analytics에서 개발한 무료 파이썬 배포판이며, 과학 컴퓨팅용으로 제작됐다. 윈도우, 리눅스, 맥OS X 플랫폼에서 작동하며, 상업적 용도로 사용하더라도 무료. 그러나 가장 좋은 점은 데이터 과학, 수학, 엔지니어링에 필수적인 다수의 사전 설치된 패키지가 함께 제공된다는 것이다. 이 패키지에는 다음과 같은 것들이 포함된다.

- NumPy: 파이썬에서 다차원 배열, 높은 수준의 수학 함수, 의사 난수 생성기pseudo-random number generator 기능을 제공하는 과학 컴퓨팅용 기본 패키지다.
- SciPy: 고급 선형 대수 루틴, 수학 함수 최적화, 신호 처리 등을 제공하는 파이썬의 과학 컴퓨팅용 함수 모음이다.
- scikit-learn: OpenCV에서는 부족한 헬퍼helper 기능과 인프라를 제공하는 파이썬의 유용한 오픈소스 시스템 학습 라이브러리다.
- Matplotlib: 라인 차트, 히스토그램, 분산형 플롯 등의 생성 기능을 제공하는 파이썬의 주요 과학 플로팅 라이브러리다.

- **주피터 노트북**: 웹 브라우저에서 코드를 실행하기 위한 대화식 환경으로 마크다운 기능도 포함되고, 이를 통해 주석과 세부 프로젝트 노트북을 유지 관리하는 데 도움이 된다.

사용자가 선택한 플랫폼(윈도우, 맥OS X, 리눅스)에 따른 설치 프로그램은 아나콘다 웹 사이트(https://www.anaconda.com/download)에서 받을 수 있다. 파이썬 2 기반의 버전들은 더 이상 활발히 개발되지 않으므로 파이썬 3.6 기반 배포판을 사용하는 것을 추천한다.

설치 프로그램을 실행하려면 다음 중 하나를 선택해 수행하면 된다.

- 윈도우에서는 .exe 파일을 두 번 클릭하고 화면의 지시 사항을 따른다.
- 맥OS X에서는 .pkg 파일을 두 번 클릭하고 화면의 지시 사항을 따른다.
- 리눅스에서는 터미널을 열고 **bash**를 사용해 .sh 스크립트를 실행한다.

```
$ bash Anaconda3-2018.12-Linux-x86_64.sh    # Python 3.6 기반
```

또한 파이썬 아나콘다는 conda(리눅스의 apt-get과 유사한 간단한 패키지 관리자)와 함께 제공된다. 설치가 성공적으로 완료되면 터미널에서 다음 명령을 사용해 새 패키지를 설치할 수 있다.

```
$ conda install package_name
```

여기서 package_name은 설치하려는 패키지의 실제 이름이다. 기존 패키지는 다음 명령을 사용해 업데이트할 수 있다.

```
$ conda update package_name
```

다음 명령을 사용해 패키지를 검색할 수 있다.

```
$ anaconda search -t conda package_name
```

그러면 개발자가 사용할 수 있는 전체 패키지 목록이 나타난다. 예를 들어 opencv
라는 패키지를 검색하면 다음과 같은 패키지 목록을 얻을 수 있다.

```
C:\Users\mbeyeler>anaconda search -t conda opencv
Using Anaconda API: https://api.anaconda.org
Run 'anaconda show <USER/PACKAGE>' to get more details:
Packages:
     Name                       |  Version | Package Types   | Platforms
     -------------------------- |  ------- | --------------- | ---------------
     ???/opencv                 |   2.4.7  | conda           | win-64
                                           : http://opencv.org/
     Changxu/opencv3            | 3.1.0_dev| conda           | linux-64
     Definiter/opencv           |  2.4.12  | conda           | linux-64
     FlyEM/opencv               | 2.4.10.1 | conda           | linux-64, osx-64
                                           : Open source computer vision C++ library
     JaimeIvanCervantes/opencv  | 2.4.9.99 | conda           | linux-64
     RahulJain/opencv           |  2.4.12  | conda           | linux-64, win-64, osx-64
     anaconda-backup/opencv     |   3.1.0  | conda           | linux-64, linux-32, osx-64
     anaconda/opencv            |   3.1.0  | conda           | linux-64, linux-32, osx-64
     andywocky/opencv           |   2.4.9  | conda           | osx-64
     asmeurer/opencv            |   2.4.9  | conda           | osx-64
     bgreen-litl/opencv         |   2.4.9  | conda           | osx-64
     bwsprague/opencv           |  2.4.9.1 | conda           | osx-64
     cfobel/opencv-helpers      | 0.1.post1| conda           | win-32
     clg_boar/opencv3           |   3.0.0  | conda           | linux-64, win-64
     clinicalgraphics/opencv    |          | conda           | linux-64, win-32, win-64, linux-32, osx-64
     conda-forge/opencv         |   3.1.0  | conda           | linux-64, win-32, win-64, osx-64
                                           : Computer vision and machine learning software library.
```

OpenCV 패키지가 설치돼 있는 사용자의 목록이 보이며, 플랫폼에 설치된 소프트
웨어 버전을 가진 사용자를 찾을 수도 있다. user_name이라는 사용자 채널의
package_name 패키지는 다음처럼 설치할 수 있다.[1]

```
$ conda install -c user_name package_name
```

마지막으로 conda는 환경을 부를 수 있는 기능을 제공한다. 이 환경으로 다른 버전
의 파이썬이나 패키지가 설치된 환경을 관리할 수 있다. 즉, OpenCV 4.1과 파이썬

---

1. 설명을 위한 일종의 예제이므로 사용자는 자신이 설치하고자 하는 이름을 넣어야 한다. - 옮긴이

3.6을 실행하는 데 필요한 모든 패키지가 있는 별도의 환경을 가질 수 있다. 다음 절에서는 이 책에서 코드를 실행하는 데 필요한 모든 패키지를 포함하는 환경을 만든다.

conda 환경에서 OpenCV 설치

OpenCV를 설치하려면 다음의 과정을 수행한다.

1. 터미널에서 다음 코드의 다운로드 디렉터리로 이동한다.

```
$ cd Desktop/OpenCV-ML
```

2. 다음 명령을 실행해 파이썬 3.6 기반 conda 환경을 만든다. 이 환경은 environment.yml 파일(깃허브 저장소에서 사용 가능)에 나열된 모든 필수 패키지를 한 번에 설치한다.

```
$ conda create env -f environment.yml
```

3. 다음의 environment.yml 파일을 살펴보자.

```
name: OpenCV-ML
channels:
    - conda-forge
dependencies:
    - python==3.6
    - numpy==1.15.4
    - scipy==1.1.0
    - scikit-learn==0.20.1
    - matplotlib
    - jupyter==1.0
```

```
      - notebook==5.7.4
      - pandas==0.23.4
      - theano
      - keras==2.2.4
      - mkl-service==1.1.2
      - pip
      - pip:
        - opencv-contrib-python==4.1.0.25
```

 환경의 이름이 OpenCV-ML이 된다는 점을 유의해야 한다. 이 코드는 conda-forge 채널을 사용해 모든 conda 기반 종속성을 다운로드하고, pip을 사용해 OpenCV 4.0(opencv_contrub와 함께)을 설치한다.

4. 환경을 활성화하려면 사용자의 플랫폼에 따라 다음 중 하나를 입력해야 한다.

```
$ source activate OpenCV-ML     # 리눅스와 맥OS X
$ activate OpenCV-ML            # 윈도우
```

5. 터미널을 닫으면 세션이 비활성화되므로 다음번에 새 터미널을 열 때 마지막 명령을 다시 실행해야 한다. 물론 수동으로 환경을 비활성화할 수도 있다.

```
$ source deactivate     # 리눅스와 맥OS X
$ deactivate            # 윈도우
```

이제 거의 다 됐다. 이제 설치가 제대로 됐는지 확인해보자.

설치 확인

설치를 다시 한 번 확인하는 것이 좋다. 이미 사용했던 터미널은 아직 열려 있지만 파이썬 명령을 실행하는 대화형 셸인 IPython을 사용해보자.

```
$ ipython
```

이제 파이썬 2.7이 아닌 파이썬 3.6을 실행하고 있는지 확인해보자. IPython의 환영 메시지에 표시된 버전 번호를 통해 확인할 수 있다. 그렇지 않은 경우 다음 명령을 실행해 확인한다.

```
In [1]: import sys
...     print(sys.version)
        3.6.0 | packaged by conda-forge | (default, Feb 9 2017, 14:36:55)
[GCC 4.8.2 20140120 (Red Hat 4.8.2-15)]
```

이제 OpenCV를 불러보자.

```
In [2]: import cv2
```

오류 메시지가 나타나지 않아야 한다. 이제 다음처럼 버전 정보를 확인해보자.

```
In [3]: cv2. version
Out[3]: '4.0.0'
```

OpenCV 버전이 4.0.0인지를 확인해보자. 버전이 맞지 않으면 나중에 OpenCV의 원하는 기능을 사용하지 못할 수도 있다.

OpenCV 3은 실제로 cv2로 나오며, 이러한 표시가 혼란스러울 수 있다. 명백하게 혼란을 일으키는 이유는 숫자 2지만 이 숫자는 버전 번호를 나타내지 않기 때문이다. 대신 기본 C API(cv 매개변수로 표시됨)와 C++ API(cv2 접두사로 표시됨) 간의 차이점이 있음을 강조해 표시한다.

그런 다음 **exit** 또는 Ctrl + D를 입력해 IPython 셸을 종료할 수 있다.

주피터 노트북 덕분에 웹 브라우저에서 코드를 실행할 수 있다. 주피터 노트북을 들어본 적이 없거나 이전에 함께 사용해본 적이 없다면 지금부터는 믿고 사용하면 된다. 앞서 언급한 지침을 따라 파이썬 아나콘다 스택을 설치했다면 주피터는 이미 설치됐고 사용할 준비가 된 것이다. 터미널에서 다음을 입력해보자.

```
$ jupyter notebook
```

그러면 자동으로 브라우저 창이 열리고 현재 디렉터리에 있는 파일 목록이 표시된다. OpenCV-ML 폴더를 클릭한 후 notebooks 폴더에서 실행하고자 하는 파일을 클릭해보자. 여기서 이 책의 모든 코드를 찾을 수 있다.

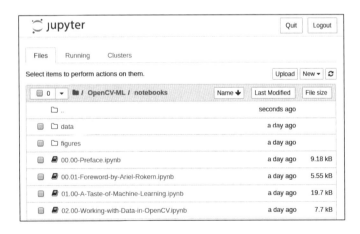

주피터 노트북은 책 내의 장과 절의 순서로 정렬된다. 대부분의 경우 관련 코드만 포함하고, 추가 정보나 상세한 설명은 포함하지 않았다. 주피터 노트북은 이 책의 구매자들을 위한 것이다. 여러분에게 구매해줘서 감사하다는 말을 전하고 싶다.

01.00-A-Taste-of-Machine-Learning.ipynb를 선택하고, Kernel ❯ Restart ❯ Run All을 선택해 코드를 직접 실행할 수 있다.

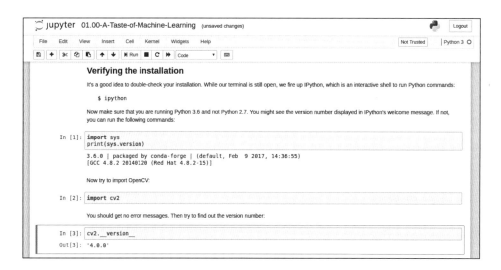

주피터 노트북을 탐색하는 데 사용되는 몇 가지 편리한 키보드 단축키가 있다. 그러나 지금 당장은 다음 내용만 알면 된다.

1. 셀을 클릭해 편집한다(바로 앞 그림에서 하이라이트된 부분이 셀 영역이다).
2. 셀이 선택된 상태에서 Ctrl + Enter를 눌러 코드를 실행한다.
3. 또는 Shift + Enter를 눌러 셀을 실행하고 그 아래의 셀을 선택한다.
4. Esc를 눌러 쓰기 모드를 종료한 후 A를 눌러 현재 선택된 셀 위에 셀을 삽입하고 B를 눌러 아래에 셀을 삽입한다.

Help ❯ Keyboard Shortcut을 클릭해 모든 키보드 단축키를 확인해본다. 바로 가기를 클릭하거나 Help ❯ User Interface Tour를 클릭해 둘러본다.

그러나 실제로는 IPython 셸이나 빈 주피터 노트북에서 명령을 직접 입력해 책을 따라 하는 것이 좋다. 코드 작성 방법을 더 잘 배우려면 손을 좀 많이 사용해야 한다. 실수를 저지르더라도 이를 통해 배울 수 있고 결국은 많은 것을 배우게 된다.

OpenCV의 ML 모듈 엿보기

OpenCV 3.1부터는 OpenCV의 모든 머신러닝 관련 기능이 ml 모듈로 그룹화됐다. C++ API에서도 이 모듈은 사용된다. 다음처럼 ml 모듈의 모든 기능을 표시하고 확인함으로써 어떤 것들이 있는지 살짝 엿볼 수 있다.

```
In [4]: dir(cv2.ml)
Out[4]: ['ANN_MLP_ANNEAL',
    'ANN_MLP_BACKPROP',
    'ANN_MLP_GAUSSIAN',
    'ANN_MLP_IDENTITY',
    'ANN_MLP_LEAKYRELU',
    'ANN_MLP_NO_INPUT_SCALE',
    'ANN_MLP_NO_OUTPUT_SCALE',
    ...
    '__spec__']
```

 이전 버전의 OpenCV를 설치한 경우 ml 모듈이 없을 수 있다. 예를 들어 k-최근접 이웃 알고리즘 (k-nearest neighbor algorithm, 3장에서 설명)은 이전에는 cv2.KNearest()라고 불렀다. 하지만 이제는 cv2.ml.KNearest_create()라고 한다. 따라서 책 전반에 걸쳐 혼란을 피하고자 OpenCV 4.0 이상을 사용하는 것이 좋다.

ml 모듈도 좋지만 왜 머신러닝을 배워야 하는지, 그 응용은 무엇인지 궁금할 것이다. 다음 절에서 이 질문의 답을 볼 수 있다.

▍머신러닝의 응용

머신러닝, 인공지능, 딥러닝, 데이터 과학은 사용자가 항상 사물을 바라보던 방식을 바꿀 것이라고 믿는 네 가지 단어다. 지금 왜 그렇게 믿도록 설득할 수 있는지 살펴보자.

컴퓨터가 바둑을 배워 바로 같은 게임의 세계 챔피언을 이기는 방법부터 같은 브랜치를 사용해 뇌 CT 스캔을 보는 것만으로 종양이 있는지 없는지를 알아내는 방법에 이르기까지 머신러닝은 모든 영역에 그 흔적을 남겼다. 필자가 작업한 프로젝트 중 하나는 머신러닝을 이용해 화력발전소 보일러 수벽관의 잔존 수명을 결정하는 것이었다. 제안된 솔루션에서 튜브를 더 효율적으로 사용함으로써 막대한 비용을 절감하는 데 성공했다. 머신러닝 애플리케이션이 공학과 의학에만 국한된다고 생각했다면 틀린 생각이다. 연구자들은 머신러닝 개념을 적용해 신문을 만들고 뉴스가 미국 대통령 선거에서 특정 후보가 승리할 가능성에 미치는 영향을 예측해 왔다.

흑백영화에 색을 입히는 데 딥러닝과 컴퓨터 비전 개념이 적용됐으며(블로그 https://www.learnopencv.com/convolutional-neural-network-based-image-colorization-using-opencv/의 포스트를 참조한다), 초저속 모션 영화를 만들고, 유명 미술품의 찢어진 부분을 복원할 수 있다.

이 책을 통해 사용자가 머신러닝의 중요성과 강력함을 납득하기를 바란다. 사용자가 이 분야를 탐험하기 위한 결정을 내렸지만, 사용자가 컴퓨터 공학 엔지니어가 아니고 가장 좋아하는 분야가 아닌 영역에서 작업하는 것일까 봐 걱정한다면 걱정하지 않아도 된다. 머신러닝은 사용자가 선택한 문제에 항상 적용할 수 있는 추가적인 기술이다.

OpenCV 4.0의 새로운 기능

이제 1장의 마지막 부분에 도달했다. 요점만 짧게 정리하고자 한다. 이번의 주제는 OpenCV 4.0이다. OpenCV 4.0은 OpenCV가 3년 6개월 동안 열심히 작업하고 버그를 고친 결과물이며, 2018년 11월 최종 출시됐다. 이 절에서는 OpenCV 4.0의 몇 가지 주요 변경 사항과 새로운 기능을 살펴보기로 한다.

- OpenCV 4.0 릴리스를 통해 OpenCV는 공식적으로 C++11 라이브러리가 됐다. 즉, OpenCV 4.0을 컴파일하려고 할 때 C++11 호환 컴파일러가 시스템에 있는지 확인해야 한다.

- 많은 C API가 제거됐다. 영향을 받은 모듈로는 비디오 IO 모듈(videoio), 객체 감지 모듈(objdetect) 등이 있다. XML, YAML, JSON용 파일 IO도 C API를 제거했다.

- OpenCV 4.0은 DNN 모듈(딥러닝 모듈)에서도 많은 개선이 이뤄졌다. ONNX 지원이 추가됐다. 인텔 OpenVINO는 새로운 OpenCV 버전에서도 존재감을 나타낸다. 이는 이후의 장들에서 좀 더 자세히 살펴볼 것이다.

- OpenCL 가속은 AMD와 NVIDIA GPU에 고정돼 있다. 이미지 처리와 기타 작업에 매우 효율적인 엔진인 OpenCV Graph API도 추가됐다.

- 모든 OpenCV 릴리스에서와 마찬가지로 성능 향상을 목적으로 한 많은 변화가 있었다. QR 코드 감지, 디코딩 등 새로운 기능도 추가됐다.

요컨대 OpenCV 4.0에는 많은 변화가 있었고 그들 나름대로의 용도가 있다. 예를 들어 ONNX 지원은 다양한 언어와 프레임워크에 걸친 모델의 이식성을 돕고, OpenCL은 컴퓨터 비전 애플리케이션의 런타임을 줄이고, Graph API는 애플리케이션의 효율성을 높이는 데 도움을 주며, OpenVINO 툴킷은 인텔의 프로세서와 모델 동물원을 사용해 매우 효율적인 딥러닝 모델을 제공한다. 지금은 주로 OpenVINO 툴킷과 DLDT에 초점을 맞출 것이며, 향후에는 컴퓨터 비전 애플리케이션을 가속화할 것이다. 그러나 여기서도 지적해야 할 것은 OpenCV 3.4.4와 OpenCV 4.0.0 모두 버그를 고치고자 빠르게 수정되고 있다는 점이다. 따라서 어떤 애플리케이션에서든 이러한 두 가지 중 하나를 사용하려면 변경된 내용을 통합하고자 코드와 설치를 수정할 준비를 해야 한다. 현재 기준으로 OpenCV 4.5.0과 OpenCV 3.4.12가 출시 됐다.

▍요약

1장에서는 높은 추상화 수준에서 머신러닝을 이야기했다. 그것이 무엇이고, 왜 중요한 것이며, 해결할 수 있는 문제의 종류가 무엇인지 알아봤다. 또한 머신러닝 문제 해결 방법은 지도학습, 비지도학습, 강화학습이라는 세 가지가 있음을 알 수 있었다. 지도학습의 중요성을 이야기했고, 이 분야는 분류와 회귀라는 두 가지 하위 필드로 더 나눌 수 있다. 분류 모델을 사용하면 객체를 이미 인식된 클래스(예, 고양이와 개로 분류)로 분류할 수 있고, 회귀 분석은 목표 변수의 지속적인 결과(예, 중고차의 판매 가격)를 예측하는 데 사용할 수 있다.

또한 파이썬 아나콘다 배포판을 사용해 데이터 과학 환경을 설정하는 방법, 깃허브에서 이 책의 최신 코드를 얻는 방법, 주피터 노트북에서 코드를 실행하는 방법을 배웠다. 이 도구들을 사용해 이제 머신러닝을 더 자세히 이야기할 준비가 됐다.

2장에서는 NumPy와 Matplotlib 같은 일반적인 파이썬 도구를 사용해 머신러닝 시스템의 내부 동작을 살펴보고 OpenCV의 데이터 사용 방법을 학습한다.

02

OpenCV로 데이터 작업

이제 머신러닝에 대한 사용자의 욕구를 자극하기 시작했으므로 일반 머신러닝 시스템의 다양한 구성 방법을 좀 더 깊이 파고들고자 한다.

누군가가 "데이터에 머신러닝을 적용해!"라는 말을 하는 것을 자주 들을 수 있다. 그렇지만 현실적으로 머신러닝을 적용하는 방법은 훨씬 복잡하다. 요즘 인터넷에서 단지 몇 줄의 코드를 자르고 붙이기만 하면 자신의 머신러닝 시스템을 쉽게 구축할 수 있다는 것은 인정한다. 그러나 진정으로 강력하고 효과적인 시스템을 구축하려면 각 알고리즘의 강점과 약점의 기본 개념과 상세한 지식을 자세히 파악하는 것이 중요하다. 그러므로 아직은 사용자가 머신러닝 전문가가 되는 것을 크게 걱정할 필요는 없다. 좋은 일에는 항상 시간이 걸리는 법이다.

앞서 머신러닝은 인공지능의 하위 분야로 설명했다. 이러한 명제는 계속 사실이지만, 대부분의 경우 머신러닝은 단순히 데이터를 이해하는 과정에 불과하다. 그러므로 머신러닝을 데이터 과학의 하위 분야로 생각하는 것이 더 적합할 수 있다. 여기서는 데이터를 이해하는 데 도움이 되는 수학적 모델을 구축해본다.

따라서 2장은 모두 데이터에 관한 내용으로 구성할 것이다. 사용자는 머신러닝을 통해 데이터가 어떻게 사용되는지, 사용자가 선택한 도구인 OpenCV와 파이썬을 사용해 데이터를 어떻게 사용하는지 배운다.

2장에서는 다루는 내용은 다음과 같다.

- 일반적인 머신러닝 워크플로 이해
- 훈련 데이터와 테스트 데이터 이해
- OpenCV와 파이썬으로 데이터를 적재, 저장, 편집, 시각화하는 방법 학습

▌ 기술적 요구 사항

다음 링크에서 2장의 코드를 참고할 수 있다.

https://github.com/PacktPublishing/Machine-Learning-for-OpenCV-Second-Edition/tree/master/Chapter02

다음은 간략한 소프트웨어, 하드웨어 요구 사양이다.

- OpenCV 버전 4.1.x(4.1.0이나 4.1.1 모두 잘 작동한다)
- 파이썬 버전 3.6(모든 파이썬 버전 3.x는 괜찮다)
- 파이썬과 필수 모듈을 설치하기 위한 아나콘다 파이썬 3이 필요하다.
- 이 책에서는 맥OS, 윈도우, 리눅스 기반 OS 등 모든 OS를 사용할 수 있다. 시스템에 최소 4GB의 RAM이 있는 것이 좋다.

- 이 책과 함께 제공된 코드를 실행하는 데 GPU는 필요하지 않다.

▌머신러닝 워크플로의 이해

앞에서 언급했듯이 머신러닝에서는 데이터를 이해하기 위한 수학 모델을 구축해야 한다. 학습이라는 측면은 머신러닝 모델에서 내부 매개변수를 조정하는 과정이다. 모델에서 이러한 데이터를 더 잘 이해할 수 있도록 매개변수를 조정할 수 있다. 어떤 면에서 이는 데이터 학습 모델로 이해될 수 있다. 모델이 충분하게 배운 후에는 의미가 무엇이든 간에 새로 관찰된 데이터를 모델로 설명할 수 있다.

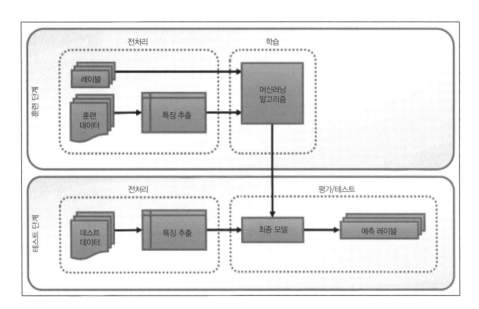

이제 단계별로 나눠 생각해보자.

우선 주의해야 할 점은 머신러닝 문제는 항상 (적어도) 두 개의 개별 단계로 분리된다는 것이다.

- 머신러닝 모델을 훈련시키고자 **훈련 데이터 세트**라고 불리는 일련의 데이터를 사용하는 **훈련 단계**가 첫 번째 단계다.
- **테스트 데이터 세트**라고 부르는 이전에 본 적 없는 새로운 데이터 세트를 사용해 학습된(또는 최종) 머신러닝 모델을 평가하는 **테스트 단계**가 그다음이다.

데이터를 훈련 세트와 테스트 세트로 나누는 것의 중요성을 지금은 이해하기 어렵다. 모델이 새로운 데이터를 얼마나 잘 사용하는지 알길 원하므로 독립적인 테스트 세트로 모델을 평가해야 한다. 결국 배움이라는 것이 머신러닝이나 인간 학습에서 전부가 아닌가? 학습자가 됐을 때를 다시 한 번 생각해보자. 숙제의 일부로 해결해야 했던 문제는 최종 테스트에서도 정확히 같은 형식으로 나타나지 않는다. 머신러닝 모델에도 이러한 방법을 동일하게 적용해야 한다. 사용자 모델이 숙제 문제와 같은 일련의 데이터 포인트를 얼마나 잘 처리하는지에 관심은 적지만, 사용자는 모델이 새로운 문제를 해결하고자 새로운 데이터 포인트를 설명하는 데 그 동안 배운 것을 어떻게 사용해야 할지는 알아야 한다(예, 배운 내용이 최종 테스트에 나와야 함).

 고급 머신러닝 문제의 워크플로에는 일반적으로 **유효성 검사 데이터 세트**(validation dataset)라는 세 번째 데이터 세트가 포함된다. 현시점에서는 이러한 구분이 중요하지 않지만, 유효성 검사 세트는 일반적으로 훈련 데이터 세트를 추가로 분할해 형성한다. 그리고 모델 선택과 같은 고급 개념에서 사용한다. 머신러닝 시스템 구축에 능숙해지면 11장에서 다룰 예정이다.

여기서 다음으로 주목해야 할 점은, 머신러닝은 데이터에 대한 모든 것을 다룬다는 것이다. 데이터는 이전에 설명한 워크플로 다이어그램에 원시 형식으로 입력되고, 의미가 무엇이든 간에 훈련 및 테스트 단계에서 사용된다. 데이터는 이미지와 영화에서부터 텍스트 문서와 오디오 파일에 이르기까지 다양한 곳에서 존재한다. 따라서 원시 형식의 데이터는 픽셀, 문자, 단어 또는 비트로 구성될 수 있다. 여기서 비트는 진짜 비트를 의미한다. 이러한 원시 형식의 데이터는 작업하기에는 그다지 편리하지 않다. 따라서 대신 데이터를 미리 구문 분석해서 데이터를 파싱하거나 사용하기 쉬운 형식으로 가져와야 한다.

데이터 전처리는 다음과 같은 두 단계로 진행된다.

- **특징 선택**^{feature selection}: 데이터에서 `중요한 속성(또는 기능)을 식별하는 프로세스다. 이미지에서의 주요 특징^{feature}은 가장자리, 모서리, 또는 융기^{ridge} 위치가 될 수 있다. SURF^{Speeded Up Robust Feature} 또는 HOG^{Histogram of Oriented Gradient}의 히스토그램처럼 OpenCV가 제공하는 고급 특징 기술자^{advanced feature descriptor}에 익숙해져야 한다. 이러한 기능은 모든 이미지에 적용할 수 있지만 특정 작업에는 중요하지 않을 수도 있다. 예를 들어 사용자의 임무가 깨끗한 물과 더러운 물을 구별하는 것이라면 가장 중요한 특징은 물의 색으로 구별할 수 있고, SURF 또는 HOG 기능을 사용하면 도움이 되지 않을 수도 있다.
- **특징 추출**^{feature extraction}: 실제 데이터를 원하는 특징 공간으로 변환하는 프로세스다. 이미지의 모서리(즉, 선택된 특징)를 추출할 수 있는 해리스 연산자^{Harris operator}가 그 예에 해당된다.

특징 엔지니어링^{feature engineering}이라고 알고 있는 정보 특징 생성 프로세스^{process of inventing informative features}는 고급 주제로 다뤄진다. 사용자가 사용하기 좋은 특징을 선택하기 전에 다른 사용자가 먼저 특징을 만들어야 한다. 종종 알고리즘을 선택하는 것보다 먼저 특징을 만들어 놓는 것이 알고리즘 사용에 있어 더 중요하다. 4장에서 특징 엔지니어링을 자세히 다룬다.

 명명 규칙이 혼란스럽게 할 수 있다. 때때로 특징 선택과 특징 추출을 구별하는 것이 어려울 수 있다. 예를 들어 SURF는 특징 추출기와 실제 특징 이름 모두를 나타낸다. SIFT(Scale-Invariant Feature Transform)는 SIFT 특징으로 알려진 특징 검출기다. 불행하게도 두 알고리즘은 모두 특허를 받았고 상업적인 목적으로 사용될 수 없다. 이 책에서는 두 알고리즘에 대한 어떤 코드도 공유하지 않는다.

마지막으로 지도학습에서 사용하는 모든 데이터 요소에 레이블이 있어야 한다는 점을 기억해야 한다. 레이블은 특정 종류의 사물(예, 고양이 또는 개)에 해당하거나 특정 가격(예, 주택 가격)이 있는 데이터 요소를 식별하게 해준다. 결국 지도 머신러닝 시스템의 목표는 테스트 세트의 모든 데이터 포인트의 레이블을 예측하는 것이다(이전 그림 참조). 사용자는 훈련 데이터의 규칙성을 학습하고 함께 제공된 레이블을 사용하며, 테스트 세트에서 성능을 테스트할 수 있다.

따라서 제대로 작동하는 머신러닝 시스템을 구축하려면 먼저 데이터를 적재하고 저장 방법과 조작 방법을 다뤄야 한다. OpenCV에서 파이썬으로 이러한 작업들을 어떻게 할 수 있을까?

▍ OpenCV와 파이썬을 사용한 데이터 취급

데이터 세계는 다양한 종류의 데이터 유형이 있다. 따라서 가끔 사용자가 특정 값에 사용할 데이터 유형을 구별하는 것이 어렵다. 여기서는 표준 데이터 유형을 유지할 스칼라 값을 제외한 모든 것을 배열로 처리해 단순성을 유지한다. 이미지는 폭과 높이가 있기 때문에 2D 배열이 된다. 1D 배열의 예로는 시간이 지남에 따라 강도가 변화하는 사운드 클립을 들 수 있다.

OpenCV의 C++ API^{Application Programming Interface}를 계속 사용하고 앞으로도 그렇게 할 계획이라면 C++에서 데이터를 처리하는 것이 다소 어려울 수 있다. C++ 언어의 문법적 오버헤드를 처리해야 할 뿐만 아니라 다양한 데이터 유형과 플랫폼 간의 호환성 문제와 씨름해야 한다.

하지만 OpenCV 파이썬 API를 사용하면 SciPy^{Scientific Python} 커뮤니티에서 제공하는 다수의 오픈소스 패키지에 자동으로 액세스할 수 있기 때문에 프로세스가 대폭 간소화된다. 많은 과학 연산 도구를 제공하는 NumPy^{Numerical Python} 패키지가 그중 하나다.

새로운 IPython이나 주피터 세션 시작

NumPy를 사용하기 전에 IPython 셸을 열거나 주피터 노트북을 먼저 시작해야
한다.

1. 1장에서 했던 것처럼 터미널을 열고 OpenCV-ML 디렉터리로 이동한다.

```
$ cd Desktop/ OpenCV-ML
```

2. 1장에서 작성한 conda 환경을 활성화한다.

```
$ source activate OpenCV-ML      # 맥OS X/리눅스
$ activate OpenCV-ML             # 윈도우
```

3. 새로운 IPython이나 주피터^{Jupyter} 세션을 시작한다.

```
$ ipython             # IPython 세션
$ jupyter notebook    # 주피터 세션
```

IPython 세션을 시작하면 프로그램은 다음과 같은 환영 메시지를 보여준다.

```
$ ipython
Python 3.6.0 | packaged by conda-forge | (default, Feb 9 2017, 14:36:55)
Type 'copyright', 'credits' or 'license' for more information
IPython 7.2.0 -- An enhanced Interactive Python. Type '?' for help.

In [1]:
```

In [1]로 시작하는 라인에는 일반적인 파이썬 명령을 입력한다. 또한 변수와 함수의
이름을 입력하는 동안 **탭** 키를 사용해 IPython에서 자동으로 변수를 완성할 수 있다.

주피터 세션을 시작하면 웹 브라우저에서 http://localhost:8888을 가리키는 새 창이 열린다. 여기서 오른쪽 상단의 New새로 만들기를 클릭하고 Notebooks(Python3)를 선택해 새 노트북Notebook을 만든다.

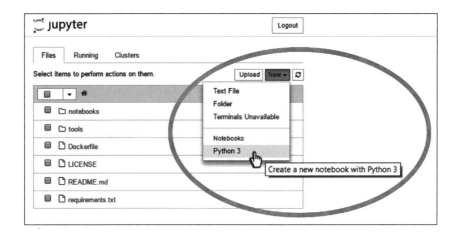

이렇게 하면 다음과 같은 새 창이 열리는 것을 확인할 수 있다.

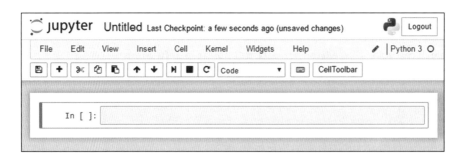

In []으로 레이블이 붙은 셀(앞의 텍스트 상자처럼 보이는)은 IPython 세션의 커맨드 라인과 동일하다. 이제 파이썬 코드를 입력해보자.

파이썬 NumPy 패키지를 사용한 데이터 취급

사용자가 아나콘다를 설치했다면 가상 환경에는 이미 NumPy가 설치돼 있다. 사용자가 파이썬의 표준 배포판이나 다른 배포판을 사용한다면 http://www.numpy.org에서 설치 방법을 따라 해보면 된다.

앞서 언급했듯이 파이썬 전문가가 아니었더라도 괜찮다. OpenCV의 C++ API에서 이제 막 전환했다는 것을 알고 있으며, 그래도 괜찮다. 따라서 지금은 NumPy를 시작하는 방법을 간략히 설명할 것이다. 좀 더 고급 수준의 파이썬 사용자라면 이 절을 건너뛰어도 무방하다.

NumPy에 익숙해지면 파이썬 세계에서 가장 과학적인 컴퓨팅 도구를 주변에 구축한 것이다. 여기에는 OpenCV가 포함돼 있으므로 NumPy 학습에 소요되는 시간에서 결국 이득을 얻을 수 있다.

NumPy 가져오기

새로운 IPython이나 주피터 세션을 시작하면 다음처럼 NumPy 모듈을 가져와 버전을 확인할 수 있다.

```
In [1]: import numpy
In [2]: numpy. version
Out[2]: '1.15.4'
```

여기서 설명하는 패키지의 경우 NumPy 버전 1.8 이상을 사용하는 것이 좋다. 일반적으로 과학적인 용도로 파이썬을 사용할 때 np를 별칭으로 NumPy를 가져온다.

```
In [3]: import numpy as np
In [4]: np.__version__
Out[4]: '1.15.4'
```

2장을 비롯한 책 전반에 걸쳐 이와 같은 동일한 규약을 사용한다.

NumPy 배열의 이해

파이썬이 타입 사용에 유연한 언어라는 것을 이미 알고 있다. 즉, 새 변수를 만들 때마다 데이터 유형을 지정할 필요가 없다. 예를 들어 다음은 정수로 자동 표시된다.

```
In [5]: a = 5
```

다음처럼 입력해서 이를 다시 확인할 수 있다.

```
In [6]: type(a)
Out[6]: int
```

표준 파이썬 구현은 C로 작성됐기 때문에 모든 파이썬 객체는 C 구조가 기본적으로 들어가 있다. 이는 파이썬의 정수도 마찬가지다. 실제로는 원시 정수 값 이상을 포함하는 복합 C 구조의 포인터다. 따라서 파이썬 정수를 나타내는 데 사용되는 기본 C 데이터 유형은 시스템 아키텍처(즉 32비트 또는 64비트 플랫폼)에 따라 달라진다.

파이썬에서 표준 다중 요소 컨테이너인 list() 명령을 사용해 정수 리스트를 만들수 있다. range(x) 함수는 0부터 x-1까지의 모든 정수를 나타낸다. range(x) 함수는 0부터 x-1까지의 모든 정수를 생성한다. 변수를 출력하려면 print 함수를 사용하거나 변수 이름을 입력하고 Enter를 누른다.

```
In [7]: int_list = list(range(10))
...     int_list
Out[7]: [0, 1, 2, 3, 4, 5, 6, 7, 8, 9]
```

파이썬에서 정수 리스트 int_list의 모든 요소를 반복하고 각 요소에 str() 함수 (숫자를 문자열로 변환하는 함수)를 적용해 문자열 리스트를 만들 수 있다.

```
In [8]: str_list = [str(i) for i in int_list]
...     str_list
Out[8]: ['0', '1', '2', '3', '4', '5', '6', '7', '8', '9']
```

그러나 리스트는 수학에서 사용하기에 적합하지 않을 수 있다. 예를 들어 int_list 의 모든 요소에 2를 곱하는 경우를 생각해보자. 간단하게 다음과 같은 방법으로 접근할 수도 있다. 결과물은 어떻게 되는지 직접 확인해보자.

```
In [9]: int_list * 2
Out[9]: [0, 1, 2, 3, 4, 5, 6, 7, 8, 9, 0, 1, 2, 3, 4, 5, 6, 7, 8, 9]
```

파이썬은 **int_list**의 모든 요소를 두 번 반복해서 만든다. 하지만 사용자가 원한 결과가 아니다.

이제 NumPy를 사용해보자. NumPy는 파이썬에서 배열 산술 연산을 쉽게 수행할 수 있도록 특별히 설계됐다. 정수 목록을 NumPy 배열로 신속하게 변환할 수 있다.

```
In [10]: import numpy as np
...          int_arr = np.array(int_list)
...          int_arr
Out[10]: array([0, 1, 2, 3, 4, 5, 6, 7, 8, 9])
```

이제 배열의 모든 요소를 곱하려고 할 때 어떤 일이 일어나는지 살펴보자.

```
In [11]: int_arr * 2
Out[11]: array([ 0, 2, 4, 6, 8, 10, 12, 14, 16, 18])
```

올바르게 처리됐다. 더하기, 빼기, 나누기, 기타 여러 기능을 이와 동일하게 사용할 수 있다.

또한 모든 NumPy 배열에는 다음과 같은 속성이 있다.

- **ndim:** 차원 수
- **shape:** 각 차원의 크기
- **size:** 배열의 총 요소 수
- **dtype:** 배열의 데이터 유형(예, int, float, string 등)

정수 배열에서 앞의 속성들을 확인해보자.

```
In [12]: print("int_arr ndim:", int_arr.ndim)
...          print("int_arr shape:", int_arr.shape)
```

```
...        print("int_arr size:", int_arr.size)
...        print("int_arr dtype:", int_arr.dtype)
Out[12]: int_arr ndim: 1
...        int_arr shape: (10,)
...        int_arr size: 10
...        int_arr dtype: int64
```

이 결과에서 배열에는 10개의 요소를 포함하는 1차원이 존재하고, 모든 요소는 64비트 정수임을 알 수 있다. 물론 32비트 시스템에서 이 코드를 실행하는 경우 **dtype: int32**를 찾을 수 있다.

인덱싱을 통해 단일 배열 요소에 액세스

이전에 파이썬의 표준 리스트 인덱스^{indexing} 사용에 익숙하다면 NumPy의 인덱스 생성에도 매우 익숙할 것이다. 1D 배열에서 i번째 값(0부터 시작)은 파이썬 목록에서와 같이 대괄호로 원하는 인덱스를 지정해 액세스할 수 있다.

```
In [13]: int_arr
Out[13]: array([0, 1, 2, 3, 4, 5, 6, 7, 8, 9])
In [14]: int_arr[0]
Out[14]: 0
In [15]: int_arr[3]
Out[15]: 3
```

배열 끝의 인덱스를 사용하려면 음수 인덱스를 사용하면 된다.

```
In [16]: int_arr[-1]
Out[16]: 9
In [17]: int_arr[-2]
Out[17]: 8
```

그리고 다음처럼 배열을 분할하기 위한 몇 가지 유용한 방법이 있다.

```
In [18] : int_arr[2 : 5] :        # 인덱스 2에서 인덱스 5 - 1까지
Out[18] : array([2, 3, 4])
In [19] : int_arr[: 5]            # 처음부터 인덱스 5 - 1까지
Out[19] : array([0, 1, 2, 3, 4])
In [20] : int_arr[5 :]            # 인덱스 5에서 배열의 끝까지
Out[20] : array([5, 6, 7, 8, 9])
In [21] : int_arr[:: 2]           # 다른 짝수
Out[21] : array([0, 2, 4, 6, 8])
In [22] : int_arr[:: - 1]         # 전체 배열을 역순으로
Out[22] : array([9, 8, 7, 6, 5, 4, 3, 2, 1, 0])
```

사용자는 이러한 배열을 충분히 활용할 수 있다.

NumPy에서 배열을 잘라내는 일반적인 형태는 표준 파이썬 리스트에서와 동일하다. 배열 x의 슬라이스에 액세스하려면 x[start : stop : step]을 사용한다. 이들 중 하나가 지정되지 않은 경우 값의 기본값은 start = 0, stop = size of dimension, step = 1이 된다.

다차원 배열 만들기

배열은 리스트에만 국한되지 않고 배열은 임의의 차원을 가질 수 있다. 머신러닝에서 열 인덱스는 특정 특징 값을 나타내고 행은 실제 특징 값을 포함하는 2D 배열을 처리한다.

NumPy를 사용하면 다차원 배열을 처음부터 손쉽게 만들 수 있다. 모든 원소를 0으로 초기화한 3행 5열의 배열을 만들고 싶다고 가정해보자. 데이터 유형을 지정하지 않으면 NumPy는 기본적으로 float을 사용한다.

```
In [23]: arr_2d = np.zeros((3, 5))
...      arr_2d
Out[23]: array([[ 0., 0., 0., 0., 0.],
...             [ 0., 0., 0., 0., 0.],
...             [ 0., 0., 0., 0., 0.]])
```

OpenCV에서 알 수 있듯이 이 배열의 모든 픽셀은 0(검은색)으로 설정한 3 × 5 크기의 그레이스케일 이미지다. 예를 들면 세 개의 컬러 채널(R, G, B)을 갖는 작은 2 × 4 픽셀 이미지를 만들고, 모든 픽셀을 흰색으로 설정하려면 NumPy를 사용해 3 × 2 × 4 크기의 3D 배열을 만든다.

```
In [24]: arr_float_3d = np.ones((3, 2, 4))
...      arr_float_3d
Out[24]: array([[[ 1., 1., 1., 1.],
...              [ 1., 1., 1., 1.]],
...
...             [[ 1., 1., 1., 1.],
...              [ 1., 1., 1., 1.]],
...
...             [[ 1., 1., 1., 1.],
...              [ 1., 1., 1., 1.]]])
```

여기서 첫 번째 차원은 색상 채널(OpenCV의 파란색, 녹색, 빨간색)을 정의한다. 따라서 이것이 실제 이미지 데이터라면 배열을 잘라 첫 번째 채널의 색상 정보를 쉽게 얻을 수 있다.

```
In [25]: arr_float_3d[0, :, :]
Out[25]: array([[ 1., 1., 1., 1.],
...             [ 1., 1., 1., 1.]])
```

OpenCV에서 이미지는 0과 1 사이의 값을 갖는 32비트 부동소수점 배열로 제공되거나 0과 255 사이의 값을 갖는 8비트 정수 배열로 제공된다. 따라서 NumPy 배열의 **dtype** 특성을 지정하고 배열의 모든 요소에 255를 곱해 8비트 정수를 사용하는 2 × 4 픽셀의 완전 흰색 RGB 이미지를 만들 수 있다.

```
In [26]: arr_uint_3d = np.ones((3, 2, 4), dtype=np.uint8) * 255
...      arr_unit_3d
Out[26]: array([[[255, 255, 255, 255],
...              [255, 255, 255, 255]],
...
...              [[255, 255, 255, 255],
...              [255, 255, 255, 255]],
...
...              [[255, 255, 255, 255],
...              [255, 255, 255, 255]]], dtype=uint8)
```

좀 더 발전된 배열의 사용 방법은 3장에서 살펴본다.

파이썬에서 외부 데이터 세트 불러오기

SciPy 커뮤니티로 인해 사용하고자 하는 데이터에 대한 많은 리소스를 얻을 수 있다.

특히 유용한 리소스는 scikit-learn의 **sklearn.datasets** 패키지 형태로 제공된다. 이 패키지에는 외부 웹 사이트에서 파일을 다운로드할 필요가 없는 작은 데이터 세트가 사전에 설치돼 있다. 이러한 데이터 세트에는 다음 항목들을 가진다.

- **load_boston:** 보스턴[Boston] 데이터 세트는 보스턴의 다른 교외 지역에 대한 주택 가격을 포함하고 있으며 도시별 일인당 범죄율, 주거용 토지 비율, 비소매업의 수 등에 대한 흥미로운 특징을 가진다.

- **load_iris:** 아이리스(붓꽃) 데이터 세트에는 세 가지 다른 꽃잎(setosa, versicolor, virginica), 꽃받침과 꽃잎의 너비와 길이를 설명하는 네 가지 특징을 포함한다.
- **load_diabetes:** 당뇨병 데이터 세트는 환자가 당뇨병을 앓고 있는지 여부를 포함하며 연령, 성별, 체질량 지수, 여섯 개의 평균 혈압과 혈청 측정 결과를 특징으로 가진다.
- **load_digits:** 숫자 데이터 세트는 0-9 숫자의 8×8 픽셀 이미지를 포함한다.
- **load_linnerud:** 리너루드^{Linnerud} 데이터 세트는 피트니스 클럽에서 20명의 중년 남성에게서 측정한 세 개의 생리학상 변수와 세 개의 운동 관련 변수를 가진다.

또한 scikit-learn을 사용하면 다음처럼 외부 저장소에서 직접 데이터 세트를 다운로드할 수 있다.

- **fetch_olivetti_faces:** 올리베타^{Olivetta} 얼굴 데이터 세트에는 40개의 서로 다른 주제를 가진 다른 이미지 10개가 포함돼 있다.
- **fetch_20newsgroups:** 20개의 뉴스 그룹 데이터 세트에는 20개의 주제에 대한 약 18,000개의 뉴스 그룹 게시물이 있다.

게다가 http://openml.org의 머신러닝 데이터베이스에서 직접 데이터 세트를 다운로드할 수 있다. 예를 들어 다음처럼 입력해 아이리스 데이터 세트를 다운로드할 수 있다.

```
In [1]: from sklearn import datasets
In [2]: iris = datasets.fetch_openml('iris', version=1)
In [3]: iris_data = iris['data']
In [4]: iris_target = iris['target']
```

아이리스 꽃 데이터베이스에는 꽃받침 길이, 꽃받침 폭, 꽃잎 길이, 꽃잎 폭 등 4가지 특징을 가진 총 150개의 샘플이 포함돼 있다. 데이터는 세 가지 등급 아이리스 세토사, 아이리스 베르시콜루어, 아이리스 버지니카로 나뉜다. 데이터와 레이블은 두 개의 별도 컨테이너로 전달되고, 다음처럼 확인할 수 있다.

```
In [5]: iris_data.shape
Out[5]: (150, 4)
In [6]: iris_target.shape
Out[6]: (150,)
```

여기서 iris_data에는 각각 4개의 특징을 가진 150개의 표본이 포함돼 있다(따라서 숫자 4를 가진다). 레이블은 iris_target에 저장되며, 여기서 레이블은 샘플당 하나만 있다.

모든 목푯값을 자세히 확인할 수는 있지만 모든 것을 출력하지는 않는다. 대신 NumPy를 사용해 쉽게 수행할 수 있는 모든 목푯값을 확인하고자 한다.

```
In [7]: import numpy as np
In [8]: np.unique(iris_target) # 배열 내에서 모든 고유 요소를 찾는다.
Out[8]: array(['Iris-setosa', 'Iris-versicolor', 'Iris-virginica'], dtype=object)
```

 데이터 분석을 위한 또 다른 파이썬 라이브러리로 판다스(Pandas, http://pandas.pydata.org)를 들 수 있다. 판다스는 데이터베이스와 스프레드시트 모두를 대상으로 강력한 데이터 작업을 제공한다. 판다스 라이브러리는 훌륭하며, 목적 대비 이미 많은 발전을 이뤘다.

Matplotlib을 사용한 데이터 시각화

데이터를 어떻게 확인해야 할지 모른다면 데이터를 제한적으로만 가져올 수밖에 없다. 하지만 다행히도 Matplotlib이 있다. Matplotlib은 NumPy 배열을 기반으로 하는 다중 플랫폼 데이터 시각화 라이브러리다.

NumPy는 나중에 다시 살펴보자. Matplotlib은 2002년 존 헌터[John Hunter]에 의해 만들어졌다. 원래 IPython에 대한 패치로 설계됐고, 커맨드라인에서 대화형 MATLAB 스타일 플로팅이 가능하게 됐다. 최근 몇 년 동안 Matplotlib(R 언어의 ggplot과 ggvis 등)을 대체하고자 더 새롭고 유용한 도구가 등장했지만 Matplotlib은 잘 테스트된 크로스 플랫폼 그래픽 엔진으로 필수적이다.

Matplotlib 가져오기

1장에서 설명한 내용에 따라 파이썬 아나콘다 스택을 설치했다면 이미 Matplotlib이 설치돼 있고 사용할 수 있다. 그렇지 않으면 http://matplotlib.org를 방문해 설치하면 된다.

NumPy에 np 단축형을 사용했던 것처럼 Matplotlib에서는 다른 표준 단축형을 사용한다.

```
In [1]: import matplotlib as mpl
In [2]: import matplotlib.pyplot as plt
```

인터페이스 plt는 이 책 전반에 걸쳐 자주 사용한다.

간단한 플롯 만들기

첫 번째 플롯[plot1]을 만들어보자.

사인 함수 sin(x)를 만들고 싶다고 가정해보자. 함수는 x축의 모든 포인트에서 대응돼야 한다. 여기서는 $0 \leq x < 10$의 범위를 가진다. NumPy의 linspace 함수를 사용해 x축 0에서 10까지의 선형 간격을 만들고 총 100개의 샘플링 포인트를 만든다.

```
In [3]: import numpy as np
In [4]: x = np.linspace(0, 10, 100)
```

NumPy의 sin 함수를 사용해 모든 포인트 x에서 sin 함수를 계산하고 plt의 plot 함수를 호출해 결과를 시각화할 수 있다.

```
In [5]: plt.plot(x, np.sin(x))
```

위의 한 줄을 실행해보면 어떤 일이 생길까?

문제는 이 스크립트를 실행하는 위치에 따라 아무것도 나타나지 않을 수 있다는 점이다. 화면상의 결과를 보려면 다음처럼 실행하면 된다.

- **.py 스크립트로 표시하기**: 스크립트에서 Matplotlib을 사용하려면 다음처럼 plt를 호출한다.

  ```
  plt.show()
  ```

  이 함수를 실행하면 사용자는 플롯 결과를 볼 수 있다.

---

1. 그래프 그리기의 의미로 해석될 수 있으며, 일반적으로 "플롯을 만든다."라고 사용되므로 여기서는 원문 발음대로 표기했다. - 옮긴이

- **IPython 셀에서 플로팅하기**: 이 방법은 Matplotlib을 대화형으로 실행하기 위한 가장 편리한 방법 중 하나다. 플롯을 표시하려면 IPython을 시작한 후 **%matplotlib** 매직magic 명령을 사용한다.

```
In [1]: %matplotlib
Using matplotlib backend: Qt5Agg
In [2]: import matplotlib.pyplot as plt
```

그러고 나면 매번 **plt.show()**를 호출할 필요 없이 모든 플롯이 자동으로 표시된다.

- **주피터 노트북에서 플로팅**: 브라우저 기반 주피터 노트북에서 이 코드를 보는 경우에는 동일하게 **%matplotlib** 매직을 사용한다. 그래픽을 노트북에 직접 넣어 다음과 같은 두 가지 결과를 얻을 수 있다.
  - **% matplotlib notebook**을 실행하면 이 노트북과 관련된 대화형 플롯으로 연결된다.
  - **% matplotlib inline**을 사용하면 노트북에 연결된 플롯의 정지 이미지를 볼 수 있다.

이 책에서는 일반적으로 인라인inline 옵션을 사용한다.

```
In [6]: %matplotlib inline
```

이제 다시 다음 명령을 실행해보자.

```
In [7]: plt.plot(x, np.sin(x))
Out[7]: [<matplotlib.lines.Line2D at 0x7fc960a80550>]
```

위의 명령을 실행하면 다음과 같은 결과를 얻는다.

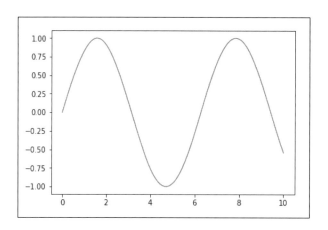

사용자가 추후에 그림을 저장하고자 한다면 IPython이나 주피터 노트북에서 직접 저장할 수 있다.

```
In [8]: savefig ( 'figures / 02.03-sine.png')
```

여기서 .jpg, .png, .tif, .svg, .eps, .pdf와 같이 지원되는 파일 형식을 사용해야 한다.

다음처럼 실행해 플롯의 스타일을 변경할 수 있다. Matplotlib을 가져온 후 plt.style.use (style_name)을 실행한다. 사용 가능한 모든 스타일은 plt.style.available에서 볼 수 있다. 예를 들면 plt.style.use('fivethirtyeight'), plt.style.use('ggplot'), plt.style.use ('seaborn-dark')와 같이 사용하면 된다. 게다가 plt.xkcd()를 사용해 다른 형태를 나타낼 수 있다.

외부 데이터 세트의 데이터 시각화

2장의 마지막 테스트로 scikit-learn의 **digits** 데이터 세트와 같은 외부 데이터 세트의 일부를 시각화한다.

시각화하려면 다음과 같은 세 가지 도구가 필요하다.

- 실제 데이터에 대한 scikit-learn
- 데이터 처리용 NumPy
- Matplotlib

먼저 다음처럼 모든 라이브러리를 가져온다.

```
In [1]: import numpy as np
...     from sklearn import datasets
...     import matplotlib.pyplot as plt
...     %matplotlib inline
```

첫 번째 단계에서는 실제 데이터를 가져온다.

```
In [2]: digits = datasets.load_digits()
```

사용자가 정확하게 기억한다면 digits는 실제 이미지 데이터를 포함하는 data 필드와 이미지 레이블을 포함하는 target 필드라는 두 가지 필드로 구성된다. 사용자는 기억만을 믿기보다 이제 숫자 객체를 갖고 생각해야 한다. 이름을 입력하고 마침표를 추가한 후 Tab 키를 누른다. digits.<TAB>처럼 하면 된다. digits 객체에는 images라는 다른 필드가 포함돼 있다. 두 개의 필드 images와 data를 사용할 때 다른 결괏값을 얻는다.

```
In [3]: print(digits.data.shape)
...     print(digits.images.shape)
Out[3]: (1797, 64)
...     (1797, 8, 8)
```

이때 첫 번째 차원은 데이터 세트의 이미지 수에 해당한다. data는 모든 픽셀을 하나의 큰 벡터에 정렬하는 반면, images는 각 이미지의 8×8 공간 배열을 유지한다.

따라서 단일 이미지를 플롯하길 원한다면 images 필드가 더 적절할 것이다. 먼저 NumPy의 배열 슬라이싱^{array slicing}을 사용해 데이터 세트에서 하나의 이미지를 가져온다.

```
In [4]: img = digits.images[0, :, :]
```

여기서는 1,797개의 아이템을 갖는 큰 배열에서 $8 \times 8 = 64$ 픽셀의 첫 번째 행을 가져온다. 그런 다음 plt의 imshow 함수를 사용해 이미지를 나타낸다.

```
In [5]: plt.imshow(img, cmap='gray')
  ...       plt.savefig('figures/02.04-digit0.png')
Out[5]: <matplotlib.image.AxesImage at 0x7efcd27f30f0>
```

위의 명령은 다음과 같은 결과를 제공한다. 더 큰 크기로 크기를 확대했기 때문에 이미지가 흐릿하다는 것에 유의해야 한다. 원본 이미지의 크기는 8×8이다.

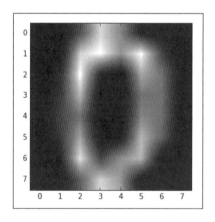

또한 cmap 인수를 사용해 색상 맵을 지정할 수 있다. 기본적으로 Matplotlib은 MATLAB의 기본 색상 맵 jet을 사용한다. 그러나 그레이스케일 이미지의 경우 그레이(회색) 색상 맵이 더 알맞다.

마지막으로 plt의 subplot 함수를 사용해 전체 숫자 샘플을 나타낼 수 있다. subplot 함수는 행 수, 열 수, 현재 서브플롯 인덱스(1에서 시작)를 지정할 수 있으며 MATLAB와 동일하다. for 루프를 사용해 데이터 세트의 처음 10개 이미지를 반복하고, 모든 이미지에 자체 서브플롯을 할당한다.

```
In [6]: plt.figure(figsize=(14, 4))
...     for image_index in range(10):
...         # 이미지는 0-인덱스화돼 있으며, 서브플롯은 1-인덱스화됨
...         subplot_index = image_index + 1
...         plt.subplot(2, 5, subplot_index)
...         plt.imshow(digits.images[image_index, :, :], cmap='gray')
```

그러면 다음과 같은 결과를 얻을 수 있다.

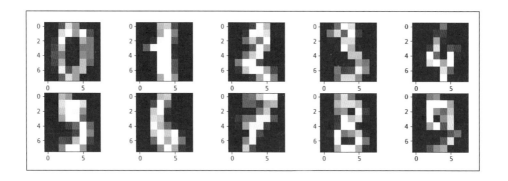

다양한 종류의 데이터 세트를 얻기 위한 좋은 저장소로 캘리포니아 대학교 어바인 캠퍼스의 알마 마터(Alma Mater) 머신러닝 저장소가 있다(http://archive.ics.uci.edu/ml/index.php).

C++에서 OpenCV의 TrainData 컨테이너를 사용해 데이터 다루기

완전성을 확보하면서 OpenCV의 C++ API를 사용하고자 .csv 파일에서 수치 데이터를 적재할 수 있는 TrainData 컨테이너를 살펴본다.

무엇보다도 C++의 ml 모듈에는 TrainData라는 클래스가 있으며, 이는 C++의 데이터로 작업할 수 있는 컨테이너를 제공한다. 이 기능은 .csv 파일(쉼표로 구분된 값 포함)에서 숫자 데이터를 읽는 것으로 제한된다. 따라서 작업하려는 데이터가 깔끔하게 정리된 .csv 파일로 제공되는 경우 이 클래스를 사용하면 많은 시간을 절약할 수 있다. 다른 곳에서 얻은 데이터의 경우에는 오픈 오피스나 마이크로소프트 엑셀과 같은 적절한 프로그램을 사용해 손수 .csv 파일을 만드는 것이 가장 좋다.

TrainData 클래스의 가장 중요한 메서드는 loadFromCSV이고, 다음 매개변수들을 사용한다.

- **const String& filename:** 입력 파일 이름
- **int headerLineCount:** 건너뛸 라인 수
- **int ResponseStartIdx:** 첫 번째 출력 변수의 인덱스
- **int responseEndIdx:** 마지막 출력 변수의 인덱스
- **const String& varTypeSpec:** 출력 변수의 데이터 타입을 나타내는 텍스트 문자열
- **char delch:** 각 라인에서 값을 분리하는 데 사용하는 문자
- **char missch:** 누락된 측정값을 위해 사용하는 문자

쉼표로 구분된 부동소수점 데이터가 들어있는 파일이 있다면 다음처럼 가져올 수 있다.

```
Ptr <TrainData> tDataContainer = TrainData :: loadFromCSV ( "file.csv",
                            0,    // 건너뛸 줄 수
                            0);   // 첫 번째 인덱스와 출력 변수
```

이 클래스는 훈련 세트나 테스트 세트로 데이터를 분리하고, 훈련 세트나 테스트 세트의 개별 데이터 포인트에 액세스하는 데 유용한 여러 가지 기능을 제공한다. 예를 들어 파일에 100개의 샘플이 포함된 경우 처음 90개의 샘플을 훈련 세트에 할당하고 나머지 10개는 테스트 세트에 남겨둘 수 있다. 우선 샘플을 만든다.

```
tDataContainer-> shuffleTrainTest();
tDataContainer-> setTrainTestSplit(90);
```

그리고 모든 훈련 샘플을 OpenCV 행렬에 쉽게 저장할 수 있다.

```
cv :: Mat trainData = tDataContainer-> getTrainSamples();
```

여기에 설명된 모든 관련 기능은 http://docs.opencv.org/4.0.0/dc/d32/classcv_1_1ml_1_1TrainData.html에서 찾을 수 있다.

그 외에 TrainData 컨테이너와 사용 예는 오래된 방법일 수도 있다. 책의 나머지 부분에서는 파이썬을 이용한 방법에 초점을 두고 진행한다.

▌요약

2장에서는 원시 데이터에서 유용한 특징을 추출하는 방법, 데이터와 레이블을 사용해 머신러닝 모델을 학습하는 방법, 최종 모델을 사용해 새로운 데이터 레이블을 예측하는 방법을 다뤘으며, 이를 통해 머신러닝 문제를 다루는 전형적인 워크플로를 살펴봤다. 모델이 새로운 데이터 포인트로 얼마나 잘 일반화되는지 알 수 있는 유일한 방법이므로 데이터를 훈련 세트와 테스트 세트로 분리하는 것이 필수적임을 알게 됐다.

소프트웨어 측면에서는 파이썬 기술 활용 방법을 많이 살펴봤다. NumPy 배열을 사용해 데이터를 저장하고 조작하는 방법과 데이터 시각화를 위해 Matplotlib을 사용하는 방법을 배웠다. 그리고 scikit-learn과 많은 유용한 데이터 자원도 이야기했다. 마지막으로 OpenCV의 C++ API 사용자용 해결 방법을 제공하는 OpenCV의 `TrainData` 컨테이너를 언급했다.

이 도구들을 사용해 이제 실제 머신러닝 모델을 구현할 준비가 됐다. 3장에서는 지도학습supervised learning과 두 가지 주요 문제 범주인 분류/회귀에 초점을 맞춘다.

03

지도학습의 첫 번째 단계

2장까지는 모든 기반 사항을 다뤘다. 파이썬 환경과 OpenCV를 설치하고 파이썬에서 데이터를 처리하는 방법을 배웠다. 이제 첫 번째 머신러닝 시스템을 구축할 차례다. 먼저 가장 일반적이며 성공적인 유형의 머신러닝인 '지도학습'을 살펴보자.

2장에서는 지도학습이 함께 제공뇌는 레이블을 사용해 훈련 데이터의 규칙성을 학습하기 위한 것임을 이미 알고 있다. 따라서 새로운 실험 데이터의 레이블을 예측할 수 있다. 3장에서는 좀 더 깊이 파고들어 이론적 지식들을 실용적인 것으로 바꾸는 방법을 살펴본다. 회귀와 분류의 다양한 평가 지표와 함께 관련 내용들을 알 수 있다.

3장에서 다루는 내용은 다음과 같다.

- 분류와 회귀의 차이점은 무엇이며 언제 사용해야 할까?
- k-최근접 이웃k-nearest neighbor 분류기란 무엇이며 OpenCV에서 어떻게 구현할까?
- 분류하는 데 로지스틱 회귀 분석을 사용하는 방법
- OpenCV에서 선형 회귀 모델을 만드는 방법, 라소Lasso와 리지ridge 회귀의 차이점

이제 각 내용을 학습해보자.

▌기술적 요구 사항

다음 링크에서 3장의 코드를 참고할 수 있다.

https://github.com/PacktPublishing/Machine-Learning-for-OpenCV-Second-Edition/tree/master/Chapter03

다음은 간략한 소프트웨어, 하드웨어 요구 사항이다.

- OpenCV 버전 4.1.x(4.1.0이나 4.1.1 모두 잘 작동한다)
- 파이썬 버전 3.6(모든 파이썬 버전 3.x는 괜찮다)
- 파이썬과 필수 모듈을 설치하기 위한 아나콘다 파이썬 3이 필요하다.
- 이 책에서는 맥OS, 윈도우, 리눅스 기반 OS 등 모든 OS를 사용할 수 있다. 시스템은 최소 4GB의 RAM를 가져야 한다.
- 이 책과 함께 제공된 코드를 실행하고자 GPU를 사용할 필요는 없다.

▌지도학습 이해

지도학습의 목표는 항상 데이터의 레이블(또는 목푯값) 예측이다. 이러한 레이블의 특성에 따라 지도학습은 두 가지 형태로 나눌 수 있다.

- **분류:** 지도학습은 카테고리를 예측할 때마다 데이터를 사용하기 때문에 분류라고 한다. 이해하기 좋은 예는 이미지에 고양이나 개가 있는지 예측하는 경우다. 여기서 데이터의 레이블은 카테고리 중 하나에 해당되며, 두 개 모두 혼합될 수는 없다. 예를 들어보자. 사진에 고양이나 개가 포함돼 있으며 고양이 50%와 강아지 50%의 비율이다(여기서는 만화 캐릭터 CatDog 그림은 고려하지 않는다). 사용자의 임무는 단순히 이미지가 무엇인지를 구분하는 것이다. 단 두 가지 중 하나를 선택해야 하는 경우가 있을 때 이를 2 클래스 또는 이진 분류라고 한다. 두 개 이상의 카테고리가 있는 경우, 즉 아이리스 꽃의 종을 예측할 때와 같은 경우를 다중 클래스 분류라고 한다(1장에서 사용된 아이리스 꽃 데이터 세트를 상기해본다).
- **회귀:** 지도학습은 실제 값을 예측하고자 데이터를 사용할 때마다 회귀적으로 할 수 있다. 이와 관련된 좋은 예는 주식 가격을 예측하려고 할 때다. 회귀의 목표는 주식 카테고리를 예측하는 것이 아니라 가능한 한 정확하게 목푯값을 예측하는 것이다. 예를 들어 가능한 한 오차를 최소화하면서 주가를 예측한다.

분류와 회귀 분석을 하는 방법은 여러 가지가 있지만, 지금은 몇 가지 방법만 살펴본다. 분류나 회귀 중 어떤 것을 사용할지 판단하는 가장 쉬운 방법은 스스로에게 다음과 같은 질문을 던지는 것이다. 사용자는 실제로 무엇을 예측하려고 하는가? 대답은 다음 그림을 보면 알 수 있다.

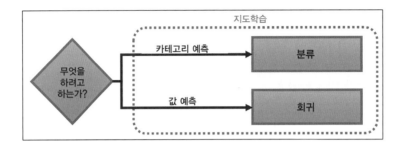

이 그림은 분류와 회귀 문제 간의 차이를 보여준다.

OpenCV에서 지도학습 살펴보기

지도학습이 어떻게 작동하는지 알지만 실행에 옮기지 못한다면 아무 소용이 없다. 다행히도 OpenCV는 모든 지도학습 모델을 포함하는 통계 학습 모델의 직접적인 인터페이스를 제공한다.

OpenCV에서 모든 머신러닝 모델은 `cv::ml::StatModel` 기본 클래스에서 파생된다. 이는 OpenCV에서 머신러닝 모델이 되려면 `StatModel`에서 모든 기능을 제공해야 한다는 의미다. 기능에는 모델을 훈련시키는 방법(train이라고 함)과 모델의 성능을 측정하는 방법(calcError라고 함)이 포함된다.

 객체지향 프로그래밍(OOP)에서 함수는 객체나 클래스로 제공된다. 객체는 자체가 '메서드'라고 불리는 많은 함수와 멤버나 속성(attribute)이라고 하는 변수로 구성된다. OOP의 자세한 내용은 파이썬 클래스 부분(https://docs.python.org/3/tutorial/classes.html)을 참고한다.

소프트웨어의 구성 때문에 OpenCV에서 머신러닝 모델을 항상 같은 방법으로 설정할 수 있다.

- **초기화:** 비어있는 인스턴스로 모델을 만들려면 이름을 사용해 모델을 호출한다.

- **매개변수 설정:** 모델에 매개변수가 필요한 경우 세터^{setter} 메서드로 매개변수를 설정할 수 있다. 이 매개변수는 각 모델마다 다를 수 있다. 예를 들어 k-최근접 이웃 알고리즘이 작동하려면 매개변수 k(k가 무엇인지는 나중에 살펴본다)를 지정해야 한다.
- **모델 훈련:** 모든 모델은 train이라는 메서드를 제공하고 모델을 데이터에 맞춘다.
- **새로운 레이블 예측:** 모든 모델은 새로운 데이터의 레이블을 예측하는 데 사용되는 predict라는 메서드를 제공한다.
- **모델 점수화:** 모든 모델은 성능을 측정하는 데 사용되는 calcError라는 메서드를 제공한다. 이 계산은 각 모델마다 다를 수 있다.

 OpenCV는 광대하면서 커뮤니티 중심인 프로젝트이므로 모든 알고리즘이 사용자가 기대할 수 있는 정도까지 규칙을 따르지는 않는다. 예를 들어 k-최근접 이웃 알고리즘은 predict를 사용할 수 있지만, findNearest 메서드에서 대부분의 작업을 수행할 수 있다. 여러 가지 다른 방법을 통해 이렇게 규칙 사용이 일치하지 않는 것을 확인할 수 있다.

OpenCV가 제공하지 않는 일부 머신러닝 알고리즘을 구현하고자 scikit-learn을 사용하며, 학습^{learning} 알고리즘은 거의 동일한 논리를 따른다. 가장 주목할 만한 차이점은 scikit-learn이 초기화 단계에서 필요한 모든 모델 매개변수를 설정한다는 것이다. 또한 train 대신 훈련 함수 fit을 호출하고 calcError 대신 점수화^{scoring} 함수 score를 호출한다.

점수화 함수로 모델 성능 측정

머신러닝 시스템 구축의 가장 중요한 부분 중 하나는 모델 예측 품질을 측정하는 방법을 찾는 것이다. 실제 시나리오에서 모델은 대부분 정확하게 처리하지 못할 수 있다. 2장에서는 모델을 평가하고자 테스트 세트 내의 데이터를 사용해야 한다는 점을 확인했다. 정확히 어떻게 동작하는 것일까?

간단하지만 도움이 되지 않는 대답은 바로 모델에 달려 있다는 답변이다. 사람들은 모든 가능한 시나리오에서 훈련된 모델을 평가하는 데 사용할 수 있는 모든 종류의 점수화 함수^{scoring function}를 제안했다. 좋은 소식은 그중 상당수가 사실 scikit-learn의 metrics 모듈 중 일부라는 것이다. 이미 제공되고 있다는 의미다.

이제 가장 중요한 점수화 함수의 기능을 간략히 살펴보자.

정확도, 정확률, 재현율을 사용하는 점수화 분류기

클래스 레이블이 두 개인 이진 분류 작업에는 분류 성능을 측정하는 여러 가지 방법이 있다. 몇 가지 일반적인 측정 항목은 다음과 같다.

- **accuracy_score:** 정확도는 정확히 예측된 테스트 세트의 데이터 포인트 수를 계산하고, 그 수를 테스트 세트 크기 중에서 얼마나 되는지 나타낸다. 그림에서 고양이나 개를 분류하는 경우에 정확도는 고양이나 개가 정확하게 포함된 것으로 분류된 그림의 비율로 알 수 있다. 이는 분류기^{classifier}의 가장 기본적인 점수화 기능이다.

- **precision_score:** 정확률은 분류기가 개를 포함한 그림에서 고양이 레이블을 얼마나 지정하지 않는지를 나타낸다. 다른 말로 하면 정확률은 분류기가 고양이를 포함한다고 생각하는 모든 테스트 세트 그림 중에서 실제로 고양이가 들어있는 그림의 비율을 의미한다.

- **recall_score:** 재현율^{recall}(또는 감도)은 고양이가 들어 있는 모든 그림을 분류기가 검색할 수 있는 기능을 나타낸다. 즉, 재현율은 테스트 세트의 모든 고양이 사진 중에서 고양이 사진으로 정확하게 식별된 그림이 어느 정도인지를 나타낸다.

예를 들어 0 또는 1인 실제 측정값(ground truth)에 대한 클래스 레이블을 가진다고 가정해보자. NumPy의 난수 생성기를 사용해 랜덤으로 생성할 수 있다. 분명히 이는 코드를 재실행할 때마다 새로운 데이터 포인트가 랜덤으로 생성됨을 의미한다. 이 책으로 학습하고자 사용자가 코드를 실행할 때 항상 같은 결과를 얻을 수 있다고 가정해보자. 이러한 결과를 얻기 위한 좋은 방법은 난수 생성기의 시드를 수정하는 것이다. 이렇게 하면 스크립트를 실행할 때마다 생성기가 동일한 방식으로 초기화될 수 있다.

1. 다음 코드를 사용해 난수 생성기의 시드를 수정한다.

```
In [1]: import numpy as np
In [2]: np.random.seed(42)
```

2. 그런 다음 범위 (0, 2)에서 임의의 정수를 선택해 0 또는 1인 다섯 개의 랜덤 레이블을 생성할 수 있다.

```
In [3]: y_true = np.random.randint(0, 2, size=5)
...     y_true
Out[3]: array([0, 1, 0, 0, 0])
```

 때로는 positive(클래스 레이블이 1인 모든 데이터 요소)와 negative(그 외의 다른 모든 데이터 요소) 요소의 두 클래스를 사용한다.

앞에서 언급한 클래스 레이블을 예측하는 분류기를 가정해보자. 분류기가 똑똑하지 않고 항상 레이블 1을 예측한다고 가정하면 예측 레이블을 하드 코딩해 조정할 수 있다.

```
In [4]: y_pred = np.ones(5, dtype=np.int32)
  ...      y_pred
Out[4]: array([1, 1, 1, 1, 1], dtype=int32)
```

예측의 정확성은 어느 정도일까?

앞에서 언급했듯이 정확도는 올바르게 예측된 테스트 세트의 데이터 요소 수를 계산하고 그 값이 테스트 세트 크기 중에서 어느 정도인지 반환한 결과를 살펴본다. 결과를 보면 두 번째 데이터 요소(실제 레이블이 1인 위치)에 대해서만 올바르게 예측했다. 다른 경우 실제 레이블은 0이었지만 1을 예측했다. 따라서 정확도는 1/5이나 0.2가 된다.

정확도 메트릭을 구현하면 예상 클래스 레이블이 실제 클래스 레이블과 일치하는 모든 경우를 얻을 수 있다.

```
In [5]: test_set_size = len(y_true)
In [6]: predict_correct = np.sum(y_true == y_pred)
In [7]: predict_correct / test_set_size
Out[7]: 0.2
```

scikit-learn의 metrics 모듈을 사용하면 좀 더 지능적이면서 더욱 편리하게 구현할 수 있다.

```
In [8]: from sklearn import metrics
In [9]: metrics.accuracy_score(y_true, y_pred)
Out[9]: 0.2
```

지금까지는 어려운 내용은 없었다. 그러나 정확률과 재현율을 이해하려면 1종 오차와 2종 오차의 전반적인 이해가 필요하다. 클래스 레이블이 1인 데이터 요소는 positive(참)라고 하며, 클래스 레이블이 0(또는 –1)인 데이터 요소는 negative(거짓)

라고 한다. 특정 데이터 요소를 분류하면 다음의 복잡한 행렬에 표시된 것처럼 네 가지 가능한 결과 중 하나를 가질 수 있다.

	실제로 참(is truly positive)?	실제로 거짓(is truly negative)?
참으로 예측(predicted positive)	진짜로 참(true positive)	거짓이지만 참으로 판정 (false positive)
거짓으로 예측 (predicted negative)	거짓인지 알지 못함 (false negative)	진짜로 거짓(true negative)

데이터 포인트가 정말 참이고 사용자가 참인 것을 예측했으면 제대로 된 경우다. 이 경우 결과를 참 양성true positive이라고 한다. 데이터 포인트가 참이지만 실제로는 거짓이라고 생각하면 사용자는 positive(위양성false positive)로 오측한다. 마찬가지로 데이터 포인트가 거짓이라고 생각하지만 실제로는 참인 경우에는 negative(위음성false negative)로 오측한다. 마지막으로 사용자가 거짓을 예측했지만 데이터 포인트가 정말로 거짓이라면 참 음성true negative을 발견한 것이다.

 통계 가설 테스트에서 위양성은 1종 오차로도 알려져 있으며, 위음성은 2종 오차라고 한다.

가상mock-up 데이터에서 이 네 가지 메트릭을 빨리 계산해보자. 참 양성을 갖고 있는 경우에 진짜 레이블은 1이며, 사용자도 1을 예측할 것이다.

```
In [10]: truly_a_positive = (y_true == 1)
In [11]: predicted_a_positive = (y_pred == 1)
In [12]: true_positive = np.sum(predicted_a_positive * truly_a_positive )
...         true_positive
Out[12]: 1
```

마찬가지로 위양성인 경우에는 1을 예측했지만, 실측 값(ground truth)은 0이었다.

```
In [13]: false_positive = np.sum((y_pred == 1) * (y_true == 0))
...      false_positive
Out[13]: 4
```

지금까지 참 거짓을 확인하고자 많은 시간 동안 매달려 있었을 것이다. 사용자가 거짓을 예측한 것에 대해 알려면 수학이 필요할까? 똑똑하지 않은 분류기는 이 상황에서 0을 예측하지 못하므로 (y_pred == 0)은 절대로 true가 될 수 없다.

```
In [14]: false_negative = np.sum((y_pred == 0) * (y_true == 1))
...      false_negative
Out[14]: 0
In [15]: true_negative = np.sum((y_pred == 0) * (y_true == 0))
...      true_negative
Out[15]: 0
```

이제 표를 다시 그려보자.

	실제로 참(is truly positive)?	실제로 거짓(is truly negative)?
참으로 예측(predicted positive)	1	4
거짓으로 예측(predicted negative)	0	0

모든 것을 올바르게 판단했는지 확인하고자 한 번 더 정확도를 계산해보자. 정확성은 참 양성 개수에 참 음성의 수(즉, 사용자가 얻은 모든 것)를 합한 것을 데이터 포인트의 총수로 나눈 값이어야 한다.

```
In [16]: accuracy = (true_positive + true_negative) / test_set_size
...      accuracy
Out[16]: 0.2
```

성공이다. 그리고 모든 참을 예측한 경우의 수로 실제 참 개수를 나눈 값으로 정확률이 부여된다.

```
In [17]: precision = true_positive / (true_positive + false_positive)
...        precision
Out[17]: 0.2
```

이번 경우에는 정확률이 정확도보다 좋지 않음을 알 수 있다. scikit-learn의 수학 작업 결과를 확인해보자.

```
In [18]: metrics.precision_score(y_true, y_pred)
Out[18]: 0.2
```

마지막으로 재현율은 올바르게 참으로 분류한 값과 모든 참 반응 값에 대한 비율로 주어진다.

```
In [19]: recall = true_positive / (true_positive + false_negative)
...        recall
Out[19]: 1.0
In [20]: metrics.recall_score(y_true, y_pred)
Out[20]: 1.0
```

재현율은 정말 괜찮은 결과를 안겨준다. 그러나 실제를 가정한 가상의 데이터로 되돌아가면 우수한 재현율 점수는 운이 좋은 결과라는 점이 분명하다. 실물 모델 데이터 세트에는 단 하나의 1 레이블만 있었고 우연히 정확하게 분류했기 때문에 완벽한 재현율 점수를 얻을 수 있었다. 하지만 이러한 결과만으로 분류기가 완전하다는 것을 의미할 수 있을까? 아니다. 분류 성능의 보완적인 측면을 측정하는 세 가지 유용한 측정 항목이 있다.

평균 제곱 오차, 분산, R 제곱을 사용한 회귀 분석

회귀 모델은 앞에서 설명한 것처럼 메트릭을 사용하지 않는다. 따라서 별개의 분류 레이블이 아닌 연속 출력값이 예측된다. 다행히 scikit-learn은 다음처럼 유용한 점수화 함수를 제공한다.

- **mean_squared_error**: 회귀 문제에서 가장 일반적으로 사용되는 오차 측정 항목은 모든 데이터 요소에서 평균화된 훈련 세트의 모든 데이터 요소에 대해 예측값과 실제 값 사이의 '제곱 오차'를 측정한다.
- **explain_variance_score**: 좀 더 정교한 측정 항목으로 모델이 테스트 데이터의 변량이나 분산을 어느 정도 나타낼 수 있는지 측정한 결과를 사용한다. 종종 설명된 분산explained variance의 양은 상관 계수correlation coefficient를 사용해 측정한다.
- **r2_score**: R2 점수는 설명된 분산 점수와 밀접한 관련이 있지만 비편향 분산 추정unbiased variance estimation을 사용한다. 또한 이것은 결정 계수로 알려졌다.

실제를 가정한 가상의 다른 데이터 세트를 만들어본다. sin 값과 비슷한 데이터를 x 값의 함수로 관찰한다고 가정해보자. 0과 10 사이에 100개의 등간격 x 값을 생성한다.

```
In [21]: x = np.linspace(0, 10, 100)
```

그러나 실제 데이터는 항상 노이즈를 가진다. 이러한 사실을 적용하고자 목푯값, y_true에도 노이즈가 들어있어야 한다. sin 함수에 노이즈를 추가한다.

```
In [22]: y_true = np.sin(x) + np.random.rand(x.size) - 0.5
```

여기서는 NumPy의 rand 함수를 사용해 [0, 1] 범위의 균등 분포 노이즈^{uniformly} ^{distributed noise}를 추가했지만, 0.5를 뺀 값을 중심으로 노이즈를 중심에 배치한다. 따라서 모든 데이터 포인트를 최대 0.5까지 위아래로 효과적으로 변동해 노이즈를 반영한다.

지금의 모델을 사용해 sin(x) 관계를 파악할 수 있다고 가정해보자. 예측된 y 값은 다음처럼 주어진다.

```
In [23]: y_pred = np.sin(x)
```

이 데이터는 어떤 모습으로 보일까? 모습을 알고자 Matplotlib을 사용해 시각화할 수 있다.

```
In [24]: import matplotlib.pyplot as plt
...         plt.style.use('ggplot')
...         %matplotlib inline
In [25]: plt.figure(figsize=(10, 6))
...         p lt.plot(x, y_pred, linewidth=4, label='model')
...         plt.plot(x, y_true, 'o', label='data')
...         plt.xlabel('x')
...         plt.ylabel('y')
...         plt.legend(loc='lower left')
Out[25]: <matplotlib.legend.Legend at 0x265fbeb9f98>
```

그러면 다음과 같은 선 그림이 생성된다.

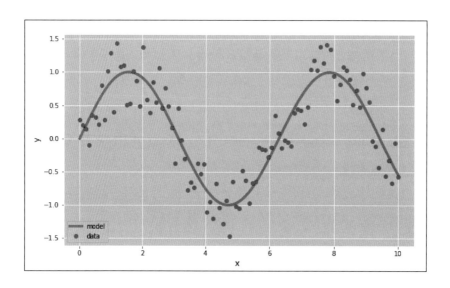

모델 예측이 얼마나 잘됐는지를 결정하는 가장 간단한 측정 기준은 '평균 제곱 오차'다. 각 데이터 포인트에 대해 예측된 y 값과 실제 y 값의 차이를 확인한 후 이를 제곱하면 얻을 수 있다. 그런 다음 모든 데이터 포인트에서 이러한 '제곱 오차의 평균'을 계산하면 된다.

```
In [26]: mse = np.mean((y_true - y_pred) ** 2)
...       mse
Out[26]: 0.08531839480842378
```

편의를 위해 scikit-learn은 자체 제곱 오차 구현을 제공한다.

```
In [27]: metrics.mean_squared_error(y_true, y_pred)
Out[27]: 0.08531839480842378
```

또 다른 공통 척도는 데이터의 산포^{scatter}나 분산^{variation}을 측정한다. 모든 데이터 포인트가 모든 데이터 포인트의 평균과 같으면 데이터에 산포나 변동이 없으며, 단일 데이터 값으로 향후 모든 데이터 포인트를 예측할 수 있다. 이 문제는 세계에서 가장 지루한 머신러닝 문제일 수 있다. 데이터 포인트는 알려지지 않은 숨겨진 관계를 따라가는 경우가 많다. 앞 예에서 관계는 산포된 데이터를 나타내고자 $y = \sin(x)$ 관계식을 사용한다.

사용자가 설명할 수 있는 데이터(또는 분산)의 산포 정도를 측정할 수 있다. 예측된 레이블과 실제 레이블 사이에 존재하는 분산을 계산해 측정한다. 이 분산 값은 사용자 예측으로는 설명할 수 없다. 이 값을 데이터의 총 분산으로 정규화하면 설명되지 않은 분산 부분 값을 얻을 수 있다.

```
In [28]: fvu = np.var(y_true - y_pred) / np.var(y_true)
...        fvu
Out[28]: 0.163970326266295
```

이 메트릭은 부분 분수 값을 갖기 때문에 값은 0과 1 사이에 존재한다. 이 분수 값을 1에서 빼서 설명된 분산의 부분 형태 값을 구할 수 있다.

```
In [29]: fve = 1.0 - fvu
...        fve
Out[29]: 0.836029673733705
```

scikit-learn으로 수학 연산 결과를 검증해보자.

```
In [30]: metrics.explained_variance_score(y_true, y_pred)
Out[30]: 0.836029673733705
```

결과는 정확하다. 마지막으로 결정 계수coefficient of determination 또는 $\mathcal{R}^2$('R 제곱'으로 읽음)으로 알려진 것을 계산할 수 있다. $\mathcal{R}^2$은 설명된 분산의 부분 값과 밀접하게 관련돼 있으며, 이전에 계산된 평균 제곱 오차를 데이터의 실제 분산 값과 비교한다.

```
In [31]: r2 = 1.0 - mse / np.var(y_true)
...         r2
Out[31]: 0.8358169419264746
```

scikit-learn을 사용하면 같은 값을 얻을 수 있다.

```
In [32]: metrics.r2_score(y_true, y_pred)
Out[32]: 0.8358169419264746
```

사용자가 예측한 결과가 더 잘 맞을수록 단순 평균을 취하는 것과 비교할 때 $\mathcal{R}^2$ 점수 값이 1에 가까워진다. $\mathcal{R}^2$ 점수는 음의 값을 가질 수 있는데, 이는 모델 예측을 한 결과가 임의로 1보다 나빠질 수 있기 때문이다. 입력 x와 독립적으로 y의 예상 값을 항상 예측하는 상수 모델에서 $\mathcal{R}^2$ 점수는 0이 된다.

```
In [33]: metrics.r2_score(y_true, np.mean(y_true) * np.ones_like(y_true))
Out[33]: 0.0
```

▌분류 모델을 사용한 클래스 레이블 예측

지도학습 도구를 사용하면 실제 분류 예제를 사용할 수 있다.

랜덤빌^{Randomville}이라는 작은 마을을 생각해보자. 이 마을 사람들은 랜덤빌 레드 $^{Randomville\ Reds}$와 랜덤빌 블루$^{Randomville\ Blues}$라는 두 개의 스포츠 팀에 열광하고 있다. 레드 팀은 오랫동안 마을 외곽에서 활동했고, 사람들은 그 팀을 사랑했다. 그러나 나중에 마을 외부의 백만장자가 와서 레드 팀의 최고 선수를 사들였고, 이를 바탕 으로 새로운 팀(블루 팀)을 운영하기 시작했다. 이에 대해 대부분의 레드 팬들은 불만을 갖겠지만, 최고 선수가 있는 블루 팀이 우승을 차지하게 될 것이다. 몇 년

후 일부 선수는 자신이 선택해 팀을 옮겼기 때문에 팬들이 용서하지 않는 반발이 있음에도 다시 레드 팀으로 돌아갈 것이다. 그러나 어쨌든 간에 당신은 레드 팀 팬들이 블루 팀 팬들과 어울리지 않는 이유를 알게 됐다. 사실 이 두 팀 팬들은 너무 분열된 탓에 결코 서로 옆에 살려고 하지 않는다. 나는 블루 팀 팬들이 옆집에 이사를 오자 레드 팀 팬들이 의도적으로 그곳을 떠났다는 이야기를 들었다. 이 이야기는 진짜 사실이다.

어쨌든 우리는 마을에 새로 왔으며 집집마다 가서 블루 팀 상품을 사람들에게 팔려고 한다고 가정하자. 그러나 때때로 블루 팀 물건을 판매할 때는 무섭게 외쳐대는 레드 팀 팬을 만나기도 하고, 그들로부터 잔디밭에서 추격을 당하기도 한다. 참 어렵다. 따라서 레드 팀이 사는 집을 피하고 블루 팀 팬의 집을 방문하는 것이 스트레스가 적고 시간 낭비를 줄이는 방법이다.

사용자가 레드 팀 팬이 어디에 살고 있는지 예측할 수 있다고 확신하면서 그 경로를 추적해보자. 레드 팀 팬의 집에 오게 되면 지도 위에 빨간색 삼각형을 그린다. 그렇지 않은 경우에는 파란색 사각형을 그려본다. 이제 모두가 사는 곳에 대한 정보를 기반으로 좋은 아이디어를 얻을 수 있다.

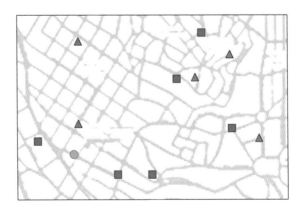

이제 앞의 지도에서 녹색 원으로 표시된 집에 접근하려고 한다. 문을 두드려야 할까? 그들이 선호하는 팀(아마 현관 뒤에 매달려 있는 팀 깃발)에 대한 단서를 찾으려고 노력하지만, 사실 지금 아무것도 알 수 없다. 하지만 문을 두드리는 것이 안전한지 어떻게 알 수 있을까?

다소 유치한 이 예제는 바로 지도학습 알고리즘이 해결할 수 있는 문제 중 한 가지다. 우리는 훈련 데이터를 구성하는 많은 관찰 결과(집, 위치, 색깔)를 가진다. 이 데이터를 사용하고 경험을 통해 배울 수 있으므로 새로운 집이 선호하는 팀의 색상을 예측하는 작업을 통해 충분한 정보를 바탕으로 결과를 얻을 수 있다.

앞에서 언급했듯이 레드 팀 팬들은 실제로 팀에 열정적이므로 블루 팀 팬 옆으로 절대 이동하지 않는다. 새 집에 어떤 팀 팬이 살고 있는지 알아내려면 정보를 사용해야 하지만, 이웃집이 어느 집인지 모두 볼 수 없다.

이러한 문제를 해결하는 데 k-최근접 이웃 알고리즘을 사용할 수 있다.

k-최근접 이웃 알고리즘의 이해

k-최근접 이웃$^{k-NN}$ 알고리즘은 아마도 가장 간단한 머신러닝 알고리즘 중 하나일 것이다. 기본적으로 훈련 데이터 세트만 저장하면 되기 때문이다. 그런 다음 새로운 데이터 포인트를 예측하고자 가장 가까운 이웃 훈련 데이터 세트에서 가장 가까운 데이터 포인트를 찾아야 한다.

요컨대 k-최근접 이웃 알고리즘을 사용하면 데이터 포인트가 이웃과 동일한 클래스에 속할 것이라고 예상할 것이다. 생각해보자. 우리의 이웃이 레드 팀 팬이라면 우리는 아마도 레드 팀 팬일 것이다. 그렇지 않고 블루 팀 팬이었다면 우리는 오래전에 멀리 이사 했을 것이다. 블루 팀 팬의 경우도 마찬가지다.

물론 일부 지역은 좀 더 복잡할 수도 있다. 이 경우에는 가장 가까운 이웃($k = 1$)을 고려하지 않고, k개의 가장 가까운 이웃을 고려할 것이다. 앞서 언급했듯이 사용자가 고민한 사례를 그대로 생각해보면 레드 팀 팬이라면 대부분의 사람들이 블루 팀 팬의 이웃으로 이사 하지 않을 것이다.

사실 이것이 전부다.

OpenCV에서 k-최근접 이웃 구현

OpenCV를 사용하면 **cv2.ml.KNearest_create()** 함수를 통해 k-최근접 이웃 모델을 쉽게 만들 수 있다. 그리고 나서 모델을 작성하는 과정은 다음과 같다.

1. 훈련 데이터를 만든다.
2. 주어진 수 k에 대해 k-최근접 이웃 객체를 만든다.
3. 사용자가 분류하고자 하는 새로운 데이터 포인트에 대해 k개의 가장 가까운 이웃을 찾는다.
4. 다수결 투표로 새로운 데이터 포인트의 등급 레이블을 지정한다.
5. 결과를 그린다.

먼저 필요한 모든 모듈을 가져온다. k-최근접 이웃 알고리즘에 대한 OpenCV, 데이터 변경^{munging}을 위한 NumPy, 플로팅을 위한 Matplotlib을 가져와야 한다. 주피터 노트북에서 작업하는 경우 **%matplotlib inline** 매직 호출을 꼭 기억해야 한다.

```
In [1]: import numpy as np
...         import cv2
...         import matplotlib.pyplot as plt
...         %matplotlib inline
In [2]: plt.style.use('ggplot')
```

훈련 데이터 생성

첫 번째 단계에서는 훈련 데이터를 생성해야 한다. 이를 위해 NumPy의 난수 생성기를 사용한다. 앞 절에서 설명한 것처럼 난수 생성기의 시드를 수정해 스크립트를 다시 실행하면 항상 동일한 값이 생성될 수 있다.

```
In [3]: np.random.seed(42)
```

좋다. 이제 시작하면 된다. 사용자가 사용해야 할 훈련 데이터는 어떻게 생겼을까? 앞의 예에서 각 데이터 포인트는 마을 지도에서 집들의 위치다. 모든 데이터 포인트에는 두 가지 정보(즉, 마을 지도에서 해당 위치의 x와 y 좌표)와 클래스 레이블(즉, 블루 팀 팬이 있는 경우 파란색 사각형, 레드 팀 팬이 있는 경우 빨간색 삼각형)이 존재한다. 따라서 하나의 데이터 포인트는 도시 지도에서 x 좌표와 y 좌표를 갖는 두 요소 벡터로 나타낼 수 있다. 파란색 사각형인 경우 레이블 번호를 0으로 하고, 빨간색 삼각형인 경우 레이블 번호는 1로 한다. 이 과정은 데이터를 생성해 플로팅하고 새 포인트의 레이블을 예측한다. 이 단계들을 어떻게 수행하는지 살펴보자.

1. 지도에서 임의의 위치를 선택하고 임의의 레이블(0 또는 1)을 선택해 단일 데이터 요소를 생성할 수 있다. 마을 지도가 $0 \leq x < 100$과 $0 \leq y < 100$의 범위에 걸쳐 있다고 가정한다. 그러면 다음처럼 랜덤 데이터 포인트를 생성할 수 있다.

```
In [4]: single_data_point = np.random.randint(0, 100, 2)
...        single_data_point
Out[4]: array ([51, 92])
```

앞의 출력에서 볼 수 있듯이 0과 100 사이 범위에서 두 개의 임의의 정수를 선택한다. 첫 번째 정수를 지도에서 데이터 포인트의 x 좌표로 해석하고 두 번째 정수를 포인트의 y 좌표로 해석한다.

2. 마찬가지로 데이터 요소의 레이블을 선택한다.

```
In [5]: single_label = np.random.randint(0, 2)
...        single_label
Out[5]: 0
```

이 데이터 포인트는 클래스 0을 가지며, 파란색 사각형으로 해석된다.

3. 생성할 데이터 포인트의 수(즉, num_samples)와 데이터 포인트마다 존재하는 특징 수(즉, num_features)를 입력으로 취하는 함수를 만든다.

```
In [6]: def generate_data(num_samples, num_features=2):
...        """Randomly generates a number of data points"""
```

특징 수는 2이므로 이 숫자를 기본 인수 값으로 사용하는 것이 좋다. 이렇게 하면 함수를 호출할 때 num_features를 명시적으로 지정하지 않으면 값으로 2가 자동 지정된다. 이미 이러한 방법을 알고 있었을 수도 있다.

만들고자 하는 데이터 행렬은 num_samples 행과 num_features 열을 가져야 하며, 행렬의 모든 원소는 (0, 100) 범위에서 랜덤으로 선택된 정수여야 한다.

```
...        data_size = (num_samples, num_features)
...        train_data = np.random.randint(0, 100, size = data_size)
```

마찬가지로 모든 샘플에 대해 (0, 2) 범위의 임의의 정수 레이블을 포함하는 벡터를 만든다.

```
...        labels_size = (num_samples, 1)
...        labels = np.random.randint(0, 2, size = labels_size)
```

함수가 생성된 데이터를 반환하는 것을 잊지 말자.

```
...         return data.astype(np.float32), labels
```

 OpenCV는 데이터 유형에 관해서는 조금 까다롭게 사용해야 할 수 있으므로 데이터 포인트를 항상 np.float32로 변환해야 한다.

4. 임의의 개수의 데이터 포인트를 만들고 생성하는 함수를 만들어보자. 랜 덤으로 좌표 11개를 선택한다.

```
In [7]: train_data, labels = generate_data(11)
...      train_data
Out[7]: array([[ 71., 60.],
[ 20., 82.],
[ 86., 74.],
[ 74., 87.],
[ 99., 23.],
[ 2., 21.],
[ 52., 1.],
[ 87., 29.],
[ 37., 1.],
[ 63., 59.],
[ 20., 32.]], dtype=float32)
```

5. 이전 출력 결과에서 알 수 있듯이 train_data 변수는 11 × 2 배열이며, 각 행은 단일 데이터 요소가 된다. 또한 배열에 인덱스를 붙여 첫 번째 데이터 포인트를 해당 레이블로 검사할 수 있다.

```
In [8]: train_data[0], labels[0]
Out[8]: (array([ 71., 60.], dtype=float32), array([1]))
```

6. 여기서 첫 번째 데이터 포인트는 파란색 사각형(클래스 0이기 때문에)이고 마을 지도의 위치는 (x, y) = (71, 60)에 있음을 알 수 있다. 원한다면 Matplotlib을 사용해 마을 지도에 이 데이터 포인트를 그릴 수 있다.

```
In [9]: plt.plot(train_data[0, 0], train_data[0, 1], color='r',
marker='^', markersize=10)
...     plt.xlabel('x coordinate')
...     plt.ylabel('y coordinate')
Out[9]: [<matplotlib.text.Text at 0x137814226a0>]
```

이 코드를 수행한 결과는 다음과 같다.

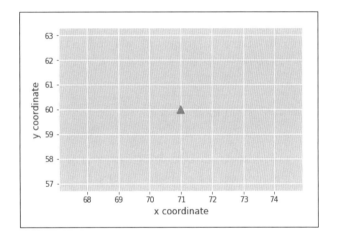

7. 그렇지만 한 번에 전체 훈련 세트를 시각화하려면 어떻게 해야 할까? 이를 구현하기 위한 함수를 작성해보자. 이 함수는 파란색 사각형(all_blue)인 데이터 요소 목록과 빨간색 삼각형(all_red)인 데이터 요소 목록을 입력으로 받아야 한다.

```
In [10]: def plot_data(all_blue, all_red) :
```

8. 함수에서 모든 파란색 데이터 포인트를 파란 사각형으로 색칠해야 한다(색상 값으로 'b'와 마커로 's'를 사용). Matplotlib의 **scatter** 함수를 사용해 색칠할 수 있다. 이 작업을 하려면 파란색 데이터 포인트를 $N \times 2$ 배열로 전달해야 한다. 여기서 N은 샘플 수를 나타낸다. 그런 다음 all_blue[:, 0]에는 데이터 요소의 모든 x 좌표가 포함되고, all_blue[:, 1]에는 모든 y 좌표가 포함된다.

```
...          plt.figure(figsize=(10, 6))
...          plt.scatter(all_blue[:, 0], all_blue[:, 1], c='b',
             marker='s', s=180)
```

9. 비슷하게 모든 빨간색 데이터 포인트에도 동일하게 수행할 수 있다.

```
...          plt.scatter(all_red[:, 0], all_red[:, 1], c='r',
             marker='^', s=180)
```

10. 마지막으로 플롯에 레이블을 추가한다.

```
...          plt.xlabel('x coordinate (feature 1)')
...          plt.ylabel('y coordinate (feature 2)')
```

11. 사용자가 갖고 있는 데이터 세트에서 위의 작업을 시도해보자. 먼저 모든 데이터 요소를 빨간색과 파란색 세트로 분할해야 한다. 다음 명령을 사용해 이전에 생성된 레이블 배열의 모든 요소를 빠르게 선택할 수 있다(여기서 ravel은 다차원 배열을 1차원으로 평평하게 만든다).

```
In [11]: labels.ravel() == 0
Out[11]: array([False, False, False, True, False, True, True, True,
True, True, False])
```

12. 모든 파란색 데이터 포인트는 이전에 생성된 **train_data** 배열의 모든 행에 해당되며, 해당 레이블은 0이다.

```
In [12]: blue = train_data[labels.ravel() == 0]
```

13. 모든 빨간색 데이터 포인트에도 동일한 작업을 수행할 수 있다.

```
In [13]: red = train_data[labels.ravel() == 1]
```

14. 마지막으로 모든 데이터 포인트를 플롯해보자.

```
In [14]: plot_data(blue, red)
```

그러면 다음 그림이 만들어진다.

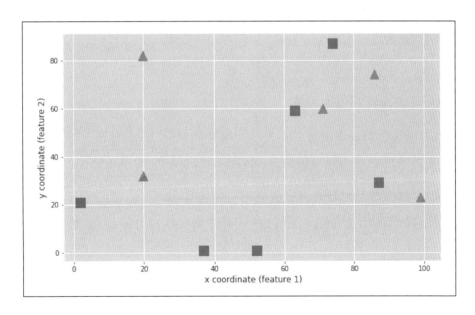

이제 분류기를 훈련할 차례다.

분류기 훈련

다른 모든 머신러닝 기능과 마찬가지로 k-최근접 이웃 분류기는 OpenCV 3.1에서 제공하는 ml 모듈의 일부다. 다음 명령을 사용해 새 분류기를 만들 수 있다.

```
In [15]: knn = cv2.ml.KNearest_create()
```

 이전 버전의 OpenCV에서 이 함수는 cv2.KNearest()였다.

훈련 데이터를 train 메서드로 전달한다.

```
In [16]: knn.train(train_data, cv2.ml.ROW_SAMPLE, labels)
Out[16]: True
```

여기서는 데이터가 $N \times 2$ 배열(모든 행은 데이터 포인트임)이라고 알려줘야 한다. 성공하면 함수는 True를 반환한다.

새 데이터 요소의 레이블 예측

knn이 제공하는 다른 유용한 메서드는 findNearest다. 이 메서드는 가장 가까운 이웃을 기반으로 새 데이터 요소의 레이블을 예측하는 데 사용할 수 있다.

generate_data 함수 덕분에 새로운 데이터 요소를 생성하는 것이 실제로 용이하다. 새로운 데이터 포인트는 크기 1의 데이터 세트로 생각할 수 있다.

```
In [17]: newcomer, _ = generate_data(1)
...       newcomer
Out[17]: array([[91., 59.]], dtype=float32)
```

함수를 사용하면 임의의 레이블을 반환받을 수 있지만, 실제로 레이블에 관심은 없다. 그 대신 훈련된 분류기를 사용해 레이블을 예측한다. 밑줄(_)을 사용해 출력 값은 무시할 수 있다.

마을 지도를 다시 한 번 살펴보자. 앞에서 했던 것처럼 훈련 세트를 플로팅할 것이지만 새로운 데이터 포인트를 녹색 원으로 추가할 예정이다(아직 데이터 포인트가 파란색 사각형인지 또는 빨간색 삼각형인지 모르기 때문이다).

```
In [18]: plot_data(blue, red)
...        plt.plot(newcomer[0, 0], newcomer[0, 1], 'go', markersize=14);
```

 TIP plt.plot 함수를 호출할 때 세미콜론을 추가하고 Matlab에서와 마찬가지로 출력을 억제할 수 있다.

앞의 코드를 통해 다음 그림을 만들 수 있다(원은 제외).

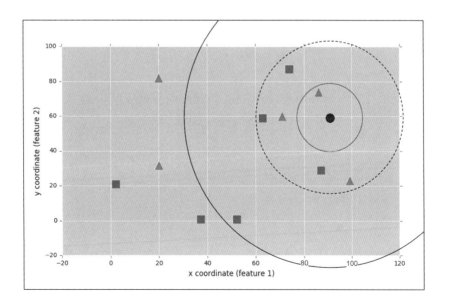

이웃을 기준으로 추측해야 한다면 새로운 데이터 포인트를 파란색이나 빨간색 중 어떤 레이블에 지정해야 할까?

사용자가 어느 집에 가장 가까운지(앞의 그림에서 점선으로 표시된 좌표 $(x, y) = (85, 75)$의 집) 살펴보면 새로운 빨간색 삼각형의 데이터 포인트가 될 것이다. 이러한 데이터 포인트를 얻은 것은 정확히 분류기가 $k = 1$을 예측했기 때문이다.

```
In [19]: ret, results, neighbor, dist = knn.findNearest(newcomer, 1)
...        print("Predicted label:\t", results)
...        print("Neighbor's label:\t", neighbor)
...        print("Distance to neighbor:\t", dist)
Out[19]: Predicted label:        [[ 1.]]
         Neighbor's label:       [[ 1.]]
         Distance to neighbor:   [[ 250.]]
```

여기서 knn은 가장 가까운 이웃이 약 250 유닛만큼 거리가 떨어져 있다는 것을 알려주며, 이웃은 레이블로 1(빨간색 삼각형에 대응)을 사용하고, 따라서 새로운 데이터 포인트도 레이블 1을 가진다. $k = 2$인 가까운 이웃들과 $k = 3$인 가까운 이웃들도 마찬가지다. k에 대해서는 임의의 짝수를 선택하지 않도록 주의해야 한다. 왜 그럴까? 이유는 이전 그림(점선으로 그려진 원)에서 볼 수 있다. 점선 원 안에 있는 여섯 개의 가장 가까운 이웃 가운데 세 개의 파란색 사각형과 세 개의 빨간색 삼각형이 있다. 이들은 동점이 돼 분간하기 어려워진다.

 이렇게 분간하기 어려운 경우에는 OpenCV의 k-최근접 이웃을 사용할 때 이웃들이 데이터 포인트에 좀 더 가까운 거리에 있는 경우를 선호한다.

마지막으로 검색 창을 크게 넓히고 $k = 7$인 이웃을 기반으로 새 데이터 요소를 분류하면(앞에서 언급한 그림 내의 실선으로 그린 원) 어떻게 될까?

$k = 7$인 이웃들에 대해 findNearest 메서드를 사용해보자.

```
In [20]: ret, results, neighbors, dist = knn.findNearest(newcomer, 7)
...      print("Predicted label:\t", results)
...      print("Neighbors' labels:\t", neighbors)
...      print("Distance to neighbors:\t", dist)
Out[20]: Predicted label:        [[ 0.]]
         Neighbors' label:       [[ 1. 1. 0. 0. 0. 1. 0.]]
         Distance to neighbors:  [[ 250. 401. 784. 916. 1073. 1360. 4885.]]
```

갑작스런 예측[predicted] 레이블 값은 0(파란색 사각형)이다. 원 안에서는 총 네 개의 파란색 사각형(레이블 0)과 빨간색 삼각형(레이블 1)인 이웃이 있기 때문이다. 따라서 다수 표결로 새로운 멤버는 파란 사각형으로 만드는 것이 제안될 수 있다.

예측을 수행하려면 **predict** 메서드를 사용해야 하며, 그보다 먼저 k를 설정해야 한다.

```
In [22]: knn.setDefaultK(1)
...      knn.predict(newcomer)
Out[22]: (1.0, array([[1.]], dtype=float32))
```

k = 7이라면 어떤 결과를 가질까? 한번 살펴보자.

```
In [23]: knn.setDefaultK(7)
...      knn.predict(newcomer)
Out[23]: (0.0, array([[0.]], dtype=float32))
```

보다시피 k-최근접 이웃 결과에서는 변경된 k 값을 가진다. 그러나 종종 어떤 숫자 k가 가장 적합한지는 미리 알 수 없다. 이 문제에 대한 해법은 k에 대해 많은 값을 시도하고 어느 것이 가장 잘 수행되는지 보는 것이다. 이 책의 뒷부분에서 좀 더 정교한 솔루션을 배울 수 있다.

▌ 회귀 모델을 사용해 지속적인 결과 예측

이제 회귀 문제를 살펴보자. 지금까지 배운 것은 확실히 기억하고 있을 것이므로 회귀를 살펴본다. 회귀는 개별 클래스 레이블을 예측하기보다는 지속적인 결과를 예측하는 방법이다.

선형 회귀 분석

선형 회귀는 가장 기본적인 회귀 모델이다. 선형 회귀의 기본 아이디어는 특징의 선형 조합을 사용해 목표 변수(예, 보스턴 주택 가격 – 1장에서 학습한 다양한 데이터 세트를 상기해본다)를 설명한다.

간단하게 생각하고자 우선 두 가지 기능에 초점을 맞춰보자. 오늘의 주식 가격과 어제의 주가라는 두 가지 기능을 사용해 내일의 주가를 예측한다고 가정해보자. 오늘의 주가를 첫 번째 특성 f_1로, 어제의 주가를 f_2로 나타낸다. 그러면 선형 회귀의 목표는 다음처럼 내일의 주가를 예측할 수 있도록 두 개의 가중 계수 w_1과 w_2를 학습한다.

$$\hat{y} = w_1 f_1 + w_2 f_2$$

여기에서 $\hat{y}$는 내일 실제 주가 y의 예측값이다.

 단 하나의 특징 변수를 갖는 특별한 경우에는 단순 선형 회귀(simple linear regression)를 사용한다.

사용자는 회귀 방정식을 확장해 과거의 주가 샘플을 더 많이 볼 수 있다. 두 개가 아닌 M개의 특징을 가진다면 앞의 방정식을 M개의 합으로 확장하고 모든 특징은 가중치 계수를 가진다.

$$\hat{y} = w_1 f_1 + w_2 f_2 + \cdots + w_M f_M = \sum_{j=1}^{M} w_j f_j$$

이 방정식을 기하학적인 측면에서 1초 동안 생각해보자. 단일 특징 f_1의 경우 $\hat{y}$에 대한 방정식은 $\hat{y} = w_1 f_1$이 되며, 직선이다. 두 가지 특징이 있는 경우에 $\hat{y} = w_1 f_1 + w_2 f_2$는 다음 그림에서와 같이 특징 공간 내에서 평면 형태를 가진다.

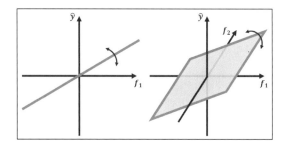

 N차원에서는 하이퍼 평면을 갖게 될 것이다. 공간이 N차원이면 하이퍼 평면은 $N-1$차원을 갖는다.

앞의 그림에서 알 수 있듯이 모든 선과 면은 원점에서 교차한다. 그러나 사용자가 근삿값을 구하려고 시도할 때 y 값이 원점을 통과하지 않는다면 어떻게 해야 할까?

원점에서 오프셋 $\hat{y}$를 적용하려면 임의의 특징 값에 의존하지 않는 다른 가중 계수 weight coefficient를 추가하는 것이 통상적이며, 가중 계수는 바이어스 항처럼 작용한다. 1D(1차원)의 경우 이 용어는 $\hat{y}$-인터셉트의 역할을 한다. 실제로 w_0가 바이어스 항으로 작용할 수 있게 하고자 $f_0 = 1$로 설정한다.

$$\hat{y} = \underbrace{w_0}_{\text{Bias}} + \sum_{j=1}^{M} w_j f_j$$

$$\Rightarrow \hat{y} = w_0 \cdot 1 + \sum_{j=1}^{M} w_j f_j = \sum_{j=0}^{M} w_j f_j$$

여기서 f_0 = 1을 가져야 한다.

마지막으로 선형 회귀의 목표는 가능한 한 정확하게 실측$^{\text{ground truth}}$ 값을 근사 예측하고자 일련의 가중 계수를 만든다. 분류기를 사용했을 때와 마찬가지로 모델의 정확도를 명시적으로 사용하는 대신 '비용^{cost} 함수(또는 손실^{loss} 함수)'를 사용할 수 있다.

이 장의 앞부분에서 설명한 것처럼 회귀 모델의 성능을 측정하는 데 사용할 수 있는 여러 가지 점수화 함수가 있다. 가장 일반적으로 사용되는 비용 함수는 아마도 평균 제곱 오차$^{\text{mean squared error}}$며, 각 데이터 포인트 i에 대해 목표 출력값 y_i 대비 예측값 $\hat{y}_i$를 비교하고 평균값을 구해 $(y_i - \hat{y}_i)^2$ 오차를 계산한다.

$$\text{MSE} = \frac{1}{N} \sum_{i=1}^{N} (y_i - \hat{y})^2$$

여기서 N은 데이터 포인트의 개수다.

회귀 방법은 최적화 문제를 갖고 있으며, 비용 함수를 최소화하기 위한 가중치 집합을 찾아야 한다.

이는 일반적으로 각각의 데이터 포인트에 적용되는 반복 알고리즘이며, 단계별로 적용될 때마다 비용 함수 값이 감소한다. 이러한 알고리즘에 관해서는 9장에서 더 자세히 설명한다.

지금까지의 이론 내용으로 기본적인 사항을 파악하기에 충분하다. 이제 코딩을 시작해보자.

OpenCV의 선형 회귀 방법

실제 데이터 세트에 선형 회귀 분석을 시도하기 전에 **cv2.fitLine** 함수를 사용해 2D 또는 3D 포인트 집합에 선을 적용하는 방법을 알아본다.

1. 몇 개 포인트를 만드는 것부터 시작하자. 선형 방정식 $y = 5x + 5$에 놓여 있는 포인트들에 노이즈를 더해 사용자가 이용할 포인트를 만든다.

```
In [1]: import cv2
...     import numpy as np
...     import matplotlib.pyplot as plt
...     from sklearn import linear_model
...     from sklearn.model_selection import train_test_split
...     plt.style.use('ggplot')
...     %matplotlib inline
In [2]: x = np.linspace(0,10,100)
...     y_hat = x*5+5
...     np.random.seed(42)
...     y = x*5 + 20*(np.random.rand(x.size) - 0.5)+5
```

2. 다음 코드를 사용해 위의 여러 포인트를 비주얼하게 나타낼 수 있다.

```
In [3]: plt.figure(figsize=(10, 6))
...     plt.plot(x, y_hat, linewidth=4)
...     plt.plot(x,y,'x')
...     plt.xlabel('x')
...     plt.ylabel('y')
```

이 코드를 실행하면 다음 그림을 얻는다. 붉은 포인트들은 true 함수 내에 존재한다.

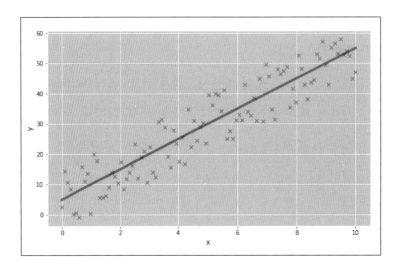

3. 이제 포인트들을 훈련과 테스트 세트로 나눈다. 여기서 데이터는 70:30 비율로 나눈다. 즉, 포인트들의 70%는 훈련에, 30%는 테스트에 사용된다.

```
In [4]: x_train, x_test, y_train, y_test =
train_test_test(x,y,test_size=0.3,test_state=42)
```

4. 이제 cv2.fitLine을 사용해 2D 포인트 세트에 선을 맞춘다. 이 함수는 다음 인수들을 사용한다.

- points: 선이 맞춰야 할 포인트들의 집합이다.
- distType: M-추정기^{estimator}가 사용하는 거리 유형이다.
- param: 일부 거리 유형에서 사용하는 숫자 매개변수(C)다. '0'을 사용하면 최적의 값을 선택한다.
- reps: 원점과 선 사이 거리의 정확성이다. 0.01은 rep에서 유용하게 사용되는 기본값이다.

- **aep:** 각도의 정확도다. 기본값은 **0.01**이며 유용하게 사용할 수 있다.

 자세한 내용은 OpenCV의 문서들을 참고한다.

5. 서로 다른 거리 유형 옵션을 사용해 어떤 결과를 얻는지 살펴본다.

```
In [5]: distTypeOptions = [cv2.DIST_L2,\
...                         cv2.DIST_L1,\
...                         cv2.DIST_L12,\
...                         cv2.DIST_FAIR,\
...                         cv2.DIST_WELSCH,\
...                         cv2.DIST_HUBER]
In [6]: distTypeLabels = ['DIST_L2',\
...                        'DIST_L1',\
...                        'DIST_L12',\
...                        'DIST_FAIR',\
...                        'DIST_WELSCH',\
...                        'DIST_HUBER']
In [7]: colors = ['g','c','m','y','k','b']
In [8]: points = np.array([(xi,yi) for xi,yi in
zip(x_train,y_train)])
```

6. 또한 scikit-learn의 LinearReverseion을 사용해 훈련 포인트들을 맞춘 다음 predict 함수를 사용해 y 값을 예측한다.

```
In  [9]: linreg = linear_model.LinearRegression()
In [10]: linreg.fit(x_train.reshape(-1,1),y_train.reshape(-1,1))
Out[10]: LinearRegression(copy_X=True, fit_intercept=True,
         n_jobs=None,normalize=False)
In [11]: y_sklearn = linreg.predict(x.reshape(-1,1))
In [12]: y_sklearn = list(y_sklearn.reshape(1,-1)[0])
```

7. NumPy 배열을 열벡터로 변환한 다음 다시 행벡터로 변환하고자 reshape (-1, 1), reshape(1, -1)을 사용한다.

```
In [13]: plt.figure(figsize=(10, 6))
...      plt.plot(x, y_hat,linewidth=2,label='Ideal')
...      plt.plot(x,y,'x',label='Data')
...      for i in range(len(colors)):
...          distType = distTypeOptions[i]
...          distTypeLabel = distTypeLabels[i]
...          c = colors[i]
...          [vxl, vyl, xl, yl] = cv2.fitLine(np.array(points,
dtype=np.int32), distType, 0, 0.01, 0.01)
...          y_cv = [vyl[0]/vxl[0] * (xi - xl[0]) + yl[0] for xi in x]
...          plt.plot(x,y_cv,c=c,linewidth=2,label=distTypeLabel)
...      plt.plot(x,list(y_sklearn),c='0.5',\
linewidth=2,label='Scikit-Learn API')
...      plt.xlabel('x')
...      plt.ylabel('y')
...      plt.legend(loc='upper left')
```

이 앞의 (그리고 긴) 코드의 목적은 서로 다른 거리 측정을 사용해 얻은 결과를 비교하기 위한 플롯을 만드는 것이다.

플롯 결과를 살펴보자.

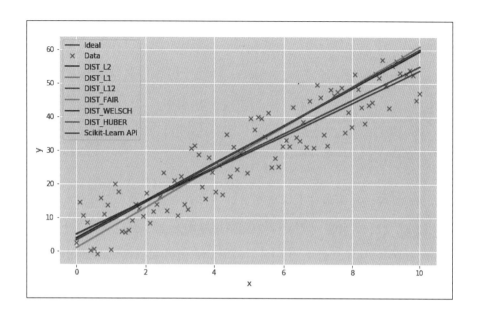

여기서 확실히 알 수 있듯이 scikit-learn의 `LinearRegression` 모델은 OpenCV의 `fitLine` 함수보다 훨씬 더 성능이 좋다.

자, 이제 보스턴 주택 가격을 예측하는 데 scikit-learn의 API를 사용해보자.

선형 회귀 분석 방법을 사용해 보스턴 주택 가격 예측

선형 회귀를 더 잘 이해하기 위해 보스턴 주택 가격 데이터 세트로 알려진 유명한 머신러닝 데이터 세트 중 하나에 적용할 수 있는 간단한 모델을 작성하고자 한다. 여기서 목표는 범죄율, 재산세 세율, 고용 센터와의 거리, 고속도로 접근 가능성 등의 정보를 사용해 1970년대 여러 보스턴 지역의 주택 가치를 예측해본다.

데이터 세트 불러오기

데이터 세트에 쉽게 액세스할 수 있게 해주는 scikit-learn에게 다시 고마운 마음이 든다. 먼저 앞에서 했던 것처럼 필요한 모듈을 모두 가져온다.

```
In [14]: from sklearn import datasets
   ...       from sklearn import metrics
```

데이터 세트를 불러오는 방법은 다음 한 줄이면 된다.

```
In [15]: boston = datasets.load_boston()
```

boston 객체의 구조는 앞의 명령에서 설명한 것처럼 iris 객체와 동일하다. 'DESCR'
에서 데이터 세트에 대한 더 많은 정보를 얻을 수 있고, 'data'에서 모든 데이터,
'feature_names'에서 모든 특징 이름, 'filename'에서 보스턴 CSV 데이터 세트의
물리적 위치, 'target'에서 모든 목푯값을 찾을 수 있다.

```
In [16]: dir(boston)
Out[16]: ['DESCR', 'data', 'feature_names', 'filename', 'target']
```

데이터 세트에는 총 506개의 데이터 포인트가 있으며 각 데이터 포인트는 13개의
특징을 가진다.

```
In [17]: boston.data.shape
Out[17]: (506, 13)
```

물론 여러 특징 중에서 단 하나의 목표 가치인 주택 가격을 사용한다.

```
In [18]: boston.target.shape
Out[18]: (506,)
```

모델 훈련

훈련 세트를 훈련하기 위해 LinearRegression 모델을 만든다.

```
In [19]: linreg = linear_model.LinearRegression()
```

위의 명령에서 데이터를 훈련 세트와 테스트 세트로 분리하려고 한다. 적절하다고 생각되는 대로 자유롭게 나누고자 하지만 테스트를 위해 10%에서 30% 사이를 예약하는 것이 좋다. 여기서는 test_size 인수를 사용해 10%를 선택한다.

```
In [20]: X_train, X_test, y_train, y_test = train_test_split(
...          boston.data, boston.target, test_size=0.1,
...          random_state=42
...      )
```

scikit-learn에서 train 함수는 fit으로 사용하지만, OpenCV에서와 똑같이 동작한다.

```
In [21]: linreg.fit(X_train, y_train)
Out[21]: LinearRegression(copy_X=True, fit_intercept=True, n_jobs=1,
                       normalize=False)
```

실제 주택 가격 y_train을 사용자의 예측 linreg.predict(X_train)과 비교해 예측의 평균 제곱 오차를 볼 수 있다.

```
In [22]: metrics.mean_squared_error(y_train, linreg.predict(X_train))
Out[22]: 22.7375901544866
```

linreg 객체의 score 메서드는 결정 계수^{coefficient of determination}(R^2)를 반환한다.

```
In [23]: linreg.score(X_train, y_train)
Out[23]: 0.7375152736886281
```

모델 테스트

모델의 일반화 성능을 테스트하기 위해 테스트 데이터의 평균 제곱 오차를 계산한다.

```
In [24]: y_pred = linreg.predict(X_test)
In [25]: metrics.mean_squared_error(y_test, y_pred)
Out[25]: 14.995852876582541
```

사용자는 평균 제곱 오차가 훈련 세트보다 테스트 세트에서 좀 더 낮은 값을 가짐을 알 수 있다. 이는 주로 테스트 오차를 살펴볼 때는 나쁘지 않은 소식이다. 그러나 이 수치를 갖고 모델이 실제로 얼마나 좋은지 판단하기는 매우 어렵다. 데이터를 플로팅해서 (그래프 형태로) 보는 것이 더 나을 수 있다.

```
In [26]: plt.figure(figsize=(10, 6))
  ...        plt.plot(y_test, linewidth=3, label='ground truth')
  ...        plt.plot(y_pred, linewidth=3, label='predicted')
  ...        plt.legend(loc='best')
  ...        plt.xlabel('test data points')
  ...        plt.ylabel('target value')
Out[26]: <matplotlib.text.Text at 0x7ff46783c7b8>
```

플로팅하면 다음 그림이 만들어진다.

120

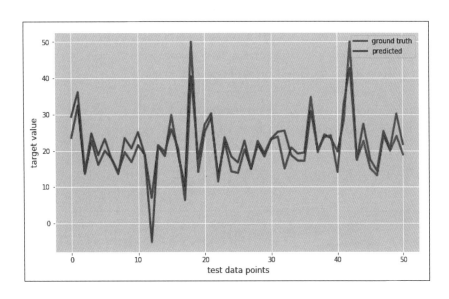

플롯된 결과가 더 의미 있어 보인다. 여기서 모든 테스트 샘플의 실제 측정(ground truth)된 주택 가격은 빨간색으로, 예상 주택 가격은 파란색으로 표시한다. 데이터 포인트 12, 18, 42의 피크 값처럼 모델의 주택 가격이 실제로 높거나 낮을 수 있지만, 다른 값에 비해 가장 많이 벗어나는 경향이 있다는 점은 주목할 만하다. R^2 계산을 통해 설명하고자 하는 데이터의 분산 양을 공식화할 수 있다.

```
In [27]: plt.figure(figsize=(10, 6))
...        plt.plot(y_test, y_pred, 'o')
...        plt.plot([-10, 60], [-10, 60], 'k--')
...        plt.axis([-10, 60, -10, 60])
...        plt.xlabel('ground truth')
...        plt.ylabel('predicted')
```

위의 명령을 통해 실제 측정 가격을 나타낼 수 있다. y_test를 x축에, 그리고 예측 y_pred를 y축에 나타낸다. 검은색 점선을 사용해 참조용 대각선을 그릴 것이다(검은색 점선 'k--'를 사용). 또한 R^2 점수와 평균 제곱 오차를 텍스트 상자에 표시한다.

```
...         scorestr = r'R$^2$ = %.3f' % linreg.score(X_test, y_test)
...         errstr = 'MSE = %.3f' % metrics.mean_squared_error(y_test, y_pred)
...         plt.text(-5, 50, scorestr, fontsize=12)
...         plt.text(-5, 45, errstr, fontsize=12)
Out[14]: <matplotlib.text.Text at 0x7ff4642d0400>
Out[27]: <matplotlib.text.Text at 0x7ff4642d0400>
```

그러면 생성된 다음 그림에서 모델 적합성을 플로팅한 결과를 보여준다.

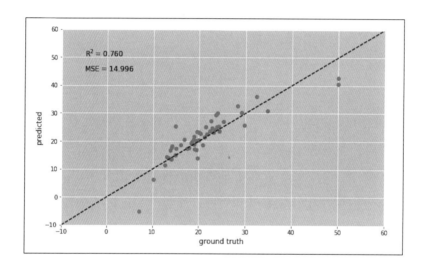

모델이 완벽하다면 y_pred가 항상 y_true와 같을 것이기 때문에 모든 데이터 포인트는 대각선 방향으로 표시될 수 있다. 대각선으로부터의 편차는 모델이 약간의 오차를 갖고 있거나 모델로 설명하기 어려운 약간의 데이터 차이가 있음을 나타낸다. R^2은 데이터가 76% 산발된 원인을 설명할 수 있고, 평균 제곱 오차는 14,996임을 나타낸다. 이러한 성능 측정 결과는 선형 회귀 모델을 통해 좀 더 복잡한 모델과 비교하는 데 사용할 수 있다.

라소와 융기 회귀 적용

머신러닝이 갖는 일반적인 문제는 알고리즘이 훈련 세트에서는 잘 작동한다는 것이다. 그러나 그 외의 다른 데이터에 적용하면 많은 실수가 발생할 수 있다. 모델을 사용해 새로운 데이터에 대해 일반화하는 것이 가장 중요하며, 이러한 작업을 할 때 문제가 발생한다. 의사 결정 트리와 같은 일부 알고리즘은 다른 알고리즘보다 이런 현상의 영향을 받기 쉽지만, 선형 회귀 방법도 영향을 받는다.

 이 현상을 과적합(overfitting)이라고 하며 5장과 11장에서 폭넓게 설명한다.

과적합을 줄이는 일반적인 기법을 **정규화**라고 하며, 모든 특징 값과 독립적인 비용 함수의 추가 제약 조건을 포함한다. 가장 일반적으로 사용되는 규칙은 다음과 같다.

- **L1 정규화:** 모든 절대 가중치의 합에 비례하는 점수화^{scoring} 함수에 적용된다. 다시 말해 이는 가중치 벡터의 L1 노름^{norm}(직선거리$^{rectilinear\ distance}$, 뱀 거리 $^{snake\ distance}$, 맨해튼 거리$^{Manhattan\ distance}$라고도 함)을 기반으로 한다. 맨해튼 거리의 그리드 레이아웃에서, L1 노름은 뉴욕 택시 운전사가 A 지점에서 B 지점까지 운전한 거리를 측정하는 것과 유사하다. 이러한 내용의 결과 알고리즘은 라소 회귀$^{Lasso\ regression}$로 알려져 있다.
- **L2 정규화:** 모든 제곱된 가중치의 합에 비례하는 점수화 함수에 적용된다. 다시 말해 이는 가중치 벡터의 L2 노름(유클리드 거리$^{Euclidean\ distance}$라고도 함)을 기반으로 한다. L2 표준은 제곱 연산을 포함하기 때문에 L1 벡터보다 훨씬 더 강한 가중치 벡터에서 강한 이상치들을 구분해낸다. 이러한 내용의 결과 알고리즘은 리지 회귀$^{ridge\ regression}$(능형 회귀)라고 한다.

사용 방법은 이전과 완전히 동일하지만 Lasso 또는 Ridge 회귀 객체를 불러오려면 초기화 명령을 바꿔야 한다. 특히 다음 명령을 대체해야 한다.

```
In [19]: linreg = linear_model.LinearRegression()
```

라소 회귀 알고리즘의 경우 앞의 코드 줄을 다음처럼 변경한다.

```
In [19]: lassoreg = linear_model.Lasso()
```

리지 회귀 알고리즘의 경우 앞의 코드 줄을 다음처럼 변경한다.

```
In [19]: ridgereg = linear_model.Ridge()
```

보스턴 데이터 세트에서는 보편적인 선형 회귀 대신 이 두 알고리즘을 테스트해야 한다. 일반화 오차(In [25])는 어떻게 변경될까? 예측 결과에 대한 플롯(In [27])은 어떻게 변경될까? 성능 향상이 있을까?

▌ 로지스틱 회귀를 이용한 아이리스 종 분류

머신러닝의 세계에서 유명한 또 다른 데이터 세트로는 아이리스Iris(붓꽃) 데이터 세트가 있다. 아이리스 데이터 세트에는 세 가지 종(setosa, versicolor, viriginica)에서 추출한 150개의 아이리스 꽃이 들어있다. 측정값으로 꽃잎의 길이와 너비, 꽃받침sepal의 길이와 너비가 있고 모두 센티미터 단위로 측정한다.

사용자의 목표는 새로운 아이리스 꽃의 종을 예측할 수 있도록 종들 중에서 알려진 아이리스 꽃의 측정치를 학습할 수 있는 미신러닝 모델을 구축하는 것이다.

로지스틱 회귀 이해

'로지스틱'이라는 이름에도 불구하고 로지스틱 회귀는 실제로 분류 모델로 사용될 수 있다. 로지스틱logistic 함수(또는 시그모이드)를 사용해 실수 값인 입력 x를 예측된 출력값으로 변환한다. 출력값은 다음 그림처럼 0과 1 사이의 값이 된다.

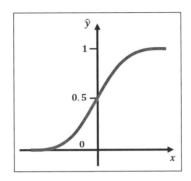

$\hat{y}$를 가장 가까운 정수로 반올림해 입력값을 클래스 0이나 1에 속하는 것으로 분류할 수 있다.

물론 대부분의 문제에서는 하나 이상의 입력이나 특징 값인 x들이 존재한다. 예를 들어 아이리스 데이터 세트는 총 네 가지 기능을 제공한다. 간단히 하고자 첫 번째 두 가지 기능인 꽃받침 길이(여기서는 특징 f_1이라고 부름)와 꽃받침 폭(여기서는 f_2라고 부름)에 중점을 둔다. 선형 회귀를 이야기할 때는 사용자가 배운 트릭을 사용해 입력 x를 두 가지 특징인 f_1과 f_2의 선형 결합으로 표현할 수 있다.

$$x = w_1 f_1 + w_2 f_2$$

그러나 선형 회귀와는 달리 아직 사용해보지 않았다. 앞 절에서는 제품에 적용한 결과의 합계가 실제 가치 있는 결과를 산출할 수 있다는 것도 확인했다. 그러나 사용자는 범주적 가치인 0이나 1에 관심이 있다. 이는 로지스틱 함수가 적용되는 범위이기 때문이다. 스쿼시 함수squashing function σ는 가능한 출력 범위를 [0, 1] 범위로 압축한다.

$$\hat{y} = \sigma(x)$$

 출력은 항상 0과 1 사이의 값을 갖기 때문에 확률 값으로 해석될 수 있다. 단일 입력 변수 x만 있는 경우에 출력값 $\hat{y}$는 클래스 1에 속하는 x 확률로 해석된다.

이제 이러한 내용들을 아이리스 데이터 세트에 적용해보자.

훈련 데이터 불러오기

아이리스 데이터 세트는 scikit-learn에 포함돼 있다. 앞의 예제에서와 같이 필요한 모든 모듈을 먼저 불러온다.

```
In [1]: import numpy as np
...        import cv2
...        from sklearn import datasets
...        from sklearn import model_selection
...        from sklearn import metrics
...        import matplotlib.pyplot as plt
...        %matplotlib inline
In [2]: plt.style.use('ggplot')
```

그런 다음 데이터 세트를 다음의 한 줄을 사용해서 불러온다.

```
In [3]: iris = datasets.load_iris()
```

이 함수는 iris라고 하는 사전을 반환하며, 사전에는 여러 필드가 포함돼 있다.

```
In [4]: dir(iris)
Out[4]: ['ESCR', 'data', 'feature_names', 'filename', 'target', 'target_names']
```

여기서 모든 데이터 요소는 'data'에 포함돼 있다. 150개의 데이터 포인트가 있고, 각 데이터 포인트에는 네 개의 특징 값이 있다.

```
In [5]: iris.data.shape
Out[5]: (150, 4)
```

이 네 가지 특징은 이전에 언급된 꽃받침^{sepal}과 꽃잎^{petal} 값에 해당한다.

```
In [6]: iris.feature_names
Out[6]: ['sepal length (cm)',
         'sepal width (cm)',
         'petal length (cm)',
         'petal width (cm)']
```

모든 데이터 포인트에 대해 클래스 레이블은 target에 저장된다.

```
In [7]: iris.target.shape
Out[7]: (150,)
```

클래스 레이블을 검사하면 총 세 가지 클래스가 있음을 발견할 수 있다.

```
In [8]: np.unique(iris.target)
Out[8]: array([0, 1, 2])
```

이진 분류 문제로 만들기

간단히 살펴보고자 클래스 두 개만 가진 이진 분류 문제에만 집중하고자 한다. 가장 쉬운 방법은 클래스 2에 속하지 않는 행들을 모두 선택하고 나서 특정 클래스(클래스 레이블 2)에 속하는 모든 데이터 포인트를 삭제하는 것이다.

```
In [9]: idx = iris.target != 2
...     data = iris.data[idx].astype(np.float32)
...     target = iris.target[idx].astype(np.float32)
```

이제 데이터를 검사한다.

데이터 검사

모델 설정을 시작하기 전에 항상 데이터를 살펴보는 것이 좋다. 이미 마을 지도 예제에서 데이터 검사를 일찍 수행했었고, 여기서 다시 반복한다. Matplotlib을 사용해 클래스 레이블에 해당하는 각 데이터 포인트의 색상에 대한 **산포 플롯**^{scatter plot}을 만든다.

```
In [10]: plt.scatter(data[:, 0], data[:, 1], c=target, cmap=plt.cm.Paired, s=100)
...      plt.xlabel(iris.feature_names[0])
...      plt.ylabel(iris.feature_names[1])
Out[10]: <matplotlib.text.Text at 0x23bb5e03eb8>
```

플로팅을 쉽게 하고자 먼저 두 가지 특징 값으로 제한한다(iris.feature_names[0]은 꽃받침 길이고, iris.feature_names[1]은 꽃받침 너비). 다음 그림에서 클래스를 어떻게 분리했는지 볼 수 있다.

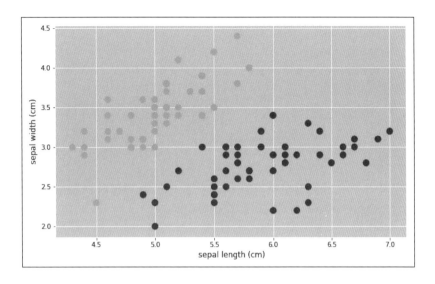

이 그림은 아이리스 데이터 세트에서 두 개 특징 값의 플롯을 그렸다.

데이터를 훈련 세트와 테스트 세트로 나누기

2장에서 훈련 데이터와 테스트 데이터를 별도로 유지하는 것이 필수적임을 알게 됐다. scikit-learn의 많은 헬퍼 함수^{helper function} 중 하나를 사용하면 데이터를 쉽게 분리할 수 있다.

```
In [11]: X_train, X_test, y_train, y_test = model_selection.train_test_split(
...             data, target, test_size=0.1, random_state=42
...         )
```

여기서 사용자는 데이터를 90%의 훈련 데이터와 10%의 테스트 데이터로 나누고, test_size = 0.1로 설정한다. 반환 인수를 검사해 정확히 90개의 훈련 데이터 요소와 10개의 테스트 데이터 요소를 얻는다.

```
In [12]: X_train.shape, y_train.shape
Out[12]: ((90, 4), (90,))
In [13]: X_test.shape, y_test.shape
Out[13]: ((10, 4), (10,))
```

분류기 훈련

로지스틱 회귀 분류기를 생성하려면 k-최근접 이웃을 설정하는 것과 같은 몇 가
지 단계를 거쳐야 한다.

```
In [14]: lr = cv2.ml.LogisticRegression_create()
```

그런 후 원하는 훈련 방법을 지정해야 한다. 여기서는 cv2.ml.LogisticRegression_
BATCH 또는 cv2.ml.LogisticRegression_MINI_BATCH를 선택할 수 있다. 지금은 각
데이터 포인트 이후에 모델을 업데이트하고자 하는데, 이는 다음과 같은 코드를
사용해 달성할 수 있다.

```
In [15]: lr.setTrainMethod(cv2.ml.LogisticRegression_MINI_BATCH)
  ...      lr.setMiniBatchSize(1)
```

또한 알고리즘이 완료되기 전에 실행해야 하는 반복 횟수를 지정한다.

```
In [16]: lr.setIterations(100)
```

그런 다음 사용자는 이전에 했던 것과 똑같은 방식으로 객체의 train 메서드를 호
출할 수 있다. 이 메서드는 동작이 성공할 때 True를 반환한다.

```
In [17]: lr.train(X_train, cv2.ml.ROW_SAMPLE, y_train)
Out[17]: True
```

앞서 살펴본 바와 같이 훈련 단계에서의 목표는 특징 값을 출력 레이블로 가장 잘 변환할 수 있는 '가중치 집합'을 찾는 것이다. 단일 데이터 포인트는 네 개의 특성 값(f_0, f_1, f_2, f_3)을 가진다. 사용자는 네 가지 특징을 갖고 있기 때문에 $x = w_0 f_0 + w_1 f_1 + w_2 f_2 + w_3 f_3$와 $\hat{y} = \sigma(x)$이 되도록 네 개의 가중치를 구해야 한다. 그러나 앞서 설명한 것처럼 알고리즘은 오프셋이나 바이어스로 작용하는 추가 가중치를 사용하므로 $x = w_0 f_0 + w_1 f_1 + w_2 f_2 + w_3 f_3 + w_4$가 된다. 다음처럼 가중치를 얻을 수 있다.

```
In [18]: lr.get_learnt_thetas()
Out[18]: array([[-0.04090132, -0.01910266, -0.16340332, 0.28743777,
0.11909772]], dtype=float32)
```

이는 로지스틱 함수에 대한 입력이 $x = -0.0409\,f_0 - 0.0191\,f_1 - 0.163\,f_2 + 0.287\,f_3 + 0.119$임을 의미한다. 그런 다음 클래스 1에 속하는 새 데이터 요소(f_0, f_1, f_2, f_3)를 사용하면 출력 $\hat{y} = \sigma(x)$는 1에 가까워야 한다. 그러나 실제로 출력값은 어떤 값일까?

분류기 테스트

훈련 세트의 정확도 점수를 계산해 한번 확인해보자.

```
In [19]: ret, y_pred = lr.predict(X_train)
In [20]: metrics.accuracy_score(y_train, y_pred)
Out[20]: 1.0
```

완벽한 점수다. 그러나 이는 모델이 훈련 데이터 세트를 완벽하게 기억할 수 있었다는 것을 의미하며, 모델이 보이지 않는 새로운 데이터 포인트를 분류할 수 있다는 것을 의미하진 않는다. 이를 확인하려면 테스트 데이터 세트를 확인해야 한다.

```
In [21]: ret, y_pred = lr.predict(X_test)
...      metrics.accuracy_score(y_test, y_pred)
Out[21]: 1.0
```

다행히도 사용자는 다른 완벽한 점수를 얻었다. 이제 사용자가 만든 모델이 정말 멋지다는 것을 확신할 수 있다.

▌ 요약

3장에서는 상당히 많은 것을 살펴봤다.

다양한 지도학습 알고리즘, 실제 데이터 세트에 적용하는 방법, OpenCV으로 모든 것을 구현하는 방법에 대해 많은 것을 배웠다. k-최근접 이웃과 로지스틱 회귀 같은 분류 알고리즘을 도입하고 레이블이 두 개 이상의 개별 범주로 예측하는 데 어떻게 사용될 수 있는지 알아봤다. 선형 회귀(라소 및 리지 회귀와 같은)의 다양한 변형을 소개하고 연속 변수를 예측하는 데 어떻게 사용할 수 있는지 살펴봤다. 마지막으로 머신러닝의 역사에서 두 가지 고전인 아이리스와 보스턴 데이터 세트를 살펴봤다.

4장에서는 이 주제들에서 훨씬 더 깊이 들어가며, 이 개념들이 어디에 유용할 수 있는지 좀 더 재미있는 예들을 살펴본다.

그러나 먼저 머신러닝, 특징 엔지니어링에 관한 또 다른 필수 주제를 다룰 필요가 있다. 종종 데이터는 정형화된 데이터 세트로 제공되지 않고 의미 있는 방식으로 데이터를 표현하는 것은 사용자의 책임이다. 따라서 4장에서는 기능 데이터와 엔지니어링 데이터를 나타내는 것을 모두 설명한다.

04

데이터 표현과 특징 엔지니어링

3장에서는 지도학습 모델을 구축해 아이리스^{Iris}와 보스턴^{Boston} 데이터 세트 같은 데이터 세트에 적용했다. 그러나 실제 사용 데이터에서는 이미 패키지화된 데이터베이스의 일부로 사용되는 <n_samples x n_features> 특징 행렬 데이터가 거의 적용되지 않는다. 따라서 이를 대신할 수 있고 의미 있는 방식의 데이터를 표현하는 방법을 찾아야 한다. 데이터를 표현하기 위한 최고의 방법은 특징 엔지니어링$^{feature\ engineering}$이며, 데이터 과학자와 머신러닝 실무자는 특징 엔지니어링 기술을 사용해 실제 상황에서 발생하는 문제를 해결할 수 있다.

사용자는 끝까지 정진해 인류 최고의 신경망을 구축하는 것이 목표다. 그러려면 사용자 자신을 먼저 믿어야 하며, 이러한 믿음은 여기서 매우 중요하다. 데이터의 올바른 표현을 사용하는 것은 매개변수를 선택하는 것보다 지도^{supervised} 모델의 성능에 훨씬 더 큰 영향을 미칠 수 있다. 따라서 필요한 특징들을 만들어 사용해야 한다. 4장에서는 몇 가지 공통적인 특징 엔지니어링 과제를 살펴본다. 차원성 감소$^{dimensionality\ reduction}$와 함께 전처리와 스케일링 기법을 다룬다. 또한 범주형 변수, 텍스트 특징, 이미지를 나타내는 방법을 배운다.

4장에서 다루는 내용은 다음과 같다.

- 일반적인 전처리 기법(모두 사용하지만 아무도 알려주지 않음)
- 센터링과 다차원 스케일링
- 범주형 변수 표시
- PCA 기술을 사용한 데이터 크기 감소
- 텍스트 특징 표시
- 최고의 이미지 인코딩 방법

이제 하나씩 살펴보자.

❚ 기술적 요구 사항

다음 링크에서 4장의 코드를 참고할 수 있다.

https://github.com/PacktPublishing/Machine-Learning-for-OpenCV-Second-Edition/tree/master/Chapter04

다음은 간략한 소프트웨어, 하드웨어 요구 사항이다.

- OpenCV 버전 4.1.x(4.1.0이나 4.1.1 모두 잘 작동한다)
- 파이썬 버전 3.6(모든 파이썬 버전 3.x는 괜찮다)
- 파이썬과 필수 모듈을 설치하기 위한 아나콘다 파이썬 3이 필요하다.

- 이 책에서는 맥OS, 윈도우, 리눅스 기반 OS 등 모든 OS를 사용할 수 있다. 시스템은 최소 4GB의 RAM를 가져야 한다.
- 이 책과 함께 제공된 코드를 실행하고자 GPU를 사용할 필요는 없다.

▌특징 엔지니어링의 이해

믿거나 말거나 머신러닝 시스템이 얼마나 잘 학습할 수 있는지는 주로 훈련 데이터의 품질에 의해 결정된다. 모든 학습 알고리즘에는 장점과 단점이 있지만 성능 차이는 종종 데이터를 준비하거나 표현하는 방식에 달려 있다. 따라서 특징 엔지니어링은 데이터 표현용 도구로 이해할 수 있다. 머신러닝 알고리즘은 샘플 데이터에서 문제의 해결책을 학습하려고 시도하고, 특징 엔지니어링은 질문의 해결책을 배우고자 샘플 데이터를 가장 잘 나타낼 수 있는 방법을 찾는다.

3장에서는 머신러닝 파이프라인의 전반적인 내용을 알아봤다. 이미 특징 추출을 다뤘지만, 실제로 그것이 무엇인지는 설명하지 않았다. 그것이 파이프라인에 어떻게 적용되는지 살펴보자. 특징 엔지니어링은 두 단계로 나눌 수 있다.

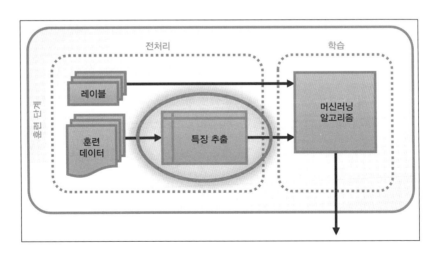

간단히 상기해보면 특징 엔지니어링을 다음처럼 두 단계로 나눌 수 있다.

- **특징 선택:** 데이터에서 중요한 속성attribute(또는 특징[1])을 식별하는 프로세스다. 이미지에서는 에지edge(가장자리), 코너corner(모서리), 또는 능선ridge의 위치 특징을 사용할 수 있다. 이 장에서는 BRIEFBinary Robust Independent Elementary Features와 ORBOriented FAST and Rotated BRIEF 같은 OpenCV가 제공하는 고급 특징 기술자advanced feature descriptor를 살펴본다.

- **특징 추출:** 앞서 나타낸 그림처럼 머신러닝 알고리즘에서 사용하고자 하는 특징 공간feature space으로 원시 데이터를 변환하는 프로세스다. 이미지의 코너(즉, 선택된 특징)를 추출할 수 있는 해리스Harris 연산자가 그 예다.

앞으로 단계별로 절차를 수행하고, 가장 일반적인 데이터 사전 처리 기술을 설명하겠다.

▌ 데이터 전처리

데이터를 다루는 과정에서는 더 많은 훈련을 받을수록 더 나은 결과를 기대할 수 있다. 좋은 결과를 얻기 위한 첫 번째 단계는 데이터 전처리data preprocessing이고, 적어도 다음과 같은 세 가지 유형을 가진다.

- **데이터 형식**data formatting: 데이터가 작업하기에 적당한 형식이 아닐 수 있다. 예를 들어 데이터는 자체 파일 형식으로 제공될 수 있고, 사용자가 가장 좋아하는 머신러닝 알고리즘은 이를 이해하지 못할 수도 있다.

- **데이터 정제**data cleaning: 데이터에 유효하지 않거나 누락된 항목이 포함될 수 있다. 이러한 항목은 정제하거나 제거해야 한다.

---

1. 특징(feature)은 구분할 수 있는 특성을 의미한다. - 옮긴이

- **데이터 샘플링**^{data sampling} : 데이터가 특정 목적에 비해 너무 클 수 있으므로 데이터를 현명한 방식으로 샘플링해야 한다.

일단 데이터가 전처리되면 실제 특징 엔지니어링을 위한 준비는 완료된 것이다. 전처리된 데이터는 특정 머신러닝 알고리즘에 맞게 변형한다. 이 단계에서는 일 반적으로 다음의 세 가지 가능한 방법 중 하나 이상이 포함된다.

- **확장**^{scaling} : 특정 머신러닝 알고리즘은 종종 데이터가 평균 범위와 단위 분 산을 갖고 일반적인 범위 내에 있어야 한다. 확장은 모든 기능(물리적 단위 가 다를 수 있음)을 일반적인 값 범위로 변경해서 가져오는 프로세스다.
- **분해**^{decomposition} : 데이터 세트에는 처리할 수 있는 것보다 더 많은 기능이 포 함되는 경우가 많다. 특징 분해^{feature decomposition}는 좀 더 적은 수의 매우 유익 한 데이터 컴포넌트로 데이터를 압축하는 프로세스다.
- **집계**^{aggregation} : 때로는 여러 기능을 하나의 의미 있는 그룹으로 그룹화할 수 있다. 예를 들어 데이터베이스에는 웹 기반 시스템에 로그인한 각 사용자 의 날짜와 시간이 포함될 수 있다. 작업에 따라 다르겠지만 사용자당 로그 인한 횟수의 계산을 고려하면 이 데이터를 더 많이 이해할 수 있다.

이 프로세스 중 일부 내용을 좀 더 자세히 살펴보자.

특징 표준화

표준화^{standardization}란 평균과 단위 분산이 0이 되도록 데이터를 확장하는 프로세스 를 의미한다. 이는 개별 특징이 요구 사항을 충족시키지 못하는 경우에 잘못 사용 될 수 있는 머신러닝 알고리즘의 공통 요구 사항이다. 모든 데이터 포인트에서 모 든 데이터의 평균값(μ)을 빼고, 이를 데이터의 분산(σ)으로 나눔으로써 데이터를 수동으로 표준화할 수 있다. 즉, 모든 특징 x에 대해 $(x - \mu)/\sigma$를 계산할 수 있다.

또한 scikit-learn은 **preprocessing** 모듈에서 프로세스 구현을 지원한다.

세 개의 임의로 선택된 특징 값(열)을 갖는 세 개의 데이터 포인트(행)를 나타내는 3×3 데이터 행렬 X를 생각해보자.

```
In [1]: from sklearn import preprocessing
...       import numpy as np
...       X = np.array([[ 1., -2., 2.],
...                     [ 3., 0., 0.],
...                     [ 0., 1., -1.]])
```

그런 다음 데이터 행렬 X를 표준화하는 데 **scale** 함수를 사용한다.

```
In [2]: X_scaled = preprocessing.scale(X)
...       X_scaled
Out[2]: array([[-0.26726124, -1.33630621, 1.33630621],
               [ 1.33630621, 0.26726124, -0.26726124],
               [-1.06904497, 1.06904497, -1.06904497]])
```

확장된 데이터 행렬 X_scaled의 평균과 분산을 두 번 검사해 실제로 표준화됐는지 확인할 수 있다. 표준화된 특징 행렬은 모든 행에서 0에 가까운 평균값을 가져야 한다.

```
In [3]: X_scaled.mean(axis=0)
Out[3]: array([ 7.40148683e-17, 0.00000000e+00, 0.00000000e+00])
```

앞의 코드에서 axis = 0은 행을 나타낸다. 그 의미는 다음 그림을 통해 더 잘 이해할 수 있다.

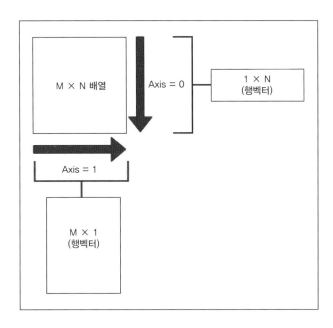

또한 표준화된 특징 행렬의 모든 행은 분산 1을 가져야 한다(std를 사용해 표준 편차 1을 확인하는 것과 같다).

```
In [4]: X_scaled.std(axis=0)
Out[4]: array([ 1., 1., 1.])
```

특징 정규화

표준화와 마찬가지로 정규화는 개별 샘플을 단위 표준unit norm으로 확장하는 프로세스다. 정규화norm는 벡터의 길이를 의미하고 다른 방법으로 정의될 수 있다. 3장에서 L1 노름norm(또는 맨해튼 거리)과 L2 노름(또는 유클리드 거리) 두 가지를 설명했었다.

scikit-learn에서 데이터 행렬 X는 normalize 함수를 사용해 정규화될 수 있으며 l1 노름은 norm 키워드를 사용해 지정한다.

```
In [5]: X_normalized_l1 = preprocessing.normalize(X, norm='l1')
...      X_normalized_l1
Out[5]: array([[ 0.2, -0.4, 0.4],
               [ 1. , 0. , 0. ],
               [ 0. , 0.5, -0.5]])
```

비슷하게 L2 노름은 norm = 'l2'로 지정해 계산할 수 있다.

```
In [6]: X_normalized_l2 = preprocessing.normalize(X, norm='l2')
...      X_normalized_l2
Out[6]: array([[ 0.33333333, -0.66666667, 0.66666667],
               [ 1. , 0. , 0. ],
               [ 0. , 0.70710678, -0.70710678]])
```

특징의 범위 확장

제로 평균과 단위 분산으로 기능을 확장하는 대신 특정 최솟값과 최댓값 사이에 특징을 배치하는 방법이 있다. 종종 이러한 값은 0과 1이 되므로, 각 특징의 최대 절댓값은 단위 크기로 조정된다. scikit-learn에서는 MinMaxScaler를 사용해 크기를 조정한다.

```
In [7]: min_max_scaler = preprocessing.MinMaxScaler()
...      X_min_max = min_max_scaler.fit_transform(X)
...      X_min_max
Out[7]: array([[ 0.33333333, 0. , 1. ],
               [ 1. , 0.66666667, 0.33333333],
               [ 0. , 1. , 0. ]])
```

기본적으로 네이터는 0과 1 사이의 크기로 조정된다. feature_range 키워드 인수를 MinMaxScaler 생성자constructor에 전달해 다른 범위로 지정할 수 있다.

```
In [8]: min_max_scaler = preprocessing.MinMaxScaler(feature_range = (-10,10))
   ...
   ...     X_min_max2 = min_max_scaler.fit_transform(X)
   ...     X_min_max2
Out[8]: array([[ -3.33333333, -10.  , 10.  ],
               [ 10.  , 3.33333333, -3.33333333],
               [-10.  , 10.  , -10.  ]])
```

특징 이진화

마지막으로 사용자는 데이터의 정확한 특징 값을 너무 신경 쓰지 않을 수 있고, 대신 특징이 존재하는지 여부를 알고 싶을 수도 있다. 데이터의 이진화는 특성 값을 임곗값으로 설정해 수행한다. 특징 행렬인 X를 다시 생각해보자.

```
In [9]: X
Out[9]: array([[ 1., -2., 2.],
               [ 3., 0., 0.],
               [ 0., 1., -1.]])
```

이 숫자가 은행 계좌 내의 수천 달러를 의미한다고 가정해보자. 계좌에 500달러 이상이 있다면 부자로 간주하고 1로 표시한다. 그렇지 않은 경우에는 0을 넣는다. 이는 threshold=0.5로 데이터를 임곗값으로 만드는 것과 유사하다.

```
In [10]: binarizer = preprocessing.Binarizer(threshold=0.5)
   ...       X_binarized = binarizer.transform(X)
   ...       X_binarized
Out[10]: array([[ 1., 0., 1.],
                [ 1., 0., 0.],
                [ 0., 1., 0.]])
```

결과 행렬은 모두 1과 0으로 구성된다.

누락된 데이터 처리

특징 엔지니어링에서 또 다른 공통 요구 사항은 누락된 데이터를 처리하는 것이다. 예를 들어 다음과 같은 데이터 세트를 고려해보자.

```
In [11]: from numpy import nan
...       X = np.array([[ nan,  0,     3 ],
...                     [ 2,    9,    -8 ],
...                     [ 1,    nan,   1 ],
...                     [ 5,    2,     4 ],
...                     [ 7,    6,    -3 ]])
```

대부분의 머신러닝 알고리즘에서는 NAN^{Not a Number} 값(파이썬에서는 nan)을 처리할 수 없다. 대신 먼저 모든 nan 값을 적절한 채우기 값으로 대체해야 한다. 이를 누락된 값에 대한 대체^{imputation}라고 한다.

scikit-learn에서는 누락된 값을 대체하는 방법으로 다음과 같은 3가지 방법을 제공한다.

- **mean**: 모든 nan 값을 행렬의 지정된 축을 따라 평균값^{mean value}으로 바꾼다(기본값: axis = 0).
- **median**: 모든 nan 값을 행렬의 지정된 축을 따라 중앙값^{median value}으로 바꾼다(기본값: axis = 0).
- **most_frequent**: 모든 nan 값을 행렬의 지정된 축을 따라 가장 빈번한 값으로 대체한다(기본값: axis = 0).

예를 들어 mean은 다음처럼 사용한다.

```
In [12]: from sklearn.impute import SimpleImputer
...        imp = SimpleImputer(strategy='mean')
...        X2 = imp.fit_transform(X)
...        X2
Out[12]: array([[ 3.75, 0. , 3. ],
                [ 2. , 9. , -8. ],
                [ 1. , 4.25, 1. ],
                [ 5. , 2. , 4. ],
                [ 7. , 6. , -3. ]])
```

이렇게 하면 두 개의 값이 해당 열을 따라 계산된 평균값과 동일한 채우기 값으로 바뀐다. 첫 번째 요소[element]인 X[0, 0]에 대한 계산을 생략한 채 첫 번째 열의 평균을 계산하고, 이 값을 행렬 X2[0, 0]의 첫 번째 요소와 비교해 다시 값을 확인한다.

```
In [13]: np.mean(X[1:, 0]), X2[0, 0]
Out[13]: (3.75, 3.75)
```

마찬가지로 median 전략에서도 동일한 코드를 사용할 수 있다.

```
In [14]: imp = SimpleImputer(strategy='median')
...        X3 = imp.fit_transform(X)
...        X3
Out[14]: array([[ 3.5, 0. , 3. ],
                [ 2. , 9. , -8. ],
                [ 1. , 4. , 1. ],
                [ 5. , 2. , 4. ],
                [ 7. , 6. , -3. ]])
```

한 번 더 수학 계산을 확인해보자. 이번에는 첫 번째 열의 평균을 계산하지 않고 중간값(X[0, 0]을 포함하지 않음)을 계산하고 결과를 X3[0, 0]과 비교한다. 여기서 Imputer가 예상대로 작동함을 확신하고 두 값이 동일하다는 것을 확인할 수 있다.

```
In [15]: np.median(X[1:, 0]), X3[0, 0]
Out[15]: (3.5, 3.5)
```

▌차원 축소의 이해

데이터 세트에는 처리할 수 있는 것보다 더 많은 특징이 포함돼 있다. 예를 들어 사용자의 임무는 한 국가의 빈곤율을 예측하는 것이라고 가정해보자. 먼저 빈곤율에 국가 이름을 매치시키는 것으로 시작한다. 그렇더라도 새로운 국가의 빈곤율을 예측하는 데 도움이 되지 않는다. 따라서 빈곤의 원인을 생각하기 시작했다. 빈곤의 원인으로는 무엇이 있을까? 국가의 경제, 훈련 부족, 높은 이혼율, 인구 과잉 등이 포함될 수 있다. 이러한 원인 중 하나가 빈곤율을 예측하는 데 도움이 되는 기능이라면 무수히 많은 기능을 제공해야 한다. 수학자인 경우 고차원 공간에서 이러한 기능을 축으로 생각할 수 있고, 모든 국가의 빈곤율은 이러한 고차원 공간에서 단일 지점으로 표현될 수 있다.

수학자가 아닌 경우에는 작은 범위로 생각하는 것이 도움이 된다. 예를 들어 국가의 **국내 총생산**^{GDP}과 인구수라는 두 가지 특징만 먼저 살펴보자. 사용자는 2차원 공간에서 GDP를 x축으로, 인구수를 y축으로 해석한다. 그런 다음 첫 번째 국가를 살펴보자. 작은 GDP 값과 평균 인구수가 있다. 이 나라를 나타내는 x-y 평면에 포인트들을 그린다. 두 번째, 세 번째, 네 번째 국가를 추가한다. 네 번째 국가는 높은 GDP와 많은 수의 국민을 가진다. 따라서 다음 그림처럼 네 개의 데이터 포인트가 x-y 평면에 분산될 수 있다.

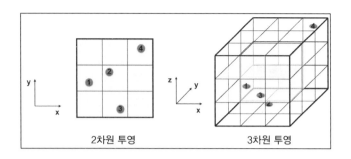

2차원 투영   3차원 투영

그러나 국가별 이혼율과 같은 세 번째 특징을 분석에 추가하기 시작하면 어떻게 될까? 그러면 플롯(z축)에 세 번째 축이 추가된다. 그에 따라 갑자기 대부분의 큐브가 비어있는 것처럼 데이터가 더 이상 x-y-z 큐브에 퍼지지 않는다. 2차원에서 보면 대부분의 x-y 사각형을 덮은 것처럼 보였지만, 3차원에서는 데이터 포인트 1~3과 오른쪽 위 모서리의 데이터 포인트 4 사이의 공간을 채우는 데 더 많은 데이터 포인트가 필요하다.

 이 문제는 차원의 저주라고도 한다. 사용 가능한 공간을 채우는 데 필요한 데이터 요소의 수는 차원 수(또는 그림 축)에 따라 기하급수적으로 커질 수 있다. 분류기(classifier)에서 전체 특징 공간에 걸쳐 있는 데이터 포인트들을(예, 앞의 큐브 예제에서와 같이) 제공되지 않으면 이전에 발생한 모든 데이터 포인트에서 멀리 떨어져 있는 새 데이터 포인트가 표시될 경우 분류기는 알 수 없다.

차원의 저주는 일정한 수의 특징(또는 차원)이 지나면 분류기의 성능이 저하되기 시작하는 것을 의미한다. 이 동작을 이해해보자. 특징이 더 많다는 것은 본질적으로 그 데이터 세트가 더 많은 변화를 가진다는 것을 의미한다. 그러나 필요한 이상의 특징을 고려하는 것은 분류기가 아웃라이어^{outliers}(이상치)를 고려하거나 데이터 세트의 과적합 원인이 된다. 따라서 분류기의 성능은 개선되기보다는 저하되기 시작할 것이다.

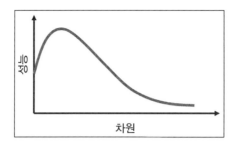

그러면 최적의 데이터 세트 차원은 어떻게 찾을 수 있을까?

이러한 방법을 적용하면 차원 축소$^{dimensionality\ reduction}$가 발생한다. 차원 축소를 하면 많은 정보를 잃지 않고서도 고차원 데이터를 간결하게 표현할 수 있다.

OpenCV에서 PCA 구현

가장 일반적인 차원 축소 기술 중 하나는 **주성분 분석**$^{PCA,\ Principal\ Component\ Analysis}$이다.

앞에서 설명한 2D와 3D 예제와 마찬가지로 이미지를 고차원 공간의 한 포인트로 생각할 수 있다. 모든 열을 쌓아 높이 m과 너비 n의 2D 그레이스케일 이미지를 평평하게 하면 길이 $m \times n \times 1$의 (특징) 벡터를 얻을 수 있다. 이 벡터의 i번째 요소 값은 이미지의 i번째 픽셀의 그레이스케일 값이다. 이제 이 정확한 값을 갖는 모든 2D 그레이스케일 이미지를 표현할 수 있다. 그렇다면 얼마나 많은 이미지가 있을까?

그레이스케일 픽셀은 일반적으로 0에서 255 사이의 값을 가지므로 $m \times n$ 이미지 만큼 총 256개 증가한다. 이 숫자는 매우 큰 값이다. 자연스럽게 모든 이미지를 똑같이 잘 나타내는 것보다 작고 컴팩트한 표현($m \times n$ 특징을 사용해)이 있을 수 있는 지 생각해보자. 그레이스케일 값이 가장 유익한 판단 척도는 될 수 없음을 알고 있다. 어쩌면 단순히 모든 그레이스케일 값을 보는 것보다 가능한 모든 이미지를 표현하는 더 좋은 방법이 될 수도 있다.

이러한 경우에 PCA를 사용할 수 있다. 두 가지 특징을 추출할 수 있는 데이터 세트를 가정해보자. 두 좌표의 픽셀이 갖는 그레이스케일 값은 x, y 좌표에 존재하며 더 복잡할 수도 있다. 이 두 가지 특징 축을 따라 데이터 세트를 플롯하면 데이터는 일부 다변수 가우시안^{multivariate Gaussian} 내에 존재한다.

```
In [1]: import numpy as np
...       mean = [20, 20]
...       cov = [[12, 8], [8, 18]]
...       np.random.seed(42)
...       x, y = np.random.multivariate_normal(mean, cov, 1000).T
```

여기서 T는 전치를 의미한다. Matplotlib을 사용해 이 데이터를 플롯할 수 있다.

```
In [2]: import matplotlib.pyplot as plt
...       plt.style.use('ggplot')
...       %matplotlib inline
In [3]: plt.figure(figsize=(40, 40))
...       plt.plot(x, y, 'o', zorder=1)
...       plt.axis([0, 40, 0, 40])
...       plt.xlabel('feature 1')
...       plt.ylabel('feature 2')
Out[3]: <matplotlib.text.Text at 0x125e0c9af60>
```

그러면 다음 그림이 생성된다.

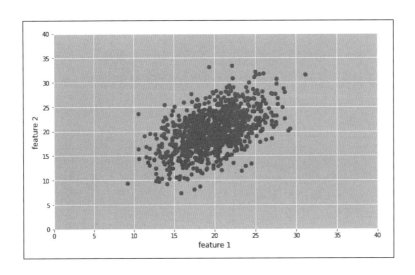

PCA가 하는 일은 대부분의 데이터 확산을 표시하는 두 축 내에서 데이터가 정렬될 때까지 모든 데이터 포인트를 회전시킨다. 그 의미를 살펴보자.

OpenCV에서 PCA를 수행하는 것은 cv2.PCACompute 호출로 간단히 될 수 있다. 그러나 먼저 특징 벡터 x와 y를 하나의 특징 행렬 X에 쌓아야stack 한다.

```
In [4]: X = np.vstack((x, y)).T
```

그런 다음 특징 행렬 X에 대해 PCA를 계산할 수 있다. 또한 마스크 인수에 대해 np.array([])라는 빈 배열을 지정할 수 있고, OpenCV에서 특징 행렬의 모든 데이터 요소를 사용할 수 있다.

```
In [5]: import cv2
...     mu, eig = cv2.PCACompute(X, np.array([]))
...     eig
Out[5]: array([[ 0.57128392, 0.82075251],
               [ 0.82075251, -0.57128392]])
```

이 함수는 투영 전에 평균값을 뺀 값(mean)과 공분산 행렬^{covariation matrix}의 고유 벡터 (eig)라는 두 가지 값을 반환한다. 고유 벡터^{eigenvector}는 PCA가 나타내고자 하는 방향을 가리킨다. Matplotlib을 사용해 데이터를 나타내면 데이터가 퍼져 있는 방향을 보여준다.

```
In [6]: plt.figure(figsize=(10, 6))
...     plt.plot(x, y, 'o', zorder=1)
...     plt.quiver(mean[0], mean[1], eig[:, 0], eig[:, 1], zorder=3,
scale=0.2, units='xy')
```

또한 고유 벡터에 텍스트 레이블을 추가할 수 있다.

```
...     plt.text(mean[0] + 5 * eig[0, 0], mean[1] + 5 * eig[0, 1],
        'u1', zorder=5, fontsize=16, bbox=dict(facecolor='white', alpha=0.6))
...     plt.text(mean[0] + 7 * eig[1, 0], mean[1] + 4 * eig[1, 1],
        'u2', zorder=5, fontsize=16, bbox=dict(facecolor='white', alpha=0.6))
...     plt.axis([0, 40, 0, 40])
...     plt.xlabel('feature 1')
...     plt.ylabel('feature 2')
Out[6]: <matplotlib.text.Text at 0x1f3499f5860>
```

위의 코드를 실행하면 다음 그림을 얻을 수 있다.

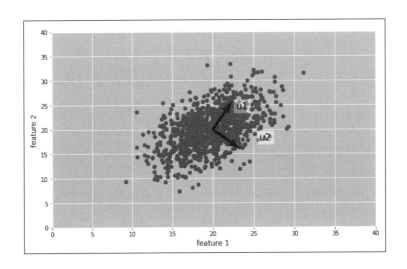

흥미롭게도 앞의 그림에서 u1로 표시된 첫 번째 고유 벡터는 데이터의 확산이 최대인 방향을 가리킨다. 이를 데이터의 첫 번째 **주요 구성 요소**라고 한다. 두 번째 주요 구성 요소는 u2며, 데이터에서 두 번째로 큰 변화를 따르는 축을 나타낸다.

따라서 PCA에서 말하는 것은 이미 정의된 x축과 y축이 사용자가 선택한 데이터를 설명하는 데 그다지 의미가 없다는 점이다. 선택된 데이터의 퍼짐이 대략 45도 각도이므로 x와 y 대신에 u1과 u2를 축으로 선택하는 것이 더 합리적이다.

이런 점을 증명하려면 `cv2.PCAProject`를 사용해 데이터를 회전시킬 수 있다.

```
In [7]: X2 = cv2.PCAProject(X, mu, eig)
```

이렇게 하면 두 개의 최대 확산 축이 x축과 y축에 정렬되도록 데이터를 회전시켜야 한다. 새로운 데이터 행렬 X2를 플로팅해 이 사실을 확인할 수 있다.

```
In [8]: plt.plot(X2[:, 0], X2[:, 1], 'o')
...     plt.xlabel('first principal component')
...     plt.ylabel('second principal component')
```

```
...        plt.axis([-20, 20, -10, 10])
```

이는 다음 그림으로 표현된다.

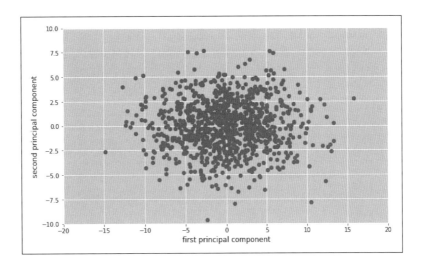

이 이미지에서는 데이터가 x축을 따라 가장 많이 퍼져 있음을 알 수 있다. 그러므로 투영한 결과는 성공적임을 알 수 있다.

ICA 구현

PCA와 밀접하게 관련된 또 다른 차원 축소 기술은 OpenCV가 아닌 scikit-learn에 의해 제공된다. 여기서는 전반적인 기술 내용들을 살펴보고자 독립 성분 분석^{ICA,} ^{Independent Component Analysis}도 다룬다. ICA는 PCA와 동일한 수학적 단계를 수행하지만, PCA의 예측자^{predictor}를 선택하기보다는 분해 성분^{component of the decomposition}을 상호 간에 독립적으로 선택한다.

scikit-learn에서 ICA는 decomposition 모듈로 사용할 수 있다.

```
In [9]: from sklearn import decomposition
In [10]: ica = decomposition.FastICA(tol=0.005)
```

 tol=0.005를 왜 사용할까? FastICA를 사용하면 어떤 특정 값에 수렴할 수 있다. 수렴을 하려면 두 가지 방법이 있고, 반복 횟수(기본값은 200)를 늘리거나 공차(tolerance)(기본값은 0.0001)를 줄여야 한다. 반복 횟수를 늘리려고 했지만 효과가 없어 다른 방법을 택했다. 그런데 왜 수렴하지 않았을까?

앞서 봤듯이 데이터 변환을 하는 데 `fit_transform` 함수를 사용할 수 있다.

```
In [11]: X2 = ica.fit_transform(X)
```

회전된 데이터를 플로팅(표시)하면 이 코드 블록을 사용한 그림에서 확인할 수 있듯이 이전에 PCA에서 달성한 것과 유사한 결과를 얻을 수 있다.

```
In [12]: plt.figure(figsize=(10, 6))
...      plt.plot(X2[:, 0], X2[:, 1], 'o')
...      plt.xlabel('first independent component')
...      plt.ylabel('second independent component')
...      plt.axis([-0.2, 0.2, -0.2, 0.2])
Out[12]: [-0.2, 0.2, -0.2, 0.2]
```

코드 수행 결과는 다음 그림에서 볼 수 있다.

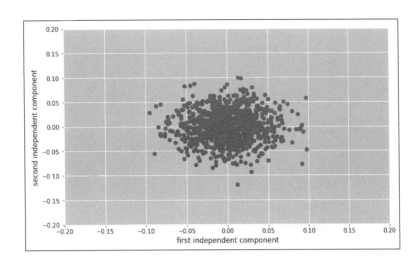

NMF 구현

또 다른 유용한 차원 축소 기술로 NMF^{Non-Negative Matrix Factorization}가 있다. PCA나 ICA 와 동일한 기본 수학 연산을 사용하지만, 음수가 아닌 데이터에서만 작동한다는 추가적인 제약이 있다. 즉, NMF를 사용하려면 특징 행렬에서 음의 값을 가질 수 없다. 결과의 분해 성분은 모두 음이 아닌 값을 가진다.

scikit-learn에서 NMF는 ICA와 똑같이 동작한다.

```
In [13]: nmf = decomposition.NMF()
In [14]: X2 = nmf.fit_transform(X)
In [15]: plt.plot(X2[:, 0], X2[:, 1], 'o')
...      plt.xlabel('first non-negative component')
...      plt.ylabel('second non-negative component')
...      plt.axis([-5, 20, -5, 10])
Out[15]: [-5, 20, -5, 10]
```

그러나 NMF의 특징인 분해 결괏값은 PCA, ICA에서 다르게 보인다.

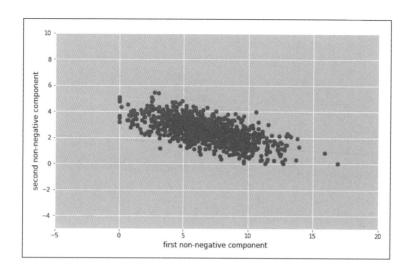

사용자에게 연구를 권하고 싶은 것 중 하나는 새로운 특징을 도출하기보다는 일부 특징만을 사용함으로써 차원을 줄이는 방법이다. 또한 이러한 특징들을 어떻게 찾을 수 있는지는 온라인에서 더 많이 배울 수 있다.

이제 일반적인 데이터 분해 도구에 익숙해졌으므로 몇 가지 일반적인 데이터 유형을 살펴보자.

t-분산 확률적 이웃 임베딩(t-SNE)을 이용한 차원 감소 시각화

t-SNE는 고차원 데이터의 시각화에 가장 적합한 차원 감소 기법이다.

이번 절에서는 t-SNE를 사용해 고차원 데이터 세트를 시각화하는 방법의 예를 살펴본다. 0에서 9까지의 숫자를 손으로 쓴 이미지가 있는 경우 숫자 데이터 세트를 사용하는데, MNIST 데이터 세트라고 하는 공개 데이터 세트다. t-SNE를 사용해 이 데이터 세트의 차원 감소를 시각화할 수 있는 방법을 살펴본다.

　1. 민지 데이터 세트를 불러온다.

```
In [1]: import numpy as np
In [2]: from sklearn.datasets import load_digits
In [3]: digits = load_digits()
In [4]: X, y = digits.data/255.0, digits.target
In [5]: print(X.shape, y.shape)
Out[5]: (1797, 64) (1797,)
```

2. PCA와 같은 차원 감소 기법을 적용해 높은 차원을 낮은 차원으로 줄인 다음 t-SNE와 같은 기법을 사용해 데이터를 시각화한다. 그러나 이 경우에는 모든 차원을 사용하고 t-SNE를 직접 호출한다.

```
In [6]: from sklearn.manifold import TSNE
In [7]: tsne = TSNE(n_components=2, verbose=1, perplexity=40, n_iter=300)
In [8]: tsne_results = tsne.fit_transform(df.loc[:,features].values)
Out[8]: [t-SNE] Computing 121 nearest neighbors...
...     [t-SNE] Indexed 1797 samples in 0.009s...
...     [t-SNE] Computed neighbors for 1797 samples in 0.395s...
...     [t-SNE] Computed conditional probabilities for sample 1000 / 1797
...     [t-SNE] Computed conditional probabilities for sample 1797 / 1797
...     [t-SNE] Mean sigma: 0.048776
...     [t-SNE] KL divergence after 250 iterations with early
exaggeration: 61.094833
...     [t-SNE] KL divergence after 300 iterations: 0.926492
```

3. 마지막으로 산점도로 t-SNE를 사용해 추출한 2차원 시각화를 수행한다.

```
In [9]: import matplotlib.pyplot as plt
In [10]: plt.scatter(tsne_results[:,0],tsne_results[:,1],c=y/10.0)
...      plt.xlabel('x-tsne')
...      plt.ylabel('y-tsne')
...      plt.title('t-SNE')
In [11]: plt.show()
```

그리고 사용자는 다음과 같은 결과물을 얻는다.

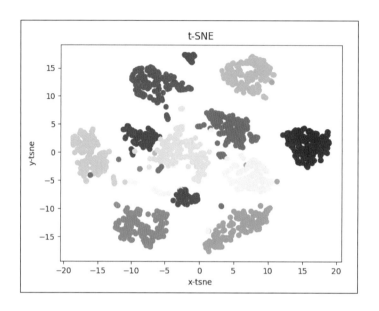

이제 다음 절에서 범주형 변수를 어떻게 나타낼 수 있는지 알아보자.

█ 범주형 변수 표현

머신러닝 시스템을 구축하는 동안 사용할 수 있는 가장 일반적인 데이터 유형 중 하나는 과일의 색상이나 회사 이름과 같은 범주적^{categorical} 특징(개별 특징이라고도 함)이다. 범주형 특징의 문제점은 연속적으로 변경되지 않으므로 숫자로 표현하기가 어렵다는 점이다.

예를 들어 바나나의 색은 녹색이나 노란색 중 하나지만, 둘 다 아닌 경우도 있다.[2] 제품은 의류 관련 부서나 서적 관련 부서에 속할 수 있지만, 드물게 두 부서에 모두 속할 수도 있다.

---

2. 여기서는 바나나가 변색된 경우를 가정한 것으로 생각된다. – 옮긴이

이런 특징을 어떻게 표현해야 할까?

예를 들어 머신러닝과 인공지능의 조상 목록으로 구성된 데이터 세트를 인코딩하려 한다고 가정해보자.

```
In [1]: data = [
...            {'name': 'Alan Turing', 'born': 1912, 'died': 1954},
...            {'name': 'Herbert A. Simon', 'born': 1916, 'died': 2001},
...            {'name': 'Jacek Karpinski', 'born': 1927, 'died': 2010},
...            {'name': 'J.C.R. Licklider', 'born': 1915, 'died': 1990},
...            {'name': 'Marvin Minsky', 'born': 1927, 'died': 2016}
...        ]
```

born과 died 특징은 숫자 형식으로 돼 있지만 name 특징은 인코딩하기가 다소 까다롭다. 따라서 다음과 같은 방법으로 인코딩할 수 있다.

```
In [2]: {'Alan Turing': 1,
...      'Herbert A. Simon': 2,
...      'Jacek Karpinsky': 3,
...      'J.C.R. Licklider': 4,
...      'Marvin Minsky': 5};
```

이는 좋은 방법일 수 있지만, 머신러닝 관점에서 보면 별다른 의미는 없다. 이러한 범주^{category}에 서수^{ordinal} 값을 할당함으로써 대부분의 머신러닝 알고리즘에서는 Alan Turing'<'Herbert A. Simon'<'Jacek Karpsinky라고 생각하기 때문이다. 1 < 2 < 3이므로 분명히 사용자가 의도했던 결과는 아니다.

대신 사용자가 진정으로 말하고자 했던 것은 첫 번째 데이터 포인트가 Herbert A. Simon과 Jacek Karpsinky 범주가 아닌 Alan Turing 범주에 속한다는 점이다. 즉, 이진 인코딩이 필요함을 알 수 있다. 머신러닝 용어에서 이는 원핫$^{one-hot}$ 인코딩으로 알려져 있고, 대부분의 머신러닝 패키지에서 바로 사용할 수 있다(OpenCV는 제외).

scikit-learn에서는 feature_extraction 모듈에 있는 DictVectorizer 클래스에서 원핫 인코딩을 제공한다. 단순히 데이터를 포함하는 사전^{dictionary}을 fit_transform 함수에 제공하는 방식으로 동작하며, 이 함수는 인코딩할 특징을 자동으로 결정할 수 있다.

```
In [3]: from sklearn.feature_extraction import DictVectorizer
...     vec = DictVectorizer(sparse=False, dtype=int)
...     vec.fit_transform(data)
Out[3]: array([[1912, 1954, 1, 0, 0, 0, 0],
               [1916, 2001, 0, 1, 0, 0, 0],
               [1927, 2010, 0, 0, 0, 1, 0],
               [1915, 1990, 0, 0, 1, 0, 0],
               [1927, 2016, 0, 0, 0, 0, 1]], dtype=int32)
```

대체 여기서 무슨 일이 일어났던 것일까? 2년 치 항목은 그대로 유지되지만, 나머지 행의 값은 1과 0으로 대체됐다. get_feature_names를 호출해 나열된 특징의 순서를 확인할 수 있다.

```
In [4]: vec.get_feature_names()
Out[4]: ['born',
         'died',
         'name=Alan Turing',
         'name=Herbert A. Simon',
         'name=J.C.R. Licklider',
         'name=Jacek Karpinski',
         'name=Marvin Minsky']
```

앨런 튜링^{Alan Turing}을 의미하는 데이터 행렬의 첫 번째 행은 born=1912, died= 1954, Alan Turing=1, Herbert A. Simon=0, J.C.R Licklider=0, Jacek Karpinsik=0, Marvin Minsky=0으로 인코딩된다.

이 접근 방식에는 한 가지 문제점이 있다. 특정 범주에 가능한 성과 이름 등의 많은 값이 있는 경우 원핫 인코딩은 매우 큰 데이터 행렬로 이어질 수 있다. 그러나 행별 ^{row-by-row}로 데이터 행렬을 조사하면 모든 행에 정확히 1이 있고 다른 모든 항목이 0이라는 것은 분명해질 수 있다. 즉, 행렬은 희소 행렬^{sparse matrix}[3]이 된다. scikit-learn은 sparse=true로 지정해 **DictVectorizer**를 호출해 트리거링하고, 희소 행렬을 사용한다.

```
In [5]: vec = DictVectorizer(sparse=True, dtype=int)
...        vec.fit_transform(data)
Out[5]: <5x7 sparse matrix of type '<class 'numpy.int64'>'
        with 15 stored elements in Compressed Sparse Row format>
```

 의사 결정 트리와 같은 특정 머신러닝 알고리즘은 범주적 기능을 기본적으로 처리할 수 있다. 이러한 경우에는 원핫 인코딩을 사용할 필요가 없다.

9장에서 신경망을 다룰 때 표현 방법을 다시 다룰 예정이다.

▍텍스트 특징 표현

범주형 특징과 마찬가지로 scikit-learn은 다른 일반적인 특징 유형인 '텍스트 특징'을 쉽게 인코딩할 수 있는 방법을 제공한다. 텍스트 특징을 사용해 작업할 때 종종 개별 단어나 문구를 숫자 값으로 인코딩하면 편리하게 사용할 수 있다.

작은 텍스트 문구가 포함된 데이터 세트들을 생각해보자.

---

3. 행렬의 값이 대부분 0인 경우를 가리킨다. 그와 반대되는 표현으로는 밀집 행렬(dense matrix), 조밀 행렬이 사용된다. – 옮긴이

```
In [1]: sample = [
...         'feature engineering',
...         'feature selection',
...         'feature extraction'
...        ]
```

이러한 데이터를 인코딩하는 가장 간단한 방법 중 하나는 단어의 개수다. 각 문구에서 단어 내의 각 단어 개수를 계산한다. scikit-learn에서는 **DictVectorizer**와 유사한 CountVectorizer를 사용해 쉽게 작업할 수 있다.

```
In [2]: from sklearn.feature_extraction.text import CountVectorizer
...     vec = CountVectorizer()
...     X = vec.fit_transform(sample)
...     X
Out[2]: <3x4 sparse matrix of type '<class 'numpy.int64'>'
        with 6 stored elements in Compressed Sparse Row format>
```

기본적으로 특징 행렬 X를 희소 행렬로 저장한다. 수작업으로 검사하고 싶다면 정규 배열로 변환해야 한다.

```
In [3]: X.toarray()
Out[3]: array([[1, 0, 1, 0],
               [0, 0, 1, 1],
               [0, 1, 1, 0]], dtype=int64)
```

이 숫자들이 의미하는 바를 이해하려면 특징 이름을 살펴봐야 한다.

```
In [4]: vec.get_feature_names()
Out[4]: ['engineering', 'extraction', 'feature', 'selection']
```

이제 정수 X가 무엇인지 명확해진다. X의 맨 위 행에 표시된 문구에는 engineering 이라는 단어가 한 개 있고, feature라는 단어가 한 개 있다. 반면 extraction이나 selection이라는 단어는 포함돼 있지 않다. 원래의 데이터 샘플을 보면 이 구문이 실제로는 feature engineering이었음을 알 수 있다.

배열 X(부정행위는 없다)만 보면 sample의 마지막 문구가 무엇인지 추측할 수 있지 않을까?

이 접근법의 한 가지 단점은 매우 자주 나타나는 단어에 너무 많은 가중치를 적용 할 수 있다는 점이다. 이를 해결하기 위한 하나의 접근법은 용어 빈도-역문서 빈도 TF-IDF, Term Frequency-Inverse Document Frequency로 알려져 있다. 그 이름만으로 정확한 의미 를 이해하기 어렵지만, TF-IDF는 기본적으로 단어 수를 전체 데이터 세트에 얼마 나 자주 나타낼지 측정하는 방법을 제공한다.

TF-IDF 구문은 이전 명령과 거의 비슷하다.

```
In [5]: from sklearn.feature_extraction.text import TfidfVectorizer
...     vec = TfidfVectorizer()
...     X = vec.fit_transform(sample)
...     X.toarray()
Out[5]: array([[ 0.861037 , 0. , 0.50854232, 0. ],
               [ 0. , 0. , 0.50854232, 0.861037 ],
               [ 0. , 0.861037 , 0.50854232, 0. ]])
```

숫자가 이전보다 작아졌고 세 번째 열이 가장 큰 영향을 받는다. 세 번째 열은 세 구문에서 가장 빈번하게 사용한 단어인 feature에 대응된다.

```
In [6]: vec.get_feature_names()
Out[6]: ['engineering', 'extraction', 'feature', 'selection']
```

텍스트 특징을 나타내는 방법은 7장에서 중요하다.

이미지 표현

컴퓨터 비전용 가장 흔하고 중요한 데이터 유형 중 하나는 물론 이미지다. 이미지를 표현하는 가장 직접적인 방법은 아마도 이미지에서 각 픽셀의 그레이스케일 값을 사용하는 것이다. 일반적으로 그레이스케일 값은 설명하고자 하는 데이터를 잘 나타내지 않는다. 예를 들어 그레이스케일 값이 128인 단일 픽셀을 보면 이 픽셀이 속한 객체를 알 수 있을까? 알 수 없을 것이다. 따라서 그레이스케일 값은 매우 효과적인 이미지 특징이 아닌 것을 알 수 있다.

색 공간 사용

색상 값에서는 원시 그레이스케일 값으로 캡처할 수 없는 정보들이 있다. 대부분의 경우 기존 RGB 색 공간에서 이미지의 모든 픽셀은 빨간색(R), 녹색(G), 파란색(B)의 강도 값을 얻는다. 그러나 OpenCV는 HSV^{Hue Saturation Value}, HSL^{Hue Saturation Lightness}, Lab 색 공간과 같은 다른 색 공간을 제공한다. 이러한 공간을 간략히 살펴보자.

RGB 공간에서 이미지 인코딩

빨간색, 녹색, 파란색의 다른 색조를 혼합해 다른 합성 색상을 만드는 RGB 색 공간을 이미 잘 알고 있다. RGB 색 공간은 사람의 눈으로 볼 수 있는 많은 색 공간을 다루기 때문에 일상생활에서 유용하다. 따라서 컬러텔레비전 세트 또는 컬러 컴퓨터 모니터가 빨간색, 녹색, 파란색 빛의 혼합물을 만들어 소비자에게 제공한다.

OpenCV에서는 RGB 이미지를 바로 사용할 수 있다. 사용자가 알아야 할 것이나 생각해야 할 필요가 있는 것은 컬러 이미지가 OpenCV에서는 실제로 BGR 이미지로 저장된다는 것이다. 즉, 색상 채널 순서는 빨간색-녹색-파란색이 아니라 파란색-녹색-빨간색이다. 이 형식을 선택한 이유는 대부분 역사적으로 그렇게 사용해왔기 때문이다. OpenCV에서는 이러한 포맷이 OpenCV가 처음 만들어졌을 때 카메라 제조사와 소프트웨어 제공업자 사이에서 인기를 얻었기 때문에 선택했음을 알려준다.

cv2.imread를 사용해 BGR 형식으로 샘플 이미지를 불러올 수 있다.

```
In [1]: import cv2
...     import matplotlib.pyplot as plt
...     import numpy as np
...     %matplotlib inline
In [2]: img_bgr = cv2.imread('data/lena.jpg')
```

Matplotlib이나 유사한 라이브러리를 사용해 BGR 이미지를 표시하려고 시도한 적이 있다면 이미지에 이상한 푸른 색조tint가 있음을 알았을 것이다. 이는 Matplotlib이 RGB 이미지를 기대하기 때문이다. 따라서 cv2.cvtColor를 사용해 색상 채널을 바꿔야 한다.

```
In [3]: img_rgb = cv2.cvtColor(img_bgr, cv2.COLOR_BGR2RGB)
```

비교를 위해 **img_bgr**과 **img_rgb**를 서로 나란히 배치한다.

```
In [4]: plt.figure(figsize=(12, 6))
...      plt.subplot(121)
...      plt.imshow(img_bgr)
...      plt.subplot(122)
...      plt.imshow(img_rgb)
Out[4]: <matplotlib.image.AxesImage at 0x20f6d043198>
```

이 코드의 결과는 다음 두 이미지로 표현된다.

레나는 인기 있는 플레이보이 모델[Playmate](레나 소더버그[Lena Soderberg])의 이름이고, 그녀의 사진은 컴퓨터 역사상 가장 많이 사용되는 이미지 중 하나일 것이다. 1970년대에 사람들은 기존 테스트 이미지 사용에 지쳐 있었고, 좋은 출력 동적 범위를 보장하고자 광택[glossy]이 있는 것을 원했기 때문이다. 물론 매력적인 여성의 사진이 주로 남자들이 연구하는 분야에서 인기를 얻은 것이 단지 우연만은 아니었을 것이다.

HSV와 HLS 공간에서 이미지 인코딩

그러나 RGB 색 공간이 생성된 이후로 사람들은 RGB만으로는 인간의 시각을 제대로 표현하지 못한다는 것을 깨달았다. 따라서 연구자들은 두 가지 대안을 제시했다. 그중 하나는 색조^{hue}, 채도^{saturation}, 명도값^{value}을 나타내는 HSV고, 다른 하나는 색조^{hue}, 명도^{lightness}, 채도^{saturation}를 나타내는 HLS다. 색상 선택기^{color picker}와 일반적인 이미지 편집 소프트웨어에서 이러한 색 공간을 봤을 것이다. 색 공간에서 색상의 색조는 단일 색조 채널로 캡처되고, 색상^{colorfulness}은 채도 채널^{saturation channel}로 캡처되며, 명도나 밝기^{brightness}는 명도^{lightness}나 명도값^{value} 채널로 캡처된다.[4]

OpenCV에서 RGB 이미지는 **cv2.cvtColor**를 사용해 HSV 색 공간으로 쉽게 변환할 수 있다.

```
In [5]: img_hsv = cv2.cvtColor(img_bgr, cv2.COLOR_BGR2HSV)
```

HLS 색 공간에서도 마찬가지다. 사실 OpenCV는 **cv2.cvtColor**를 통해 사용할 수 있는 전체 색상 범위를 추가로 제공한다. 사용자가 해야 할 일은 컬러 플래그를 다음 중 하나와 바꾸는 것뿐이다.

- **cv2.COLOR_BGR2HLS**를 사용하는 HLS(색조, 명도, 채도)
- **cv2.COLOR_BGR2LAB**을 사용하는 LAB(밝기, 녹색–빨간색, 파란색–노란색)
- **cv2.COLOR_BGR2YUV**를 사용하는 YUV(전체 휘도^{luminance}, 파란색–휘도, 빨간색–휘도)

---

4. '밝기'는 반사체 표면에서 발광/반사되는 빛의 많고 적음을 나타내며, '명도'는 동일한 조명하에서 순수한 백색과의 상대적인 밝기 차이를 의미한다. — 옮긴이

이미지의 코너 검출

이미지에서 찾을 수 있는 가장 직접적인 특징 중 하나는 코너[corner](모서리, 여러 개의 에지가 만나는 곳)일 것이다.

OpenCV에서는 이미지의 코너를 찾기 위한 최소 두 가지의 알고리즘을 제공한다.

- **해리스 코너**[Harris corner] **검출기**: 에지[edge](가장자리)는 모든 방향으로 높은 강도[intensity]의 변화가 있는 영역이기 때문에 해리스[Harris]와 스티븐스[Stephens]는 그러한 영역을 빠르게 찾을 수 있는 방법을 제안했다. 이 알고리즘은 OpenCV에서 cv2. cornerHarris로 구현됐다.
- **쉬-토마시**[Shi-Tomasi] **코너 검출기**: 쉬[Shi]와 토마시[Tomasi]는 추적할 좋은 특징이 무엇인지에 대한 자체 아이디어를 갖고 있었고, 일반적으로 가장 강한 강도의 모서리를 찾아 사용하기 때문에 해리스 코너 검출기보다 잘 수행할 수 있다. 이 알고리즘은 OpenCV에서 cv2.goodFeaturesToTrack으로 구현됐다.

해리스 코너 검출기는 그레이스케일 이미지에서만 작동하므로 BGR 이미지를 먼저 그레이스케일로 변환해야 한다.

```
In [6]: img_bgr = cv2.imread('data/rubic-cube.png')
In [7]: img_gray = cv2.cvtColor(img_bgr, cv2.COLOR_BGR2GRAY)
```

알고리즘은 입력 이미지, 코너 검출을 위해 고려된 픽셀 인접 크기(blockSize), 에지 검출을 위한 조리개 매개변수(ksize), 해리스 검출기의 자유 매개변수(k)를 사용한다.

```
In [8]: corners = cv2.cornerHarris(img_gray, 2, 3, 0.04)
```

Matplotlib을 사용한 코너 맵 결과는 다음처럼 얻을 수 있다.

```
In [9]: plt.figure(figsize=(12,6))
...     plt.imshow(corners, cmap='gray')
Out[9]: <matplotlib.image.AxesImage at 0x1f3ea003b70>
```

이렇게 하면 다음과 같은 그레이스케일 이미지가 생성된다.

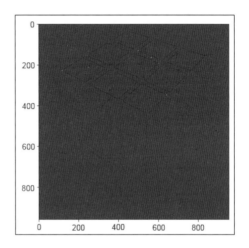

코너 맵의 각 픽셀은 해리스 코너 검출 기법에 의해 반환된다. 최댓값의 10%가 넘는 포인트들만 사용한다. cv2.threshold 함수를 사용해서도 이 작업을 수행할 수 있다. 두 구현 방식 간의 차이점은 어떤 것일까?

```
In [10]: corners_to_plot = np.where(corners>0.1*corners.max())
```

이제 다음처럼 plt.plot을 사용해 이러한 코너 포인트들을 표시할 수 있다.

```
In [11]: plt.figure(figsize=(12,6))
...      plt.imshow(img_bgr);
...      plt.plot(corners_to_plot[1],corners_to_plot[0],'o',c='w', markersize=4)
```

다음 스크린샷은 위 방식으로 얻은 이미지를 보여준다.

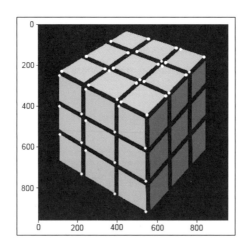

 blockSize, ksize, k 매개변수는 코너 검출에 얼마나 영향을 미칠까? 루빅 큐브 영상에서 모든 모서리를 감지할 수 있는 매개변수 세트를 찾을 수 있을까?

해리스 코너 검출 기술은 빠르지만 결과는 정확도가 높지 않다. 이는 검출된 코너를 서브픽셀 정확도를 사용해 처리함으로써 해결할 수 있다. OpenCV는 이러한 처리용 cv2.cornerSubPix 함수를 제공한다.

해리스 코너 검출 기술을 사용해 코너를 찾는 것으로 시작한다. 이 방법을 해리스 코너라고 부른다.

1. 먼저 cv2.threshold 함수를 사용해 코너 맵 최댓값의 10% 이상인 위치의 값으로 픽셀 값을 변경한다. 임계 영상을 8비트 부호 없는 정수unsigned integer 로 변환한다. 다음 단계에서 이 동작을 하는 이유를 알 수 있다.

```
In [12]: ret, corners = cv2.threshold(corners, 0.1*corners.max(),255,0)
In [13]: corners = np.uint8(corners)
```

2. 다음 단계에서는 cv2.connectedComponentWithStats 함수를 사용해 여러 코너 포인트의 중심을 계산한다. 이렇게 하면 서로 매우 가까운 곳에서 여러 개의 코너 포인트가 감지될 때 문제를 해결할 수 있다. 매우 가깝게 감지되는 것은 일부 노이즈나 부적절하게 사용된 매개변수 때문일 수 있고, 그 외에 가까운 곳에 여러 개의 코너 포인트가 있기 때문이다. 사용자는 정밀하게 탐지된 각 코너 포인트에 대해 더 정확한 코너를 계산하고자 계산력을 낭비할 필요는 없다.

```
In [14]: ret, labels, stats, centroids =
cv2.connectedComponentsWithStats(corners)
```

3. 다음 코드에서는 동작 정지 기준과 함께 cv2.cornerSubPix 함수에 중심점을 전달한다. 이 정지 기준으로 반복을 중지할 시기 조건을 정한다. 단순한 예로 최대 반복 횟수나 필요 최소 정확도가 달성되면 반복을 중지한다.

```
In [15]: criteria = (cv2.TERM_CRITERIA_EPS +
cv2.TERM_CRITERIA_MAX_ITER, 100, 0.001)
In [16]: corners =
cv2.cornerSubPix(img_gray,np.float32(centroids),(5,5),(-1,-1),criteria)
```

4. 그런 다음 이 새로운 코너 값을 다시 정수 유형으로 변환한다.

```
In [17]: corners = np.int0(corners)
...      centroids = np.int0(centroids)
```

5. 마지막으로 이렇게 구한 새로운 포인트들을 그린 후 변화를 시각적으로 비교한다.

```
In [18]: corners_to_plot = [corners[:,0],corners[:,1]]
   ...       centroids_to_plot = [centroids[:,0],centroids[:,1]]
In [19]: plt.figure(figsize=(12,6))
   ...       plt.imshow(img_bgr);
   ...       plt.plot(corners_to_plot[0],corners_to_plot[1],
'o',c='w',markersize=8)
   ...       plt.plot(centroids_to_plot[0],centroids_to_plot[1],
'x',c='r',markersize=5)
```

그리고 사용자는 다음과 같은 결과물을 얻는다.

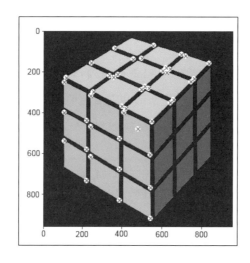

위치의 변화는 크지 않아 보이지만, 다시 한 번 확인한다.

기존 중심과 새로운 중심들 사이의 절대 거리 합계를 계산하는 것으로 시작한다.

```
In [20]: np.absolute(centroids-corners).sum(axis=0)
Out[20]: array([41, 31])
```

이 결과만으로는 충분한 정보를 전달할 수 없다. 이 숫자들이 이미지 크기에 어떤
의미인지를 살펴보자.

```
In [21]: height, width, channels = img_bgr.shape
In [22]: np.absolute(centroids-corners).sum(axis=0)/(width,height) * 100
Out[22]: array([4.27974948, 3.23590814])
```

이는 전체 규모에서 x 방향의 폭 4.28%와 y 방향의 높이 3.23%의 변화가 있음을 의미한다.

스타 검출기와 BRIP 설명자 사용

이미지의 스케일이 바뀌면 코너 검출이 어렵다. 특징 검출과 설명 값에 대한 다양한 알고리즘을 설명하는 여러 논문이 발표됐다. SURF[Speed Up Robust Features] 검출기(자세한 내용은 https://en.wikipedia.org/wiki/Speeded_up_robust_features)와 BRIEF[Binary Robust Independent Primary Features] 설명자의 조합을 살펴보자. 특징 검출기는 이미지의 키포인트를 식별하고 특징 설명자는 모든 키포인트에 대한 실제 특징 값을 계산한다.

이러한 알고리즘의 세부 사항은 이 책의 범위를 벗어난다. 고급 사용자는 이러한 알고리즘을 상세히 기술하는 문서를 참조한다.

자세한 내용은 다음 링크를 참조한다.

- **SURF:** https://www.vision.ee.ethz.ch/~surf/eccv06.pdf
- **BRIEF:** https://www.cs.ubc.ca/~lowe/525/papers/calonder_eccv10.pdf

전체 과정은 다음 동작에서 시작한다. 이미지를 판독해 그레이스케일로 변환하고 스타[star] 특징 검출기를 사용해 관심 포인트를 찾아내고, 마지막으로 BRIEF 설명자를 사용해 특징 값을 계산한다.

1. 먼저 이미지를 읽고 그레이스케일로 변환한다.

```
In [23]: img = cv2.imread('data/rubic-cube.png')
In [24]: gray = cv2.cvtColor(img, cv2.COLOR_BGR2GRAY)
```

2. 이제 특징 검출기와 설명자를 만든다.

```
In [25]: star = cv2.xfeatures2d.StarDetector_create()
In [26]: brief = cv2.xfeatures2d.BriefDescriptorExtractor_create()
```

3. 다음은 키포인트를 얻고자 스타 검출기를 사용하고 BRIP 설명자에 전달한다.

```
In [27]: keyPoints = star.detect(gray, None)
In [28]: keyPoints, descriptors = brief.compute(img, keyPoints)
```

여기에 함정이 있다. 이 책을 쓸 당시 OpenCV 버전 4.0에는 **cv2.drawKeypoints** 함수가 가진 문제를 해결한 버전이 없었다. 따라서 키포인트를 얻고자 사용할 수 있는 비슷한 함수를 썼다. 하지만 사용자는 함수의 처리 단계를 걱정할 필요 없다. 이 내용들은 단지 참고용 자료다. 이 책에서 지정한 OpenCV 버전(OpenCV 4.1.0이나 OpenCV 4.1.1)을 설치한 경우 **cv2.drawKeypoints** 함수를 바로 사용할 수 있다.

```
In [29]: def drawKeypoint (img, keypoint, color):
...          draw_shift_bits = 4
...          draw_multiplier = 1 << draw_shift_bits
...          center = (int(round(keypoint.pt[0])),
...                        int(round(keypoint.pt[1])))
...          radius = int(round(keypoint.size/2.0))
...          # 키포인트 주변에 키포인트 크기만큼의 원을 그린다.
...          cv2.circle(img, center, radius, color, 1, cv2.LINE_AA)
```

```
...             # 키포인트의 방향성을 그린다.
...             if keypoint.angle != -1:
...                 srcAngleRad = keypoint.angle * np.pi/180.0
...                 orient = (int(round(np.cos(srcAngleRad)*radius)),\
                        int(round(np.sin(srcAngleRad)*radius)))
...                 cv2.line(img, center, (center[0]+orient[0],\
                            center[1]+orient[1]),\
                    color, 1, cv2.LINE_AA)
...             else:
...                 # R=1인 중심을 그린다.
...                 radius = 1 * draw_multiplier
...                 cv2.circle(img, center, radius,\
                    color, 1, cv2.LINE_AA)
...             return img
In [30]: from random import randint
...     def drawKeypoints(image, keypoints):
...         for keypoint in keypoints:
...             color = (randint(0,256),randint(0,256),randint(0,256))
...             image = drawKeypoint(image, keypoint, color)
...         return image
```

4. 이제 이 함수를 사용해 검출된 키포인트를 그린다.

```
In [31]: result = drawKeypoints(img, keyPoints)
In [32]: print("Number of keypoints = {}".format(len(keyPoints)))
Out[32]: Number of keypoints = 453
In [33]: plt.figure(figsize=(18,9))
...     plt.imshow(result)
```

코드를 수행하면 다음과 같은 결과물을 얻는다.

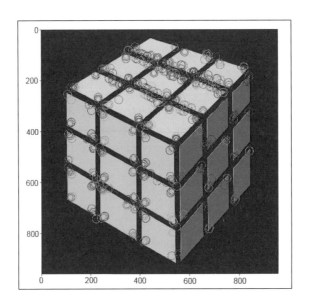

BRIEF같이 쉽고 빠른 방식은 이미지가 회전하는 경우에는 잘 맞지 않는다. 따라서 이미지를 회전한 다음(https://www.pyimagesearch.com/2017/01/02/rotate-images-correctly-with-opencv-and-python/) BRIEF를 실행해야 한다.

이제 ORB가 이 문제를 해결하는 데 어떻게 도움이 되는지 살펴보자.

ORB 사용

ORB[Oriented FAST and Rotated BRIP]는 특허법에 의해 보호되고 있는 SIFT와 SURF의 좋은 대안이다. 사실 ORB는 SURF보다 더 훌륭하게 작동한다. 또한 게리 브래드스키 [Gary Bradski]가 「ORB: An Efficient Alternative to SIFT and SURF」 논문의 저자 중 한 명이었다는 점도 흥미롭다. 구글의 게리 브래드스키와 OpenCV를 통해 흥미로운 점에 대한 답을 얻을 수 있을 것이다.

전체 프로세스는 거의 그대로 유지되므로 코드를 빠르게 살펴보자.

174

```
In [34]: img = cv2.imread('data/rubic-cube.png')
...      gray = cv2.cvtColor(img, cv2.COLOR_BGR2GRAY)
In [35]: orb = cv2.ORB_create()
In [36]: keyPoints = orb.detect(gray,None)
In [37]: keyPoints, descriptors = orb.compute(gray, keyPoints)
In [38]: print("Number of keypoints = {}".format(len(keyPoints)))
Out[38]: Number of keypoints = 497
In [39]: result = drawKeypoints(img,keyPoints)
In [40]: plt.figure(figsize=(18,9))
...      plt.imshow(result)
```

이 코드 수행으로 다음과 같은 결과물을 얻는다.

orb.detectAndCompute 함수를 사용해 다음처럼 검출과 설명 단계를 단일 단계로
병합할 수 있다.

```
In [41]: img = cv2.imread('data/rubic-cube.png')
...      gray = cv2.cvtColor(img, cv2.COLOR_BGR2GRAY)
```

```
In [42]: orb = cv2.ORB_create()
In [43]: keyPoints2, descriptors2 = orb.detectAndCompute(gray, None)
In [44]: print("Number of keypoints = {}".format(len(keyPoints2)))
Out[44]: Number of keypoints = 497
```

NumPy의 `allclose` 함수를 사용해 두 경우 모두 설명자가 유사한지 여부를 확인한다.

```
In [45]: np.allclose(descriptors,descriptors2)
Out[45]: True
```

SIFT와 SURF 모두 좀 더 발전한 특징 추출기지만 특허법에 의해 보호된다. 따라서 상업용 애플리케이션에서 사용하고자 할 경우 라이선스를 얻어야 한다. 비상업적 목적으로 사용하고자 하는 경우 https://github.com/opencv/opencv_contrib에서 OpenCV를 OpenCV_Contrib를 사용해 컴파일하고 OPENCV_EXTRA_MODULS_PATH 변수 집합을 사용해 OpenCV를 다시 설치한다.

▌요약

4장에서는 기능 선택과 특징 추출 모두에 초점을 맞춰 여러 가지 일반적인 특징 엔지니어링 기술을 상세히 살펴봤다. 일반적인 머신러닝 알고리즘에 적용할 수 있도록 데이터를 성공적으로 포맷, 정제, 변환하는 방법을 살펴봤다. 차원의 저주를 배웠고 OpenCV에서 PCA 구현을 통한 차원 축소 방법을 알았다. 마지막으로 OpenCV가 이미지 데이터를 제공하는 일반적인 특징 추출 기술도 간략히 살펴봤다.

이러한 기술을 통해 숫자, 범주형, 텍스트, 이미지 데이터 등 모든 데이터를 처리할 준비를 마쳤다. 누락된 데이터를 만났을 때 해야 할 일을 정확히 알게 됐으며, 머신러닝 알고리즘에 맞게 데이터를 전송하는 방법도 배웠다.

5장에서는 다음 단계로 넘어가 의사 결정 트리를 사용해 의학적 진단을 내리는 데 새로 습득한 지식을 사용하는 구체적인 유스케이스를 알아본다.

2부

OpenCV 사용법

2부에서는 고급 머신러닝 개념, OpenCV와 Scikit-learn을 사용한 구현 방법을 중점적으로 다룬다. 의사 결정 트리, 지원 벡터 머신, 베이지안 학습과 같은 일부 진보된 머신러닝 개념을 다루고, 마지막으로 두 번째 유형의 머신러닝 문제인 비지도학습을 살펴본다.

2부에는 다음 장들이 있다.

- 5장, 의사 결정 트리를 사용한 의료 진단
- 6장, 서포트 벡터 머신으로 보행자 검출
- 7장, 베이지안 학습을 이용한 스팸 필터 구현
- 8장, 비지도학습으로 숨겨진 구조 발견

의사 결정 트리를 사용한 의료 진단

이제는 모든 형태의 데이터를 수치, 범주, 텍스트, 이미지 데이터로 처리하는 방법을 알았고, 새로 얻은 지식을 잘 활용할 때가 됐다. 5장에서는 의학 진단을 할 수 있는 머신러닝 시스템을 구축하는 방법을 학습한다. 사용자는 의사가 아니지만 삶의 어느 시점에서 머신러닝을 이용한 진단 방법은 모두에게 도움이 될 것이다. 일반적으로 의사는 정확한 진단을 내리려면 환자의 병력과 증상에 대해 최대한 많은 정보를 얻어야 한다. 따라서 의사 결정 트리^{decision tree}로 알려진 방법을 사용해 의사의 의사 결정 프로세스^{decision-making process}를 모방한다.

의사 결정 트리는 간단하지만 강력한 지도학습 알고리즘이며 플로차트^{flow chart}와 유사하다. 이와 관련해서는 잠시 후에 더 알아볼 것이다. 의학 외에 의사 결정 트리는 천문학(예, 허블 우주 망원경 이미지에서 노이즈를 필터링하거나 은하계 클러스터를 분류하는 데 사용), 제조와 생산(예, 보잉사의 결함 발견 제조 공정), 물체 인식(예, 3D 물체 인식)과 같은 분야에서도 일반적으로 사용할 수 있다.

구체적으로 5장에서 다루는 내용은 다음과 같다.

- 데이터에서 간단한 의사 결정 트리를 작성하고 이를 분류나 회귀에 적용
- 지니지수, 정보 이득, 분산 감소를 사용해 다음에 어떤 결정을 내릴지 결정
- 의사 결정 트리와 그 장점 제거

먼저 의사 결정 트리를 알아보자.

▌기술적 요구 사항

다음 링크에서 5장의 코드를 참고할 수 있다.

https://github.com/PacktPublishing/Machine-Learning-for-OpenCV-Second-Edition/tree/master/Chapter05

다음은 간략한 소프트웨어, 하드웨어 요구 사항이다.

- OpenCV 버전 4.1.x(4.1.0이나 4.1.1 모두 잘 작동한다)
- 파이썬 버전 3.6(모든 파이썬 버전 3.x는 괜찮다)
- 파이썬과 필수 모듈을 설치하기 위한 아나콘다 파이썬 3이 필요하다.
- 이 책에서는 맥OS, 윈도우, 리눅스 기반 OS 등 모든 OS를 사용할 수 있다. 시스템은 최소 4GB의 RAM를 가져야 한다.
- 이 책과 함께 제공된 코드를 실행하고자 GPU를 사용할 필요는 없다.

▌의사 결정 트리의 이해

의사 결정 트리는 지도학습 문제의 간단/강력한 모델이다. 이름에서 알 수 있듯이 몸통에서 시작해 개별 나뭇잎으로 가는 모든 지점을 따라 정보가 흐르는 나무로 볼 수 있다. 각 접합 점에서 어느 쪽으로 분기해야 할지를 결정해야 한다.

이러한 동작을 하는 것이 의사 결정 트리다. 다음 그림은 의사 결정의 예다.

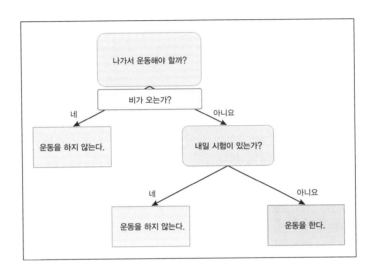

의사 결정 트리는 데이터(의사 결정 노드라고도 함)와 가능한 결과에 대한 질문이나 테스트 레이어로 구성된다.

의사 결정 트리를 만들 때의 어려움 중 하나가 데이터에서 적절한 특징을 찾기 어렵다는 점이다. 이를 명확히 살펴보고자 가능한 한 구체적인 예를 사용하겠다. 하나의 이메일로 구성된 데이터 세트가 있다고 가정해보자.

```
In [1]: data = [
...         'I am Mohammed Abacha, the son of the late Nigerian Head of '
...         'State who died on the 8th of June 1998. Since i have been '
...         'unsuccessful in locating the relatives for over 2 years now '
```

```
...              'I seek your consent to present you as the next of kin so '
...              'that the proceeds of this account valued at US$15.5 Million '
...              'Dollars can be paid to you. If you are capable and willing '
...              'to assist, contact me at once via email with following '
...              'details: 1. Your full name, address, and telephone number. '
...              '2. Your Bank Name, Address. 3.Your Bank Account Number and '
...              'Beneficiary Name - You must be the signatory.'
...          ]
```

이 이메일은 scikit-learn의 CountVectorizer를 사용해 4장에서 했던 것과 동일한 방식으로 벡터화할 수 있다.

```
In [2]: from sklearn.feature_extraction.text import CountVectorizer
...       vec = CountVectorizer()
...       X = vec.fit_transform(data)
```

4장에서 다음 함수를 사용해 X의 특징 이름을 살펴볼 수 있음을 알아봤다.

```
In [3]: function:vec.get_feature_names()[:5]
Out[3]: ['15', '1998', '8th', 'abacha', 'account']
```

명확하게 하고자 알파벳순으로 정렬된 처음 다섯 단어만 중점적으로 살펴본다. 그러면 다음처럼 해당 발생 횟수를 찾을 수 있다.

```
In [4]: X.toarray()[0, :5]
Out[4]: array([1, 1, 1, 1, 2], dtype=int64)
```

이는 다섯 단어 중 네 단어가 이메일에 한 번 표시되지만 account(Out[3]의 마지막 단어)라는 단어는 실제로는 두 번 나타남을 알 수 있다. 4장에서 희소 배열 X를 사람이 읽을 수 있는 배열로 변환하고자 X.toarray()를 사용했다. 결과적으로는 2D

배열을 얻었는데, 여기서 행은 데이터 샘플에 해당하고 열은 앞의 명령에서 설명한 특징 이름에 해당된다. 데이터 세트에는 단 하나의 샘플이 있으므로 배열의 행 0(첫 번째 데이터 샘플)과 배열의 처음 다섯 개 열(즉, 처음 다섯 단어)을 얻는다.

그러면 이메일이 나이지리아 왕자에게서 왔는지 어떻게 확인할 수 있을까?

이를 수행하는 한 가지 방법은 이메일에 nigerian과 prince라는 단어가 모두 포함돼 있는지 확인하는 것이다.

```
In [5]: 'nigerian' in vec.get_feature_names()
Out[5]: True
In [6]: 'prince' in vec.get_feature_names()
Out[6]: False
```

무엇인가 놀랄 만한 것을 발견할 수 있을까? 여기서 prince라는 단어는 이메일에서 나타나지 않는다.

그러면 이것은 메시지가 합법적임을 의미할까?

물론 아니다. prince 대신 이메일에 head of state(국가 원수)라는 단어를 사용해 스팸 검출기를 우회할 수 있었다.

마찬가지로 사용자는 트리에서 두 번째 결정 사항(wants me to send him money?그에게 돈을 보내길 원하십니까?)을 모델링해야 한다. 이 질문에 답할 수 있는 텍스트에는 직접적인 특징이 없었다. 따라서 이는 메시지의 실제 단어를 질문에 대답할 수 있는 방식으로 결합하는 특징 엔지니어링의 문제를 사용해야 한다. 물론 US$와 money 같은 문자열을 찾는 것이 좋겠지만, 이 단어가 언급된 문맥을 알 수는 없다. 아마도 다음과 같은 문장의 일부에서 사용됐을 것이다. "Don't worry, I don't want you to send me any money. 걱정하지 마십시오, 당신이 저에게 돈을 보내지 않길 바랍니다."라는 문장을 의미한다.

설상가상으로 사용자가 이러한 질문을 하는 순서가 실제로 최종 결과에 영향을 미칠 수 있다. 예를 들어 마지막 질문인 "실제로 나이지리아 왕자를 아는가?"를 먼저 묻거나 삼촌이 나이지리아 왕자라면 이메일에서 나이지리아 왕자라는 단어가 더 이상 의심스럽지 않게 된다.

일단 간단한 예제로 빨리 살펴보자.

다행히 의사 결정 트리의 이론적인 프레임워크는 올바른 의사 결정 규칙과 다음으로 수행할 의사 결정에 도움을 준다.

그러나 이러한 개념을 이해하기 위해 좀 더 깊이 들어가 보자.

첫 번째 의사 결정 트리 만들기

이제 좀 더 복잡한 예를 사용한다. 앞에서 이미 약속했듯이 이젠 의료 영역으로 옮겨 생각해보자.

희귀한 형태의 흉통^{basorexia}처럼 많은 환자가 같은 질병으로 고통 받는 사례를 생각해보자. 질병의 진정한 원인은 오늘날까지 알려지지 않았으며, 사용자에게 제공되는 모든 정보는 많은 생리적 측정 결과로만 판단된다. 예를 들어 다음 정보에 액세스할 수 있다.

- 환자의 혈압(BP)
- 환자의 콜레스테롤 수치(cholesterol)
- 환자의 성별(sex)
- 환자의 나이(age)
- 환자의 혈중 나트륨 농도(Na)
- 환자의 혈중 칼륨 농도(K)

이 모든 정보를 바탕으로 의사가 약품 A, B, C, D라는 네 가지 약물 중 하나를 사용해 환자의 질병을 치료할 것을 권고했다고 가정해보자. 20명의 각기 다른 환자에 대한 데이터는 다음과 같다(수행 결과는 생략했다).

```
In [1]: data = [
...         {'age': 33, 'sex': 'F', 'BP': 'high', 'cholesterol': 'high',
...          'Na': 0.66, 'K': 0.06, 'drug': 'A'},
...         {'age': 77, 'sex': 'F', 'BP': 'high', 'cholesterol': 'normal',
...          'Na': 0.19, 'K': 0.03, 'drug': 'D'},
...
...
...
...         {'age': 38, 'sex': 'M', 'BP': 'high', 'cholesterol': 'normal',
...          'Na': 0.78, 'K': 0.05, 'drug': 'A'}
...     ]
```

새 데이터 생성

추가 단계를 진행하기 전에 모든 머신러닝 엔지니어에게 매우 중요한 단계인 데이터 생성을 이해해보자. 모든 머신러닝과 딥러닝 기법은 엄청난 양의 데이터를 필요로 한다. 간단히 말해 데이터가 많을수록 좋다. 데이터가 충분하지 않다면 충분한 정확도를 갖지 않은 모델을 만들 수 있다. 일반적으로 사용되는 기법은(새로운 데이터를 생성할 수 없는 경우) 대부분의 데이터를 훈련에 사용한다. 이 기법의 가장 큰 단점은 일반화되지 않았거나 다른 관점에서 볼 때 과도한 과적합(오버피팅)을 가진다는 것이다.

앞의 문제를 다루기 위한 한 가지 해결책은 새로운 데이터나 일반적으로 언급되는 합성 데이터를 만드는 것이다. 여기서 주목해야 할 핵심은 합성 데이터가 실제 데이터와 유사한 특징을 가져야 한다. 실제 데이터와 유사할수록 ML 엔지니어로서 더 좋은 결과를 얻을 수 있다. 이 기법을 데이터 증강이라고 하는데, 여기서 영상의 회전, 미러링 등 다양한 기법을 사용해 기존 데이터를 기반으로 한 새로운 데이터를 생성한다.

지금은 가상의 예를 다루므로 특징을 특별히 설정하지 않아 간단한 파이썬 코드로 랜덤 데이터를 생성할 수 있다. 실제 상황에서는 데이터 증강을 사용해 사실적인 새 데이터 샘플을 생성한다. 어떠한 접근 방법을 사용해야 할지 살펴보자.

여기서 데이터 세트는 실제로는 사전 목록이다. 모든 사전은 환자의 혈액, 연령, 성별, 처방된 약물을 포함하는 단일 데이터 요소들로 구성된다. 따라서 새로운 사전을 만들고 싶고 이 사전에서 사용할 키를 알고 있다. 다음으로 집중해야 할 것은 사전에 있는 값들의 데이터 유형이다.

정수 값인 나이(age)부터 시작해서 성별^{gender}을 사용하는데, 성별은 M이나 F를 사용한다. 마찬가지로 다른 값에 대해서는 데이터 유형을 유추할 수 있고, 어떤 경우에는 상식선에서 사용할 값의 범위도 유추할 수 있다.

대부분의 경우 상식적인 생각과 딥러닝이 잘 어울리지 않음을 주목해야 한다. 아웃라이어(이상치)를 갖고 모델을 이해해야 하기 때문이다. 예를 들어 누군가가 130세의 나이를 갖는 것이 매우 불가능하다는 것을 알고 있지만 일반화된 모델에서 이 값을 아웃라이어로 고려하면 안 된다. 그렇기 때문에 사용자는 항상 그러한 비논리적인 가치는 적게 가져야만 한다.

몇 가지 합성 데이터를 생성하는 예를 살펴보자.

```
import random
def generateBasorexiaData(num_entries):
    # 새로운 항목을 리스트에 저장하기
    list_entries = []
    for entry_count in range(num_entries):
        new_entry = {}
        new_entry['age'] = random.randint(20,100)
        new_entry['sex'] = random.choice(['M','F'])
        new_entry['BP'] = random.choice(['low','high','normal'])
        new_entry['cholestrol'] = random.choice(['low','high','normal'])
```

```
        new_entry['Na'] = random.random()
        new_entry['K'] = random.random()
        new_entry['drug'] = random.choice(['A','B','C','D'])
        list_entries.append(new_entry)
    return list_entries
```

5개의 새로운 항목을 생성하려면 entries = generateBasorexiaData(5)를 사용해 이전 함수를 호출한다.

이제 데이터 생성 방법을 알았으니 이 데이터로 무엇을 할 수 있는지 살펴보자. 약물 A, B, C, D를 처방한 의사의 추론은 무엇일까? 의사가 처방한 환자의 혈액 값과 약물 사이의 관계를 볼 수 있을까?

이는 어려운 질문일 것이다. 직접 데이터 세트를 만들었더라도 이것을 실제 보기는 어렵다. 언뜻 보기에 데이터 세트가 랜덤으로 보일 수도 있지만, 실제로 환자의 혈액 값과 처방된 약물 사이에는 명확한 관계가 존재한다. 의사 결정 트리가 이러한 숨겨진 관계를 밝힐 수 있는지 살펴보자.

데이터를 이해한 후 작업에 활용

새로운 머신러닝 문제를 해결하기 위한 첫 번째 단계는 무엇일까?

당신의 생각이 절대적으로 맞다. 데이터의 이해가 첫 번째 단계다. 사용자가 데이터를 잘 이해할수록 해결하려는 문제를 더욱 잘 이해할 수 있다. 앞으로 해야 할 노력 중에서 데이터의 이해는 적절한 머신러닝 알고리즘을 선택하는 데 가장 도움이 된다.

제일 먼저 알아야 할 것은 drug 열이 실제로는 다른 모든 열과 마찬가지로 특징 값이 아니라는 점이다. 환자의 혈액 값에 따라 처방될 약물을 예측하는 것이 목표이므로 drug 열은 효과적인 목표 레이블$^{target\ label}$이 된다. 머신러닝 알고리즘의 입력

값은 환자의 모든 혈액 값, 연령, 성별이다. 그리고 결과는 어떤 약이 처방될지의 예측 결과다. drug 열은 본질적으로 숫자가 아닌 범주^{categorical}에 속하기 때문에 사용자는 분류 작업을 해야 한다.

따라서 data 변수의 사전에서 모든 drug 항목을 제거하고, 별도의 변수에 저장하는 것이 좋다.

1. 이를 위해서는 목록을 살펴보고 drug 항목을 추출해야 한다. 추출 후에 목록을 작성하는 작업은 목록을 이해하는 작업처럼 쉽게 이뤄진다.

```
In [2]: target = [d['drug'] for d in data]
...     target
Out[2]: ['A', 'D', 'B', 'C', 'D', 'C', 'A', 'B', 'D', 'C',
        'A', 'B', 'C', 'B', 'D', 'A', 'C', 'B', 'D', 'A']
```

2. 모든 사전에서 drug 항목을 제거하길 원하므로 목록을 다시 살펴보고 drug 키를 찾는다. 전체 데이터 세트를 다시 찾아보고 싶진 않으므로 맨 뒤에 ';'을 붙인다.

```
In [3]: [d.pop('drug') for d in data];
```

3. 이제 데이터를 살펴보자. 간단히 하고자 먼저 age, K, Na와 같은 수치적 특징에 중점을 두고 살펴본다. 이들은 Matplotlib의 scatter 함수를 사용해 상대적으로 쉽게 그릴 수 있다. 평소처럼 Matplotlib을 먼저 가져오자.

```
In [4]: import matplotlib.pyplot as plt
...     %matplotlib inline
...     plt.style.use('ggplot')
```

4. 이어서 데이터 세트의 모든 데이터 포인트에 대해 나트륨 수준 대비 칼륨 레벨을 플로팅하려면 목록을 살펴보고 다음처럼 특징 값을 추출해야 한다.

```
In [5]: age = [d['age'] for d in data]
...     age
Out[5]: [33, 77, 88, 39, 43, 82, 40, 88, 29, 53,
        36, 63, 60, 55, 35, 23, 49, 27, 51, 38]
```

5. 나트륨과 칼륨 레벨에 대해서도 똑같이 수행한다.

```
In [6]: sodium = [d['Na'] for d in data]
...     potassium = [d['K'] for d in data]
```

6. 이 목록은 Matplotlib의 **scatter** 함수에 전달한다.

```
In [7]: plt.scatter(sodium, potassium)
...     plt.xlabel('sodium')
...     plt.ylabel('potassium')
Out[7]: <matplotlib.text.Text at 0x14346584668>
```

위의 코드는 다음과 같은 플롯 결과를 만든다.

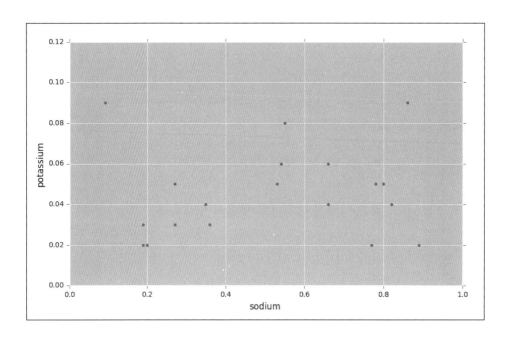

그러나 이 플롯은 모든 데이터 포인트가 동일한 색상을 가지므로 매우 유용하진 않다. 사용자가 정말로 원하는 것은 각 데이터 포인트가 처방된 약에 따라 색상이 구분되는 것이다. 이를 위해서는 약물 레이블 A부터 D까지 숫자 값으로 변환해야 한다. 문자의 ASCII 값을 사용하면 가장 좋다.

파이썬에서 ASCII 값은 ord 함수로 액세스할 수 있다. 예를 들어 문자 A는 값 65(즉, ord('A') == 65)이고, B는 66, C는 67, D는 68을 가진다. 따라서 A 문자에서 D 문자를 0에서 3 사이의 정수로 변환하려면 ord를 호출하고 각 ASCII 값에서 65를 빼면 된다. 이전에 리스트 내포^{list comprehension} 후에 사용했던 것처럼 데이터 세트의 모든 요소를 다음처럼 처리할 수 있다.

```
In [8]: target = [ord(t) - 65 for t in target]
...     target
Out[8]: [0, 3, 1, 2, 3, 2, 0, 1, 3, 2, 1, 2, 1, 3, 0, 2, 1, 3, 0]
```

그런 다음 이 정수 값을 Matplotlib의 **scatter** 함수에 전달할 수 있다. 이 함수는 서로 다른 색상 레이블(c = target이 해당됨)에서 서로 다른 색상을 선택하게 해준다. 도트의 크기를 늘리고(다음 코드에서 s = 100에 해당) 축에 레이블을 붙이고 나면 사용자가 원하는 결과를 쉽게 알 수 있다.

```
In [9]: plt.figure(figsize=(14, 10))
...        plt.subplot(221)
...        plt.scatter([d['Na'] for d in data], [d['K'] for d in data], c=target, s=100)
...        plt.xlabel('sodium (Na)')
...        plt.ylabel('potassium (K)')
...
...        plt.subplot(222)
...        plt.scatter([d['age'] for d in data], [d['K'] for d in data], c=target, s=100)
...        plt.xlabel('age')
...        plt.ylabel('potassium (K)')
...
...        plt.subplot(223)
...        plt.scatter([d['age'] for d in data], [d['Na'] for d in data], c=target, s=100)
...        plt.xlabel('age')
...        plt.ylabel('sodium (Na)')
...        plt.xlabel('age')
...        plt.ylabel('sodium (Na)')
Out[9]: <matplotlib.text.Text at 0x1b36a669e48>
```

위의 코드는 2 × 2 그리드에 네 개의 서브플롯이 있는 그래프를 만든다. 첫 번째 세 개의 서브플롯은 데이터 세트의 다른 조각들을 표시하고, 모든 데이터 요소는 대상 레이블(즉, 처방된 약물)에 따라 색상이 지정된다.

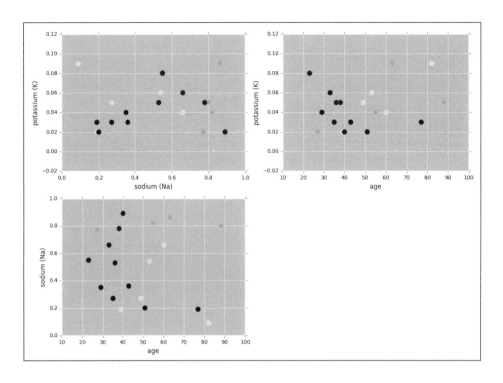

데이터 세트가 다소 지저분해 보인다는 점 외에 다른 점이 있을까? 특징 값과 대상 레이블 간의 명확한 관계를 발견할 수 있을까?

여기서 사용자는 몇 가지 흥미로운 관찰을 할 수 있다. 예를 들어 첫 번째와 세 번째 서브그래프에서 밝은 파란색 점이 나트륨이 높은 레벨 주위에 모여 있는 것처럼 보인다. 이와 비슷하게 모든 빨간색 점들은 나트륨 함량이 낮고 칼륨 함량도 낮은 값을 가진다. 나머지는 명확하지 않다. 그러면 의사 결정 트리를 사용해 어떻게 문제를 해결할 수 있는지 살펴보자.

데이터 전처리

의사 결정 트리 알고리즘에서 사용자의 데이터를 이해하려면 모든 범주적 특징 (sex, BP, cholesterol)을 숫자형 특징으로 변환해야 한다. 어떤 방법이 가장 좋을까?

정확하게 scikit-learn의 **DictVectorizer**를 사용하면 된다. 4장에서와 마찬가지로 변환할 때 `fit_transform` 메서드에서 변환할 데이터 세트를 사용하면 된다.

```
In [10]: from sklearn.feature_extraction import DictVectorizer
...         vec = DictVectorizer(sparse=False)
...         data_pre = vec.fit_transform(data)
```

그런 다음 data_pre는 사전 처리된 데이터를 가진다. 첫 번째 데이터 포인트(즉, data_pre의 첫 번째 행)를 보고 싶으면 특징 이름을 해당 특징 값과 일치시키면 된다.

```
In [12]: vec.get_feature_names()
Out[12]: ['BP=high', 'BP=low', 'BP=normal', 'K', 'Na', 'age',
...         'cholesterol=high', 'cholesterol=normal',
...         'sex=F', 'sex=M'] In [13]: data_pre[0]
Out[13]: array([ 1. , 0. , 0. , 0.06, 0.66, 33. , 1. , 0. , 1. , 0. ])
```

이를 통해 혈압(BP), 콜레스테롤 수치(cholesterol), 성별(sex)이라는 세 가지 범주 변수가 원핫$^{one-hot}$ 인코딩을 사용해 인코딩됐음을 알 수 있다.

데이터 변수가 OpenCV와 호환되는지 확인하려면 모든 것을 부동소수점 값^{floating} $^{point\ value}$으로 변환해야 한다.

```
In [14]: import numpy as np
...         data_pre = np.array(data_pre, dtype=np.float32)
...         target = np.array(target, dtype=np.float32)
```

그다음에는 3장에서 했던 것처럼 훈련 세트와 테스트 세트로 데이터를 분할한다. 사용자는 항상 훈련 세트와 테스트 세트를 분리해 유지하길 원한다는 것을 기억하자. 이 예제에서는 20개의 데이터 포인트만 사용할 수 있으므로 테스트를 위해 데이터의 10% 이상을 예약해야 한다. 여기서는 15-5 분리^{split}가 적절하다. 명시적으로 다섯 개의 테스트 샘플을 산출하고자 split 함수를 순서대로 지정할 수 있다.

```
In [15]: import sklearn.model_selection as ms
...      X_train, X_test, y_train, y_test =
...      ms.train_test_split(data_pre, target, test_size=5,
...      random_state=42)
```

트리 만들기

OpenCV를 사용해 의사 결정 트리를 작성하는 것은 3장과 거의 동일하다. 모든 머신러닝 기능은 OpenCV 3.1의 ml 모듈에 있다.

1. 다음 코드를 사용해 비어있는 의사 결정 트리를 만들 수 있다.

   ```
   In [16]: import cv2
   ...      dtree = cv2.ml.Dtree_create()
   ```

2. 훈련 데이터로 의사 결정 트리를 훈련하고자 train 메서드를 사용한다. 따라서 데이터를 부동소수점형^{float}으로 변환해야 하고, 이 변환된 값을 train 메서드에서 사용한다.

   ```
   In [17]: dtree.train(X_train, cv2.ml.ROW_SAMPLE, y_train)
   ```

   여기서는 X_train의 데이터 샘플이 행을 갖는지 여부를 지정하거나(cv2.ml.ROW_SAMPLE을 사용해), 열을 갖는지 확인할 수 있다(cv2.ml.COL_ SAMPLE을 사용).

3. 그런 다음 predict를 통해 새로운 데이터 포인트의 레이블을 예측할 수 있다.

```
In [18]: y_pred = dtree.predict(X_test)
```

4. 알고리즘이 얼마나 좋은지 알고 싶다면 scikit-learn의 정확도 점수를 다시 사용할 수 있다.

```
In [19]: from sklearn import metrics
...      metrics.accuracy_score(y_test, dtree.predict(X_test))
Out[19]: 0.4
```

5. 이것은 사용자가 가진 테스트 샘플이 40% 정확도만 갖고 있음을 보여준다. 다섯 개의 테스트 샘플만 있으므로 다섯 개의 샘플 중에서 두 개의 샘플만을 효과적으로 얻을 수 있음을 의미한다. 이러한 결과가 훈련 세트에서도 그대로일까?

```
In [20]: metrics.accuracy_score(y_train, dtree.predict(X_train))
Out[20]: 1.0
```

전혀 그렇지 않다. 사용자는 모든 훈련 샘플을 올바른 방식으로 얻었고, 이러한 결과는 의사 결정 트리에서 일반적인 과정이다. 의사 결정 트리는 훈련 세트로는 잘 학습했지만, 새로운 데이터 포인트(예, X_test)를 사용할 때는 일반화하기 어렵다. 이는 **과적합**overfitting이라고도 알려져 있고 잠시 후에 알아볼 것이다.

먼지 이 용어의 비수학적인 정의를 내려야 한다.

사용자는 모든 모델을 실제 시나리오에 적용할 수 있도록 훈련한다. 모든 데이터의 모델 훈련은 불가능함을 알고 있다. 사용자가 정확한 값을 안다면 완벽한 모델을 가질 수 있다. 즉, 모든 정확한 값을 가진 모델을 가질 수 있다. 이 모델은 어떤 훈련도 필요하지 않겠지만 불행히도 아직은 그 정도까지의 상황은 아니다. 지금의 자동차가 가진 첨단 운전 보조 시스템을 생각하면 된다.

자동화가 적용된 모든 자동차는 실제 테스트에서 수집된 수백만 개의 데이터 포인트와 일부 합성 데이터를 사용해 훈련을 했다. 상황을 단순화하고자 차 앞에 장애물(사람 또는 물체)이 있거나 없는 경우에 속도를 늦추거나 속도를 올리도록 훈련했다. 훈련 중 고려된 장애물의 크기가 성인과 가까웠다면 모델은 어린아이를 감지하지 못하고 자동차는 속도를 줄이지 않을 것이다. 이는 다른 요소들과 비교했을 때 훈련 세트에 있는 요소들의 수가 매우 적은 경우에도 해당된다. 이는 과적합의 전형적인 예다.

그 모델은 값과 정확한 결과를 갖지만 많이 훈련하진 못했고, 모델은 훈련 데이터 세트에서는 매우 우수한 성능을 발휘하지만 새로운 다른 데이터에 대해서는 매우 저조한 성능을 보인다. 따라서 아직은 덜 일반화된 모델이다.

이것이 왜 안 좋은지 알았으니 무엇이 잘못됐는지 살펴보자. 어떻게 의사 결정 트리가 모든 훈련 샘플을 제대로 얻을 수 있었을까? 어떻게 한 것일까? 그리고 그 결과로 생긴 트리는 실제로 어떻게 생겼을까? 하지만 더 많은 데이터가 있다면? 더 많은 데이터를 사용한다면 과적합은 훨씬 감소될 수 있다.

훈련된 의사 결정 트리의 시각화

OpenCV의 의사 결정 트리 구현은 방금 시작한 경우라도 충분히 사용할 수 있고, 내부에서 일어나는 동작에는 너무 신경 쓰지 않아도 된다. 다음 절에서는 scikit-learn으로 바꾼다. 구현하면서 알고리즘을 사용자에 맞도록 잘 정의하고 트리의 내부 작동을 훨씬 쉽게 이해할 수 있다. 트리 사용법은 훨씬 잘 문서화돼 있으니 걱정하지 않아도 된다.

scikit-learn에서는 의사 결정 트리를 분류classification와 회귀regression에 모두 사용할 수 있다. 이들은 tree 모듈에서 제공한다.

1. sklearn의 tree 모듈을 먼저 불러온다.

```
In [21]: from sklearn import tree
```

2. OpenCV와 마찬가지로 DecisionTreeClassifier 생성자를 사용해 빈 의사 결정 트리를 만든다.

```
In [22]: dtc = tree.DecisionTreeClassifier()
```

3. 그런 다음 fit 메서드를 사용해 트리를 훈련할 수 있다.

```
In [23]: dtc.fit(X_train, y_train)
Out[23]: DecisionTreeClassifier(class_weight=None, criterion='gini',
max_depth=None, max_features=None, max_leaf_nodes=None,
min_impurity_split=1e-07, min_samples_leaf=1, min_samples_split=2,
min_weight_fraction_leaf=0.0, presort=False, random_state=None,
splitter='best')
```

4. 그런 다음 score 메서드를 사용해 훈련 세트와 테스트 세트에서 정확도 점수accuracy score를 계산할 수 있다.

```
In [24]: dtc.score(X_train, y_train)
Out[24]: 1.0
In [25]: dtc.score(X_test, y_test)
Out[25]: 0.40000000000000002
```

트리가 어떻게 보이는지 알고 싶다면 GraphViz를 사용해 트리 구조로 PDF 파일(또는 다른 지원되는 파일 형식)을 만들 수 있다. 이 작업을 하려면 먼저 GraphViz를 설치해야 한다. 이 책의 초반에 구성한 환경에서는 이미 들어가 있을 테니 걱정하지 않아도 된다.

5. 그런 다음 파이썬으로 돌아가 scikit-learn의 **export_graphviz** 내보내기 도구를 사용해 GraphViz 형식의 트리를 파일 tree.dot로 내보낼 수 있다.

```
In [26]: with open("tree.dot", 'w') as f:
...          tree.export_graphviz(clf, out_file=f)
```

6. 그런 다음 다시 커맨드라인에서 GraphViz를 사용해 tree.dot를 PNG 파일 등으로 바꿀 수 있다.

```
$ dot -Tpng tree.dot -o tree.png
```

그리고 -Tpdf나 지원되는 다른 이미지 형식으로 지정할 수도 있다. 앞의 트리에 대한 결과는 다음과 같다.

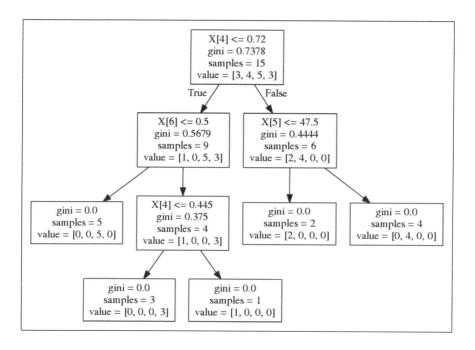

이게 다 무엇을 의미하는 것일까? 그림을 단계별로 나눠 살펴보자.

의사 결정 트리의 내부 동작 조사

이전에 의사 결정 트리는 기본적으로 데이터에 대한 일련의 결정을 내리는 플로차트였다. 프로세스는 루트 노드(가장 맨 꼭대기에 있는 노드)에서 시작한다. 여기서는 몇 가지 결정 규칙에 따라 데이터를 두 그룹으로 나눌 수 있다(이진 트리에만 해당). 그런 다음 나머지 모든 샘플이 동일한 목표 레이블을 가질 때까지 프로세스가 반복된다. 반복 작업을 하면 리프 노드leaf node에 도달할 수 있다.

이전의 스팸 필터 예제에서는 True/False 질문을 사용해 결정했다. 예를 들어 이메일에 특정 단어가 포함돼 있는지 물어보는 작업을 했다. 그렇다면 사용자는 True라고 표시된 가장자리를 따라가 다음 질문을 던졌다. 그러나 True/False 질문을 하는 방식을 약간 조정하면 범주형 기능뿐 아니라 숫자형 기능에도 적합하게 적용할 수 있다. 방법은 수치 특징에 대한 컷오프 값을 정의한 후 양식에 대해 "특징 f가 값 v보다 큰가?"라고 질문하는 것이다. 예를 들어 'prince'라는 단어가 이메일에 다섯 번 이상 등장했는지 물어볼 수 있다.

그러면 어떤 종류의 질문이 이전에 계획된 의사 결정 트리에 도달하는 데 필요할까?

더 나은 이해를 위해 다음 그림에서 의사 결정 트리 알고리즘의 몇 가지 중요한 구성 요소를 사용하고 이전 그래프에 주석을 추가했다.

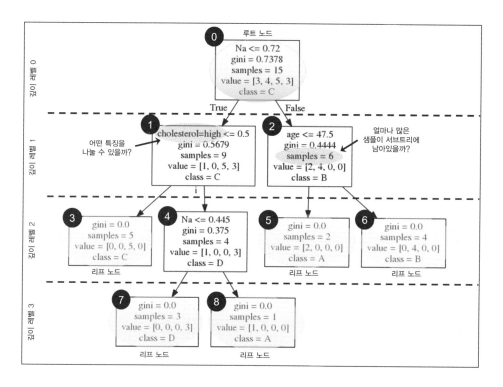

그림을 보면 루트 노드(노드 0으로 표시)에서 시작해 나트륨 농도가 0.72보다 작거나 같은지 확인하는 첫 번째 질문이 있다. 이로써 두 개의 하위 그룹이 생긴다.

- *Na* <= 0.72(노드 1)인 모든 데이터 포인트는 아홉 개 데이터 포인트에 대해 true다.

- *Na* > 0.72(노드 2)인 모든 데이터 포인트는 여섯 개 데이터 포인트에 대해 true다.

노드 1에서 남은 데이터 포인트에서 높은 콜레스테롤 수치를 갖는지(*cholesterol* = *high* < 0.5), 데이터 포인트 다섯 개(노드 3)에서 true인지, 데이터 포인트 네 개(노드 4)에서 false인지 확인하는 작업들이 다음 질문에서 이뤄진다. 노드 3에서 나머지 다섯 개의 데이터 포인트는 모두 동일한 목표 레이블 약물^{drug} *C*(*class* = *C*)를 가진다. 이 결과는 해결해야 할 노드들이 애매하지 않음을 의미한다. 이런 노드들을 "순수하다"고 한다. 따라서 노드 3은 리프 노드가 된다.

노드 4로 돌아가면 다음 질문에서 나트륨 수준이 0.445(Na <= 0.445)보다 낮은지 여부와 나머지 네 개의 데이터 요소가 노드 7과 노드 8로 나뉠지를 묻는다. 이 시점에서 노드 7과 노드 8은 모두 리프 노드가 된다.

무제한의 질문을 허용한다면 이 알고리즘이 실제로 복잡한 구조를 가진다는 점을 알 수 있다. 앞의 그림에 있는 트리조차 깊이가 단지 3이지만, 다소 압도적으로 커 보인다. 트리가 깊다면 파악하기가 더 어렵다. 하지만 실제 예에서 깊이가 10인 경우는 흔하다.

가능한 가장 작은 의사 결정 트리는 루트 노드에서 단일 노드를 가지며, 하나의 True/False 질문을 할 수 있다. 트리의 깊이가 00이라고 가정해보자. 깊이가 0인 트리를 의사 결정 그루터기(decision stump)라고도 한다. 의사 결정 그루터기는 적응형 부스팅 알고리즘(adaptive boosting algorithm)에서 생산적으로 사용할 수 있다(10장 참고).

특징 중요도 평가

아직 여기서 다루지 않은 것은 데이터를 분할하는 특징을 선택하는 방법이다. 앞의 루트 노드는 Na <= 0.72에 따라 데이터를 나눈다. 그러나 누가 먼저 트리에서 나트륨을 집중적으로 판단하게 지시했을까? 또한 0.72는 어디에서 왔을까?

분명히 일부 특징은 다른 특징보다 중요할 수도 있다. 실제로 scikit-learn은 각 특징에 대해 0과 1 사이의 숫자인 특징 중요도를 평가하는 함수를 제공한다. 0은 모든 결정에서 전혀 사용되지 않으며 1은 대상을 완벽하게 예측함을 나타낸다. 특징 중요도는 모두 합계 1로 정규화된다.

```
In [27]: dtc.feature_importances_
Out[27]: array([ 0.        , 0.        , 0.        , 0.13554217, 0.29718876,
                 0.24096386, 0.        , 0.32630522, 0.        , 0.        ])
```

특징 이름들을 사용해 어떤 특징이 가장 중요한지 알 수 있고, 그림으로 가장 쉽게 이해할 수 있다.

```
In [28]: plt.barh(range(10), dtc.feature_importances_, align='center',
...          tick_label=vec.get_feature_names())
```

이 코드를 수행하면 다음과 같은 막대그래프를 얻는다.

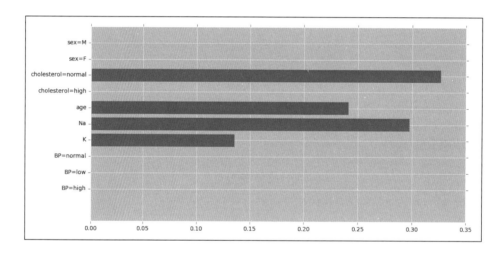

이제 환자에게 어떠한 약물을 투여할 때 알아야 하는 가장 큰 특징은 실제로 환자가 정상적인 콜레스테롤 수치를 가졌는지 여부다. 나이, 나트륨 농도, 칼륨 농도가 중요한 반면 성별과 혈압은 전혀 차이가 없다. 그러나 이러한 판별이 성별이나 혈압 정보가 없다는 것을 의미하지는 않는다. 이 특징은 의사 결정 트리에서 선택되지 않았을 가능성이 높다. 다른 특징으로 인해 동일 분할이 생길 수 있다.

그러나 콜레스테롤 수치가 너무 중요한 것이라면 왜 그것이 트리의 첫 번째 특징 (즉, 루트 노드)으로 선택되지 않았을까? 왜 나트륨 레벨을 갖고 먼저 분리했을까? 이를 알려면 이전 그림에서 나타냈던 gini 레이블을 살펴봐야 한다.

 특징의 중요도는 분류에서 어떤 특징이 중요한지 알려주며, 나타내고자 하는 어떤 분류 레이블이 중요한지 보여주진 않는다. 예를 들어 사용자는 콜레스테롤 수치가 중요하다는 것을 알고 있지만, 그것이 어떤 약제를 처방해야 하는지는 모른다. 사실 특징과 분류 사이는 단순하지 않을 수 있다.

의사 결정 규칙 이해

완벽한 트리를 만들려면 트리를 가장 유용한 특징으로 분할해 가장 순수한 자녀 노드를 만들어야 한다. 그러나 이러한 간단한 아이디어로 일부 실질적인 문제를 생각해볼 수 있다.

- 가장 유익한 것이 무엇인지는 분명하지 않다. 사용자는 구체적인 가치, 점수화 함수, 특징이 얼마나 유익한지 기술할 수 있는 수학 방정식이 필요하다.
- 최상의 분할을 찾으려면 모든 결정 노드에서 모든 가능성을 검색해야 한다.

다행히도 의사 결정 트리 알고리즘은 실제로 두 단계를 모두 수행한다. scikit-learn이 지원하는 가장 일반적으로 사용할 수 있는 두 가지 기준은 다음과 같다.

- **criterion = 'gini'**: 지니^{Gini} 불순도^{impurity}는 오분류^{misclassification}(분류 잘못) 확률을 최소화하기 위한 목적으로 오분류의 척도로 사용된다. 각 하위 그룹이 단일 타깃 레이블의 데이터 포인트를 포함하는 완벽한 데이터를 분할할 때 지니지수는 0이다. 트리의 모든 가능한 분할 방법에서 지니지수를 측정한 후 가장 낮은 지니 불순도를 산출하는 지니지수를 선택할 수 있다. 이 방법은 분류와 회귀 트리에서 일반적으로 사용된다.

- **criterion='entropy'**(정보 이득$^{information\ gain}$이라고도 함): 정보 이론에서 엔트로피^{entropy}는 신호나 분포와 관련된 불확실성의 양을 측정한다. 데이터를 완벽하게 분할하면 엔트로피가 0이 된다. 사용자는 가능한 모든 트리 분할의 엔트로피를 측정한 후 가장 낮은 엔트로피를 생성하는 트리 분할을 선택할 수 있다.

scikit-learn에서는 의사 결정 트리 호출의 생성자에서 분할 기준을 지정할 수 있다. 예를 들어 엔트로피를 사용하려면 다음을 입력해야 한다.

```
In [29]: dtc_entropy = tree.DecisionTreeClassifier(criterion='entropy')
```

의사 결정 트리의 복잡도 제어

트리에서 모든 리프^{Leaf} 노드가 순수한 값을 가질 때까지 계속 트리를 키우면 일반적으로 너무 복잡해 해석할 수 없는 트리를 가진다. 순수한 리프 노드가 존재한다는 것은 앞에서 설명한 트리의 경우처럼 트리가 훈련 데이터에 대해 100% 정확함을 의미한다. 결과적으로 앞에서 설명한 트리의 경우처럼 트리는 테스트 데이터 세트에서 그다지 잘 수행되지 않을 수 있다. 그러면 사용자는 트리가 훈련 데이터에 과적합돼 있다고 말할 수 있다.

과적합을 피하는 일반적인 두 가지 방법이 있다.

- **사전 가지치기**$^{pre-pruning}$: 트리의 생성을 일찍 중단하는 프로세스다.
- **사후 가지치기**$^{post-pruning}$(**또는 단순 가지치기**$^{just-pruning}$): 트리의 첫 번째 빌드 과정이지만 정보가 거의 없는 노드는 제거하거나 축소하는 과정이다.

트리를 사전 가지치기하는 방법은 여러 가지며, 모두 DecisionTreeClassifier 생성자에 선택적 인수를 전달해 사용할 수 있다.

- `max_depth` 매개변수를 통한 트리의 최대 깊이 제한
- `max_leaf_nodes`를 통한 리프 노드의 최대 수 제한
- 한 노드에 최소한의 포인트 수를 요구하고 `min_samples_split`을 통해 계속 분할

사전 가지치기는 과적합을 제어하기에 충분하다.

장난감 데이터 세트에서 사용해보자. 테스트 세트에서 점수를 얻어 향상시킬 수 있을까? 이전에 사용했던 매개변수를 이용해 게임을 시작하면 트리의 레이아웃이 어떻게 변경될 수 있을까?

 좀 더 복잡한 실제 시나리오에서는 사전 가지치기를 사용해 과적합을 제어하기엔 충분하지 않다. 이러한 경우 여러 개의 의사 결정 트리를 랜덤 포레스트로 알려진 곳에 결합하려고 한다. 이에 대해서는 10장에서 설명한다.

▌의사 결정 트리를 사용해 유방암 진단

이제 첫 번째 의사 결정 트리를 만들었으므로 실제 데이터 세트에 주의를 기울여야 할 때다. 여기서는 위스콘신 유방암 센터의 데이터 세트(https://archive.ics.uci.edu/ml/datasets/Breast+Cancer+Wisconsin+(Diagnostic))를 이용한다.

이 데이터 세트는 의료 이미징 연구의 직접적인 결과며, 오늘날 고전적인 방법으로 여겨진다. 데이터 세트는 양성^{benign} 암과 악성^{malignant} 조직의 디지털화된 이미지로 만들어졌다. 불행히도 원본 연구에서 사용된 공개 도메인 예제를 찾을 수 없었지만, 이미지는 다음과 유사하다.

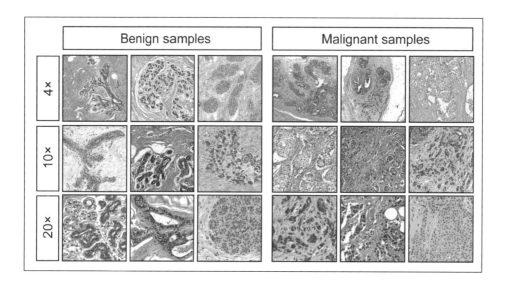

이 연구의 목표는 조직 샘플을 양성과 악성으로 분류하는 것이다(이진 분류 작업).

분류 작업을 실행 가능하게 만들고자 연구원은 4장에서 했던 것처럼 이미지에 대한 특징을 추출한다. 총 569개의 이미지에서 다음과 같은 이미지에 존재하는 세포핵의 특성을 묘사한 30가지의 다른 특징을 추출했다.

- 세포핵 텍스처(그레이스케일 값의 표준 편차로 표시)
- 세포핵 크기(중심에서 주변 점까지의 거리 평균으로 계산됨)
- 조직 평활도(반경 길이의 국소 변형)
- 조직 조밀도

새롭게 얻은 지식을 잘 활용/분류하기 위한 의사 결정 트리를 만들어보자.

데이터 세트 불러오기

전체 데이터 세트는 scikit-learn의 예제 데이터 세트의 일부다. 다음 명령을 사용해 가져올 수 있다.

1. 먼저 load_breast_cancer 함수를 사용해 데이터 세트를 가져온다.

```
In [1]: from sklearn import datasets
...       data = datasets.load_breast_cancer()
```

2. 이전 예에서와 같이 모든 데이터는 2D 특징 행렬인 data.data에 포함된다. 여기서 행은 데이터 샘플을 나타내고 열은 특징 값이다.

```
In [2]: data.data.shape
Out[2]: (569, 30)
```

3. 제공된 특징의 이름을 살펴보면서 앞서 언급한 일부 기능을 파악해보자.

```
In [3]: data.feature_names
Out[3]: array(['mean radius', 'mean texture', 'mean perimeter',
               'mean area', 'mean smoothness', 'mean compactness',
               'mean concavity', 'mean concave points',
               'mean symmetry', 'mean fractal dimension',
               'radius error', 'texture error', 'perimeter error',
               'area error', 'smoothness error',
               'compactness error', 'concavity error',
               'concave points error', 'symmetry error',
               'fractal dimension error', 'worst radius',
               'worst texture', 'worst perimeter', 'worst area',
               'worst smoothness', 'worst compactness',
               'worst concavity', 'worst concave points',
               'worst symmetry', 'worst fractal dimension'],
              dtype='<U23')
```

4. 이것은 이진 분류 작업이므로 정확하게 두 개의 목표 이름을 찾는다.

```
In [4]: data.target_names
Out[4]: array(['malignant', 'benign'], dtype='<U9')
```

5. 테스트를 위해 모든 데이터 샘플의 약 20%를 사용하도록 준비한다.

```
In [5]: import sklearn.model_selection as ms
...     X_train, X_test, y_train, y_test =
...     ms.train_test_split(data_pre, target, test_size=0.2,
...     random_state=42)
```

6. 확실히 다른 비율을 선택할 수도 있지만, 가장 일반적으로 사람들은 70-
   30, 80-20, 90-10과 같은 비율을 사용한다. 이는 모두 데이터 세트 크기에
   따라 조금 달라질 수 있고, 결국에는 차이를 너무 많이 만들어서는 안 된
   다. 데이터를 80-20 비율로 분할하면 다음처럼 크기가 설정된다.

```
In [6]: X_train.shape, X_test.shape
Out[6]: ((455, 30), (114, 30))
```

의사 결정 트리 만들기

앞서 살펴본 것처럼 scikit-learn의 트리 모듈을 사용해 의사 결정 트리를 만들 수
있다. 지금은 옵션 인수를 지정하지 않는다.

1. 먼저 의사 결정 트리를 만든다.

```
In [5]: from sklearn import tree
...     dtc = tree.DecisionTreeClassifier()
```

2. 의사 결정 트리를 훈련시키는 방법이 기억나는가? 훈련을 위해 **fit** 함수를 사용한다.

```
In [6]: dtc.fit(X_train, y_train)
Out[6]: DecisionTreeClassifier(class_weight=None, criterion='gini',
                               max_depth=None, max_features=None,
                               max_leaf_nodes=None,
                               min_impurity_split=1e-07,
                               min_samples_leaf=1,
                               min_samples_split=2,
                               min_weight_fraction_leaf=0.0,
                               presort=False, random_state=None,
                               splitter='best')
```

3. 의사 결정 트리는 사전 가지치기 매개변수를 지정하지 않아 상당히 커질 수 있다. 따라서 훈련 세트에서 완벽한 점수를 얻을 수 있다.

```
In [7]: dtc.score(X_train, y_train)
Out[7]: 1.0
```

그러나 놀랍게도 테스트 오차가 나쁘진 않다.

```
In [8]: dtc.score(X_test, y_test)
Out[8]: 0.94736842105263153
```

4. 이전처럼 graphviz를 사용해 트리가 어떻게 보이는지 확인할 수 있다.

```
In [9]: with open("tree.dot", 'w') as f:
...         f = tree.export_graphviz(dtc, out_file=f,
...         feature_names=data.feature_names,
...         class_names=data.target_names)
```

실제로 결과 트리는 이전 예제보다 훨씬 복잡하다. 그림 내에서 콘텐츠를 읽지 못하더라도 걱정하지 않아도 된다. 의사 결정 트리가 얼마나 복잡한지를 알 수 있으면 된다.

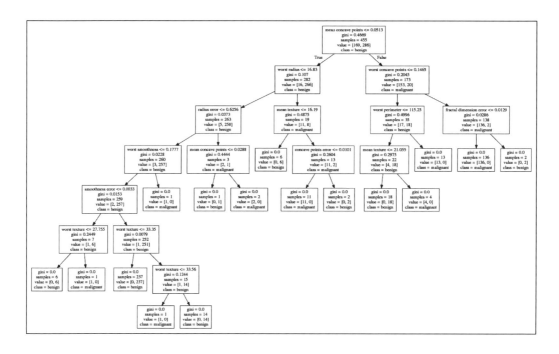

맨 위에 mean concave points라는 이름을 갖는 특징이 가장 유용하기 때문에 데이터는 282개의 잠재적 양성 샘플 그룹과 173개의 잠재적 악성 샘플 그룹으로 구분된다. 여기서 트리가 오히려 좌우 비대칭임을 알게 됐다. 왼쪽에서는 깊이 6, 오른쪽에서는 깊이 2를 가진다.

계속하기 전에 다음을 생각해보자. 비대칭 트리는 무엇을 의미할까? 다른 트리와 비교했을 때 어떤 특징의 복잡도나 변동을 알 수 있을까? 의사 결정 트리는 예측하고자 서로 다른 특징에 대해 수행되는 계층적 논리 연산 집합에 불과하다는 것을 기억하자.

앞 트리 그림은 사용자에게 훌륭한 기본 성능을 제공했다. 사용자는 이미 scikit-learn의 우수한 기본 매개변수 값 덕분에 테스트 세트에서 94.7%의 정확도를 달성했었다. 테스트 세트를 사용하면 더 높은 점수를 얻는 것이 가능할까?

이 질문에 답하고자 모델 탐색을 할 수 있다. 예를 들어 트리의 깊이가 성능에 영향을 미친다는 것을 앞에서 언급했다.

5. 이 종속성을 좀 더 체계적으로 연구하면 max_depth의 다른 값에 대해서도 트리를 빌드할 수 있다.

```
In [10]: import numpy as np
...       max_depths = np.array([1, 2, 3, 5, 7, 9, 11])
```

6. 이 값들 각각에 대해 전체 모델 구성을 처음부터 끝까지 실행하고자 한다. 또한 훈련과 테스트 점수도 기록하고자 한다. 이러한 작업을 하려면 for 루프를 사용한다.

```
In [11]: train_score = []
...       test_score = []
...       for d in max_depths:
...           dtc = tree.DecisionTreeClassifier(max_depth=d)
...           dtc.fit(X_train, y_train)
...           train_score.append(dtc.score(X_train, y_train))
...           test_score.append(dtc.score(X_test, y_test))
```

7. 여기서는 max_depths의 모든 값에 대한 의사 결정 트리를 만든 후에 데이터로 트리를 학습하며 모든 훈련과 테스트 점수 목록을 작성한다. Matplotlib을 사용해 트리 깊이에 대한 함수로 점수를 플롯할 수 있다.

```
In [12]: import matplotlib.pyplot as plt
...      %matplotlib inline
...      plt.style.use('ggplot')
In [13]: plt.figure(figsize=(10, 6))
...      plt.plot(max_depths, train_score, 'o-', linewidth=3,
...              label='train')
...      plt.plot(max_depths, test_score, 's-', linewidth=3,
...              label='test')
...      plt.xlabel('max_depth')
...      plt.ylabel('score')
...      plt.ylim(0.85, 1.1)
...      plt.legend()
Out[13]: <matplotlib.legend.Legend at 0x1c6783d3ef0>
```

코드를 수행하면 다음 그림을 얻을 수 있다.

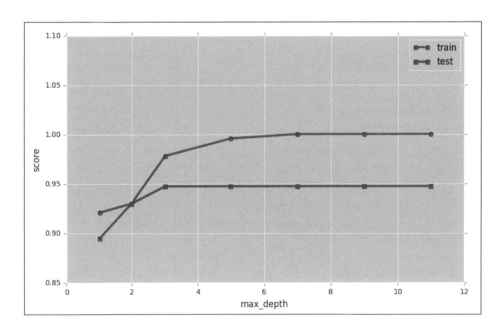

이제 트리 깊이가 성능에 어떤 영향을 미치는지 분명해졌다. 트리가 깊어
질수록 훈련 세트의 성능이 좋아진다. 불행하게도 테스트 세트 성능에 관

해서는 다소 혼란스러워 보인다. 3을 넘어서는 값으로 깊이를 늘리더라도 테스트 점수는 향상되지 않으므로 사용자는 여전히 94.7%에 머물러 있다. 활용할 수 있는 다른 사전 가지치기 설정이 필요해 보인다.

하나 더 해보자. 노드를 리프 노드로 만드는 데 필요한 최소 샘플 수는 어떻게 해야 할까?

8. 이전 예제를 다시 반복해보자.

```
In [14]: train_score = []
...        test_score = []
...        min_samples = np.array([2, 4, 8, 16, 32])
...        for s in min_samples:
...            dtc = tree.DecisionTreeClassifier(min_samples_leaf=s, random_
state=42)
...            dtc.fit(X_train, y_train)
...            train_score.append(dtc.score(X_train, y_train))
...            test_score.append(dtc.score(X_test, y_test))
```

9. 그런 다음 결과를 플롯해보자.

```
In [15]: plt.figure(figsize=(10, 6))
...        plt.plot(min_samples, train_score, 'o-', linewidth=3,
...                 label='train')
...        plt.plot(min_samples, test_score, 's-', linewidth=3,
...                 label='test')
...        plt.xlabel('max_depth')
...        plt.ylabel('score')
...        plt.legend()
Out[15]: <matplotlib.legend.Legend at 0x1c679914fd0>
```

이것은 이전과 상당히 다른 플롯 결과를 보여준다.

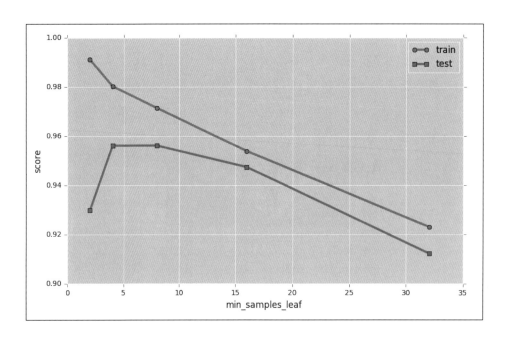

확실히 min_samples_leaf의 증가는 훈련 점수와 잘 조화되지는 않는다. 하지만 반드시 결과가 나쁜 것만은 아니다. 흥미로운 것은 파란색 곡선에서 발생하기 때문에 테스트 점수는 4-8 사이의 값에서 최댓값을 가짐으로써 지금까지 발견된 최고의 테스트 점수 95.6%를 이끌어냈다. 모델 매개변수를 조정해 점수를 0.9% 올릴수 있었다.

계속 조정하면 더 좋은 결과를 얻을 수도 있을 것 같다. 머신러닝의 많은 훌륭한 결과는 실제로 시행착오 모델을 사용해 많은 시간을 투자했을 때 얻을 수 있다. 플롯을 만들기 전에 다음 사항을 생각해보자. 플롯이 어떻게 생겼을 것으로 예상하는가? 리프 노드(max_leaf_nodes)의 수를 제한하기 시작할 때 훈련 점수가 어떻게 바뀌어야 할까? min_samples_split은 어떤가? 또한 지니지수에서 정보 획득으로 전환할 때 어떻게 변화할까?

모델 매개변수를 조정할 때 함수의 커브 모양은 매우 일반적이다. 함수는 꾸준히 향상/악화되는 훈련 점수와 단조로운 관계를 가진다. 테스트 점수에는 일반적으로 스위트 스폿과 로컬 최댓값이 존재하며, 그 후에는 테스트 점수가 다시 감소한다.

▌ 회귀 의사 결정 트리 사용

지금까지 분류 작업에서 의사 결정 트리를 사용하는 데 초점을 맞췄지만, 이를 회귀에 사용할 수도 있다. 그러나 OpenCV는 이러한 유연성을 제공하지 않으므로 scikit-learn을 다시 사용해야 한다. 그러므로 여기서는 그 기능을 간략하게 검토한다.

1. 사용자가 sin 파형에 맞게 의사 결정 트리를 사용한다고 가정해보자. 흥미로운 내용을 만들고자 NumPy의 난수 생성기를 사용해 데이터 포인트에 약간의 노이즈를 추가한다.

```
In [1]: import numpy as np
...        rng = np.random.RandomState(42)
```

2. 그런 다음 0과 5 사이의 랜덤한 100개의 *x* 값을 만들고, 해당 sin 값을 계산한다.

```
In [2]: X = np.sort(5 * rng.rand(100, 1), axis=0)
...        y = np.sin(X).ravel()
```

3. 그런 다음 y의 다른 모든 데이터 포인트에 노이즈를 추가하고(y [:: 2] 사용), 0.5의 배율을 적용한다. 하지만 많은 지터[jitter]가 이러한 작업으로 반영되지는 않는다.

```
In [3]: y[::2] += 0.5 * (0.5 - rng.rand(50))
```

4. 그 전에 다른 트리와 마찬가지로 회귀 트리를 만들 수 있다.

   작은 차이점은 분할 기준 gini와 entropy가 회귀 작업에 적용되지 않는다
   는 것이다. 대신 scikit-learn은 두 가지 다른 분리 기준을 제공한다.

   • **mse(분산 감소라고도 함):** 이 기준은 실제 측정값과 예측 간의 평균 제곱
     오차MSE, Mean Squared Error를 계산하고, 가장 작은 MSE로 연결되는 노드를
     분할한다.

   • **mae:** 이 기준은 실제 측정값과 예측 간의 평균 절대 오차MAE, Mean Absolute
     Error를 계산하고, 가장 작은 MAE로 이어지는 노드를 분할한다.

5. MSE 기준을 사용해 두 개의 트리를 만든다. 먼저 깊이 2의 트리를 만든다.

```
In [4]: from sklearn import tree
In [5]: regr1 = tree.DecisionTreeRegressor(max_depth=2,
...        random_state=42)
...        regr1.fit(X, y)
Out[5]: DecisionTreeRegressor(criterion='mse', max_depth=2,
                              max_features=None,
                              max_leaf_nodes=None,
                              min_impurity_split=1e-07,
                              min_samples_leaf=1,
                              min_samples_split=2,
                              min_weight_fraction_leaf=0.0,
                              presort=False, random_state=42,
                              splitter='best')
```

6. 다음으로는 최대 깊이 5의 의사 결정 트리를 만든다.

```
In [6]: regr2 = tree.DecisionTreeRegressor(max_depth=5,
```

```
...         random_state=42)
...     regr2.fit(X, y)
Out[6]: DecisionTreeRegressor(criterion='mse', max_depth=5,
                              max_features=None,
                              max_leaf_nodes=None,
                              min_impurity_split=1e-07,
                              min_samples_leaf=1,
                              min_samples_split=2,
                              min_weight_fraction_leaf=0.0,
                              presort=False,
                              random_state=42,
                              splitter='best')
```

그런 다음 3장의 선형 회귀자와 같은 의사 결정 트리를 사용할 수 있다.

7. 이를 위해 0에서 5까지의 전체 범위에서 x 값이 조밀하게 샘플링된 테스트 세트를 만든다.

```
In [7]: X_test = np.arange (0.0, 5.0, 0.01) [:, np.newaxis]
```

8. predict 메서드로 예측된 y 값을 얻을 수 있다.

```
In [8]: y_1 = regr1.predict(X_test)
...     y_2 = regr2.predict(X_test)
```

9. 이 노는 것을 함께 나타내면 의사 결정 트리가 어떻게 다른지 차이점을 알 수 있다.

```
In [9]: import matplotlib.pyplot as plt
...     %matplotlib inline
...     plt.style.use('ggplot')
```

```
...        plt.figure(figsize=(10, 6))
...        plt.scatter(X, y, c='k', s=50, label='data')
...        plt.plot(X_test, y_1, label="max_depth=2", linewidth=5)
...        plt.plot(X_test, y_2, label="max_depth=5", linewidth=3)
...        plt.xlabel("data")
...        plt.ylabel("target")
...        plt.legend()
Out[9]: <matplotlib.legend.Legend at 0x12d2ee345f8>
```

다음과 같은 플롯을 볼 수 있다.

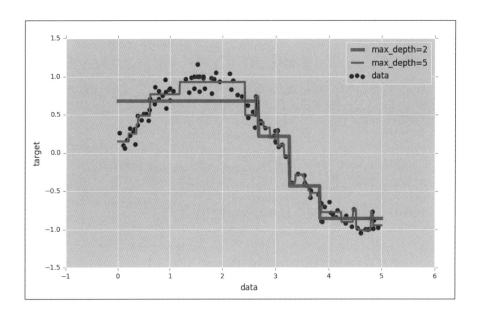

여기서 두꺼운 빨간 선은 깊이가 2인 회귀 트리를 나타낸다. 트리에서는 이와 같은 단순한 단계를 통해 데이터를 근삿값으로 계산하는 방법을 확인할 수 있다. 더얇은 파란 선은 깊이 5인 회귀 트리에 속한다. 추가된 깊이를 가진 트리를 사용해더 세밀한 결정을 내릴 수 있다. 따라서 이 트리를 사용하면 데이터를 더 잘 근사시킬 수 있다. 그러나 이 추가된 항목으로 트리는 특히 플롯 내 오른쪽 편에서 볼 수있듯이 노이즈 값이 있더라도 더 잘 맞출 수 있다.

▌요약

5장은 빨리 진행됐다. 의사 결정 트리를 모두 배웠고, 분류 트리와 회귀 작업에 적용하는 방법을 배웠다. 데이터 생성, 과적합을 조금 다뤘고, 사전 가지치기와 사후 가지치기 설정을 조정해 과적합을 피하는 방법을 설명했다. 또한 지니 불순도와 정보 이득 같은 메트릭을 사용해 노드 분할의 품질을 평가하는 방법도 배웠다. 마지막으로는 암 조직을 검출하고자 의사 결정 트리를 의료 데이터에 적용했다. 사용자는 여러 개의 트리를 랜덤 포레스트로 결합할 때 최종적으로 의사 결정 트리를 사용할 것이다. 이제 새로운 주제를 살펴보자.

6장에서는 머신러닝 세계의 또 다른 주요 요소인 서포트 벡터 머신을 소개한다.

06

서포트 벡터 머신으로 보행자 검출

5장에서는 분류와 회귀에 의사 결정 트리를 사용하는 방법을 설명했다. 6장에서는 머신러닝 세계에서 잘 정립된 지도학습기인 **서포트 벡터 머신**(SVM, Support Vector Machine)에 관심을 집중하고자 한다. SVM은 1990년 초에 도입된 직후 머신러닝 커뮤니티에서 빠르게 인기를 얻었다. 주로 수기로 쓴 자릿수의 구분이 가능했기 때문이다. 특히 컴퓨터 비전과 같은 애플리케이션 영역에서 이러한 성공적인 구분은 중요하다.

6장의 목적은 SVM을 보행자 검출 문제에 적용하는 것이다. 인식 작업(객체의 범주 이름 지정)과 달리 검출 작업의 목표는 특정 객체(또는 사용자의 경우 보행자)가 이미지 내에 존재하는지 여부를 나타내는 것이다. OpenCV는 2~3줄의 코드로 이 작업을 수행할 수 있다. 그러나 이런 사용 방법만으로는 아무것도 배울 수 없다. 따라서 그 대신 처음부터 전체 파이프라인을 구축할 것이다. 실제 데이터 세트를 얻고, HOG^Histogram of Oriented Gradients의 히스토그램을 사용해 특징을 추출하고, SVM을 적용한다.

6장에서는 파이썬을 함께 사용해 OpenCV에서 SVM을 구현한다. 비선형 의사 결정 경계를 다루는 방법을 배우고 커널 트릭을 이해한다. 6장이 끝날 때쯤이면 일반 환경에서 보행자를 검출하는 방법을 배울 것이다.

6장에서 다루는 내용은 다음과 같다.

- 파이썬을 사용해 OpenCV에서 SVM 구현
- 비선형 의사 결정 경계 처리
- 커널 트릭 이해
- 일반 환경에서 보행자 검출

준비됐는가? 그럼 시작해보자.

▌기술적 요구 사항

다음 링크에서 6장의 코드를 참고할 수 있다.

https://github.com/PacktPublishing/Machine-Learning-for-OpenCV-Second-Edition/tree/master/Chapter06

다음은 간략한 소프트웨어, 하드웨어 요구 사항이다.

- OpenCV 버전 4.1.x(4.1.0이나 4.1.1 모두 잘 작동한다)
- 파이썬 버전 3.6(모든 파이썬 버전 3.x는 괜찮다)
- 파이썬과 필수 모듈을 설치하기 위한 아나콘다 파이썬 3이 필요하다.

- 이 책에서는 맥OS, 윈도우, 리눅스 기반 OS 등 모든 OS를 사용할 수 있다. 시스템은 최소 4GB의 RAM를 가져야 한다.
- 이 책과 함께 제공된 코드를 실행하고자 GPU를 사용할 필요는 없다.

서포트 벡터 시스템의 이해

SVM의 작동 방식을 이해하려면 의사 결정 경계를 생각해야 한다. 이전 장들에서는 선형 분류기나 의사 결정 트리를 사용할 때 사용자의 목표는 항상 분류 오차를 최소화하는 것이었다. 오차 최소화를 위해 정확도를 평균 제곱 오차로 평가했다. SVM은 낮은 분류 오차를 얻고자 하지만, 암묵적으로만 가능하다. SVM의 명확한 목표는 한 클래스의 데이터 요소와 다른 클래스의 데이터 요소 사이에서 마진 margin을 최대화하는 것이다.

최적의 의사 결정 경계 학습

간단한 예제를 살펴보자. 두 가지 특징(x, y 값)과 해당 목표 레이블(양수(+) 또는 음수(−))만 있는 훈련 샘플을 고려해보자. 레이블은 범주적인 특성을 가지므로, 이는 분류 작업에 속한다. 또한 두 개의 클래스(+와 −)만 있기 때문에 이진 분류 작업이된다.

이진 분류 작업에서 의사 결정 경계는 훈련 세트를 각 클래스에 대해 하나씩 두 개의 하위 집합으로 분할하는 경계선이다. 최적의 의사 결정 경계는 데이터를 분할해 한 클래스(예, +)의 모든 데이터 샘플은 의사 결정 경계의 왼쪽에 있고 다른 모든 데이터 샘플(예, −)은 오른쪽에 있다.

SVM은 훈련 과정 전반에 걸쳐 의사 결정 경계 선택을 업데이트한다. 예를 들어 훈련을 시작할 때 분류기는 몇 가지 데이터 포인트만을 사용하고, 두 클래스를 가장 잘 구분하는 의사 결정 경계를 그린다. 훈련이 진행됨에 따라 분류 프로그램은 점점 더 많은 데이터 샘플을 사용하고, 각 단계에서 의사 결정 경계를 계속 업데이트한다. 이 프로세스는 다음 그림과 같다.

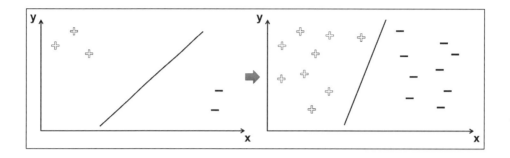

의사 결정 경계는 훈련 단계에서 지속적으로 업데이트된다.

훈련이 진행됨에 따라 분류 기준은 점점 더 많은 데이터 샘플을 사용하므로, 최적의 의사 결정 경계가 어디에 있어야 하는지에 대한 점진적인 아이디어를 얻을 수 있다. 이 시나리오에서 – 샘플이 왼쪽에 있거나 + 샘플이 오른쪽에 있는 의사 결정 경계를 그릴 경우에 오분류 에러^{misclassification error}가 발생한다.

사용자는 5장에서 훈련 후 분류 모델이 더 이상 수정되기 어렵다는 것을 알 수 있었다. 즉, 분류기는 학습 중에 얻은 의사 결정 경계를 사용해 새 데이터 포인트의 대상 레이블을 예측한다.

따라서 테스트하는 동안 다음 그림에서는 훈련 단계에서 배운 의사 결정 경계를 기반으로 새로운 데이터 포인트(?)가 어떤 클래스에 속하는지 알아야 한다. 다음 그림은 학습한 의사 결정 경계를 사용해 새로운 데이터 포인트의 목표 레이블을 예측한다.

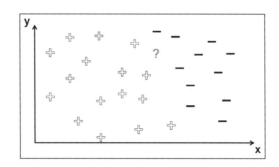

이것이 일반적으로 까다로운 문제인 이유를 알 수 있겠다. 물음표의 위치가 왼쪽에 더 가깝다면 해당 목표 레이블이 +임을 확신했을 것이다. 그러나 의사 결정 경계를 그리는 데는 여러 가지 방법이 있지만, 이 그림에서는 모든 + 샘플이 왼쪽에 있고 - 샘플은 오른쪽에 있다.

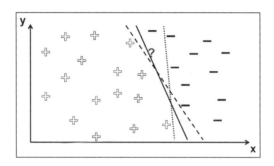

이 그림에서는 여러 개의 의사 결정 경계가 있음을 볼 수 있다. 어떤 의사 결정 경계를 선택해야 할까?

세 가지 의사 결정 경계를 모두 만들 수 있다. 만들 때 오분류 에러를 발생시키지 않으면서 훈련 데이터를 + 및 - 하위 집합으로 완전히 분리해야 한다. 그러나 의사 결정 경계의 선택에 따라 '?'는 왼쪽(점선과 실선)에 놓인다. 이 경우에는 + 클래스로 할당되며, 오른쪽(파선)에 놓이는 경우에는 - 클래스로 할당된다.

이 동작들은 SVM의 실제 동작을 나타낸다. SVM은 + 및 - 클래스의 데이터 요소 간 마진을 최대화하는 의사 결정 경계를 만들어야 하므로 실선 부분을 선택했다.

이는 다음 그림을 통해 알 수 있다.

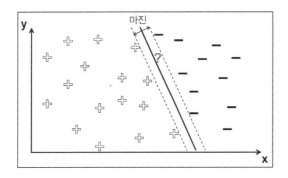

이 그림은 SVM으로 학습한 의사 결정 경계 예를 보여준다.

 최대 마진 부분을 찾으려면 클래스 마진에 있는 데이터 요소만 고려한다. 이 데이터 포인트는 서포트 벡터라고도 한다. 그것이 바로 SVM 이름이다.

첫 번째 서포트 벡터 머신 구현

이제 이론은 충분히 배웠다. 서포트 벡터 머신과 관련된 코딩을 시작해보자.

그러나 천천히 시작하고 첫 번째 SVM에서는 간단한 데이터 세트, 즉 이진 분류 작업에 초점을 맞춘다.

scikit-learn의 데이터 세트 모듈에 대한 멋진 트릭을 사용해 조절된 크기와 복잡도를 가진 임의의 데이터 세트를 생성할 수 있다. 이와 관련된 주목할 만한 몇 가지 예를 살펴보자.

- **datasets.make_classification ([n_samples, ...]):** 이 함수는 임의의 n 클래스 분류 문제를 만든다. 여기서 샘플 수, 특징 수, 대상 레이블 수를 지정할 수 있다.

- **datasets.make_regression ([n_samples, ...]):** 이 함수는 임의의 회귀 문제를 만든다.

- **datasets.make_blobs ([n_samples, n_features, ...]):** 이 함수는 클러스터링에 사용할 수 있는 다수의 가우시안 블롭^{blob}을 생성한다.

make_classification을 사용해 이진 분류 작업용 맞춤 데이터 세트를 만들 수 있다.

데이터 세트 생성

이진 분류 문제는 정확하게 두 개의 목표 레이블(n_classes = 2)을 갖는다. 문제를 간단히 만들어보고자 두 가지 특징 값(n_features = 2; 예를 들면 x와 y 값)으로 제한한다. 100개의 데이터 샘플을 생성한다고 가정한다.

```
In [1]: from sklearn import datasets
...     X, y = datasets.make_classification (n_samples = 100, n_features = 2,
...                                           n_redundant = 0, n_classes = 2,
...                                           random_state = 7816)
```

X는 100개의 행(데이터 샘플)과 두 개의 열(특징 값)을 가지며, y 벡터는 모든 대상 레이블을 포함하는 단일 열을 가진다.

```
In [2]: X.shape, y.shape
Out[2]: ((100, 2), (100,))
```

데이터 세트 시각화

Matplotlib을 사용해 산포도^{scatter plot}에서 이러한 데이터 포인트를 플로팅할 수 있다. 여기서는 x 값(X의 첫 번째 열에 있는 X[:, 0])을 y 값(X의 두 번째 열에 있는 X[:, 1])에 대해 그려본다. 깔끔하게 목표 레이블을 색상 값(c = y)으로 전달한다.

```
In [3]: import matplotlib.pyplot as plt
...         plt.style.use('ggplot')
...         plt.set_cmap('jet')
...         %matplotlib inline
...         plt.scatter(X[:, 0], X[:, 1], c=y, s=100)
...         plt.xlabel('x values')
...         plt.ylabel('y values')
Out[3]: <matplotlib.text.Text at 0x24f7ffb00f0>
```

그러면 다음과 같은 그림을 만든다.

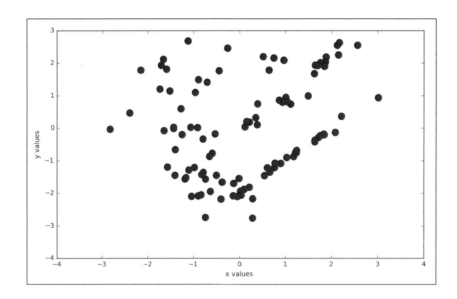

그림의 결과는 이진 분류 문제에 대해 랜덤으로 생성된 데이터를 나타낸다. 사용자는 대부분 두 클래스의 데이터 요소가 명확하게 구분돼 있음을 알 수 있다. 그러나 두 클래스의 데이터 요소가 서로 섞이는 영역(특히 플롯의 왼쪽과 아래 부분)도 있다. 사용자가 잠시 후에 보게 될 내용처럼 이 데이터들은 정확하게 분류하기 어려울 것이다.

데이터 세트 전처리

다음 단계에서는 이전처럼 데이터 포인트를 훈련 세트와 테스트 세트로 분리한다. 하지만 그렇게 하기 전에 OpenCV용 데이터를 준비해야 하며, 다음 조건을 만족시켜야 한다.

- X의 모든 특징 값은 32비트 부동소수점 숫자여야 한다.
- 목표 레이블은 -1이나 +1이어야 한다.

다음 코드를 사용해 이 작업을 수행할 수 있다.

```
In [4]: import numpy as np
...     X = X.astype(np.float32)
...     y = y * 2 - 1
```

5장에서와 마찬가지로 scikit-learn의 **train_test_split** 함수에 데이터를 입력한다.

```
In [5]: from sklearn import model_selection as ms
...     X_train, X_test, y_train, y_test = ms.train_test_split(
...         X, y, test_size=0.2, random_state=42
...     )
```

여기서 모든 데이터 포인트의 20%를 테스트 세트로 사용하고자 했지만, 이 숫자는 원하는 값으로 조정할 수 있다.

서포트 벡터 머신 구축

OpenCV에서 SVM은 다음 네 단계를 통해 지금까지 마주쳤던 다른 모든 학습 알고리즘과 동일한 방식으로 구축/훈련되고 점수를 매긴다.

1. 새 SVM을 생성하려면 create 메서드를 호출한다.

```
In [6]: import cv2
...         svm = cv2.ml.SVM_create()
```

다음 명령에서 볼 수 있듯이 SVM을 조작할 수 있는 다른 모드가 있다. 지금 사용자가 주의해야 할 것은 앞의 예제에서 설명한 경우다. SVM은 직선으로 데이터를 분할하며, 이 동작은 setKernel 메서드로 지정할 수 있다.

```
In [7]: svm.setKernel(cv2.ml.SVM_LINEAR)
```

2. 최적의 의사 결정 경계를 찾으려면 분류기의 train 메서드를 호출한다.

```
In [8]: svm.train(X_train, cv2.ml.ROW_SAMPLE, y_train)
Out[8]: True
```

3. 분류기의 predict 메서드를 호출해 테스트 세트에 있는 모든 데이터 샘플의 대상 레이블을 예측한다.

```
In [9]: _, y_pred = svm.predict(X_test)
```

4. scikit-learn의 metrics 모듈을 사용해 분류기에 점수를 매긴다.

```
In [10]: from sklearn import metrics
...          metrics.accuracy_score(y_test, y_pred)
Out[10]: 0.8
```

축하한다. 정확하게 80%의 테스트 샘플을 분류했다.

물론 지금까지는 내부적으로는 어떤 일이 일어났는지 전혀 알 수 없다. 사용자가 지금까지 한 작업 명령들은 웹 검색을 하지 않은 상태에서 의미가 무엇인지 알지도 못하는 상태에서 터미널에 입력만 한 것이다. 시스템을 작동하게 하는 것도 중요하지만 동작의 의미를 이해하는 것도 중요한 일이므로, 이제 하나씩 이해해보자.

의사 결정 경계 시각화

분류기를 이해하려고 할 때 사용하는 데이터가 무엇인지 이해하려고 시도했었다. 시각화는 시스템을 이해하는 첫 번째 단계다. SVM은 어떻게든 테스트 샘플의 80%를 정확하게 분류할 수 있는 의사 결정 경계를 찾았다. 그러나 결정 경계가 실제로 어떻게 생겼는지 어떻게 알 수 있을까?

이를 위해 scikit-learn에서 제공하는 방법을 사용할 것이다. 아이디어는 x와 y 좌표를 사용해 훌륭한 그리드를 생성하고 SVM의 predict 메서드를 통해 실행한다. 이 방법으로 모든 (x, y) 점에 대해 분류기가 예측한 목표 레이블을 알 수 있다.

사용자는 이를 plot_decision_boundary 함수를 사용해 처리한다. 이 함수는 SVM 객체, 테스트 세트의 특성 값, 테스트 세트의 목표 레이블을 입력으로 사용한다.

```
In [11]: def plot_decision_boundary(svm, X_test, y_test):
```

그리드(메시 그리드라고도 함)를 생성하려면 먼저 테스트 세트의 데이터 샘플이 x-y 평면에서 차지하는 공간을 알아야 한다. 평면에서 가장 왼쪽 점을 찾으려면 X_test에서 가장 작은 x 값을 찾고, 가장 오른쪽 평면을 찾으려면 X_test에서 가장 큰 x 값을 찾는다.

다음 단계에서 의사 결정 경계를 시각화하는 방법을 배운다.

1. 경계선상에 데이터 포인트가 존재하는 것은 원하지 않으므로 +1이나 −1 의 마진을 추가한다.

```
...         x_min, x_max = X_test[, 0].min() - 1, X_test[:, 0].max() + 1
```

2. y에 대해서도 동일한 작업을 수행한다.

```
...         y_min, y_max = X_test[:, 1].min() - 1, X_test[:, 1].max() + 1
```

3. 이 경계 값들에서 사용자는 미세한 메시 그리드^{mesh grid}를 생성할 수 있다 (샘플링 단계 값으로 h를 사용).

```
...         h = 0.02 # 메시 내 스텝 크기
...         xx, yy = np.meshgrid(np.arange(x_min, x_max, h),
...                              np.arange(y_min, y_max, h))
...         X_hypo = np.c_[xx.ravel().astype(np.float32),
...                        yy.ravel().astype(np.float32)]
```

여기서 NumPy의 arange(start, stop, step) 함수를 사용해 start와 stop 사이에서 step 간격을 갖는 선형 간격 값을 생성한다.

4. (xx, yy) 좌표 각각을 가설적인 데이터 포인트로 사용할 수 있다. 따라서 사용자는 그 데이터 포인트들을 $N \times 2$ 행렬에 열 단위로 쌓는다.

```
...         X_hypo =
np.c_[xx.ravel().astype(np.float32),yy.ravel().astype(np.float32)]
```

값을 32비트 부동소수점 숫자로 꼭 다시 변환해야 한다. 그렇지 않으면 OpenCV를 사용할 때 문제가 발생한다.

5. 이제 X_hypo 행렬을 predict 메서드에 전달할 수 있다.

```
...          _, zz = svm.predict(X_hypo)
```

6. 결과 목표 레이블 zz는 특징에 대한 컬러 맵을 만드는 데 사용한다.

```
...          zz = zz.reshape (xx.shape)
...          plt.contourf (xx, yy, zz, cmap = plt.cm.coolwarm, alpha = 0.8)
```

이는 윤곽 플롯을 생성하며, 그 위에 실제 목표 레이블로 채색된 개별 데이터 포인트를 그릴 수 있다.

```
...          plt.scatter(X_test[:, 0], X_test[:, 1], c = y_test, s = 200)
```

7. 그리고 다음 코드를 호출한다.

```
In [12]: plot_decision_boundary(svm, X_test, y_test)
```

결과는 다음과 같다.

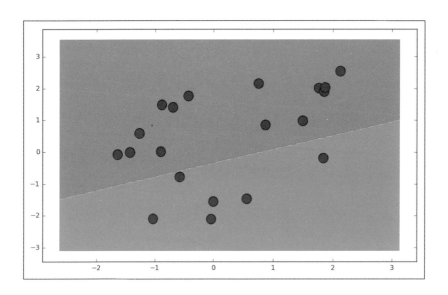

이제 사용자는 무슨 일이 일어나고 있는지 더 잘 이해할 수 있다.

SVM은 파란색과 빨간색의 데이터 샘플을 가장 잘 구분하는 직선(선형 의사 결정 경계)을 발견했다. 하지만 빨간색 영역에는 파란색 점이 세 개 있고 파란색 영역에는 빨간색 점이 하나 있기 때문에 모든 데이터 요소를 올바르게 처리하지 못했다.

그렇지만 이것이 사용자 머릿속에서 생각한 최고의 직선이라고 확신할 수 없다.

- 더 수평으로 만들려고 선을 회전시키면 좌표 (2, –1)에 있는 오른쪽의 파란색 점을 잘못 분류할 수 있다. 이 점은 수평선 바로 위의 빨간색 영역에 놓이게 된다.

- 왼쪽에 있는 세 개의 파란색 점을 파란색 영역에 떨어뜨리려고 줄을 계속 회전시키면 현재 의사 결정 경계 위에 있는 하나의 빨간색 점 좌표 (–1.5, 1)은 파란색 영역이 된다.

- 의사 결정 경계를 좀 더 과감하게 변경하고 직선을 거의 수직으로 만들려면 왼쪽의 세 파란색 점을 정확하게 분류하도록 오른쪽 아래의 파란색 점을 빨간색 영역에 넣어야 한다.

따라서 선을 흔들거나 돌리게 되면 현재 잘못 분류된 점을 올바르게 분류할 수 있지만, 반대로 현재 올바르게 분류한 점들을 다시 잘못 분류할 수도 있다. 다른 주목할 만한 점은 의사 결정 경계가 훈련 데이터에 기반을 두고 선택된다는 점이다.

그러면 분류 성능을 향상시키고자 사용자는 무엇을 할 수 있을까?

직선에서 더 복잡한 의사 결정 경계로 변경하는 것이 한 가지 해결책이 될 수 있다.

▌ 비선형 의사 결정 경계 다루기

선형 의사 결정 경계를 사용해 데이터를 최적으로 분할할 수 없는 경우에는 어떻게 해야 할까? 데이터가 선형으로 분리될 수 없는 경우가 존재할 수 있다.

선형으로 분리할 수 없는 데이터를 다루는 기본 아이디어는 원래 특징의 비선형 조합을 만들어 사용한다. 이는 선형으로 분리될 수 있는 고차원 공간(예, 2D에서 3D)으로 데이터를 투영하려는 경우와 동일하다.

이 개념은 다음 그림에 설명돼 있다.

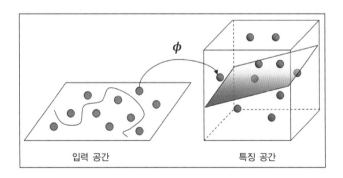

이 그림은 고차원 공간에서 선형 하이퍼 평면 찾기 방법을 나타낸다. 원래 입력 공간(왼쪽)의 데이터를 선형으로 분리할 수 없는 경우에 2D 데이터를 3D(또는 고차

원) 평면으로 투영하는 매핑 함수 $\phi(.)$를 적용할 수 있다. 이 고차원 공간에서는 데이터를 분리할 수 있는 선형 의사 결정 경계(3D에서는 평면임)가 있음을 알 수 있다.

 N차원 공간에서의 선형 의사 결정 경계를 하이퍼 평면(초평면)이라고 한다. 예를 들어 6D 특징 공간에서 의사 결정 경계는 5D 하이퍼 평면이다. 3D 특징 공간에서는 일반적인 2D 평면이 된다. 2D 공간에서는 직선이 된다.

이 매핑 방식의 한 가지 문제는 차원 간에 수학적 투영을 수행하는 데 많은 추가 항목이 필요하므로 큰 차원에서는 비실용적이라는 것이다. 따라서 이른바 커널 트릭$^{kernel\ trick}$이 나오게 됐다.

커널 트릭의 이해

물론 지금은 커널 트릭을 진정으로 이해하는 데 필요한 모든 수학을 다룰 시간이 없다. 좀 더 현실적인 이 절의 제목은 '존재하는 커널 트릭의 동작 확인'일 것이다. 하지만 다소 어색할 것 같아 새롭게 바꿨다.

간단히 말해 커널 트릭이 있으며, 사용자는 이를 사용하면 된다.

고차원 공간에서 의사 결정 하이퍼 평면의 기울기와 방향을 파악하려면 모든 특징 값에 적절한 가중치를 곱해 합해야 한다. 특징 공간의 크기가 커질수록 더 많은 작업이 필요하다.

그러나 사용자보다 더 똑똑한 수학자들은 SVM이 훈련이나 테스트 중에도 고차원 공간에서 명시적으로 작업할 필요가 없다는 것을 깨달았다. 결국 최적화 문제는 훈련 예제를 사용해 두 개의 특징으로 구성된 벡터 내적$^{pair\text{-}wise\ dot\ product}$(페어와이즈 점곱)을 계산한다. 이러한 방법에 대해 수학자들은 몹시 흥분했다. 특징을 고차원 공간으로 명시적으로 변형하지 않고도 이와 같이 곱셈하는 트릭이 있기 때문이다. 이런 똑똑한 계산을 할 수 있는 함수 유형을 커널 함수[kernel function]라고 한다.

이러한 방법을 커널 트릭이라고 한다.

그러한 종류의 커널 기능을 방사 기저 함수[RBF, Radial Basis Function]라고 한다. RBF의 값은 참조 점[reference point]으로부터의 거리에만 의존한다. 반경 r의 함수로서 RBF 예는 $f(r) = 1/r$ 또는 $f(r) = 1/r^2$일 것이다. 좀 더 일반적인 예로 가우시안 함수[Gaussian function](종 곡선[bell curve]이라고도 함)를 들 수 있다.

RBF는 다음 그림처럼 데이터 포인트를 블롭[blob]이나 핫스팟[hotspot]으로 그룹화하는 비선형 의사 결정 경계를 생성할 때 사용할 수 있다.

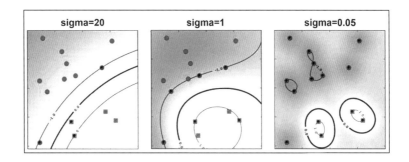

이 그림은 다른 표준 편차를 갖는 가우시안 커널의 예를 보여준다. 가우시안 함수의 표준 편차(즉, 중심으로부터의 거리에 따른 변화)를 조정하면 특히 더 높은 차원에서 복잡한 많은 의사 결정 경계를 생성할 수 있다.

사용자가 사용할 커널 파악

OpenCV는 사용자가 실험할 수 있는 다양한 종류의 SVM 커널을 제공한다. 가장 일반적으로 사용되는 것들은 다음과 같다.

* **cv2.ml.SVM_LINEAR:** 이전에 사용했던 커널이다. 원래의 특징 공간에서 선형 의사 결정 경계를 제공한다(x와 y 값).

- **cv2.ml.SVM_POLY:** 이 커널은 원래의 특징 공간에서 다항식 함수polynomial function인 의사 결정 경계를 제공한다. 이 커널을 사용하려면 svm.setCoef0 (보통 0으로 설정)을 통한 계수와 svm.setDegree를 통한 다항식의 차수를 지정해야 한다.
- **cv2.ml.SVM_RBF:** 이 커널은 앞에서 설명한 C.v2.ml과 같은 종류의 가우시안 함수를 구현한다.
- **cv2.ml.SVM_SIGMOID:** 이 커널은 3장에서 로지스틱 회귀에 대해 설명할 때와 비슷한 시그모이드 함수를 제공한다.
- **cv2.ml.SVM_INTER:** 이 커널은 OpenCV 3에 새로 추가됐다. 히스토그램의 유사성에 따라 클래스를 구분한다.

비선형 서포트 벡터 머신 구현

앞서 이야기한 SVM 커널 중 일부를 테스트하고자 앞의 코드 샘플로 돌아가 보자. 이전에 생성된 데이터 세트에서 SVM을 만들고 훈련하는 프로세스를 반복하는 것을 원하겠지만, 이번에는 다음과 같은 다양한 커널을 사용해보자.

```
In [13]: kernels = [cv2.ml.SVM_LINEAR, cv2.ml.SVM_INTER,
...                  cv2.ml.SVM_SIGMOID, cv2.ml.SVM_RBF]
```

이 모든 것이 무엇을 의미하는지 기억하는가?

다른 SVM 커널을 설정하는 것은 상대적으로 간단한 작업이다. 사용자는 커널 목록에서 항목을 가져와 SVM 클래스의 setKernels 메서드에 전달한다. 이것이 전부다.

일을 반복적으로 하려면 for 루프를 사용하면 된다.

```
In [14]: for idx, kernel in enumerate(kernels):
```

다음 단계를 살펴보자.

1. SVM을 만들고 kernel 메서드를 설정한다. 커널 매개변수들은 기본값으로 설정한다.

```
...        svm = cv2.ml.SVM_create()
...        svm.setKernel(kernel)
```

2. 분류기를 훈련시킨다.

```
...        svm.train(X_train, cv2.ml.ROW_SAMPLE, y_train)
```

3. 이전에 가져온 scikit-learn의 통계 모듈을 사용해 모델 점수를 매긴다.

```
...        _, y_pred = svm.predict(X_test)
...        accuracy = metrics.accuracy_score(y_test, y_pred)
```

4. 의사 결정 경계를 2 × 2 서브플롯으로 만든다(Matplotlib의 서브플롯은 MATLAB을 모방하고자 1 인덱싱되므로 idx + 1을 호출해야 한다).

```
...        plt.subplot(2, 2, idx + 1)
...        plot_decision_boundary(svm, X_test, y_test)
...        plt.title('accuracy = %.2f' % accuracy)
```

결과는 다음과 같다.

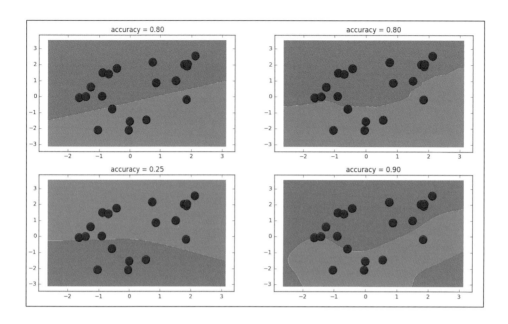

그림을 단계별로 나눠보자.

첫째, 선형 커널(왼쪽 상단 패널)은 이전 플롯에서와 마찬가지다. 선형 커널은 의사 결정 경계로 직선을 만드는 SVM의 유일한 버전이다(cv2.ml.SVM_C는 cv2.ml.SVM_ LINEAR와 거의 동일한 결과를 생성).

히스토그램 교차점 커널(오른쪽 상단 패널)은 좀 더 복잡한 의사 결정 경계를 허용한 다. 그러나 이 방법은 일반화 성능을 향상시키지 못한다(정확도는 여전히 80%).

시그모이드 커널(왼쪽 아래 패널)은 비선형 의사 결정 경계를 허용하지만, 그것은 정말 열악한 선택이었고 단지 25%의 정확도만을 제공한다.

반면 RBF은 성능을 90%까지 향상시킬 수 있었다. 의사 결정 경계는 가장 낮은 빨 간색 점 주위를 감싸고, 두 개의 가장 왼쪽 파란색 점들은 파란색 영역으로 도달했 다. 여전히 두 가지 실수가 있긴 하지만, 지금까지 봐왔던 최상의 의사 결정 경계 를 확실히 이끌어낸다. 또한 RBF 커널이 하위 두 코너의 파란색 영역으로 좁힐 수 있는 유일한 커널인지 확인해야 한다.

▌실생활에서 보행자 검출

앞서 검출과 인식의 차이점을 간단히 설명했다. 인식은 대상(예, 보행자, 자동차, 자전거 등)을 분류하는 것과 관련 있지만, 기본적으로 검출은 보행자가 이미지 내에 있는지 구분하는 동작이다.

대부분 검출 알고리즘의 핵심 아이디어는 이미지를 여러 개의 작은 패치로 분할한 후 각 이미지 패치를 보행자 포함 여부에 따라 분류하는 것이다. 바로 이 절에서 하려는 작업이다. 자신의 보행자 검출 알고리즘을 만들려면 다음 단계를 수행해야 한다.

1. 보행자가 포함된 이미지 데이터베이스를 작성한다. 이를 긍정적인 데이터 샘플로 사용한다.
2. 보행자가 없는 이미지 데이터베이스를 구축한다. 부정적인 데이터 샘플로 사용한다.
3. SVM은 데이터 세트로 훈련한다.
4. 전체 이미지에 보행자가 포함돼 있는지 여부를 결정하고자 테스트 이미지의 가능한 모든 패치에 SVM을 적용한다.

데이터 세트 가져오기

이 절에서는 MIT People 데이터 세트를 비상업적 용도로 자유롭게 사용한다. 따라서 해당 소프트웨어 라이선스를 취득하기 전이라면 스타트업 회사에서는 이 세트를 사용하지 말 것을 권한다.

 그러나 이전에 언급한 설치 방법을 따른 후 깃허브의 코드를 사용하려면 데이터 세트는 미리 준비돼 있어야 한다. 이 파일은 https://github.com/PacktPublishing/Machine-Learning-for-OpenCV-Second-Edition/blob/master/data/chapter6/pedestrians128x64.tar.gz에서 찾을 수 있다.

다음 단계를 통해 실생활에서 보행자를 검출한다.

1. notebooks/ 디렉터리의 주피터 노트북에서 코드를 실행하면 되므로, 디렉터리에서 데이터 디렉터리의 상대 경로는 단순히 data/가 된다.

```
In [1]: datadir = "data"
...     dataset = "pedestrians128x64"
...     datafile = "%s/%s.tar.gz"%(datadir, dataset)
```

2. 가장 먼저 할 일은 파일의 압축을 해제하는 것이다. 모든 파일을 data/pedestrians128x64/의 하위 디렉터리에 풀어놓는다.

```
In [2]: extractdir = "%s/%s" % (datadir, dataset)
```

3. 이제 직접(파이썬 외부에서) 또는 다음 함수를 사용해 실행할 수 있다.

```
In [3]: def extract_tar(filename):
...         try:
...             import tarfile
...         except ImportError:
...             raise ImportError("You do not have tarfile installed. "
...                               "Try unzipping the file outside of "
...                               "Python.")
...         tar = tarfile.open(datafile)
...         tar.extractall(path=extractdir)
...         tar.close()
...         print("%s sucessfully extracted to %s", % (datafile,
...                                                     extractdir))
```

4. 그런 후 함수를 다음처럼 호출한다.

```
In [4]: extract_tar(datafile)
Out[4]: data/pedestrians128x64.tar.gz successfully extracted to
        data/pedestrians128x64
```

 앞서 try ... except문을 못 봤다면 예외가 발생했을 때 처리하기 위한 좋은 방법이므로 특히 눈여겨보길 바란다. 예를 들어 tarfile이라는 모듈을 가져오려고 할 때 모듈이 없는 경우 ImportError가 발생할 수 있다. except ImportError를 통해 이 예외를 포착하고 사용자 정의 오류 메시지를 표시한다. 예외 처리에 대한 자세한 내용은 공식 파이썬 문서(https://docs.python.org/3/tutorial/errors.html#handling-exceptions)를 참조한다.

이 데이터 세트에는 총 924개의 보행자 컬러 이미지가 포함돼 있고 각 이미지는 64 × 128 픽셀로 조정된 후 사람의 신체가 이미지의 중앙에 위치한다. 모든 데이터 샘플의 크기 조정과 정렬은 프로세스의 중요한 단계며, 사용자가 일일이 처리할 필요가 없기 때문에 편리하다.

5. 이러한 이미지는 다양한 계절과 다양한 조명 조건하에 보스턴과 캠브리지에서 촬영됐다. OpenCV로 이미지를 읽고 RGB 버전의 이미지를 Matplotlib에 전달해 몇 가지 예제 이미지를 시각화할 수 있다.

```
In [5]: import cv2
...     import matplotlib.pyplot as plt
...     %matplotlib inline
```

6. 데이터 세트의 이미지 100~104번에 대한 루프에서 이 작업을 수행하고 다양한 조명 조건에 대한 아이디어를 얻는다.

```
In [6]: for i in range(5):
...         filename = "%s/per0010%d.ppm" % (extractdir, i)
...         img = cv2.imread(filename)
```

```
...        plt.subplot(1, 5, i + 1)
...        plt.imshow(cv2.cvtColor(img, cv2.COLOR_BGR2RGB))
...        plt.axis('off')
```

7. 결과는 다음과 같다.

이 스크린샷은 데이터베이스 내 사람 이미지의 예를 보여준다. 예제는 색상, 질감
(텍스처), 시점(정면 또는 후면), 배경 특성 면에서 다양하다.

예제에서는 추가 사진을 볼 수 있지만, 앞의 + 및 − 데이터 항목에서처럼 사람들의
그림을 쉽게 설명할 수 있는 간단한 방법은 없다. 여기서 살펴봐야 할 점은 이러한
이미지를 표현할 수 있는 좋은 방법을 찾는 것이다. 이제 무엇을 해야 하는지 파악
됐는가? 이미지를 표현할 수 있는 방법을 찾아야 한다. 여기서 다루는 내용들은 특
징 엔지니어링에 대한 것임을 기억해야 한다.

HOG 훑어보기

HOG^{Histogram of Oriented Gradients, 지향성 그라데이션 히스토그램}는 이 프로젝트를 수행할 때 필요한
도움을 제공할 수 있다. HOG는 4장에서 설명한 이미지와 비슷한 이미지 특징 기
술자다. HOG는 컴퓨터 비전의 다른 많은 업무에 성공적으로 적용됐고 사람들을
분류하는 데 특히 효과적이다.

HOG 특징의 기본 아이디어는 에지 방향 분포를 통해 이미지 내 객체 모양이 만들어질 수 있다는 것이다. 이미지는 작은 연결 영역으로 나뉘며, 이 영역 내에서 그라데이션 방향(또는 가장자리 방향)의 막대그래프를 얻는다. 그런 다음 기술자는 서로 다른 히스토그램을 연결 조합한다. 다음 이미지는 그 예에 해당한다. 향상된 성능을 위해 로컬 히스토그램은 대비 정규화$^{contrast-normalized}$돼 조명과 셰도우의 변경 불변성이 향상된다.

HOG 기술자는 OpenCV에서 **cv2.HOGDescriptor**를 통해 접근할 수 있고, 검출 윈도우 크기(검출할 객체의 최소 크기, 48×96), 블록 크기(각 상자의 크기, 16×16), 셀 크기(8×8), 셀 스트라이드(보폭)(한 셀에서 다음 셀로 이동하는 픽셀 수, 8×8) 인자를 사용한다. 각 셀에 대해 HOG 기술자는 아홉 개의 빈^{bin}을 사용해 지향성 그라데이션의 히스토그램을 계산한다.

```
In [7]: win_size = (48, 96)
...     block_size = (16, 16)
...     block_stride = (8, 8)
...     cell_size = (8, 8)
...     num_bins = 9
...     hog = cv2.HOGDescriptor (win_size, block_size, block_stride,
...                             cell_size, num_bins)
```

이 함수 호출은 상당히 복잡해 보이지만, 실제로는 HOG 기술자가 구현된 간단한 예다. 가장 중요한 인수는 윈도우 크기(win_size)다.

이제 데이터 샘플에서 hog.compute를 호출하면 된다. 이를 위해 데이터 디렉터리에서 보행자 이미지를 랜덤으로 선택해 양수 샘플(X_pos)의 데이터 세트를 만든다. 다음 코드에서는 900개가 넘는 사용 가능한 사진 중에 랜덤으로 400개의 그림을 선택하고 HOG 기술자를 적용한다.

```
In [8]: import numpy as np
  ...      import random
  ...      random.seed(42)
  ...      X_pos = []
  ...      for i in random.sample(range(900), 400):
  ...          filename = "%s/per%05d.ppm" % (extractdir, i)
  ...          img = cv2.imread(filename)
  ...          if img is None:
  ...              print('Could not find image %s' % filename)
  ...              continue
  ...          X_pos.append(hog.compute(img, (64, 64)))
```

또한 OpenCV에서는 특징 행렬에 32비트 부동소수점 숫자가 포함되고, 목표 레이블이 32비트 정수가 돼야 한다. NumPy 배열로 변환하면 행렬의 크기를 쉽게 살펴볼 수 있으므로 걱정하지 않아도 된다.

```
In [9]: X_pos = np.array(X_pos, dtype=np.float32)
  ...     y_pos = np.ones(X_pos.shape[0], dtype=np.int32)
  ...     X_pos.shape, y_pos.shape
Out[9]: ((399, 1980, 1), (399,))
```

총 399개의 훈련 샘플을 얻게 됐고, 각각 1,980개의 특징 값(HOG 특성 값)을 가진다.

네거티브 생성

여기서의 진정한 도전은 비보행자의 완벽한 예를 찾아내는 것이다. 결국 보행자의 이미지가 무엇인지를 쉽게 생각할 수 있어야 한다. 보행자의 반대는 무엇일까?

이것은 실제로 새로운 머신러닝 문제를 해결하려고 할 때 필요한 일반적인 내용들이다. 연구실과 회사 모두 특정 목적에 맞는 새로운 데이터 세트를 작성하고 주석을 달고자 많은 시간을 소비해야 한다.

힘들다면 어떻게 접근해야 할까? 보행자의 반대를 찾기 위한 첫 번째 근사적 방법은 긍정적 클래스의 이미지와 유사하지만, 보행자를 포함하지 않는 이미지의 데이터 세트를 수집하는 것이다. 이러한 이미지에는 자동차, 자전거, 거리, 주택뿐 아니라 심지어 숲, 호수, 산 등이 포함될 수 있다. 또한 길가(특히 도시) 근처에서 보행자를 찾을 수도 있지만 풍경에서는 보행자를 찾지 못할 수도 있으므로 이러한 포인트들은 마이너스가 된다.

이런 시도를 시작하기 좋은 데이터 세트는 MIT의 Computational Perception & Cognition의 'Spatial Envelope Data'다. 전체 데이터 세트는 http://olivalab.mit.edu/datasets.html에서 얻을 수 있다. 내 경우에는 이미 여러 입국이 개방된 국가, 도심, 산, 숲과 같은 범주에서 많은 양의 이미지를 모았다. 이러한 이미지들은 data/pedestrians_neg 디렉터리에서 찾을 수 있다.

```
In [10]: negset = "pedestrians_neg"
...      negfile = "%s/%s.tar.gz" % (datadir, negset)
...      negdir = "%s/%s" % (datadir, negset)
...      extract_tar(negfile, datadir)
```

모든 이미지는 .jpeg 형식의 컬러 색상을 갖고, 256 × 256 픽셀 크기를 가진다. 그러나 이전에 보행자의 이미지와 함께 사용되는 네거티브[negative] 클래스의 샘플로 사용하려면 모든 이미지의 픽셀 크기가 동일해야 한다. 또한 이미지에 기술된 내용은 대략 동일한 크기를 가져야 한다. 따라서 디렉터리의 모든 이미지를 반복해 (os.listdir을 통해) 64 × 128 ROI[Region Of Interest, 관심 영역]를 잘라낸다.

```
In [11]: import os
...      hroi = 128 # 이미지의 ROI 높이
...      wroi = 64 # 이미지의 ROI 너비
```

```
...        X_neg = []
...        for negfile in os.listdir(negdir):
...            filename = '%s/%s' % (negdir, negfile)
```

보행자 이미지와 동일한 크기의 이미지를 가져오려면 다음처럼 크기를 조정해야
한다.

```
...            img = cv2.imread(filename)
...            img = cv2.resize(img, (512, 512))
```

그런 다음 좌상단의 좌표(rand_x, rand_y)를 랜덤으로 선택해 64 × 128 픽셀 ROI를
잘라낸다. 네거티브 표본의 데이터베이스를 보강하고자 이것을 임의의 횟수로
다섯 번 수행한다.

```
...            for j in range(5):
...                rand_y = random.randint(0, img.shape[0] - hroi)
...                rand_x = random.randint(0, img.shape[1] - wroi)
...                roi = img[rand_y:rand_y + hroi, rand_x:rand_x + wroi, :]
...                X_neg.append(hog.compute(roi, (64, 64)))
```

이러한 절차를 수행한 몇 가지 예를 다음 이미지에서 볼 수 있다.

지금 잊어버린 것이 있을까? 정확하게 모든 특징 값이 32비트 부동소수점 숫자인지 확인하는 것을 깜박 잊었다. 또한 이 이미지의 목표 레이블은 음수 클래스에 해당하는 -1이어야 한다.

```
In [12]: X_neg = np.array(X_neg, dtype=np.float32)
...          y_neg = -np.ones(X_neg.shape[0], dtype=np.int32)
...          X_neg.shape, y_neg.shape
Out[12]: ((250, 1980, 1), (250,))
```

그런 다음 모든 양수(X_pos)와 음수 샘플(X_neg)을 단일 데이터 세트 X로 연결하고, scikit-learn에서 익숙한 train_test_split 함수를 사용해 분할할 수 있다.

```
In [13]: X = np.concatenate((X_pos, X_neg))
...          y = np.concatenate((y_pos, y_neg))
In [14]: from sklearn import model_selection as ms
...          X_train, X_test, y_train, y_test = ms.train_test_split(
...              X, y, test_size=0.2, random_state=42
...          )
```

흔한 실수는 어디선가 보행자를 포함한 네거티브 표본을 우연히 포함시키는 경우다. 그런데 이런 실수가 당신에게 일어나지 않는지 확인해야 한다.

서포트 벡터 머신 구현

이미 OpenCV에서 SVM을 빌드하는 방법을 알고 있다. 따라서 여기서 살펴볼 것이 별로 없다. 계획상 앞으로 함수에 훈련 과정을 적용할 것이므로 이 과정을 반복하기가 더 쉬워질 것이다.

```
In [15]: def train_svm(X_train, y_train):
   ...       svm = cv2.ml.SVM_create()
   ...       svm.train(X_train, cv2.ml.ROW_SAMPLE, y_train)
   ...       return svm
```

점수화 함수에 대해서도 동일한 작업을 수행할 수 있다. 여기서는 특징 행렬 X와
레이블 벡터 y를 전달한다. 그러나 훈련이나 테스트 세트에 대해 이야기하고 있는
지 여부는 지정하지 않는다. 사실 함수의 관점에서 볼 때 데이터 샘플에 대해 올바
른 형식의 설정 방법은 중요하지 않다.

```
In [16]: def score_svm(svm, X, y):
   ...       from sklearn import metrics
   ...       _, y_pred = svm.predict(X)
   ...       return metrics.accuracy_score(y, y_pred)
```

그런 다음 두 가지 간단한 함수 호출을 사용해 SVM을 학습하고 점수를 매길 수
있다.

```
In [17]: svm = train_svm(X_train, y_train)
In [18]: score_svm(svm, X_train, y_train)
Out[18]: 1.0
In [19]: score_svm(svm, X_test, y_test)
Out[19]: 0.64615384615384619
```

HOG 특징 기술자[feature descriptor] 덕분에 훈련 세트에 대해 실수하지 않을 수 있다.
그러나 사용자의 일반화 성능[generalization performance]은 훈련 성능(100%)보다 훨씬 낮기
때문에 64.6%라는 값은 열악한 값이다. 이는 모델이 데이터에 적합하지 않음을
나타낸다. 테스트 세트보다 훈련 세트에서 더 나은 성능을 발휘한다는 사실은 모
델이 의미 있는 의사 결정 규칙으로 추상화하려고 시도하기보다는 훈련 표본을

암기하는 데 의존했다는 것을 의미한다. 모델 성능을 개선하고자 할 수 있는 일은 무엇일까?

모델 부트스트랩

모델의 성능을 향상시키는 방법 중 하나는 부트스트랩을 사용하는 것이다. 이 아이디어는 보행자 검출용 HOG 기능과 함께 SVM을 사용하는 첫 번째 논문 중 하나에 실제 적용됐다. 개척자들에게 경의를 표하며, 이제 그들이 만든 결과물을 이해하려고 노력해보자.

아이디어는 매우 간단했다. 훈련 세트에서 SVM을 훈련한 후 모델을 점수화했을 때 모델이 위양성$^{false\ positive}$을 일으킨다는 사실이 밝혀졌다. 위양성(거짓 긍정)은 모델이 실제로 음수(-)인 샘플에 대해 양수(+)를 예측했다는 것을 의미한다. 맥락상 SVM이 보행자를 포함하는 이미지를 거짓으로 판단했음을 의미한다. 이 문제가 데이터 세트의 특정 이미지에서 발생하면 이 예제는 분명 번거롭다. 따라서 그것을 훈련 세트에 추가해야 하고, 추가적인 문제 발생자가 있는 SVM을 다시 훈련해야 알고리즘이 올바르게 분류할 수 있다. SVM이 만족스러운 성능을 낼 때까지 이 절차를 반복할 수 있다.

 11장에서 좀 더 본격적으로 부트스트래핑을 설명한다.

이제 동일한 작업을 해보자. 사용자는 훈련 과정을 최대 세 번 반복할 것이다. 각 반복 후에 테스트 세트에서 위양성을 식별하고 다음 반복용 훈련 세트에 추가한다. 이를 몇 단계로 나눌 수 있다.

1. 모델 훈련과 점수를 다음처럼 계산한다.

```
In [20]: score_train = []
...         score_test = []
...         for j in range(3):
...             svm = train_svm(X_train, y_train)
...             score_train.append(score_svm(svm, X_train, y_train))
...             score_test.append(score_svm(svm, X_test, y_test))
```

2. 테스트 세트에서 위양성을 찾는다. 위양성이 없으면 바로 작업은 끝난다.

```
...             _, y_pred = svm.predict(X_test)
...             false_pos = np.logical_and((y_test.ravel() == -1),
                                          (y_pred. ravel() == 1))
...             if not np.any(false_pos):
...                 print('no more false positives: done')
...                 break
```

3. 훈련 세트에 위양성을 추가한 후 절차를 반복한다.

```
...             X_train = np.concatenate((X_train,
                                         X_test[false_pos, :]),
                                        axis=0)
...             y_train = np.concatenate((y_train, y_test[false_pos]), axis=0)
```

이 코드 동작을 통해 시간이 지남에 따라 모델을 개선할 수 있다.

```
In [21]: score_train
Out[21]: [1.0, 1.0]
In [22]: score_test
Out[22]: [0.64615384615384619, 1.0]
```

첫 라운드에서 64.6%의 정확도를 달성했지만, 두 번째 라운드에서는 완벽하게 100%까지 달성할 수 있다.

 ResearchGate의 원본 논문은 https://www.researchgate.net/publication/3703226_Pedestrian_detection_using_wavelet_templates에서 찾을 수 있다. 이 논문은 MIT의 M. Oren, P. Sinha, T. Poggio가 IEEE 컴퓨터 소사이어티 컨퍼런스(Computer Society Conference), CVPR(Computer Vision and Pattern Recognition)(doi:10.1109/CVPR.1997.609319)에서 1997년에 발표했으며 필요하면 참조하길 바란다.

더 큰 이미지에서 보행자 검출

남은 작업은 SVM 분류 절차를 검출 프로세스와 연결하는 것이다. 이를 수행하는 방법은 이미지의 가능한 모든 패치에 대해 분류를 반복하는 것이다. 이는 의사 결정 경계를 시각화할 때 이전에 했던 것과 유사하다. 훌륭한 그리드를 만들고 그리드의 모든 포인트를 분류한다. 그리고 이 작업을 할 때 동일한 방법을 적용한다. 이미지를 패치로 나누고 모든 패치를 보행자가 포함된 것으로 분류해야 한다.

다음 단계를 통해 이미지 내의 보행자를 검출할 수 있다.

1. 다음처럼 이미지의 모든 사용 가능한 패치를 반복한다. 매번 작은 영역의 **stride** 픽셀만큼 관심 영역을 이동시켜야 한다.

```
In [23]: stride = 16
...      found = []
...      for ystart in np.arange(0, img_test.shape[0], stride):
...          for xstart in np.arange(0, img_test.shape[1], stride):
```

2. 분류 작업을 할 때 이미지 경계를 넘지 않는다.

```
...            if ystart + hroi > img_test.shape[0]:
...                continue
...            if xstart + wroi > img_test.shape[1]:
...                continue
```

3. 그러고 나서 계속 ROI를 잘라 사전 처리한 후 분류한다.

```
...            roi = img_test[ystart:ystart + hroi, xstart:xstart + wroi, :]
...            feat = np.array([hog.compute(roi, (64, 64))])
...            _, ypred = svm.predict(feat)
```

4. 특정 패치가 보행자로 분류되는 경우 성공 목록에 추가한다.

```
...            if np.allclose(ypred, 1) :
...                found.append((ystart, xstart, hroi, wroi))
```

5. 보행자는 다양한 장소뿐만 아니라 다양한 크기로 나타날 수 있기 때문에 이미지를 재조정하고 전체 과정을 반복해야 한다. 고맙게도 OpenCV는 detectMultiScale 함수 형태로 다중 스케일 검출 작업multi-scale detection task을 위한 편리한 기능을 제공한다. 이는 약간의 해킹이지만 모든 SVM 매개변수를 hog 객체에 전달할 수 있다.

```
In [24]: rho, _, _ = svm.getDecisionFunction(0)
...      sv = svm.getSupportVectors()
...      hog.setSVMDetector(np.append(sv.ravel(), rho))
```

6. 그런 다음 검출 기능을 호출할 수 있다.

```
In [25]: found = hog.detectMultiScale(img_test)
```

256

이 함수는 검출된 보행자가 포함된 경계 상자 목록을 반환한다.

 이는 선형 SVM 분류기에서만 작동하는 것으로 보인다. 이 점에서 OpenCV 문서는 버전 간에 일관성이 없으므로 어떤 버전에서 동작을 지원하기 시작하거나 중단했는지 확신할 수 없다. 항상 이러한 점을 조심하자.

7. 실제로 사람들이 보행자 검출과 같은 표준 작업에 직면할 때는 OpenCV에 내장된 사전 준비된 SVM 분류기에 의존한다. 이는 이번 장의 맨 처음에 이미 암시했었다. cv2.HOGDescriptor_getDaimlerPeopleDetector() 또는 cv2.HOGDescriptor_get DefaultPeopleDetector()를 불러와 몇 줄의 코드만으로 시작할 수 있다.

```
In [26]: hogdef = cv2.HOGDescriptor()
...      pdetect = cv2.HOGDescriptor_getDefaultPeopleDetector()
In [27]: hogdef.setSVMDetector(pdetect)
In [28]: found, _ = hogdef.detectMultiScale(img_test)
```

8. Matplotlib을 사용해 테스트 이미지를 쉽게 그릴 수 있다.

```
In [29]: from matplotlib import patches
...      fig = plt.figure()
...      ax = fig.add_subplot(111)
...      ax.imshow(cv2.cvtColor(img_test, cv2.COLOR_BGR2RGB))
```

9. 그런 다음 경계 상자를 반복해서 발견된 보행자를 이미지에 표시할 수 있다.

```
...      for f in found:
...          ax.add_patch(patches.Rectangle((f[0], f[1]), f[2], f[3],
```

```
...                                    color='y', linewidth=3,
...                                    fill=False))
```

결과는 다음과 같다.

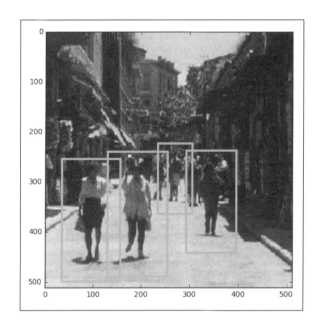

이 스크린샷은 테스트 이미지 내의 보행자 검출을 보여준다.

모델 개선

RBF 커널이 좋은 기본 커널이긴 하지만 항상 문제에 가장 적합한 커널은 아니다. 사용하는 데이터에서 어떤 커널이 가장 잘 작동하는지 알 수 있는 유일한 방법은 모두 시도 후에 모델 간의 분류 성능을 비교하는 것이다. 하이퍼 매개변수 튜닝을 수행하기 위한 전략적인 방법이 있다. 자세한 내용은 11장에서 설명한다.

아직 하이퍼 매개변수 튜닝을 제대로 할 줄 모른다면?

데이터 이해의 첫 번째 단계를 기억하고 데이터를 시각화해야 한다. 데이터를 시각화하면 선형 SVM이 데이터를 분류하는 데 충분히 강력한지 이해할 수 있다. 이 경우 더 복잡한 모델을 사용할 필요가 없다. 결국 데이터를 분리하는 직선을 그릴 수 있다면 선형 분류기만 있으면 된다. 그러나 좀 더 복잡한 문제의 경우라면 최적의 의사 결정 경계가 어떤 모양을 가져야 하는지 더욱 세밀하게 생각해야 한다.

좀 더 일반적인 용어로, 문제에서의 기하학적 측면을 생각해야 한다. 스스로에게 질문할 수 있는 몇 가지 질문은 다음과 같다.

- 데이터 세트를 시각화하려면 어떤 결정 규칙이 가장 효과적일까? 예를 들어 직선이면 충분할까?(이 경우에는 직선형 SVM을 사용할 수 있다) 서로 다른 데이터 포인트를 블롭blob이나 핫스팟hot-spot으로 그룹화할 수 있을까?(이 경우 RBF 커널을 사용하는가?)

- 문제점이 근본적으로는 변환되지 않는 데이터의 변환이 가능한가? 예를 들어 머리가 돌려지거나, 회전하거나, 동일한 결과를 얻을 수 있을까? 사용자의 커널은 이러한 경우를 모두 반영해야 한다.

- 아직 시도하지 않은 데이터를 사전 처리할 방법이 있는가? 특징 엔지니어링에 시간을 할애하면 분류 문제를 훨씬 쉽게 해결할 수 있다. 변환된 데이터에서 선형 SVM을 사용할 수도 있을 것이다.

계속해서 다음 데이터 세트들을 분류할 커널을 생각해보자.

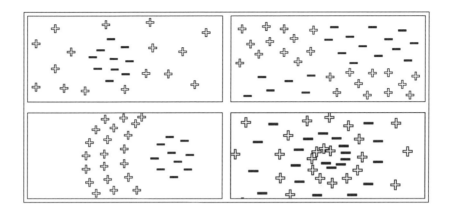

해답을 알 것 같은가? 그러면 코드를 작성해보자.

이번 장을 마무리하기 이전에 SVM의 다중 클래스 분류를 배워야 한다. 따라서 먼저 다중 클래스 분류를 자세히 살펴본다.

SVM을 사용한 다중 클래스 분류

SVM은 본질적으로 2 클래스 분류기다. 특히 실제로 다중 클래스 분류의 가장 보편적인 방법은 |C| 1 대 나머지one-versus-rest 분류기(일반적으로 OVA One-Versus-All 분류 관련)를 만드는 것이다. 여기서 |C|는 클래스 수며, 가장 높은 마진을 가진 시험 기준으로 분류하는 클래스를 선택한다. 또 다른 접근 방식은 일대일one-versus-one 분류기 집합을 만들고 분류기가 선택한 클래스를 사용하는 것이다. 이것은 분류기 |C|(|C| − 1)/2의 분류기를 만드는 것과 관련되지만, 각 분류기의 훈련 데이터가 훨씬 작기 때문에 분류기 훈련 시간은 줄어들 수 있다.

이제 실제 데이터 세트로 SVM을 사용해 다중 클래스 분류를 적용할 수 있는 방법을 알아본다.

이번 절의 목적을 달성하고자 비상업적 목적으로 자유롭게 사용할 수 있는 스마트폰 데이터 세트를 제공하는 UCI의 인간 활동 정보^{Human Activity Information}를 이용한다. 따라서 해당 소프트웨어 라이선스를 취득하기 전에 스타트업 회사에서는 이 제품을 사용하지 않도록 한다.

데이터 세트는 캐글 웹 사이트 https://www.kaggle.com/uciml/human-activity-recognition-with-smartphones에서 얻을 수 있다. 여기서 archive.zip 파일을 다운로드할 수 있는 '다운로드^{Download}' 버튼을 찾아야 한다.

 그러나 앞서의 설치 지침을 따르고 깃허브에 있는 코드를 체크아웃했다면 이미 데이터 세트를 갖고 있고, 준비는 완료된 것이다. 이 파일은 notebooks/data/multiclass에서 찾을 수 있다.

데이터 정보

30명의 자원봉사자 그룹이 19~48세의 연령 그룹 내에서 선택됐고, 그 그룹에 실험이 이뤄졌다. 각 개인별로 6가지 활동이 진행됐는데, 허리 주변에 스마트폰을 장착해 걷기, 계단 오르기, 계단 내려가기, 앉기, 서있기, 눕기를 행했다. 주로 임베디드 가속도계와 자이로스코프를 사용해 50Hz의 일정한 속도로 3축 선형 가속도와 3축 각속도를 포착했다. 데이터에 레이블을 붙이고자 그 실험들은 비디오로 녹화됐다. 데이터 세트는 랜덤으로 두 세트로 분할됐고, 여기서 자원자의 70%는 훈련 데이터를 생성하고자, 30%는 테스트 데이터를 생성하고자 구분됐다.

속성 정보

데이터 세트의 각 항목으로 다음이 사용된다.

- 가속도계의 3축 가속도와 신체의 대략적인 가속도
- 자이로스코프에서 3축 각속도
- 561개 특징 벡터를 사용한 시간과 주파수 영역 변수
- 다양한 활동 레이블
- 관찰된 대상의 식별자

다음 단계로 SVM을 사용해 다중 클래스 분류를 구축하는 방법을 배운다.

1. 다중 클래스 분류가 가능한 SVM을 구현하는 데 필요한 모든 라이브러리를 가져온다.

```
In [1]: import numpy as np
...     import pandas as pd
...     import matplotlib.pyplot as plt
...     %matplotlib inline
...     from sklearn.utils import shuffle
...     from sklearn.svm import SVC
...     from sklearn.model_selection import cross_val_score, GridSearchCV
```

2. 다음은 데이터셋을 로드한다. notebooks/ 디렉터리의 주피터 노트북에서 이 코드를 실행해야 하므로 데이터 디렉터리의 상대적인 경로는 data/를 사용한다.

```
In [2]: datadir = "data"
...     dataset = "multiclass"
...     train = shuffle(pd.read_csv("data/dataset/train.csv"))
...     test = shuffle(pd.read_csv("data/dataset/test.csv"))
```

3. 훈련 세트와 테스트 데이터 세트에 누락된 값이 있는지 확인한다. 있는 경우 데이터 세트에서 해당 값을 삭제한다.

```
In [3]: train.isnull().values.any()
Out[3]: False
In [4]: test.isnull().values.any()
Out[4]: False
```

4. 이제 데이터에서 등급의 빈도 분포를 찾을 것이며, 6개 등급에 속하는 표본 수를 확인할 수 있다.

```
In [5]: train_outcome = pd.crosstab(index=train["Activity"], # 크로스탭 생성
            columns="count") # 카운트 열의 이름 지정
...     train_outcome
```

다음 스크린샷에서 LAYING 클래스가 가장 많은 샘플을 갖고 있지만, 전체적으로 데이터가 대략적으로 균등하게 분포돼 있으며 클래스 불균형이 없음을 알 수 있다.

col_0	count
Activity	
LAYING	1407
SITTING	1286
STANDING	1374
WALKING	1226
WALKING_DOWNSTAIRS	986
WALKING_UPSTAIRS	1073

5. 다음에는 예측값(입력값)과 결괏값(클래스 레이블)을 훈련, 테스트 데이터 세트에서 분리한다.

```
In [6]: X_train =pd.DataFrame(train.drop(['Activity','subject'],axis=1))
...     Y_train_label = train.Activity.values.astype(object)
...     X_test = pd.DataFrame(test.drop(['Activity','subject'],axis=1))
...     Y_test_label = test.Activity.values.astype(object)
```

6. SVM은 숫자 입력과 레이블을 예측하기 때문에 이제 숫자가 아닌 레이블을 숫자 레이블로 변환한다. 그렇지만 먼저 sklearn 라이브러리에서 preprocessing 모듈을 가져와야 한다.

```
In [7]: from sklearn import preprocessing
...     encoder = preprocessing.LabelEncoder()
```

7. 훈련, 테스트 레이블을 숫자 값으로 인코딩한다.

```
In [8]: encoder.fit(Y_train_label)
...     Y_train = encoder.transform(Y_train_label)
...     encoder.fit(Y_test_label)
...     Y_test = encoder.transform(Y_test_label)
```

8. 훈련, 테스트 특징 세트를 확장(정규화)하고, 이를 위해 sklearn에서 StandardScaler를 가져와야 한다.

```
In [9]: from sklearn.preprocessing import StandardScaler
...     scaler = StandardScaler()
...     X_train_scaled = scaler.fit_transform(X_train)
...     X_test_scaled = scaler.transform(X_test)
```

9. 일단 데이터의 크기가 조정되고 레이블이 올바른 형식이면 이제 데이터를 사용할 때가 됐다. 그러나 그전에 SVM이 자체 훈련을 하면서 사용할 매개변수 설정이 다른 사전을 정의하고, 이 기술을 GridSearchCV라고 한다. 매개변수 그리드는 랜덤 검색 결과를 사용한다.

```
In [10]: params_grid = [{'kernel': ['rbf'], 'gamma': [1e-3, 1e-4],
                         'C': [1, 10, 100, 1000]},
                        {'kernel': ['linear'], 'C': [1, 10, 100,
                         1000]}]
```

10. 마지막으로 최상의 SVM을 사용하고자 이전 매개변수를 사용해 데이터에서 GridSearchCV를 호출한다.

```
In [11]: svm_model = GridSearchCV(SVC(), params_grid, cv=5)
...      svm_model.fit(X_train_scaled, Y_train)
```

11. SVM 모델이 데이터에 대해 얼마나 잘 훈련됐는지 확인한다. 간단히 말해 정확성을 체크한다. 뿐만 아니라 SVM이 가장 잘 수행된 매개변수 설정이 무엇이었는지도 확인한다.

```
In [12]: print('Best score for training data:', svm_model.best_score_,"\n")
...      print('Best C:',svm_model.best_estimator_.C,"\n")
...      print('Best Kernel:',svm_model.best_estimator_.kernel,"\n")
...      print('Best Gamma:',svm_model.best_estimator_.gamma,"\n")
Out[12]: Best score for training data: 0.986
...          Best C: 100
...          Best Kerne: rbf
...          Best Gamma: 0.001
```

여기서 볼 수 있듯이 SVM은 다중 클래스 분류 문제의 훈련 데이터에 98.6%의 정확도를 달성했다. 하지만 테스트 데이터의 정확성을 얻을 때까지 계속 진행해야 한다. 지금은 다음 사항을 빠르게 확인한다.

```
In [13]: final_model = svm_model.best_estimator_
...         print("Training set score for SVM: %f" %
final_model.score(X_train_scaled , Y_train))
...         print("Testing set score for SVM: %f" % final_model.score(X_test_scaled
, Y_test ))
Out[13]: Training set score for SVM: 1.00
...         Testing set score for SVM: 0.9586
```

정말 놀랍다. 테스트 세트에서 95.86%의 정확도를 달성할 수 있었다. 이것이 SVM의 힘이다.

▍요약

6장에서는 다양한 형태의 SVM을 학습했다. 이제 2D 및 고차원 공간의 하이퍼 평면에서 의사 결정 경계를 그리는 방법을 알게 됐다. 다른 SVM 커널도 배웠고 OpenCV에서 구현하는 방법을 알게 됐다.

또한 새로 얻은 지식을 보행자 검출의 실제 예제에 적용했다. 이를 위해 HOG 특징 기술자와 해당 작업에 적합한 데이터를 수집하는 방법을 배웠다. 부트스트랩을 사용해 분류기 성능을 향상시키고 분류기를 OpenCV의 다중 스케일 검출 메커니즘과 결합했다.

6장에서는 많은 것을 소화해야 했으며, 이제 책의 절반까지 왔다. 축하한다.

7장에서는 좀 더 다른 내용들도 살펴보고 5장에서 다룬 스팸 필터 관련 내용을 다시 살펴본다. 그러나 이번에는 베이지안 결정 이론의 힘을 빌려 첫 번째 장보다 훨씬 더 똑똑한 것을 만들 수 있다.

07

베이지안 학습을 이용한 스팸 필터 구현

클러스터 분석, 딥러닝, 앙상블 모델과 같은 고급 주제를 나루기 전에 훨씬 간단한 모델인 나이브 베이즈$^{naive\ Bayes}$ 분류기를 살펴본다.

나이브 베이즈 분류기는 유명한 통계학자이자 철학자인 토마스 베이즈$^{Thomas\ Bayes}$ (1701-1761)의 이름을 딴 베이지안^{Bayesian} 추론에 뿌리를 두고 있다. 베이즈 정리 $^{Bayes's\ theorem}$는 이벤트로 이어질 수 있는 상황에 대한 사전 지식을 기반으로 이벤트의 확률을 구한다. 베이즈의 정리를 사용하면 데이터를 분류할 수 있을 뿐만 아니라 분류가 올바른지 예측할 수 있는 통계 모델을 만들 수 있다. 여기서는 베이지안 추론을 사용해 이메일 중에서 스팸을 높은 신뢰도로 분류하고, 정확도가 높은 선별 검사를 통해 유방암에 걸릴 확률을 구할 수 있다.

그동안 사용자는 머신러닝을 구현하는 데 충분한 경험을 얻었다. 그러므로 더 이상 머신러닝의 이론을 시도하고 이해하는 것을 두려워해서는 안 된다. 일단은 너무 걱정하지 말자. 여기서는 상세한 이론을 다루지는 않지만, 모델의 내부 작동을 이해하려면 이론을 어느 정도는 이해해야 한다. 어느 정도 이해하고 나면 베이지안 분류기는 구현하기 쉽고, 계산상 효율적이며, 상대적으로 작은 데이터 세트에서도 매우 잘 수행되는 경향이 있음을 알게 될 것이다. 7장에서는 나이브 베이즈 분류기를 이해하고 첫 번째 베이지안 분류기를 구현한다. 그리고 나이브 베이즈 분류기를 사용해 이메일을 분류한다.

7장에서 다루는 내용은 다음과 같다.

- 나이브 베이즈 분류기 이해
- 첫 번째 베이지안 분류기 구현
- 나이브 베이즈 분류기를 사용한 이메일 분류

▌ 기술적 요구 사항

다음 링크에서 7장의 코드를 참고할 수 있다.

https://github.com/PacktPublishing/Machine-Learning-for-OpenCV-Second-Edition/blob/master/data/chapter7

다음은 간략한 소프트웨어, 하드웨어 요구 사항이다.

- OpenCV 버전 4.1.x(4.1.0이나 4.1.1 모두 잘 작동한다)
- 파이썬 버전 3.6(모든 파이썬 버전 3.x는 괜찮다)
- 파이썬과 필수 모듈을 설치하기 위한 아나콘다 파이썬 3이 필요하다.
- 이 책에서는 맥OS, 윈도우, 리눅스 기반 OS 등 모든 OS를 사용할 수 있다. 시스템은 최소 4GB의 RAM을 가져야 한다.

- 이 책과 함께 제공된 코드를 실행하고자 GPU를 사용할 필요는 없다.

▍베이지안 추론의 이해

베이지안 분류기를 구현하는 것은 상대적으로 간단하지만, 분류기의 상세 이론은 처음에는 매우 직관적이지 않을 수 있다. 특히 확률 이론에 익숙하지 않은 경우라면 특히 그렇다. 그러나 베이지안 분류기의 아름다움은 사용자가 지금까지 마주쳤던 모든 분류기보다 기본 데이터를 더 잘 이해할 수 있다는 데 있다. 예를 들어 k-최근접 알고리즘이나 의사 결정 트리와 같은 표준 분류기standard classifier는 이전에 본 적 없는 데이터 요소의 목표 레이블을 알려줄 수 있다. 그러나 이러한 알고리즘에는 예측이 옳고 그른지에 대한 개념은 없다. 그것들을 차별 모델discriminative model이라고 부른다. 한편 베이지안 모델은 데이터를 유발한 기본 확률 분포probability distribution를 이해해야 한다. 기존의 데이터 포인트에 레이블을 붙이는 것이 아니라 동일한 통계로 새로운 데이터 포인트를 생성할 수 있기 때문에 생성 모델generative model이라고 부른다.

이 마지막 문장을 이해할 수 있으면 확률 이론에 대한 다음의 간단한 내용을 이해할 때 도움이 될 것이다. 중요한 내용은 다음 절에서 다룬다.

확률 이론 간단히 살펴보기

베이즈의 정리를 이해하려면 다음과 같은 기술적 용어를 알아야 한다.

- **랜덤 변수:** 찬스에 기반을 둔 변수다. 좋은 예는 동전을 뒤집어 앞면이나 뒷면이 나오는 경우다. 랜덤 변수가 제한된 수의 값만 취할 수 있는 경우 이를 개별discrete 변수(동전 던지기 또는 주사위 굴림)라고 한다. 그렇지 않으면

연속된 랜덤^{continuous random} 변수(특정 날짜의 온도와 같은)라고 한다. 랜덤 변수는 대문자로 표현한다.

- **확률**^{probability}: 이벤트가 발생할 확률을 측정한 것이다. 사건 e가 발생할 확률은 $p(e)$로 나타낸다. $p(e)$는 0에서 1 사이(또는 0에서 100% 사이)의 숫자여야 한다. 예를 들어 동전 던지기를 나타내는 확률 변수 X에 대해 앞면을 얻을 확률은 $p(X = heads) = 0.5$(동전이 공정하게 움직이는 경우)로 기술할 수 있다.

- **조건부 확률**^{conditional probability}: 다른 사건이 발생했을 때 사건의 확률을 측정한 값이다. 사건 x가 이미 발생했다는 것을 알고 $p(y|x)$(p는 주어진 x에 대한 y 확률로 읽음)와 같은 사건 y의 확률을 나타낸다. 예를 들어 '오늘이 월요일'인 경우 '내일이 화요일'일 확률은 p(내일이 화요일 | 오늘이 월요일) = 1 이다. 물론 내일을 보지 못할 경우도 있을 수 있다. 그러나 지금은 그것을 무시한다.

- **확률 분포**^{probability distribution}: 실험에서 다른 사건이 발생할 확률을 알려주는 함수다. 이산 확률 변수의 경우 이 함수를 **확률 질량 함수**^{probability mass function}라고 한다. 연속 확률 변수의 경우 이 함수를 **확률 밀도 함수**^{probability density function}라고 한다. 예를 들어 동전 던지기^{coin toss} X의 확률 분포는 X = 앞면의 경우 0.5, X = 뒷면의 경우 0.5다. 모든 가능한 결과에 대한 확률 분포는 최대 1 이다.

- **결합 확률 분포**^{joint probability distribution}: 기본적으로 여러 확률 변수에 적용되는 선행 확률 함수다. 예를 들어 두 개의 공정한 동전 A와 B를 뒤집을 때 공동 확률 분포는 모든 가능한 결과 (A = 앞면, B = 앞면), (A = 앞면, B = 뒷면), (A = 뒷면, B = 앞면), (A = 뒷면, B = 뒷면)이며, 각 결과의 확률을 말해준다.

이제 데이터 세트를 랜덤 변수 X로 생각하면 머신러닝 모델은 기본적으로 가능한 목표 레이블 Y의 집합에 X의 매핑을 학습한다. 즉, 조건부 확률 $p(Y|X)$는 X에서 추출된 랜덤 표본이 목표 레이블 Y를 가질 확률이다.

앞에서 간단히 언급한 것처럼 $p(Y|X)$를 학습하려면 두 가지 방법이 있다.

- **차별 모델**discriminative model : 모델 클래스는 기본 확률 분포($p(X)$, $p(Y)$ 또는 심지어 $p(Y|X)$와 같은)를 이해하는 데 시간을 허비하지 않고도 훈련 데이터를 통해 $p(Y|X)$를 얻을 수 있다. 이 접근법은 지금까지 사용자가 직면한 거의 모든 학습 알고리즘(선형 회귀, k-최근접 이웃, 의사 결정 트리 등)에 적용될 수 있다.

- **생성 모델**generative model : 이 모델 클래스는 기본 확률 분포에 대한 모든 것을 학습한 후 결합 확률 분포 $p(X, Y)$에서 $p(Y|X)$를 유추한다. 이 모델은 $p(X, Y)$를 알고 있기 때문에 데이터 포인트가 특정 목표 레이블을 가질 확률을 말할 수 있을 뿐만 아니라 완전히 새로운 데이터 포인트를 생성할 수 있다. 베이지안 모델은 이러한 모델 클래스의 하나다.

베이지안 모델은 실제로 어떻게 작동할까? 구체적으로 살펴보자.

▍베이즈 정리의 이해

구글 분류 기준이 실수를 저지를 가능성이 얼마나 되는지 알 수 있는 시나리오가 몇 가지 있다. 예를 들어 5장의 의사 결정 트리로 의료 진단을 내리고자 할 때 일부 의료 테스트를 기반으로 유방암 여성을 진단하기 위한 의사 결정 트리를 훈련한다. 이 경우에는 모든 비용을 들여서라도 오진을 피하길 원할 것이다. 유방암으로 진단됐지만 실제로는 건강한 여성인 경우(위양성false positive)라면 불필요하고 값비싼 의료 절차로 이어지는 반면, 여성이 유방암에 걸렸지만 아니라고 나온 경우(위음성false negative)에는 실제 결과를 놓치면 결국 여성은 목숨을 잃을 수 있다.

이러한 위험성을 해결해줄 수 있는 베이지안 모델이 있다는 것을 알길 바라며, (그리고 꽤 유명한) 예제인 http://yudkowsky.net/rational/bayes를 구체적으로 살펴본다.

"정기 검진에 참여하는 40대 여성의 1%는 유방암을 가진다. 유방암 여성의 80%는 유방 조영술(positive mammographies)에서 양성 결과를 받는다. 또한 유방암이 없는 여성이라고 해도 그중 9.6%는 유방 조영술에서 양성 확인을 받는다. 40대 나이의 여성들은 정기적인 선별 검사에서 양성 확인을 받기도 한다. 그렇다면 그녀가 실제로 유방암에 걸릴 확률은 얼마일까?"

이 대답은 과연 무엇일까?

자궁 유방 조영술 결과가 양성이면 암을 앓을 확률은 아주 높다(80% 근처). 그 여성의 결과에 위양성이 있을 수 있지만, 9.6%에 속할 확률은 훨씬 적기 때문에 실제 확률은 70~80% 사이일 것이다.

여기서 걱정되는 것은 결과가 정확하지 않은 경우다.

이 문제에 대해 생각해볼 수 있는 한 가지 방법이 있다. 간단히 말해 일부 구체적인 수의 환자를 보고 있다고 가정해보자. 유방 조영술 선별 검사 전에 10,000명의 여성을 두 그룹으로 나눌 수 있다.

- **그룹 X:** 유방암 여성 100명
- **그룹 Y:** 유방암이 없는 여성 9,900명

여태까지는 그런대로 잘됐다. 두 그룹의 숫자를 합하면 총 10,000명의 환자가 나오는데, 아직까지는 수학 계산적으로 누락된 경우는 없다. 유방 조영술 검사 후 10,000명의 여성을 네 개의 그룹으로 나눈다.

- **그룹 1:** 유방암 여성 80명, 유방 조영술 결과 양성
- **그룹 2:** 유방암 여성 20명, 유방 조영술 결과 음성
- **그룹 3:** 유방암이 없는 약 950명의 여성, 유방 조영술 결과 양성
- **그룹 4:** 유방암이 없는 여성 약 8,950명, 유방 조영술 결과 음성

이 분석에서도 보다시피 4 그룹의 합계는 여전히 10,000명이다. 그룹 1과 그룹 2(유

방암이 있는 그룹)의 합은 **그룹 X**에 해당하고, **그룹 3**과 **그룹 4**(유방암이 없는 그룹)의 합은 **그룹 Y**에 해당한다.

앞서 구분한 데이터는 다음 그림처럼 명확하게 나타낼 수 있다.

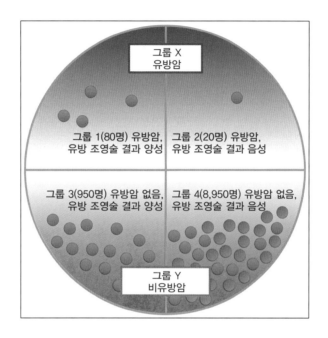

이 그림에서 위쪽 절반은 **그룹 X**에 해당하고 아래쪽 절반은 **그룹 Y**에 해당한다. 마찬가지로 왼쪽 절반은 양성 유방 X선 사진을 가진 모든 여성에 해당하고, 오른쪽 절반은 음성 유방 X선 사진을 가진 모든 여성에 해당한다.

이제 관심은 그림의 왼쪽 절반에만 있다는 것을 쉽게 알 수 있다. 양성 결과가 있는 모든 환자 그룹에서 양성 결과가 있는 유방암 환자의 비율은 **그룹 1**과 **그룹 3** 대비 **그룹 1**에 대한 비율이다.

$$80/(80 + 950) = 80/1{,}030 = 7.8\%$$

즉, 유방 조영술을 10,000명의 환자에게 수행하면 유방 조영술을 시행한 1,030명

중 80명에 해당하는 유방 조영술 환자가 암에 걸릴 것이다. 이것이 정답이다. 유방암이 발생할 확률을 물으면 의사는 양성 확인된 유방 조영술 환자 수로 대답해야 한다. 13명의 환자에 이러한 질문을 적용하면 13명 중 1명이 암에 걸린 결과를 얻는다.

방금 계산한 것을 **조건부 확률**^{conditional probability}이라고 부른다. 유방 조영술을 받은 여성이 양성임을 확인했을 때 진짜로 유방암을 앓고 있다고 확신하는 경우는 얼마나 될까? 이러한 가능성은 p(유방암 | 유방 조영술) 또는 $p(C|M)$으로 간략하게 표시할 수 있다. 대문자를 사용하면 건강과 유방 X선 사진 모두를 사용해 여러 가지 원인(알 수 없는 원인)에 따른 다양한 결과를 얻을 수 있다. 따라서 이들은 랜덤 변수다.

그러면 다음 공식을 사용해 $p(C|M)$을 표현할 수 있다.

$$p(C|M) = \frac{p(C,M)}{p(C,M) + p(\sim C, M)}$$

여기서 $p(C, M)$은 C와 M이 모두 참일 확률을 의미한다(여성이 암과 유방 조영술 양성 결과를 가질 확률을 의미). 이는 이전에 보여준 것처럼 **그룹 1**에 속한 여성의 확률과 같다.

쉼표(,)는 논리 AND를 의미하고 물결(~)은 논리 NOT을 나타낸다. $p(\sim C, M)$은 C가 참이 아니고 M이 참인 확률을 의미한다(암에 걸리진 않았지만 유방 조영술 결과가 양성일 확률을 의미). 이것은 **그룹 3**에 속하는 여성의 확률과 같다. 분모는 기본적으로 **그룹 1**($p(C, M)$)과 **그룹 3**($p(\sim C, M)$)의 여성 수를 합산한다.

그러나 아직 끝나지 않았다. 이 두 그룹은 단순히 유방 조영술 결과가 양성인 여성의 확률 $p(M)$을 나타낸다. 따라서 앞의 방정식을 단순화할 수 있다.

$$p(C|M) = \frac{p(C,M)}{p(M)}$$

베이지안 버전에서는 $p(C, M)$의 의미를 다시 해석할 수 있다. 다음처럼 $p(C, M)$을 표현할 수 있다.

$$p(C, M) = p(M \mid C)p(C)$$

지금은 조금 어려울 수 있다. 여기서 $p(C)$는 단순히 여성이 암을 가질 확률(위에서 언급한 그룹 X에 해당)이다. 여성이 암에 걸렸다는 것을 감안할 때 유방 조영술 결과가 양성일 확률은 얼마일까? 질문에 대한 답으로 사용자는 그것이 80%임을 알 수 있다. 이는 주어진 C에 대한 M의 확률인 $p(M \mid C)$다.

첫 번째 방정식에서 $p(C, M)$을 이런 새로운 공식으로 바꾸면 다음 방정식을 얻을 수 있다.

$$p(C \mid M) = \frac{p(C)p(M \mid C)}{p(M)}$$

베이지안 세계에서 이러한 용어들은 모두 고유 이름을 가진다.

- $p(C \mid M)$은 **사후**posterior 확률이라고 불리며, 이 값을 계산해야 한다. 이 예에서는 유방암이 있는 여성이 유방암을 앓고 있다는 확신 정도에 해당한다.
- $p(C)$는 유방암이 얼마나 일반적인지에 대한 초기 지식에 해당하므로 **사전**prior 확률이라고 한다. 지금은 이것을 C에 대한 초기 믿음 정도라고 부른다.
- $p(M \mid C)$는 **가능도**likelihood라고 한다.
- $p(M)$을 **증거**evidence라고 부른다.

따라서 방정식을 다음처럼 다시 작성할 수 있다.

$$posterior = \frac{prior \times likelihood}{evidence}$$

실제로 분모가 C에 의존하지 않기 때문에 분수의 분자에만 관심이 있으므로 분모는 기본적으로 일정하고 무시될 수 있다.

나이브 베이즈 분류기의 이해

지금까지는 한 가지 조건만 이야기했다. 그러나 대부분의 실제 시나리오에서 여러 조건(예, 랜덤 변수 X_1과 X_2)이 있는 경우의 결과(예, 랜덤 변수 Y)를 예측해야 한다. 따라서 $p(Y|X)$를 계산하는 대신 $p(Y|X_1, X_2, ..., X_n)$을 계산해야 한다. 불행하게도 이 수식은 수학 계산을 매우 복잡하게 만든다. 두 개의 확률 변수 X_1과 X_2에 대해 확률은 다음처럼 계산된다.

$$p(C, X_1, X_2) = p(X_1|X_2, C)p(X_2|C)p(C)$$

이 공식에서 어려운 부분은 $p(X_1|X_2, C)$라는 부분으로, X_1의 조건부 확률은 C를 포함한 다른 모든 변수에 의존함을 의미한다. 이것은 n개의 변수 $X_1, X_2, ..., X_n$일 때보다 더 어렵다.

따라서 나이브 베이즈 분류기의 개념은 단순히 이 모든 혼합된 것을 무시하는 것부터 시작한다. 또한 모든 증거(X_i)가 서로 독립적이라고 가정한다. 현실 세계에서는 이것이 거의 발생하지 않기 때문에 이 가정을 조금 나이브하다^{naive}고 할 수 있다. 바로 이러한 점에서 나이브 베이즈 분류기라는 이름을 얻게 됐다.

모든 증거가 독립적이라 가정하면 $p(X_1|X_2, C)$를 $p(X_1|C)$로 단순화할 수 있다. 두 가지 증거(X_1과 X_2)를 사용해 마지막 방정식은 다음 방정식으로 단순화될 수 있다.

$$p(C|X_1, X_2) = p(X_1|C)p(X_2|C)p(C)$$

방정식의 모든 항을 계산하는 방법을 알기 때문에 단순화를 많이 할 수 있다. 일반적으로 n개의 증거에 대해 다음 방정식을 얻을 수 있다.

$$p(C_1 \mid X_1, X_2, \ldots, X_n) = p(X_1 \mid C_1)p(X_2 \mid C_1)\ldots p(X_n \mid C_1)p(C_1)$$

이것은 주어진 $X_1, \ldots, X_n$에 대해 클래스 C_1을 예측할 확률이다. $X_1, \ldots, X_n$에 대해 다른 클래스 C_2를 예측하기 위한 두 번째 식을 만들 수 있다. 세 번째와 네 번째에 대해서도 마찬가지로 작업할 수 있다. 이것이 나이브 베이즈 분류기의 비밀 내용이다.

나이브 베이즈 분류기는 이 모델을 의사 결정 규칙과 결합한다. 베이즈의 일반적인 규칙에서는 모든 방정식(모든 클래스 $C_1, C_2, \ldots, C_m$)을 확인한 후 가장 높은 확률을 가진 클래스를 선택한다. 이것을 MAP^{Maximum A Posteriori} 의사 결정 규칙이라고 한다.

첫 번째 베이지안 분류기 구현

이제 수학적인 내용은 많이 살펴봤으므로 코딩을 시작해보자.

6장에서는 scikit-learn을 사용해 다수의 가우시안 블롭을 생성하는 방법을 배웠다. 그 작업을 어떻게 했는지 기억하고 있는가?

장난감 데이터 세트 만들기

방금 언급한 작업에서 사용한 함수는 scikit-learn의 데이터 세트 모듈에 있다. 두 개의 가능한 클래스 중 하나에 속하는 100개의 데이터 포인트를 만들고 두 개의 가우시안 블롭으로 그룹화한다. 실험을 재현할 수 있도록 random_state의 시드^{seed}를 정수^{integer}로 지정한다. 원하는 번호는 어느 것이든 선택하면 된다. 여기서는 토마스 베이즈의 출생 연도를 사용했다.

```
In [1]: from sklearn import datasets
...     X, y = datasets.make_blobs(100, 2, centers=2,
        random_state=1701, cluster_std=2)
```

Matplotlib을 사용해 방금 만든 데이터 세트를 살펴보자.

```
In [2]: import matplotlib.pyplot as plt
...     plt.style.use('ggplot')
...     %matplotlib inline
In [3]: plt.scatter(X[:, 0], X[:, 1], c=y, s=50);
```

매번 이 작업은 쉬워질 것이다. scatter를 사용해 모든 x 값(X [:, 0])과 y 값(X [:, 1])의 산포도를 작성하면 다음처럼 출력된다.

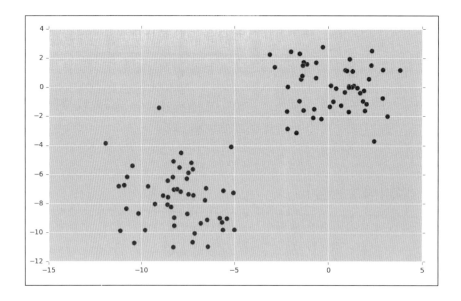

사용자가 만든 사양과 일치하는 두 개의 다른 점 클러스터가 나타난다. 클러스터는 겹치지 않으므로 분류하기가 상대적으로 쉽다. 선형 분류기가 이 일을 할 수 있을까?

가능하다. 선형 분류기는 다이어그램을 통해 직선을 그려 모든 파란색 점을 한 면에, 빨간색 점을 모두 다른 면에 놓으려고 한다. 왼쪽 상단 모서리에서 오른쪽 하단 구석으로 가는 대각선을 분명히 만들 수 있다. 따라서 분류 작업이 나이브 베이즈 분류기에서도 비교적 쉬울 것이다.

그러나 먼저 데이터 세트를 훈련 세트와 테스트 세트로 분할하는 것을 잊지 말아야 한다. 여기서는 테스트를 위해 데이터 포인트의 10%만을 사용한다.

```
In [4]: import numpy as np
...     from sklearn import model_selection as ms
...     X = X.astype(np.float32)
...     X_train, X_test, y_train, y_test = ms.train_test_split(
...     X, y, test_size=0.1
...     )
```

일반 베이즈 분류기로 데이터 분류

이전과 동일한 절차를 사용해 일반 베이즈 분류기를 학습한다. 잠깐, 왜 나이브 베이즈 분류기는 안 되는가? OpenCV는 실제 나이브 베이즈 분류기를 제공하지 않는다. 대신 반드시 특징이 독립적일 것으로 예상하지 않으며 오히려 데이터가 가우스 블롭으로 클러스터링될 것으로 예상하는 베이지안 분류기를 제공한다. 바로 앞에서 만든 데이터 세트를 사용하자.

다음 단계를 통해 일반 베이즈 분류기를 어떻게 만들지 학습한다.

1. 다음 함수를 사용해 새 분류기를 만들 수 있다.

```
In [5]: import cv2
...     model_norm = cv2.ml.NormalBayesClassifier_create()
```

2. 훈련은 train 메서드를 통해 수행한다.

```
In [6]: model_norm.train(X_train, cv2.ml.ROW_SAMPLE, y_train)
Out[6]: True
```

3. 분류기가 성공적으로 훈련되면 True를 반환한다. 이전에 수백만 번 해본 것처럼 분류기를 예측하고 점수화하는 동작을 진행한다.

```
In [7]: _, y_pred = model_norm.predict(X_test)
In [8]: from sklearn import metrics
...         metrics.accuracy_score(y_test, y_pred)
Out[8]: 1.0
```

4. 더 좋은 점은 의사 결정 경계를 검사하고자 6장의 플로팅 함수를 재사용할 수 있다는 것이다. 모든 데이터 포인트를 포함하고 그리드의 모든 포인트를 분류하는 메시 그리드를 만든다. 메시 그리드는 동일한 이름의 NumPy 함수로 만들 수 있다.

```
In [9]: def plot_decision_boundary(model, X_test, y_test):
...         # 플롯하기 위한 메시 만들기
...         h = 0.02 # 메시의 스텝 크기
...         x_min, x_max = X_test[:, 0].min() - 1, X_test[:, 0].max() + 1
...         y_min, y_max = X_test[:, 1].min() - 1, X_test[:, 1].max() + 1
...         xx, yy = np.meshgrid(np.arange(x_min, x_max, h),
...                             np.arange(y_min, y_max, h))
```

5. meshgrid 함수는 그리드에 있는 모든 좌표 점의 x와 y 좌표를 포함하는 두 부동소수점 행렬 xx와 yy를 반환한다. 사용자는 이러한 행렬을 ravel 함수를 사용해 열벡터로 전개하고, 그것을 쌓아 새로운 행렬 X_hypo를 만들 수 있다.

```
...          X_hypo = np.column_stack((xx.ravel().astype(np.float32),
...          yy.ravel().astype(np.float32)))
```

6. X_hypo는 이제 X_hypo [:, 0]의 모든 *x* 값과 X_hypo [:,]의 모든 y 값을 포함한다. 그러면 이제 예측 함수가 이해할 수 있는 형식을 가진다.

```
...          ret = model.predict(X_hypo)
```

7. 그러나 여기서는 OpenCV와 scikit-learn 모델을 모두 사용할 수 있길 원한다. 두 가지의 차이점은 OpenCV가 여러 변수(성공/실패를 나타내는 불리언 플래그와 예측된 목표 레이블)를 반환하는 반면, scikit-learn은 예측된 목표 레이블만 반환한다는 점이다. 따라서 **ret** 출력이 튜플tuple인지 여부를 확인할 수 있다. 이 경우 OpenCV를 이용하며, 튜플(ret [1])의 두 번째 요소를 저장한다. 그렇지 않으면 scikit-learn을 다루지만 **ret** 인덱스를 만들 필요가 없다.

```
...          if isinstance(ret, tuple):
...              zz = ret[1]
...          else:
...              zz = ret
...          zz = zz.reshape(xx.shape)
```

8. 이제 할 일은 윤곽선contour 플롯을 만드는 것이다. 여기서 zz는 그리드의 모든 점 색상을 나타낸다. 그 위에 신뢰할 수 있는 분산형 플롯을 사용해 데이터 포인트를 나타낸다.

```
...          plt.contourf(xx, yy, zz, cmap = plt.cm.coolwarm, alpha = 0.8)
...          plt.scatter(X_test[:, 0], X_test[:, 1], c = y_test, s = 200)
```

9. 모델(model_norm), 특징 행렬(X), 목표 레이블 벡터(y)를 사용해 함수를 호출
   할 수 있다.

```
In [10]: plot_decision_boundary(model_norm, X, y)
```

결과는 다음과 같다.

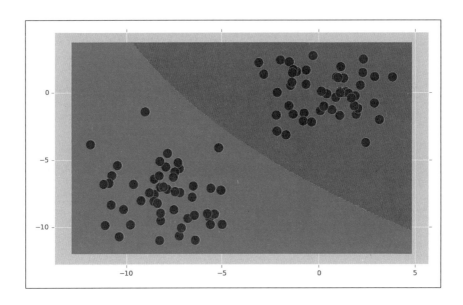

여태까지는 그런대로 잘됐다. 흥미로운 부분은 이 베이지안 분류기도 각 데이터
요소가 분류된 확률을 반환한다는 점이다.

```
In [11]: ret, y_pred, y_proba = model_norm.predictProb(X_test)
```

이 함수는 불리언 플래그(성공의 경우 True, 실패한 경우 False), 예상 목표 레이블
(y_pred)과 조건부 확률(y_proba)을 반환한다. 여기서 **y_proba**는 N개의 데이터
포인트 각각에 대해 클래스 0이나 클래스 1로 분류된 확률을 나타내는 $N \times 2$ 행
렬이다.

```
In [12]: y_proba.round(2)
Out[12]: array([[ 0.15000001,   0.05      ],
                [ 0.08      ,   0.        ],
                [ 0.        ,   0.27000001 ],
                [ 0.        ,   0.13      ],
                [ 0.        ,   0.        ],
                [ 0.18000001,   1.88      ],
                [ 0.        ,   0.        ],
                [ 0.        ,   0.188     ],
                [ 0.        ,   0.        ],
                [ 0.        ,   0.        ]], dtype = float32)
```

즉, 첫 번째 데이터 요소(맨 위의 행)의 경우 클래스 0에 속하는 확률(즉, $p(C_0|X)$는 0.15 또는 15%)을 나타낸다. 유사하게 클래스 1에 속할 확률은 $p(C_1|X) = 0.05$다.

 행 중 일부가 1보다 큰 값을 표시하는 이유는 OpenCV가 실제로 확률 값을 반환하지 않기 때문이다. 확률 값은 항상 0과 1 사이며 이전 행렬(preceding matrix)의 각 행은 1을 더해야 한다. 그 대신 보고 되는 것은 가능도(likelihood)며, 기본적으로 조건부 확률 방정식 $p(C)p(M|C)$의 분자(numerator)다. 분모(denominator)인 $p(M)$은 계산할 필요가 없다. 사용자가 알아야 할 것은 0.15 > 0.05(맨 위의 줄)다. 따라서 데이터 포인트는 클래스 0에 속할 가능성이 크다.

나이브 베이즈 분류기로 데이터 분류

다음 단계를 통해 나이브 베이즈 분류기를 구축한다.

1. scikit-learn을 사용해 결과를 실제 나이브 베이즈 분류기와 비교할 수 있다.

```
In [13]: from sklearn import naive_bayes
   ...       model_naive = naive_bayes.GaussianNB()
```

2. 평소와 같이 `fit` 메서드를 사용해 분류기를 훈련할 수 있다.

```
In [14]: model_naive.fit(X_train, y_train)
Out[14]: GaussianNB(priors=None)
```

3. 분류기로 점수는 다음처럼 구할 수 있다.

```
In [15]: model_naive.score(X_test, y_test)
Out[15]: 1.0
```

4. 다시 완벽한 점수가 나왔다. 그러나 OpenCV와 달리 모든 값이 0과 1 사이에 있고 모든 행에서 1을 더하기 때문에 `predict_proba` 메서드는 참일 확률 값을 반환한다.

```
In [16]: yprob = model_naive.predict_proba(X_test)
...        yprob.round(2)
Out[16]: array([[ 0.,    1.],
                [ 0.,    1.],
                [ 0.,    1.],
                [ 1.,    0.],
                [ 1.,    0.],
                [ 1.,    0.],
                [ 0.,    1.],
                [ 0.,    1.],
                [ 1.,    0.],
                [ 1.,    0.]])
```

이젠 다음과 같은 추가적인 내용을 더 파악할 수 있다. 나이브 베이즈 분류기는 모든 데이터 포인트의 목표 레이블에 확실히 적용된다. 하지만 전체를 대상으로 적용될 수도 있고, 아무것에도 적용되지 않을 수 있다.

5. 나이브 베이즈 분류기에 의해 반환된 의사 결정 경계 값은 다르게 표시될 수 있지만, 연습 목적용으로는 이전 명령과 동일하게 사용된다.

```
In [17]: plot_decision_boundary(model_naive, X, y)
```

결과는 다음과 같다.

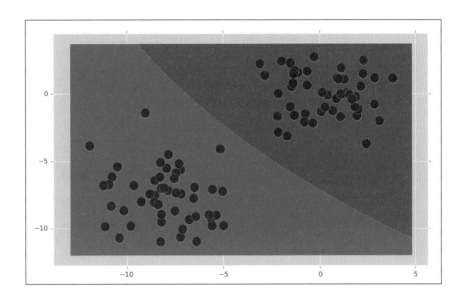

이 스크린샷은 나이브 베이즈 분류기의 의사 결정 경계를 보여준다.

조건부 확률의 시각화

다음 단계를 통해 조건부 확률 값을 시각화할 수 있다.

1. 시각화를 위해 앞의 예제에서 플롯 기능을 약간 수정한다. 먼저 (x_min, x_max)와 (y_min, y_max) 사이에 메시 그리드를 작성한다.

```
In [18]: def plot_proba (model, X_test, y_test) :
...          # 플롯하기 위한 메시 만들기
...          h = 0.02 # 메시의 스텝 크기
...          x_min, x_max = X_test[:, 0].min() - 1, X_test[:, 0].max() + 1
...          y_min, y_max = X_test[:, 1].min() - 1, X_test[:, 1].max() + 1
...          xx, yy = np.meshgrid(np.arange(x_min, x_max, h),
...                               np.arange(y_min, y_max, h))
```

2. 이제는 xx와 yy를 평탄화하고, 특징 행렬 X_hypo에 열 단위로 추가한다.

```
...          X_hypo = np.column_stack((xx.ravel().estype(np.float32),
...          yy.ravel().astype(np.float32)))
```

3. 이 함수를 OpenCV와 scikit-learn에서 모두 사용하려면 predictProb
(OpenCV의 경우)와 **predict_proba**(scikit-learn의 경우)의 스위치를 구현해야
한다. 이를 위해 predictProb라는 메서드를 가진 모델이 있는지 확인해야
한다. 메서드가 존재하면 호출할 수 있다. 그렇지 않으면 scikit-learn의 모
델을 사용한다.

```
...          if hasattr(model, 'predictProb'):
...              _, _, y_proba = model.predictProb(X_hypo)
...          else:
...              y_proba = model.predict_proba(X_hypo)
```

4. 앞에 봤던 **In [16]** 처럼 y_proba는 각 데이터 포인트의 클래스 0(y_proba [:, 0])
과 클래스 1(y_proba [:, 1])에 속하는 데이터 확률과 데이터 포인트에 대
한 2D 행렬 값을 가진다. 이 두 값을 윤곽선contour 함수가 이해할 수 있는 색
으로 쉽게 변환하는 방법은 단순히 두 확률 값의 차이를 구하는 것이다.

```
...             zz = y_proba[:, 1] - y_proba[:, 0]
...             zz = zz.reshape(xx.shape)
```

5. 마지막 단계는 X_test를 컬러 메시 그리드 위에 산포도로 플롯하는 것
   이다.

```
...             plt.contourf(xx, yy, zz, cmap=plt.cm.coolwarm, alpha=0.8)
...             plt.scatter(X_test[:, 0], X_test[:, 1], c=y_test, s=200)
```

6. 이제 시각화 함수를 호출할 준비가 됐다.

```
In [19]: plot_proba(model_naive, X, y)
```

결과는 다음과 같다.

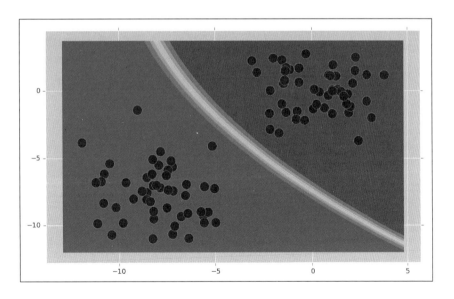

이 그림은 나이브 베이즈 분류기의 조건부 확률 값을 보여준다.

나이브 베이즈 분류기를 사용한 이메일 분류

5장의 마지막 임무는 새롭게 얻은 기술을 진짜 스팸 필터에 적용하는 것이다. 이 작업은 나이브 베이즈 알고리즘을 사용해 이진 클래스(스팸/햄) 분류 문제를 해결한다.

나이브 베이즈 분류기는 실제로 이메일 필터링용으로 매우 인기 있는 모델이다. 그들의 나이브함은 각 특징이 단어(또는 여러 개의 단어)인 텍스트 데이터 분석에 적합하며, 각각의 다른 단어에 단어 의존성을 모델링하는 것은 구현하기 어렵다.

다음과 같은 테스트에 좋은 이메일 데이터 세트가 있다.

- **휴렛팩커드**^{Hewlett-Packard} **스팸 데이터베이스:** https://archive.ics.uci.edu/ml/machine-learning-databases/spambase
- **엔론-스팸**^{Enrom-Spam} **데이터 세트:**
  http://www.aueb.gr/users/ion/data/enron-spam

이 절에서는 웹 사이트에서 무료로 다운로드할 수 있는 엔론-스팸^{Enrom-Spam} 데이터 세트를 사용한다. 그러나 이 책의 시작 부분에 있는 설치 지침을 읽고 깃허브에서 최신 코드를 다운로드했다면 이미 잘 사용하고 있는 것이다.

데이터 세트 불러오기

다음 단계를 통해 데이터 세트를 가져올 수 있다.

1. 깃허브에서 최신 코드를 다운로드하고 나면 data/chapter7 디렉터리에 있는 여러 개의 .zip 파일을 볼 수 있다.[1] 이러한 파일들은 스팸(SPAM = 1 클래

---

1. 여러 개의 .zip 파일은 https://github.com/PacktPublishing/Machine-Learning-for-OpenCV-Second-Edition/tree/master/data/chapter7에서도 확인할 수 있다. – 옮긴이

스 레이블 사용) 또는 스팸이 아님(햄, HAM = 0 클래스 레이블이라고도 함)으로 분류된 원시 이메일 데이터(To:, Cc:, 텍스트 본문 필드 포함)를 가진다.

2. 모든 원시 데이터 파일을 포함하는 **sources**라는 변수를 만든다.

```
In [1]: HAM = 0
...        SPAM = 1
...        datadir = 'data/chapter7'
...        sources = [
...            ('beck-s.tar.gz', HAM),
...            ('farmer-d.tar.gz', HAM),
...            ('kaminski-v.tar.gz', HAM),
...            ('kitchen-l.tar.gz', HAM),
...            ('lokay-m.tar.gz', HAM),
...            ('williams-w3.tar.gz', HAM),
...            ('BG.tar.gz', SPAM),
...            ('GP.tar.gz', SPAM),
...            ('SH.tar.gz', SPAM)
...        ]
```

3. 첫 번째 단계에서는 하위 디렉터리에서 파일의 압축을 푼다. 압축을 푸는 데 6장에서 작성한 **extract_tar** 함수를 사용할 수 있다.

```
In [2]: def extract_tar(datafile, extractdir):
...        try:
...            import tarfile
...        except ImportError:
...            raise ImportError("You do not have tarfile installed. "
...                              "Try unzipping the file outside of Python.")
...        tar = tarfile.open(datafile)
...        tar.extractall(path=extractdir)
...        tar.close()
...        print("%s successfully extracted to %s" % (datafile, extractdir))
```

4. 소스의 모든 데이터 파일에 함수를 적용하려면 루프를 사용한다. extract_
   tar 함수는 datadir과 소스의 항목에서 빌드한 .tar.gz 파일과 파일 압축
   을 해제할 디렉터리(datadir) 경로가 필요하다. 예를 들어 data/chapter7/
   beck-s.tar.gz의 모든 이메일을 data/chapter7/beck-s/ 하위 디렉터리에
   풀어둔다.

```
In [3]: for source, _ in sources:
...         datafile = '%s/%s' % (datadir, source)
...         extract_tar(datafile, datadir)
Out[3]: data/chapter7/beck-s.tar.gz successfully extracted to data/chapter7
        data/chapter7/farmer-d.tar.gz successfully extracted to
            data/chapter7
        data/chapter7/kaminski-v.tar.gz successfully extracted to
            data/chapter7
        data/chapter7/kitchen-l.tar.gz successfully extracted to
            data/chapter7
        data/chapter7/lokay-m.tar.gz successfully extracted to
            data/chapter7
        data/chapter7/williams-w3.tar.gz successfully extracted to
            data/chapter7
        data/chapter7/BG.tar.gz successfully extracted to data/chapter7
        data/chapter7/GP.tar.gz successfully extracted to data/chapter7
        data/chapter7/SH.tar.gz successfully extracted to data/chapter7
```

지금은 매우 까다로운 단계다. 위에서 언급한 하위 디렉터리에는 텍스트 파일이
있는 여러 디렉터리가 있다.

- **read_single_file(filename):** filename 파일에서 관련 콘텐츠를 추출하
  는 함수다.
- **read_files(path):** path 디렉터리 내의 모든 파일에서 관련 내용을 추출하
  는 함수다.

하나의 파일에서 관련 내용을 추출하려면 각 파일의 구조를 알아야 한다. 여기서 알고 있는 유일한 것은 이메일의 헤더 섹션(From:, To:, Cc:)과 텍스트 본문이 개행 문자 '\n'으로 구분된다는 것이다. 그러므로 여기서는 텍스트 파일의 모든 라인에 대해 반복 수행해야 하며, 메인 텍스트 본문에 속하는 라인만으로 가변 라인에 저장하면 된다. 또한 불리언 플래그 past_header를 유지한다. 이 플래그는 처음에 False로 설정됐지만 헤더 섹션을 지나면 True로 변경된다.

1. 시작할 때 이 두 변수를 초기화한다.

```
In [4]: import os
   ...     def read_single_file(filename):
   ...         past_header, lines = False, []
```

2. 그런 다음 filename이라는 파일 이름이 있는지 확인한다. 파일 이름이 있다면 한 줄씩 반복한다.

```
   ...         if os.path.isfile(filename):
   ...             f = open(filename, encoding="latin-1")
   ...             for line in f:
```

여기서 encoding = "latin-1" 부분을 눈여겨보자. 이메일 중 일부는 유니코드가 아니므로 파일을 올바르게 디코딩하는 데 인코딩 부분이 사용됐다. 헤더 정보를 유지하고 싶지 않으므로 '\n' 문자가 나올 때까지 반복 작업을 계속한다. 이 시점에서 past_header를 False에서 True로 바꾼다.

3. 이제 다음 if-else절의 첫 번째 조건이 충족되고, 텍스트 파일의 나머지 모든 행을 lines 변수에 추가한다.

```
   ...                 if past_header:
```

```
...                    lines.append(line)
...                elif line == '\n':
...                    past_header = True
...            f.close()
```

4. 마지막으로 모든 줄을 개행문자[newline character]로 구분된 단일 문자열로 연결하고, 파일의 전체 경로와 파일의 실제 내용을 모두 반환한다.

```
...            content = '\n'.join(lines)
...            return filename, content
```

5. 두 번째 함수 작업에서는 폴더의 모든 파일을 반복하고 파일의 read_single_file을 호출한다.

```
In [5]: def read_files(path):
...        for root, dirnames, filenames in os.walk(path):
...            for filename in filenames:
...                filepath = os.path.join(root, filename)
...                yield read_single_file(filepath)
```

여기서 yield는 return과 비슷한 키워드다. 차이점은 실제 값 대신 생성기[generator]를 반환한다는 것이다. 반복 사용될 수 있으므로 기억해두자.

판다스를 사용해 데이터 행렬 만들기

이제 파이썬 아나콘다에 기본 설치돼 있는 필수 데이터 과학 도구인 판다스[Pandas]를 소개할 시간이다. 판다스는 NumPy를 기반으로 하며, 파이썬의 데이터 구조를 처리할 수 있는 유용한 도구, 메서드를 제공한다. 일반적으로 별칭 np로 NumPy를 가져오는 것과 마찬가지로 pd 별칭으로 판다스를 가져올 수 있다.

```
In [6]: import pandas as pd
```

판다스는 다음처럼 데이터프레임^{DataFrame}이라는 유용한 데이터 구조를 제공한다.
이 구조는 일반화된 2D NumPy 배열로 이해할 수 있다.

```
In [7]: pd.DataFrame({
...          'model': [
...              'Normal Bayes',
...              'Multinomial Bayes',
...              'Bernoulli Bayes'
...          ],
...          'class': [
...              'cv2.ml.NormalBayesClassifier_create()',
...              'sklearn.naive_bayes.MultinomialNB()',
...              'sklearn.naive_bayes.BernoulliNB()'
...          ]
...      })
```

셀 동작 결과는 다음과 같다.

Out[7]:

	class	model
0	cv2.ml.NormalBayesClassifier_create()	Normal Bayes
1	sklearn.naive_bayes.MultinomialNB()	Multinomial Bayes
2	sklearn.naive_bayes.BernoulliNB()	Bernoulli Bayes

앞 함수를 결합해 추출된 데이터에서 판다스 데이터프레임을 만들 수 있다.

```
In [8]: def build_data_frame(extractdir, classification):
...          rows = []
...          index = []
```

```
...            for file_name, text in read_files(extractdir):
...                rows.append({'text': text, 'class': classification})
...                index.append(file_name)
...
...            data_frame = pd.DataFrame(rows, index=index)
...            return data_frame
```

이어서 다음 명령을 사용해 호출한다.

```
In [9]: data = pd.DataFrame({'text': [], 'class': []})
...     for source, classification in sources:
...         extractdir = '%s/%s' % (datadir, source[:-7])
...         data = data.append(build_data_frame(extractdir, classification))
```

데이터 전처리

scikit-learn은 4장에서 설명한 텍스트 기능을 인코딩할 때 여러 가지 옵션을 제공한다. 텍스트 데이터를 인코딩하는 가장 간단한 방법 중 하나는 단어 수며, 각 문구에 따른 각 단어의 발생 횟수를 계산한다. scikit-learn에서는 CountVectorizer를 사용해 쉽게 처리할 수 있다.

```
In [10]: from sklearn import feature_extraction
...        counts = feature_extraction.text.CountVectorizer()
...        X = counts.fit_transform(data['text'].values)
...        X.shape
Out[10]: (52076, 643270)
```

결과는 거대한 값을 가진 행렬이다. 이 행렬은 합계 643,270개의 서로 다른 단어를 포함하는 총 52,076개의 이메일을 가짐을 나타낸다. 그렇지만 scikit-learn 경우에는 희소 행렬^{sparse matrix}을 사용해 데이터를 저장한다.

```
In [11]: X
Out[11]: <52076x643270 sparse matrix of type '<class 'numpy.int64'>'
             with 8607632 stored elements in Compressed Sparse Row format>
```

목표 레이블(y) 벡터를 작성하려면 판다스 데이터프레임의 데이터에 액세스해야
한다.

사전처럼 데이터프레임을 처리하면 **values** 속성을 사용해 기본 NumPy 배열에 액
세스할 수 있다.

```
In [12]: y = data['class'].values
```

정상적인 베이즈 분류기 훈련

지금의 각 데이터는 이전과 마찬가지로 사용된다. scikit-learn을 사용해 데이터를
훈련 세트와 테스트 세트로 분리할 수 있다(테스트를 위해 모든 데이터 포인트 중 20%
를 사용한다).

```
In [13]: from sklearn import model_selection as ms
...      X_train, X_test, y_train, y_test = ms.train_test_split(
...          X, y, test_size=0.2, random_state=42
...      )
```

OpenCV를 사용해 새로운 베이즈 분류 기준을 인스턴스화할 수 있다.

```
In [14]: import cv2
...      model_norm = cv2.ml.NormalBayesClassifier_create()
```

그러나 OpenCV는 희소 행렬을 지원하지 않는다(단, 파이썬 인터페이스는 지원한다). 이전에 했던 것처럼 X_train과 y_train을 train 함수에 전달하면 OpenCV는 데이터 행렬이 NumPy 배열이 아니기 때문에 알맞은 상황은 아니다. 그러나 희소 행렬을 일반 NumPy 배열로 변환하면 메모리가 부족해질 수 있다. 따라서 가능한 해결 방법은 OpenCV 분류기를 데이터 요소(예, 1,000)와 특징(예, 300)의 하위 집합에서만 훈련하는 것이다.

```
In [15]: import numpy as np
...          X_train_small = X_train[:1000, :300].toarray().astype(np.float32)
...          y_train_small = y_train[:1000].astype(np.float32)
```

그러면 이제 OpenCV 분류기를 훈련할 수 있다(다소 시간이 걸릴 수는 있음).

```
In [16]: model_norm.train(X_train_small, cv2.ml.ROW_SAMPLE, y_train_small)
```

전체 데이터 세트에 대한 훈련

전체 데이터 세트를 분류하려면 더 복잡한 방법이 필요하다. scikit-learn의 나이브 베이즈 분류기로 돌아가 보자. 나이브 베이즈 분류기를 사용해 희소 행렬을 다룰 수 있다. 실제로 주의를 기울이지 않고 이전에 모든 NumPy 배열처럼 X_train을 처리했다면 차이가 있음을 알 수 없다.

```
In [17]: from sklearn import naive_bayes
...          model_naive = naive_bayes.MultinomialNB()
...          model_naive.fit(X_train, y_train)
Out[17]: MultinomialNB(alpha=1.0, class_prior=None, fit_prior=True)
```

여기서는 naive_bayes 모듈의 MultinomialNB를 사용했다. naive_bayes 모듈은 워드 카운트와 같은 범주형 데이터를 처리하는 데 가장 적합한 나이브 베이즈 분류기다. 분류기는 거의 바로 훈련할 수 있고, 훈련 세트와 테스트 세트 모두에 대한 점수를 반환한다.

```
In [18]: model_naive.score(X_train, y_train)
Out[18]: 0.95086413826212191
In [19]: model_naive.score(X_test, y_test)
Out[19]: 0.94422043010752688
```

테스트 세트에 대해 94.4%의 정확도를 얻을 수 있고, 기본값만을 사용하는 것이 좋을 것 같다.

그러나 그동안 했던 일을 검토하고 결과를 더욱 향상시키려면 어떻게 해야 할까? 이를 위해 다음 절에서 몇 가지 방법을 살펴본다.

n-그램을 사용한 결과 개선

한 가지 해야 할 일은 일반적인 단어 수 대신 n-그램^{gram} 수를 사용하는 것이다. 지금까지는 여러 개의 단어를 넣을 수 있는 단어 가방에 의존했다. 이메일의 모든 단어를 단순히 단어 가방에 던져 해당 단어의 수를 계산했다. 그러나 실제 이메일 내에서 단어가 나타나는 순서를 사용하면 많은 정보를 전달할 수 있다.

n-그램 카운트가 전달하려고 하는 것이 바로 이것이다. n-그램은 n 단어 길이의 구문으로 생각할 수 있다. 예를 들어 'Statistics has its moments'와 같은 문장을 생각해보자. 즉 1-그램은 Statistics, has, its, moments다. 2-그램은 Statistics has, has its, its moments로 구분할 수 있다. 또한 두 개의 3-그램(Statistics has its와 has its moments)과 단 하나의 4-그램을 가질 수 있다.

CountVectorizer는 n-그램 범위를 지정해 임의의 n-그램 순서를 특징 행렬에 포함하도록 설정할 수 있다.

```
In [20]: counts = feature_extraction.text.CountVectorizer(
...          ngram_range=(1, 2)
...      )
...      X = counts.fit_transform(data['text'].values)
```

이어서 데이터를 분할하고 분류기를 훈련하는 전체 절차를 반복한다.

```
In [21]: X_train, X_test, y_train, y_test = ms.train_test_split(
...          X, y, test_size=0.2, random_state=42
...      )
In [22]: model_naive = naive_bayes.MultinomialNB()
...      model_naive.fit(X_train, y_train)
Out[22]: MultinomialNB(alpha=1.0, class_prior=None, fit_prior=True)
```

이번에 훈련이 오래 걸린다는 것을 눈치 챘을 것이다. 하지만 성능이 크게 향상된 것을 보면 매우 기쁘다.

```
In [23]: model_naive.score(X_test, y_test)
Out[23]: 0.97062211981566815
```

그러나 n-그램 카운트는 완벽하지 않다. n-그램 카운트는 긴 문서에 대해서는 불공평하게 가중치를 매기는 단점이 있다(n-그램을 구성하는 많은 조합이 있기 때문이다). 이 문제를 피하고자 발생 횟수 대신 상대 빈도를 사용한다. 사용자가 사용할 상대 빈도는 복잡한 이름을 가진다. 혹시 그 이름이 기억나는가?

TF-IDF를 사용한 결과 개선

용어 빈도-역문서 빈도^{TF-IDF, Term Frequency-Inverse Document Frequency}는 4장에서 이미 다뤘었다. TF-IDF는 기본적으로 전체 데이터 세트에 나타나는 단어 빈도를 측정하고 계산한다. 이 방법의 부작용은 단어의 역수를 나타내는 IDF 부분이다. 빈번한 단어인 and, the, but은 분류 시에 작은 가중치만을 가진다.

기존의 특징 행렬 X에 대해 **fit_transform**을 호출해 특징 행렬에 TF-IDF를 적용할 수 있다.

```
In [24]: tfidf = feature_extraction.text.TfidfTransformer()
In [25]: X_new = tfidf.fit_transform(X)
```

데이터를 분할하는 것을 잊지 않아야 한다. 또한 random_state 매개변수를 수정할 수 있고, 매개변수는 랜덤 번호를 변경할 때 데이터(훈련-테스트)를 다르게 분할할 수 있다. 훈련-테스트 분할이 변경될 경우 전체 정확도가 변경될 수 있다는 점을 유의한다.

```
In [26]: X_train, X_test, y_train, y_test = ms.train_test_split(X_new, y,
...       test_size=0.2, random_state=42)
```

그런 다음 분류기를 다시 훈련하고 점수를 매기면 놀랍게도 99% 정확도 점수를 얻는다.

```
In [27]: model_naive = naive_bayes.MultinomialNB()
...       model_naive.fit(X_train, y_train)
...       model_naive.score(X_test, y_test)
Out[27]: 0.99087941628264209
```

분류기가 훌륭함을 이해하려면 혼동 행렬^{confusion matrix}을 살펴본다. 이는 모든 클래스에 대해 얼마나 많은 데이터 샘플이 다른 클래스에 속하는 것으로 잘못 분류됐는지 표시하는 행렬이다. 행렬의 대각선^{diagonal} 요소는 클래스 i의 샘플이 클래스 i에 정확하게 분류됐는지 알려준다. 대각선을 벗어난 요소는 잘못된 분류임을 나타낸다.

```
In [28]: from sklearn import metrics
...      metrics.confusion_matrix(y_test, model_naive.predict(X_test))
Out[28]: array([[3746, 84],
                [  11, 6575]])
```

이 결과는 3,746개의 클래스 0 분류가 정확하고, 6,575개의 클래스 1 분류가 정확함을 말해준다. 클래스 0의 84개 샘플을 클래스 1에 속하는 것으로 혼동했고, 클래스 1의 11개 샘플은 클래스 0에 속하는 것으로 혼동했다. 이 정도의 혼동은 충분히 발생할 수 있다고 볼 수 있다.

▌ 요약

7장에서는 랜덤 변수와 조건부 확률에 관한 확률 이론을 살펴보고, 학습의 첫 번째 분석을 실시해 나이브 베이즈 분류기를 기반으로 하는 베이즈 정리를 간단히 살펴봤다. 이산 랜덤 변수와 연속 랜덤 변수의 차이, 가능도와 확률의 차이, 사전과 증거의 차이, 정상과 나이브 베이즈 분류기의 차이를 알아봤다.

마지막으로 실제 예에 적용하지 않으면 사용자의 이론 지식은 쓸모없다는 것을 알았다. 원시 이메일 메시지의 데이터 세트를 가져와 파싱하고, 베이지안 분류기를 훈련해 다양한 유형의 추출 방법을 사용함으로써 다양한 이메일을 스팸이나 햄(스팸 아님)으로 분류하는 방법을 살펴봤다.

8장에서는 레이블이 지정되지 않은 데이터를 처리해야 할 경우의 수행 작업을 알아본다.

08

비지도학습으로 숨겨진 구조 발견

지금까지는 데이터 세트의 모든 데이터 요소가 알려진 레이블이나 목푯값을 가진 지도학습 문제에만 집중했다. 그러나 알려진 출력이 없거나 학습 알고리즘을 지도할 교사가 없는 경우 무엇을 해야 할까?

이것이 비지도학습^{unsupervised learning}의 전부다. 비지도학습에서 학습은 입력 데이터에만 표시되고 더 이상의 지시 없이 입력 데이터에서 지식을 추출하도록 요청받는다. 이미 비지도학습이 **차원 축소**를 하는 많은 형태 중 하나임을 이야기했다. 또 다른 인기 있는 영역은 **클러스터 분석**으로, 데이터를 유사한 항목의 개별 그룹으로 분할하는 것을 목표로 한다.

클러스터링 기법이 유용할 문제는 문서 분석, 이미지 검색, 스팸 메일 찾기, 가짜 뉴스 확인, 범죄 활동 확인 등이 있다.

8장에서는 다른 클러스터링 알고리즘을 사용해 단순한 레이블이 없는 데이터 세트에서 숨겨진 구조를 추출하는 방법을 알아본다. 이러한 숨겨진 구조는 특징 추출, 이미지 처리, 지도학습 태스크의 전처리 단계로 사용될 수 있는 많은 이점을 가진다. 구체적인 예로 이미지에 클러스터링을 적용해 색 공간을 16비트로 줄이는 방법을 배운다.

좀 더 구체적으로는 다음 질문의 답을 찾는다.

- k-평균 클러스터링^{k-means clustering}과 **기댓값 최대화**^{expectation-maximization}란 무엇이며, OpenCV에서는 이를 어떻게 구현할까?
- 계층적 트리^{hierarchical tree}에서 클러스터링 알고리즘^{clustering algorithm}을 어떻게 배열할 수 있으며, 그로부터 오는 이점은 무엇일까?
- 전처리, 이미지 처리, 분류에 비지도학습을 어떻게 적용할 수 있을까?

이제 시작해보자.

▌기술적 요구 사항

다음 링크에서 8장의 코드를 참고할 수 있다.

https://github.com/PacktPublishing/Machine-Learning-for-OpenCV-Second-Edition/tree/master/Chapter08

다음은 간략한 소프트웨어, 하드웨어 요구 사항이다.

- OpenCV 버전 4.1.x(4.1.0이나 4.1.1 모두 잘 작동한다)
- 파이썬 버전 3.6(모든 파이썬 버전 3.x는 괜찮다)
- 파이썬과 필수 모듈을 설치하기 위한 아나콘다 파이썬 3이 필요하다.

- 이 책에서는 맥OS, 윈도우, 리눅스 기반 OS 등 모든 OS를 사용할 수 있다. 시스템은 최소 4GB의 RAM를 가져야 한다.
- 이 책과 함께 제공된 코드를 실행하고자 GPU를 사용할 필요는 없다.

▌ 비지도학습의 이해

비지도학습은 다양한 모양과 형태로 나올 수 있지만, 목표는 항상 원본 데이터를 인간이 이해하기 쉽거나 머신러닝 알고리즘이 구문 분석하기 더 쉽게 풍부하고 의미 있는 표현으로 변환하는 것이다.

비지도학습의 일반적인 응용은 다음과 같다.

- **차원 축소**dimensionality reduction**:** 많은 특징으로 구성된 데이터의 고차원 표현을 가진다. 데이터를 압축해 주요 특징이 매우 유용한 소수의 특징으로 설명될 수 있다. 예를 들어 보스턴 근처의 주택 가격에 적용하면 차원 축소로 인해 가장 주의해야 할 지표는 재산세와 이웃 주민의 범죄율임을 알 수 있다.
- **요인 분석:** 관찰 데이터에 내한 숨겨진 발생 원인이나 관찰되지 않은 구성 요소를 찾으려고 시도한다. 예를 들어 1970년대 TV 프로그램 'Scooby-Doo, Where Are You!'의 모든 에피소드에 적용되면 요인 분석을 통해(스포일러 알림) 쇼에 나오는 모든 유령이나 괴물은 본질적으로 마을에서 하는 정교한 장난인 경우가 많다.
- **클러스터 분석:** 데이터를 유사한 항목을 갖는 다른 그룹으로 분할한다. 이는 8장에서 집중적으로 다루는 비지도학습의 한 유형이다. 예를 들어 넷플릭스Netflix의 모든 영화에 적용하면 클러스터 분석에서 자동으로 장르 단위로 그룹화할 수 있다.

이러한 분석은 레이블이 지정되지 않은 데이터에 수행되고, 여기서 옳은 대답이 무엇인지 미리 알지는 못한다. 따라서 비지도학습에서 주요 과제는 알고리즘이 유용했는지 여부를 결정하는 것이다. 종종 비지도학습 알고리즘의 결과를 평가하는 유일한 방법은 수작업으로 검사해 결과가 의미 있는지 직접 판단하는 것뿐이다.

즉, 비지도학습은 예를 들어 전처리^{preprocessing} 또는 특징 추출^{feature extraction} 단계에서 대단한 도움이 될 수 있다. 그리고 비지도학습을 데이터 변환이라고 생각할 수 있다. 비지도학습은 데이터를 원래 표현에서보다 유익한 형식으로 변환하는 방법이다. 새로운 표현을 배우면 데이터에 대한 더 깊은 통찰력을 얻을 수 있고 때로는 지도학습 알고리즘의 정확성을 향상시킬 수도 있다.

▌ k-평균 클러스터링의 이해

OpenCV가 제공하는 가장 핵심적인 클러스터링 알고리즘은 k-평균 클러스터링이다. 이 클러스터링은 레이블이 지정되지 않은 다차원 데이터에서 미리 결정된 수의 k-클러스터(또는 그룹)를 검색한다.

최적의 클러스터링에 대한 가정은 다음과 같다.

- 각 클러스터의 중심은 단순히 클러스터에 속한 모든 포인트의 산술 평균이다.
- 클러스터의 각 지점은 다른 클러스터보다 중심에 가깝다.

구체적인 예를 보고 알고리즘을 이해하는 것이 가장 쉽다.

첫 번째 k-평균 예제 구현

먼저 네 개의 각 블롭^{blob}을 포함하는 2D 데이터 세트를 생성해보자. 레이블은 비지도 접근법임을 강조하고자 시각화에서 제외한다.

1. 시각화 목적을 달성하고자 Matplotlib을 계속 사용한다.

```
In [1]: import matplotlib.pyplot as plt
...        %matplotlib inline
...        plt.style.use('ggplot')
```

2. 7장에서 나타냈던 동일한 방법에 따라 네 개의 개별 클러스터(centers = 4)에 속할 총 300개의 블롭(n_samples = 300)을 만든다.

```
In [2]: from sklearn.datasets.samples_generator import make_blobs
...        X, y_true = make_blobs(n_samples=300, centers=4,
...                               cluster_std=1.0, random_state=10)
...        plt.scatter(X[:, 0], X[:, 1], s=100);
```

그러면 다음 그림을 얻는다.

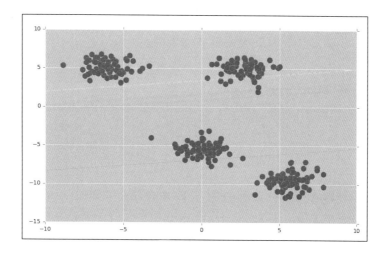

이 스크린샷은 300개의 미지정 레이블 포인트들의 데이터 세트를 네 개의 구분된 클러스터로 만든 예다. 데이터에 목표 레이블을 지정하지 않아도 눈으로 네 개의 클러스터를 추출하는 것은 간단하다. k-평균 알고리즘은 목표 레이블이나 기본 데이터 분포에 대한 정보가 없어도 클러스터를 만들 수 있다.

3. 물론 k-평균은 OpenCV의 통계 모델이지만 ml 모듈과 일반 train 및 predict API를 호출하진 않는다. 대신 cv2.kmeans를 바로 사용할 수 있다. 모델을 사용하려면 종료 조건 및 일부 초기화 플래그와 같은 일부 인수를 지정해야 한다. 여기서는 오차가 1.0보다 작을 때마다(cv2.TERM_CRITERIA_EPS) 또는 10번의 반복이 실행된 경우(cv2.TERM_CRITERIA_MAX_ITER) 알고리즘이 종료되도록 알려준다.

```
In [3]: import cv2
...      criteria = (cv2.TERM_CRITERIA_EPS + cv2.TERM_CRITERIA_MAX_ITER,
...                  10, 1.0)
...      flags = cv2.KMEANS_RANDOM_CENTERS
```

4. 그런 다음 앞의 데이터 행렬(X)을 cv2.means에 전달할 수 있다. 다음 코드에서 볼 수 있듯이 클러스터 수(4)와 서로 다른 임의의 초기 추측 값(10)을 사용해 알고리즘 시도 횟수를 지정한다.

```
In [4]: import numpy as np
...      compactness, labels, centers = cv2.kmeans(X.astype(np.float32),
...                                                 4, None, criteria,
...                                                 10, flags)
```

위의 코드를 실행하면 세 개의 다른 결괏값이 리턴된다.

5. 첫 번째 compactness는 각 점에서 해당 클러스터 중심까지 거리의 제곱 합

을 반환한다. 높은 compactness 점수^{score}는 모든 점이 클러스터 중심에 가깝다는 것을 나타내지만, 낮은 compactness 점수는 다른 클러스터가 잘 분리되지 않을 수 있음을 나타낸다.

```
In [5]: compactness
Out[5]: 527.01581170992
```

6. 물론 이 값은 X의 실제 값에 크게 의존한다. 점 사이의 거리가 크다면 임의의 작은 조밀도^{compactness} 점수를 기대할 수 없다. 따라서 할당된 클러스터 레이블에 채색된 데이터 포인트를 플롯하는 것이 더 많은 정보를 제공할 수 있다.[1]

```
In [6]: plt.scatter(X[:, 0], X[:, 1], c=labels, s=100)
...     plt.scatter(centers[:, 0], centers[:, 1], c='black', s=200, alpha=0.5);
```

7. 그러면 모든 클러스터의 중심에 더 어두운 음영이 표시된 해당 클러스터 중심을 가지며, 그 클러스터에 따라 색상이 부여된 모든 데이터 포인트의 산포도가 생성된다.

---

1. 이어지는 코드 중 첫 번째 라인은 저자의 노트북 코드에 맞게 변경했다. – 옮긴이

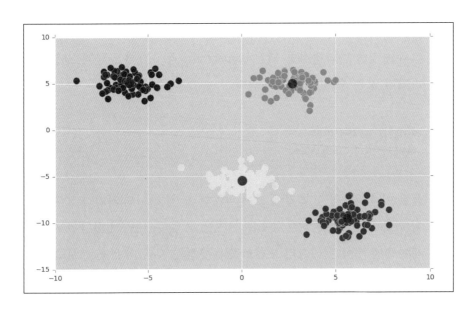

이 스크린샷은 $k = 4$인 k-평균 클러스터링 결과를 보여준다. 여기서 좋은 소식은 k-평균 알고리즘(적어도 간단한 경우에 대해)이 사람의 눈으로 판단할 때 가질 수 있는 것과 매우 유사한 포인트들을 클러스터에 할당한다는 것이다. 그러나 알고리즘은 이러한 여러 클러스터를 어떻게 빨리 찾을 수 있을까? 결국 클러스터 할당의 가능한 조합 수는 데이터 포인트의 수에 대해 지수적exponential으로 증가한다. 직접 모든 가능한 조합을 살펴보는 것은 확실하지만 시간이 많이 소요될 것이다.

다행히도 꼼꼼하게 볼 필요는 없다. 대신 k-평균에서는 기댓값 최대화expectation-maximization라고도 하는 반복 알고리즘을 일반적인 접근법으로 사용한다.

▌기댓값 최대화 방법의 이해

k-평균 클러스터링은 기댓값 최대화로 알려진 일반적인 알고리즘의 구체적인 애플리케이션 형태다. 즉, 알고리즘은 다음처럼 작동한다.

1. 임의의 클러스터 센터에서 시작한다.
2. 수렴할 때까지 반복한다.
   - **기대 단계:** 모든 데이터 포인트를 가장 가까운 클러스터 센터에 할당한다.
   - **최대화 단계:** 클러스터의 모든 점에 대한 평균을 취해 클러스터 중심점을 업데이트한다.

여기서 기대 단계^{expectation step}는 데이터 세트의 각 지점이 어느 클러스터에 속해 있는지에 대한 기댓값을 업데이트하므로 그런 이름이 붙여졌다. 최대화 단계 ^{maximization step}는 클러스터 센터의 위치를 정의하는 적합도 함수^{fitness function}를 최대화하는 것을 포함하기 때문에 그렇게 명명된다. k-평균의 경우 최대화는 클러스터 내 모든 데이터 포인트의 산술 평균^{arithmetic mean}을 취함으로써 수행된다.

이는 다음 스크린샷에서 더 명확히 설명할 수 있다.

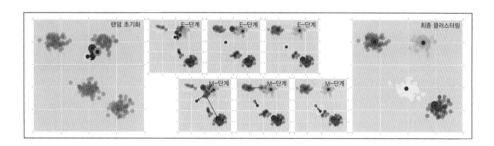

앞의 이미지에서 알고리즘의 동작은 왼쪽에서 오른쪽으로 이뤄진다. 처음에는 모든 데이터 포인트가 회색으로 표시된다(즉, 어떤 클러스터에 속해 있는지 알 수 없음). 클러스터 센터는 랜덤으로 선택된다. 각 기대 단계에서 데이터 포인트는 가장 가까운 클러스터 센터에 따라 색상이 지정된다. 각 최대화 단계에서 클러스터 센터는 클러스터에 속한 모든 포인트의 산술 평균을 취해 업데이트된다. 결과적으로 클러스터 중심의 변위는 화살표로 표시된다. 이 두 단계는 알고리즘이 수렴할 때까지 반복된다. 최대화 단계가 클러스터링 결과를 더 이상 개선하지 않을 때까지 반복된다.

기댓값 최대화의 또 다른 보편적인 적용 대상은 클러스터가 구형(spherical)이 아니고 다변수 가우시안(multivariate Gaussians)에 해당하는 GMMs(Gaussian mixture models)일 때다. 이에 대한 자세한 정보는 http://scikit-learn.org/stable/modules/mixture.html에서 찾을 수 있다.

기댓값 최대화 솔루션 구현

기댓값 최대화 알고리즘은 우리 스스로 코드를 만들 수 있을 만큼 간단하다. 그렇게 하려면 데이터 행렬(X), 찾고자 하는 클러스터 수(n_clusters), 랜덤 시드(rseed, 옵션임)를 입력으로 사용하는 find_clusters(X, n_clusters, rseed = 5) 함수를 정의한다. 다시 명확하게 살펴보면 scikit-learn의 pairwise_distances_argmin 함수가 유용하게 사용될 수 있다.

```
In [7]: from sklearn.metrics import pairwise_distances_argmin
...     def find_clusters(X, n_clusters, rseed=5):
```

k-평균 기댓값 최대화를 구현하기 위한 다섯 가지 필수 단계를 정의할 수 있다.

1. **초기화**: n_clusters의 클러스터 센터 수를 랜덤으로 선택한다. 임의의 난수를 선택하는 대신 실제 데이터 포인트를 선택해 클러스터 센터로 만들 수 있다. 첫 번째 축에서 X를 치환하고 랜덤 순열에서 첫 번째 n_clusters 포인트를 선택한다.

   ```
   ...         rng = np.random.RandomState(rseed)
   ...         i = rng.permutation(X.shape[0])[:n_clusters]
   ...         centers = X[i]
   ```

2. **계속적인 반복**: 가장 가까운 클러스터 센터를 기반으로 레이블을 지정한다.

scikit-learn의 pairwise_distance_argmin 함수는 여기서 원하는 기능을 제공한다. X에 대한 각 데이터 포인트를 위해 centers에서 가장 가까운 클러스터 센터의 인덱스를 계산한다.

```
...            while True:
...                labels = pairwise_distances_argmin(X, centers)
```

3. **새로운 클러스터 중앙 찾기:** 이 단계에서는 산술 평균을 사용한다. 특정 클러스터(X[labels == i])에 속하는 X의 모든 데이터 포인트 평균이다.

```
...                new_centers = np.array([X[labels == i].mean(axis=0)
```

4. **수렴**[convergence]**인지 확인하고 필요한 경우에는 while 루프를 중단한다.** 일단 작업이 완료되면 알고리즘 실행이 멈추는 마지막 단계다. 새로운 클러스터 센터가 모두 기존 클러스터 센터와 동일한지 확인해 작업이 완료됐는지 여부를 결정해야 한다. 맞는다면 루프를 빠져나가고, 그렇지 않으면 다시 작업을 계속 수행한다.

```
...                for i in range(n_clusters)])
...                if np.all(centers == new_centers):
...                    break
...                centers = new_centers
```

5. 함수 동작을 종료하고 결과를 반환한다.

```
...                return centers, labels
```

이전에 만든 데이터 행렬 X에 함수를 적용할 수 있다. 데이터가 어떻게 보이는지 알 수 있고, 다음 코드에서는 네 개의 클러스터를 찾는다.

```
In [8]: centers, labels = find_clusters(X, 4)
...     plt.figure(figsize=(10, 6))
...     plt.scatter(X[:, 0], X[:, 1], c=labels, s=100);
```

그러면 다음 그림이 생성되는 것을 확인할 수 있다. 다음 그림에서 관찰해야 할 중요한 점은 k-평균 클러스터링을 적용하기 전에 모든 데이터 포인트를 동일한 하나의 색상으로 분류했다는 것이다. 그러나 k-평균 클러스터링을 사용한 후에 각 색상은 다른 클러스터(비슷한 데이터 점이 하나의 색으로 군집되거나 그룹화됨)를 의미한다.

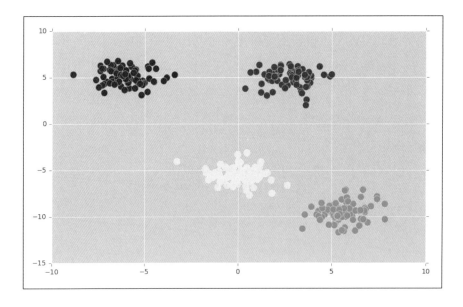

이 그림은 기댓값 최대화를 사용해 직접 개발한 k-평균의 결과를 보여준다. 위의 결과에서 볼 수 있듯이 직접 만들어본 알고리즘 작업의 동작은 완료됐다. 이 특별한 클러스터링 예제는 매우 쉬웠고, 필요한 경우에 k-평균 클러스터링의 실제 구

314

현을 통해 더 많은 작업을 수행할 수 있다. 지금의 작업은 완료됐다.

기댓값 최대화의 한계 파악

단순성을 위해 기댓값 최대화는 일정한 범위의 시나리오 내에서 매우 잘 수행된다. 하지만 사용자가 알아야 할 몇 가지 잠재적인 한계점이 있다.

- 기댓값 최대화가 가장 잘 찾아낼 수 있는 방법이라고 보장할 수는 없다.
- 사전에 원하는 클러스터 수를 알아야 한다.
- 알고리즘의 의사 결정 경계는 선형이다.
- 대형 데이터 세트의 경우 알고리즘의 동작은 느리다.

이러한 잠재적 고려 사항을 좀 더 자세히 알아보자.

첫 번째 경고: 전반적인 최적 결과를 찾기 어렵다

수학자들이 기댓값 최대화 단계가 각 단계의 결과를 향상시킨다는 것을 증명했지만, 결국 최상의 글로벌 솔루션을 찾을 것이란 보장은 없다. 예를 들어 간단한 예제(예, 5 대신 시드 10 사용)에서 다른 임의의 시드를 사용하면 갑자기 매우 나쁜 결과가 발생할 수 있다.

```
In [9]: centers, labels = find_clusters(X, 4, rseed=10)
...      plt.scatter(X[:, 0], X[:, 1], c=labels, s=100, cmap='viridis');
```

이는 다음과 같은 그림을 만든다.

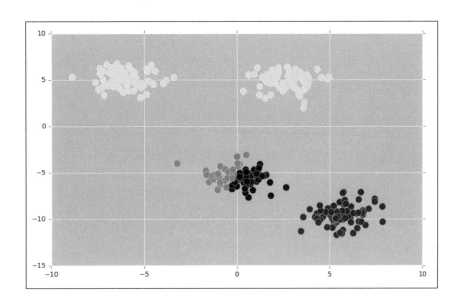

이 스크린샷은 글로벌 최적화가 안 된 k-평균의 예다. 어떻게 된 상황일까?

간단히 이야기하면 클러스터 센터의 랜덤 초기화가 원인이 될 수 있다. 꼭대기 부분에서 두 블롭 간에 있는 노란색 클러스터의 중심으로 이동해 여러 개가 하나로 합쳐진다. 결과적으로 두 개로 구분되던 블롭이 갑자기 세 개의 클러스터가 됐기 때문에 다른 클러스터들에 대해서는 혼동될 수 있다.

이러한 이유로 인해 알고리즘은 여러 초기 상태를 가져야 한다. 대개 일반적으로는 이러한 초기 상태를 갖는 방법을 사용하며, OpenCV는 기본적으로 이 옵션을 사용한다(선택적으로 attempts 매개변수를 통해 설정 가능).

두 번째 경고: 미리 클러스터 수를 선택해야 한다

또 다른 잠재적 한계는 k-평균이 데이터에서 클러스터 수를 알지 못한다는 점이다. 따라서 사용자는 미리 얼마나 많은 클러스터를 사용할지 알아야 하고, 완전히 이해 못한 복잡한 실제 데이터가 어떤 문제를 갖는지 알아야 한다.

k-평균값을 사용할 때 잘못되거나 무의미한 수의 클러스터는 존재하지 않는다. 예를 들어 앞 절에서 생성된 데이터 세트에서 여섯 개의 클러스터를 식별하는 알고리즘을 사용하면 실제로 가장 우수한 여섯 개의 클러스터를 찾을 수 있다.

```
In [10]: criteria = (cv2.TERM_CRITERIA_EPS + cv2.TERM_CRITERIA_MAX_ITER,
...                   10, 1.0)
...      flags = cv2.KMEANS_RANDOM_CENTERS
...      compactness, labels, centers = cv2.kmeans(X.astype(np.float32),
...                                   6, None, criteria,
...                                   10, flags)
```

여기서는 똑같이 앞의 코드를 사용하고 클러스터 수를 4에서 6으로 변경했다. 데이터 포인트를 다시 플롯하고 목표 레이블에 따라 색상을 지정할 수 있다.

```
In [11]: plt.scatter(X[:, 0], X[:, 1], c=labels, s=100, cmap='viridis');
```

결과는 다음과 같다.

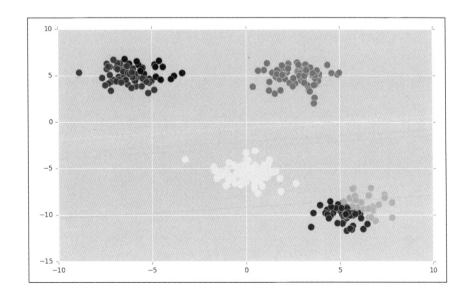

이 스크린샷은 실제보다 더 많은 클러스터를 찾은 k-평균의 예를 보여준다. 데이터를 직접 생성했으므로 각 데이터 포인트는 총 4개의 개별 클러스터에서 얻음을 알 수 있다. 적절한 클러스터 수를 사용하면 불확실하고 복잡한 데이터의 몇 가지 시도가 가능하다.

가장 먼저 **팔꿈치 방법**elbow method이 있다. 이 방법은 k 값의 전체 범위에 대해 클러스터링을 반복하고 응집도compactness 값을 기록한다.[2]

```
In [12]: kvals = np.arange(2, 10)
...      compactness = []
...      for k in kvals:
...          c, _, _ = cv2.kmeans(X.astype(np.float32), k, None,
...                               criteria, 10, flags)
...                               compactness.append(c)
```

그런 다음 k의 함수로 응집도를 그린다.

```
In [13]: plt.plot(kvals, compactness, 'o-', linewidth=4, markersize=12)
...      plt.xlabel('number of clusters')
...      plt.ylabel('compactness')
```

그러면 다음 그림과 같은 팔arm 모양을 볼 수 있다. 팔꿈치의 포인트들은 선택할 클러스터 수를 나타낸다.

---

2. 응집도 값은 낮을수록 더 잘 응집돼 있다고 볼 수 있다. - 옮긴이

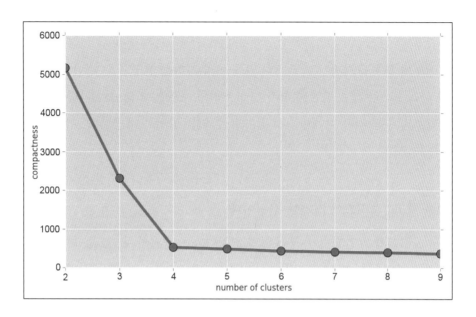

이 경우 클러스터 4개를 선택한다. 왼쪽에서 오른쪽 방향으로 볼 때 4는 매우 콤팩트한 표현을 제공할 수 있는 최소 클러스터 개수다. 세 개의 클러스터는 네 개 클러스터 크기의 절반 정도만 표현할 수 있다. 클러스터를 다섯 개 이상 선택해도 응집도가 그다지 많이 향상되지는 않는다. 따라서 클러스터 개수를 4로 선택한다.

결과가 복잡해 보인다면 좀 더 정교한 방법을 고려할 수 있다. 다음 내용을 포함하는 일반적인 것들을 살펴보자.

- 실루엣 분석silhouette analysis은 결과 클러스터 간의 분리를 연구할 수 있다. 하나의 클러스터에 있는 많은 포인트가 자신보다 인접한 클러스터에 더 가깝다면 단일 클러스터에 모든 포인트를 넣는다.
- 가우시안 혼합 모델Gaussian mixture model은 베이지안 정보 기준Bayesian information criterion을 사용해 적합한 클러스터 수를 평가한다.
- DBSCANDensity-Based Spatial Clustering of Applications with Noise(유사도 전파를 사용하는 애플리케이션의 밀도 기반 공간 클러스터링)은 앞의 두 가지보다 더 정교한 클러

스터링 알고리즘으로, 적절한 클러스터 수를 선택할 수 있다.

또한 실루엣 플롯을 사용해 클러스터 간의 이격 거리를 연구할 수도 있다. 이 플롯은 한 클러스터의 각 포인트가 이웃 클러스터의 포인트에 얼마나 가까운지 측정해 클러스터 수와 같은 매개변수를 평가할 수 있는 방법을 제공한다. 이 측정값의 범위는 [-1, 1]다.

세 번째 경고: 클러스터 경계는 선형이다

k-평균 알고리즘은 간단한 가정에 기반을 둔다. 즉, 임의의 포인트는 다른 클러스터에 비해 자신의 클러스터 센터에 더 가깝다. 결과적으로 k-평균은 항상 클러스터 간의 선형^{linear} 경계를 가정한다. 즉, 클러스터의 형상이 더 복잡하면 실패할 수 있다.

좀 더 복잡한 데이터 세트를 생성하면 이러한 제한을 볼 수 있다. 가우시안 블롭^{Gaussian blob}에서 데이터 포인트를 생성하는 대신 데이터를 두 개의 겹쳐지는 반원으로 구성한다. scikit-learn의 **make_moons**를 사용해 수행할 수 있다. 여기서는 두 개의 반원에 속하는 200개의 데이터 포인트를 일부 가우시안 노이즈와 함께 선택한다.

```
In [14]: from sklearn.datasets import make_moons
...      X, y = make_moons(200, noise=.05, random_state=12)
```

이번에는 k-평균을 통해 두 개의 클러스터를 찾는다.

```
In [15]: criteria = (cv2.TERM_CRITERIA_EPS +
...                   cv2.TERM_CRITERIA_MAX_ITER, 10, 1.0)
...      flags = cv2.KMEANS_RANDOM_CENTERS
...      compactness, labels, centers = cv2.kmeans(X.astype(np.float32),
...                                                 2, None, criteria,
```

```
...                                                           10, flags)
...         plt.scatter(X[:, 0], X[:, 1], c=labels, s=100, cmap='viridis');
```

결과 산포도는 다음과 같다.

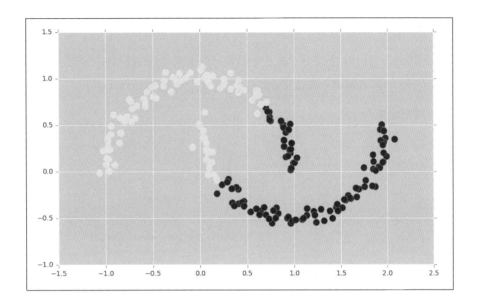

위의 그림은 비선형 데이터에서 선형 경계를 찾기 위한 k-평균의 예를 보여준다. 플롯 결과에서 분명히 알 수 있듯이 k-평균은 두 개의 반원을 식별하지 못하고 그 대신 보이는 데이터를 대각선 직선처럼 분할한다(왼쪽 하단에서 오른쪽 상단에 걸친 모양).

이러한 시나리오는 조심해야 한다. 6장에서 선형 SVM에 관해 이야기할 때도 똑같은 문제가 있었다. 데이터를 고차원 형상 공간으로 변환하고자 커널 트릭을 사용하는 아이디어가 있었다. 여기서도 그렇게 할 수 있을까?

그 아이디어는 확실히 사용할 수 있다. 분광 클러스터링spectral clustering이라고 불리는 SVM의 커널 트릭과 유사한 방식으로 작동하는 커널화된 k-평균 형태가 있다.

OpenCV는 분광 클러스터링을 구현하지 않지만 다행히도 scikit-learn은 다음처럼 사용할 수 있다.

```
In [16]: from sklearn.cluster import SpectralClustering
```

알고리즘은 다른 모든 통계 모델과 동일한 API를 사용한다. 생성자에서 선택적 인수를 설정한 후 데이터에 대해 fit_predict를 호출한다. 여기서는 가장 가까운 이웃들의 그래프를 사용해 데이터의 고차원 표현을 계산한 후 k-평균을 사용해 레이블을 할당한다.

```
In [17]: model = SpectralClustering(n_clusters=2,
...                                  affinity='nearest_neighbors',
...                                  assign_labels='kmeans')
...      labels = model.fit_predict(X)
...      plt.scatter(X[:, 0], X[:, 1], c=labels, s=100, cmap='viridis');
```

분광 클러스터링의 사용 결과는 다음과 같다.

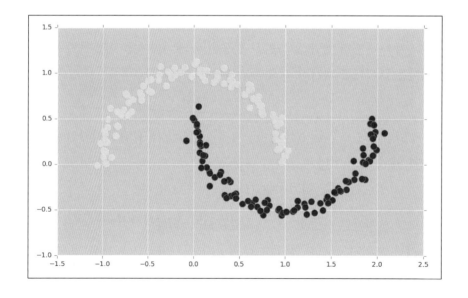

분광 클러스터링을 사용해 작업 완료할 수 있다. 또는 데이터를 더 적절한 표현으로 변형한 후 OpenCV의 선형 k-평균을 적용할 수 있다. 여기서 특징 엔지니어링이 더 좋을 수 있다는 교훈을 얻을 수 있다.

네 번째 경고: k-평균은 많은 수의 샘플에서는 느리다

k-평균의 최종 한계는 큰 데이터 세트의 경우 상대적으로 느리다는 것이다. 꽤 많은 알고리즘이 이러한 속도 문제로 어려움을 겪을 수 있다. 그러나 k-평균은 특히 더 심각한 영향을 받는다. k-평균의 각 반복은 데이터 세트의 모든 단일 데이터 요소에 액세스해 이를 모든 클러스터 센터와 비교해야 한다.

각 반복 동작 동안 모든 데이터 요소에 액세스해야 한다는 요구 사항이 실제로 필요할지 궁금하다. 예를 들어 데이터의 하위 집합을 사용해 각 단계에서 클러스터 센터를 업데이트할 수 있다. 사실 이것은 배치 기반 k-평균$^{\text{batch-based k-means}}$이라고 불리는 알고리즘의 변형 버전을 위한 근본 아이디어다. 불행히도 이 알고리즘은 OpenCV에서는 구현되지 않았다.

 즉, k-평균은 scikit-learn의 클러스터링 모듈의 일부인 sklearn.cluster.MiniBatchKMeans로 제공된다.

k-평균은 앞에서 다룬 한계점을 가짐에도 불구하고 컴퓨터 비전과 관련된 여러 가지 흥미로운 애플리케이션에 적용된다.

▌k-평균을 사용한 색 공간 압축

k-평균의 한 가지 흥미로운 예는 이미지 색 공간의 압축이다. 예를 들어 전형적인 트루 컬러 이미지는 24비트 컬러 깊이로 제공돼 총 16,777,216개의 컬러 변형을 허용한다. 그러나 대부분의 이미지에서 많은 수의 색상이 사용되지 않고, 이미지의 많은 픽셀은 비슷한 색상을 갖는다. 그러면 압축된 이미지는 인터넷을 통해 더 빠른 속도로 전송될 수 있고, 수신기 끝에서 압축을 풀어 원래의 이미지를 되찾을 수 있다. 따라서 저장과 전송 비용이 절감된다. 그러나 이미지 색 공간을 압축할 때 손실되므로 압축 후 이미지에 미세한 세부 정보가 표시되지 않을 수 있다.

예를 들어 *k*-평균을 사용해 색상 팔레트를 16가지 색상으로 줄일 수 있다. 여기서 클러스터 센터를 감소된 색상을 가진 팔레트로 생각한다. 그러면 *k*-평균이 자동으로 원본 이미지의 수백만 가지 색상을 적절한 색상 수로 구성한다.

트루 컬러 팔레트 시각화

다음 단계를 통해 컬러 이미지의 트루 컬러 팔레트를 시각화한다.

1. 특정 이미지를 사용해 압축되는 과정을 살펴보자.

   ```
   In [1]: import cv2
   ...     import numpy as np
   ...     lena = cv2.imread('data/lena.jpg', cv2.IMREAD_COLOR)
   ```

2. 이미 알고 있듯이 Matplotlib을 사용한다.

   ```
   In [2]: import matplotlib.pyplot as plt
   ...     %matplotlib inline
   ...     plt.style.use('ggplot')
   ```

3. 그러나 이번에는 일반적으로 **ggplot** 옵션이 이미지 위에 표시하는 그리드 선을 비활성화한다.

```
In [3]: plt.rc('axes', **{'grid': False})
```

4. 그런 다음 레나^{Lena}를 다음 명령을 사용해 시각화할 수 있다(색상 채널의 BGR 순서를 RGB로 전환하는 것을 잊으면 안 된다).

```
In [4]: plt.imshow(cv2.cvtColor(lena, cv2.COLOR_BGR2RGB))
```

결과는 다음과 같다.

5. 이미지는 BGR(파란색/녹색/빨간색)을 포함하는 크기(높이 × 너비 × 깊이)의 3D 배열로 저장되고 0에서 255까지의 정수 값을 가진다.

```
In [5]: lena.shape
Out[5]: (225, 225, 3)
```

6. 모든 색상 채널에는 256개의 가능한 값이 있으므로 가능한 색상 수는 앞에서 언급한 대로 256 × 256 × 256이나 16,777,216이 된다. 이미지에서 다른 색상의 양을 시각화하는 방법 중 하나는 데이터를 3D 색 공간으로 재구성하는 것이다. 색상을 0과 1 사이의 비율로 조절해야 한다.

```
In [6]: img_data = lena / 255.0
...     img_data = img_data.reshape((-1, 3))
...     img_data.shape Out[6]: (50625, 3)
```

7. 이 3D 색 공간에서 모든 데이터 행은 데이터 포인트가 된다. 이 데이터를 시각화하려면 plot_pixels라는 함수를 만들어야 한다. 이 함수는 데이터 행렬과 그림 이름을 입력으로 사용한다. 필요에 따라 사용자가 사용할 색상을 지정할 수도 있다. 효율적인 작업을 위해 분석을 N 픽셀의 하위 집합으로 제한할 수 있다.

```
In [7]: def plot_pixels(data, title, colors=None, N=10000):
...         if colors is None:
...             colors = data
...
```

8. 숫자 N을 지정하면 가능한 모든 목록에서 N개의 데이터를 랜덤으로 선택한다.

```
...         rng = np.random.RandomState(0)
...         i = rng.permutation(data.shape[0])[:N]
...         colors = colors[i]
```

9. 각 데이터 포인트는 3차원이므로 플로팅하기 약간 까다롭다. Matplotlib의 mplot3d 툴킷을 사용해 3D 플롯을 만들거나 3D 포인트 클라우드의 부분

공간을 시각화하는 두 개의 플롯을 생성할 수 있다. 이 예제에서는 후자를 선택해 두 개의 플롯을 생성한다. 하나는 빨간색 대 녹색을, 그리고 다른 하나는 빨간색 대 파란색을 사용한다. 이를 위해 각 데이터 포인트의 R, G, B 값을 열벡터로 액세스한다.

```
...            pixel = data[i].T
...            R, G, B = pixel[0], pixel[1], pixel[2]
```

10. 첫 번째 플롯은 x축에 빨간색을 표시하고 y축에 녹색을 표시한다.

```
...            fig, ax = plt.subplots(1, 2, figsize=(16, 6))
...            ax[0].scatter(R, G, color=colors, marker='.')
...            ax[0].set(xlabel='Red', ylabel='Green', xlim=(0, 1), ylim=(0, 1))
```

11. 마찬가지로 두 번째 그림은 x축에 빨간색, y축에 파란색의 산포도를 가진다.

```
...            ax[1].scatter(R, B, color=colors, marker='.')
...            ax[1].set(xlabel='Red', ylabel='Blue', xlim=(0, 1), ylim=(0, 1))
```

12. 마지막 단계로 두 개의 서브 도표 가운데에 지정된 제목을 표시한다.

```
...            fig.suptitle(title, size=20);
```

13. 데이터 행렬(data)과 적절한 제목을 사용해 함수를 호출할 수 있다.

```
In [8]: plot_pixels(img_data, title='Input color space: 16 million possible
colors')
```

결과는 다음과 같다.

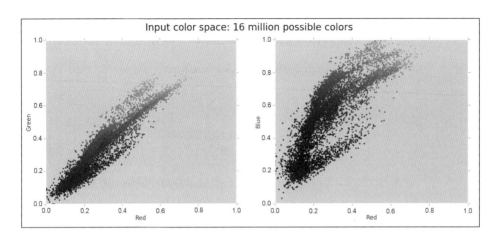

이 알고리즘으로 할 수 있는 일이 무엇인지 살펴보자.

k–평균을 사용한 색상 팔레트 축소

다음의 단계에서 k-평균 클러스터링을 사용해 색상(컬러) 이미지를 감소된 색상 팔레트로 투영한다.

1. 이제 k-평균을 사용해 1600만 개 색상을 16가지 색상으로 줄여보자. 1600만 개의 모든 색상 변형을 16개의 개별 클러스터로 클러스터링한다. 앞에 서는 이미 언급한 방법을 사용했지만 지금은 클러스터 수를 16으로 지정한다.

```
In [9]: criteria = (cv2.TERM_CRITERIA_EPS + cv2.TERM_CRITERIA_MAX_ITER,
...                  10, 1.0)
...     flags = cv2.KMEANS_RANDOM_CENTERS
...     img_data = img_data.astype(np.float32)
...     compactness, labels, centers = cv2.kmeans(img_data,
```

```
...                                    16, None, criteria,
...                                    10, flags)
```

2. 결과 클러스터는 16개로 감소된 색상 팔레트의 각 색상과 대응된다. centers 배열의 결과는 모든 색상을 나타내며, 0과 1 사이의 값을 갖는 세 가지 항목 B, G, R을 가진다.

```
In [10]: centers
Out[10]: array([[ 0.29973754, 0.31500012, 0.48251548],
                [ 0.27192295, 0.35615689, 0.64276862],
                [ 0.17865284, 0.20933454, 0.41286203],
                [ 0.39422086, 0.62827665, 0.94220853],
                [ 0.34117648, 0.58823532, 0.90196079],
                [ 0.42996961, 0.62061119, 0.91163337],
                [ 0.06039202, 0.07102439, 0.1840712 ],
                [ 0.5589878 , 0.6313886 , 0.83993536],
                [ 0.37320262, 0.54575169, 0.88888896],
                [ 0.35686275, 0.57385623, 0.88954246],
                [ 0.47058824, 0.48235294, 0.59215689],
                [ 0.34346411, 0.57483661, 0.88627452],
                [ 0.13815609, 0.12984112, 0.21053818],
                [ 0.3752504 , 0.47029912, 0.75687987],
                [ 0.31909946, 0.54829341, 0.87378371],
                [ 0.40409693, 0.58062142, 0.8547557 ]],
            dtype=float32)
```

3. 이 16가지 색상을 가진 labels 벡터는 16개 클러스터 레이블을 나타낸다. 따라서 레이블 0인 모든 데이터 포인트는 centers 배열의 행 0에 따라 색상이 지정된다. 레이블 1을 가진 모든 데이터 포인트는 centers 배열의 행 1에 따라 색상이 지정된다. 다른 레이블도 마찬 가지로 적용된다. 즉, 사용자는 labels를 centers 배열의 인덱스로 사용한다. 다음은 새로운 색상을

사용하는 경우를 나타낸다.

```
In [11]: new_colors = centers[labels].reshape((-1, 3))
```

4. 이번에는 new_colors를 사용해 데이터 포인트 색상을 지정하고 데이터를
   다시 플로팅한다.

```
In [12]: plot_pixels(img_data, colors=new_colors,
...          title="Reduce color space: 16 colors")
```

결과를 보면 각 픽셀은 가장 가까운 클러스터 중심의 색이 할당되며, 원래
픽셀의 색을 재현한다.

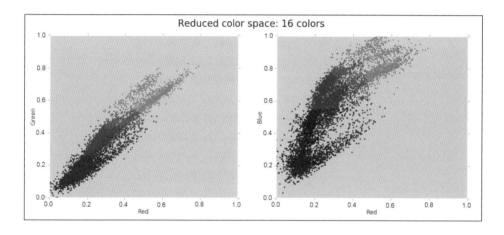

5. 색 변경 효과를 보려면 new_colors로 이미지를 플로팅해야 한다. 이미지
   를 데이터 행렬로 만들려면 이전 이미지를 평탄화해야 한다. 지금은 이미
   지 색을 변경하려면 레나 이미지를 new_colors로 다시 만들어야 한다.

```
In [13]: lena_recolored = new_colors.reshape(lena.shape)
```

6. 그런 다음 다른 이미지와 마찬가지로 변경된 레나 이미지를 시각화한다.

```
In [14]: plt.figure(figsize=(10, 6))
...      plt.imshow(cv2.cvtColor(lena_recolored, cv2.COLOR_BGR2RGB));
...      plt.title('16-color image')
```

결과는 다음과 같다.

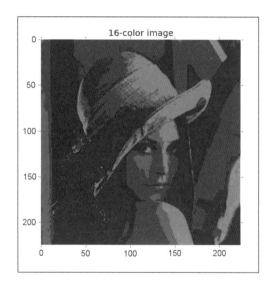

멋지지 않은가? 상세한 표현은 없어졌지만 전반적으로 앞의 이미지는 여전히 뚜렷하게 인식할 수 있다. 사용자가 방금 이미지를 약 100만 배로 압축했음을 감안할 때 매우 놀라운 결과다.

원하는 색상 수를 얻으려면 이 절차를 반복하면 된다.

k-평균의 또 다른 잠재적인 응용처는 다소 의외지만 이미지 분류에 사용한다.

▌ k-평균을 사용한 숫자 필기 인식 분류

마지막 애플리케이션에서도 k-평균을 창의적으로 사용했고, 이전보다 나아진 활용이었다. 이전에는 데이터의 숨겨진 구조를 발견하는 데 비지도학습 차원에서 k-평균을 다뤘다.

그러나 대부분의 분류 작업에는 동일한 개념이 적용된다. 이제 숫자 필기 인식 handwritten digits 분류를 해야 한다고 가정해보자. 대부분의 숫자 0은 모양이 완전히 같지 않더라도 비슷하게 보일 것이다. 그리고 모든 여러 가지 모양의 0은 다른 것들과 완전히 다른 모습을 갖진 않는다. 따라서 비지도학습으로 확인할 수 있는 '숨겨진 구조hidden structuire' 아이디어를 얻을 수 있다. 이러한 생각은 분류를 위해 클러스터링을 사용할 수 있음을 의미한다.

그럼 이제 살펴보자. 이번 절에서는 k-평균을 사용해 손으로 쓴 숫자를 분류한다. 즉, 원래의 레이블 정보를 사용하지 않고서도 비슷한 숫자를 식별한다.

데이터 세트 불러오기

7장에서 scikit-learn은 **load_digits** 유틸리티 함수를 통해 손으로 쓴 대부분의 숫자 데이터를 사용할 수 있다. 이 데이터 세트는 각각 64개의 특징이 있는 1,797개의 샘플로 구성되며, 각 특징으로 8 × 8 이미지 내 한 픽셀의 밝기를 사용한다.

```
In [1]: from sklearn.datasets import load_digits
...       digits = load_digits()
...       digits.data.shape
Out[1]: (1797, 64)
```

k-평균 실행

k-평균을 설정하는 방법은 이전 예제와 완전히 동일하다. 알고리즘을 최대 10회 반복 수행하고 나서 클러스터 센터에 대한 예측이 1.0의 거리 내 수준으로 향상되지 않으면 프로세스 동작을 중지한다.

```
In [2]: import cv2
...       criteria = (cv2.TERM_CRITERIA_EPS + cv2.TERM_CRITERIA_MAX_ITER,
...                    10, 1.0)
...       flags = cv2.KMEANS_RANDOM_CENTERS
```

그런 다음 이전에 했던 것처럼 데이터에 k-평균을 적용한다. 10개의 다른 숫자 (0-9)가 있으므로 알고리즘은 10개의 개별 클러스터를 가진다.

```
In [3]: import numpy as np
...       digits.data = digits.data.astype(np.float32)
...       compactness, clusters, centers = cv2.kmeans(digits.data, 10, None,
...                                          criteria, 10, flags)
```

이제 됐다.

다른 RGB 색상을 나타내는 $N \times 3$ 행렬과 마찬가지로 센터 배열은 $N \times 8 \times 8$ 중심 이미지로 구성되며, 여기서 N은 클러스터 수다. 따라서 사용자가 중심을 그리려면 8 × 8 이미지로 centers 행렬을 재구성해야 한다.

```
In [4]: import matplotlib.pyplot as plt
...     plt.style.use('ggplot')
...     %matplotlib inline
...     fig, ax = plt.subplots(2, 5, figsize=(8, 3))
...     centers = centers.reshape(10, 8, 8)
...     for axi, center in zip(ax.flat, centers):
...         axi.set(xticks=[], yticks=[])
...         axi.imshow(center, interpolation='nearest', cmap=plt.cm.binary)
```

결과는 다음과 같다.

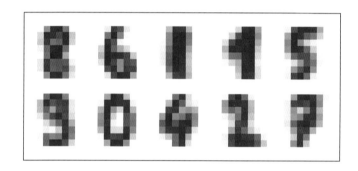

숫자와 비슷하게 보이는가?

놀랍게도 k-평균은 숫자 이미지를 10개의 랜덤 클러스터가 아닌 0-9의 숫자로 나눌 수 있었다. 어떤 이미지가 어떤 클러스터로 그룹화됐는지 알아내려면 지도학습 문제에서 알 수 있듯이 레이블 벡터를 생성해야 한다.

```
In [5]: from scipy.stats import mode
...     labels = np.zeros_like(clusters.ravel())
...     for i in range(10):
...         mask = (clusters.ravel() == i)
...         labels[mask] = mode(digits.target[mask])[0]
```

그런 다음 scikit-learn의 **accuracy_score** 측정 항목을 사용해 알고리즘의 성능을 계산할 수 있다.

```
In [6]: from sklearn.metrics import accuracy_score
...     accuracy_score(digits.target, labels)
Out[6]: 0.78464106844741233
```

확실히 k-평균은 원본 이미지의 레이블에 대한 내용을 모르지만 78.4%의 정확도를 달성했다.

그러면 **혼동 행렬**confusion matrix을 사용해 무엇이 잘못됐는지 확인할 수 있다. 혼동 행렬은 2D 행렬인 C로 표시하며, 여기서 각 원소 $C_{i,j}$는 관측 수만큼이며 그룹(또는 클러스터) i에 속한다고 알고 있지만 그룹 j에 있다고 예측된다. 따라서 행렬의 대각선에 있는 요소들은 올바르게 분류할 수 있다(즉, 그룹 i에 속하면서 그룹 j에 있다고 예측되는 데이터 포인트들이다). 하지만 오프 대각선[3] 요소는 잘못된 분류 결과다.

scikit-learn에서 혼동 행렬을 만들기는 코드 한 줄로 가능하다.

```
In [7]: from sklearn.metrics import confusion_matrix
...     confusion_matrix(digits.target, labels)
Out[7]: array([[177,   0,   0,   0,   1,   0,   0,   0,   0,   0],
              [  0, 154,  25,   0,   0,   1,   2,   0,   0,   0],
              [  1,   3, 147,  11,   0,   0,   0,   3,  12,   0],
              [  0,   1,   2, 159,   0,   2,   0,   9,  10,   0],
              [  0,  12,   0,   0, 162,   0,   0,   5,   2,   0],
              [  0,   0,   0,  40,   2, 138,   2,   0,   0,   0],
              [  1,   2,   0,   0,   0,   0, 177,   0,   1,   0],
              [  0,  14,   0,   0,   0,   0,   0, 164,   1,   0],
              [  0,  23,   3,   8,   0,   5,   1,   2, 132,   0],
```

---

3. 오프 대각선(off-diagonal)은 일반적인 행렬에서 대각(diagonal) 원소들을 제외한 나머지 원소들을 의미한다. — 옮긴이

```
          [  0,  21,   0, 145,   0,   5,   0,   8,   1,   0]])
```

혼동 행렬을 통해 k-평균이 처음 아홉 개 클래스에서 데이터 포인트를 분류할 때
큰 도움이 됨을 알 수 있다. 그렇지만 아홉 개 클래스를 세 개로 혼동한다. 알고리
즘에서 훈련된 목표 레이블이 없다면 이러한 상황은 변하지 않는다.

▌ 클러스터를 계층적 트리로 구성

k-평균의 대안은 계층적 클러스터링이다. 계층적 클러스터링의 한 가지 이점은
결과를 쉽게 해석할 수 있는 계층 구조(dendrogram이라고도 함)로 여러 클러스터를
구성할 수 있다는 것이다. 또한 클러스터의 수를 미리 지정할 필요가 없다는 것도
유용하다.

계층적 클러스터링의 이해

계층적 클러스터링에는 두 가지 방법이 있다.

- **응집력 있는 계층적 클러스터링**agglomerative hierarchical clustering에서는 각 데이터 포
  인트가 잠재적으로 자체 클러스터가 되며, 하나의 클러스터만 남을 때까
  지 가장 가까운 클러스터 쌍을 병합한다.
- **분열적인 계층적 클러스터링**divisive hierarchical clustering에서는 다른 방법이 있다.
  먼저 모든 데이터 포인트를 하나의 동일한 클러스터에 할당하고, 각 클러
  스터가 하나의 샘플만 포함할 때까지 더 작은 클러스터로 분할한다.

물론 원하는 경우 원하는 클러스터 수를 지정할 수 있다. 다음 그림에서는 알고리
즘으로 총 세 개의 클러스터를 찾는다.

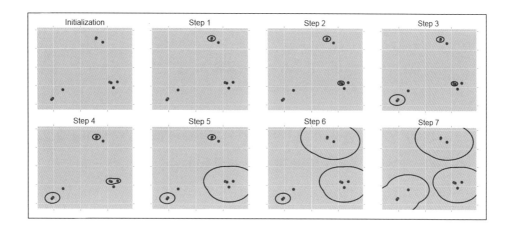

이 스크린샷은 응집력 있는 계층적 클러스터링의 단계별 예를 나타낸다.

1단계에서 알고리즘은 두 개의 가장 가까운 점을 자체 클러스터(중간, 상단)에 넣는다.

2단계에서는 오른쪽 아래의 두 점이 데이터 세트의 모든 가능한 쌍에서 가장 가까운 쌍이므로 자체 클러스터에 병합한다.

이 프로세스는 모든 데이터 요소가 세 클러스터 중 하나에 할당될 때까지 계속되며(7단계), 할당되면 알고리즘이 종료된다.

 OpenCV의 C++ API를 사용하는 경우 cv::flann::hierarchicalClustering의 k—평균을 사용해 FLANN(Fast Approximate Nearest Neighbor) 기반의 계층적 클러스터링을 확인해야 한다.

이제 응집력 있는 계층적 클러스터링을 좀 더 깊이 살펴보자.

응집력 있는 계층적 클러스터링 구현

OpenCV가 응집력 있는 계층적 클러스터링 구현을 제공하지는 않지만 OpenCV는 머신러닝 레퍼토리에 속하는 인기 있는 알고리즘이다.

1. 앞의 그림과 마찬가지로 10개의 랜덤 데이터 포인트를 생성한다.

```
In [1]: from sklearn.datasets import make_blobs
...       X, y = make_blobs(random_state=100, n_samples=10)
```

2. 익숙한 통계 모델링 API를 사용하려면 AgglomerativeClustering 알고리즘을 가져와 원하는 클러스터 수를 지정한다.

```
In [2]: from sklearn import cluster
...       agg = cluster.AgglomerativeClustering(n_clusters=3)
```

3. 모델을 데이터에 맞추려면 보통 fit_predict 메서드를 사용한다.

```
In [3]: labels = agg.fit_predict(X)
```

4. 모든 데이터 포인트가 예측된 레이블에 따라 채색되는 산포도를 생성할 수 있다.

```
In [4]: import matplotlib.pyplot as plt
...       %matplotlib inline
...       plt.style.use('ggplot')
...       plt.scatter(X[:, 0], X[:, 1], c=labels, s=100)
```

결과 클러스터링은 다음 그림과 동일하다.

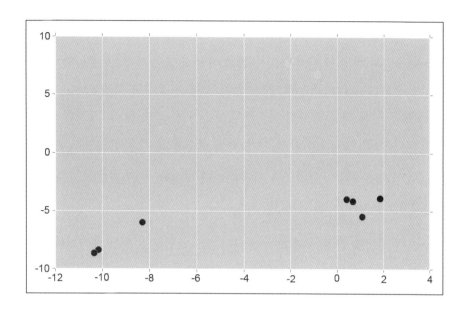

마지막으로 이 장을 마치기 전에 클러스터링 알고리즘을 비교하는 방법을 살펴보고 현재 보유한 데이터에 적합한 클러스터링 알고리즘을 선택해보자.

클러스터링 알고리즘 비교

sklearn 라이브러리에는 약 13개의 클러스터링 알고리즘이 있다. 13가지 다른 선택 세트에 질문을 해보자. 어떤 클러스터링 알고리즘을 사용해야 할까? 정답은 사용자의 데이터에 달려있다. 어떤 유형의 데이터가 있고 어떤 클러스터링을 적용할지 여부로 알고리즘을 선택한다. 따라서 사용자가 가진 문제나 데이터의 종류에 따라 활용할 수 있는 많은 가능한 알고리즘이 있다. sklearn의 13개 클래스는 각각 특정 작업(데이터 포인트 대신 공동 클러스터링, 바이 클러스터링, 클러스터링 특징 등)에 특화된다. 텍스트 데이터 클러스터링을 위해서는 텍스트 클러스터링을 전문으로 하는 알고리즘이 적합하다. 따라서 현재 취급 중인 데이터를 충분히 알고 있다면 해당 데이터에 가장 적합한 클러스터링 알고리즘의 옵션을 제한할 수 있고 해당 알고리즘은 사용자의 데이터, 데이터가 가진 필수 속성이나 수행해야 하는 클러스터링 유형에 잘 맞춰져 있다.

그러나 데이터에 대해 잘 알지 못하는 경우 어떻게 해야 하는가? 예를 들어 사용자가 단지 **탐색적 데이터 분석**[EDA, Exploratory Data Analysis]을 관찰하고 수행한다고 가정해보자. 그것에 근거해 전문 알고리즘을 선택하는 것은 쉽지 않다. 그렇다면 질문은 다음과 같다. 데이터를 탐색하는 데 어떤 알고리즘이 더 적합할까?

고유 EDA 클러스터링 알고리즘을 사용하려면 다음과 같은 몇 가지 기본 규칙을 지켜야 한다.

- EDA 작업을 할 때 사용자는 본질적으로 작업하고 있는 데이터에 관한 지식을 얻고 연구하려고 노력한다. 그런 경우에는 잘못된 결과보다는 아예 결과를 얻지 않는 것이 좋다. 나쁜 결과는 잘못된 본능으로 이어지며, 결국 잘못된 경로로 보내져 데이터 세트를 잘못 이해하게 된다. 훌륭한 EDA 클러스터링 알고리즘은 클러스터링에서 매우 안정적이어야 한다(알고리즘은 클러스터에 포인트를 할당하지 않으려고 한다). 포인트들이 클러스터에 없을 경우 그룹화해서는 안 된다.

- 클러스터링 알고리즘은 대부분 다양한 매개변수로 구성되며, 사물을 변화시키려면 어느 정도의 제어 장치를 가져야 한다. 그러나 어떻게 실제로 그 많은 수의 매개변수에 올바른 설정을 할 수 있을까? 데이터에 대해 잠시 고민을 하더라도 각 매개변수에 대한 값이나 배열을 결정하는 것은 여전히 매우 어려울 수 있다. 따라서 데이터에 대한 많은 지식을 보유하지 않고도 매개변수를 설정할 수 있을 만큼 통찰력을 가져야 한다.

- 다양한 랜덤 매개변수 초기화로 동일한 클러스터링 알고리즘을 두 번 이상 실행하더라도 거의 동일한 클러스터가 생성돼야 한다. 데이터를 샘플링할 때 다양한 임의의 데이터 포인트가 결과 클러스터 구조를 변경해서는 안 된다(샘플링 전략이 복잡하지 않은 한). 클러스터링 알고리즘을 수정하

는 경우 클러스터링은 안정적이고 예측 가능한 순서로 수정해야 한다.

- 마지막으로 데이터 세트는 컴퓨팅 파워가 증가함에 따라 점점 더 커진다. 표본 데이터의 하위 집합을 사용할 수 있지만, 결국 클러스터링 알고리즘은 더 큰 데이터 세트로 확장 가능해야 한다. 클러스터링 알고리즘은 데이터를 작게 다루는 하위 집합에서는 많이 사용되지 않는다.

소프트 클러스터나 중첩 클러스터는 추가적인 우수한 특징 중 일부다. 앞의 요구 사항은 일단 시작하기에 충분하다. 소수의 클러스터링 알고리즘만이 요구 사항을 모두 만족시킬 수 있다.

▎요약

8장에서는 k-평균, 구형^{spherical} 클러스터링, 응집력 있는 계층적 클러스터링을 비롯한 비지도학습 알고리즘을 알아봤다. k-평균이 좀 더 일반적인 기댓값 최대화 알고리즘의 특정 용도에 불과하다는 것을 알았고, 잠재적인 한계를 살펴봤다. 또한 이미지의 색상 팔레트를 줄이고 숫자 필기 인식을 분류하는 두 가지 특정 애플리케이션에 k-평균을 적용했다.

9장에서는 지도학습의 세계로 돌아가 현재 가장 강력한 머신러닝 알고리즘인 신경망과 딥러닝을 알아본다.

OpenCV를 사용한 고급 머신러닝

3부에서는 딥러닝, 앙상블 머신러닝 방법, 하이퍼 매개변수 튜닝과 같은 고급 주제를 살펴본다. 또한 인텔에서 제공하는 OpenVINO 툴킷을 마지막 부분에 추가했다. OpenVINO를 어떻게 설치하는지, 어떤 요소를 갖고 있는지 알아보고, 이미지 분류를 위해 OpenVINO를 어떻게 사용할 수 있는지 살펴본다.

3부에는 다음 장들이 있다.

- 9장, 딥러닝을 사용한 숫자 필기 인식 분류
- 10장, 앙상블 기법으로 분류
- 11장, 하이퍼 매개변수 튜닝으로 올바른 모델 선택
- 12장, OpenCV의 OpenVINO 사용
- 13장, 결론

09

딥러닝을 사용한
숫자 필기 인식 분류

지도학습으로 돌아가 **인공 신경망**^{artificial neural network}이라고 알려진 알고리즘 계열을

알아보자. 신경망에 대한 초기 연구는 워렌 맥컬럭^{Warren McCulloch}과 월터 피츠^{Walter}

^{Pitts}가 뇌의 생물학적 신경 세포^{nerve cell}(또는 뉴런^{neuron})가 어떻게 작동하는지 최초로

기술한 1940년대로 거슬러 올라간다. 최근에 인공 신경망은 구글의 딥마인드

^{DeepMind}와 페이스북의 딥페이스^{DeepFace} 알고리즘 같은 최첨단 기술을 지원하는 전

문 딥러닝^{deep learning}으로 부흥을 경험했다.

9장에서는 몇 가지 간단한 맥컬럭-피츠^{McCulloch-Pitts} 뉴런, 퍼셉트론^{perceptron}, 다층

^{multilayer} 퍼셉트론 같은 인공 신경망 기초에 익숙해지면 대중적인 MNIST^{Mixed National}

^{Institute of Standards and Technology} 데이터베이스의 숫자 필기 인식을 분류하고자 좀 더 정

교한 심층 신경망을 구현할 준비가 됐다. 이를 위해 전문적으로 자주 사용하는 고

급 신경망 라이브러리인 케라스^{Keras}를 사용한다.

9장에서 다루는 내용은 다음과 같다.

- OpenCV에서 퍼셉트론과 다층 퍼셉트론 구현
- 확률적 경사 하강법^{stochastic gradient descent}과 배치 경사 하강법^{batch gradient descent} 간의 차이점, 역전파^{backpropagation} 사용
- 신경망 크기 구하기
- 케라스를 사용해 정교한 심층 신경망 구축

이제 시작해보자.

▌ 기술적 요구 사항

다음 링크에서 9장의 코드를 참고할 수 있다.

https://github.com/PacktPublishing/Machine-Learning-for-OpenCV-Second-Edition/tree/master/Chapter09

다음은 간략한 소프트웨어, 하드웨어 요구 사항이다.

- OpenCV 버전 4.1.x(4.1.0이나 4.1.1 모두 잘 작동한다)
- 파이썬 버전 3.6(모든 파이썬 버전 3.x는 괜찮다)
- 파이썬과 필수 모듈을 설치하기 위한 아나콘다 파이썬 3이 필요하다.
- 이 책에서는 맥OS, 윈도우, 리눅스 기반 OS 등 모든 OS를 사용할 수 있다. 시스템은 최소 4GB의 RAM를 가져야 한다.
- 이 책과 함께 제공된 코드를 실행하고자 GPU를 사용할 필요는 없다.

맥컬럭-피츠 뉴런의 이해

1943년, 워렌 맥컬럭과 월터 피츠는 뇌를 구성하고 동작하는 데 필요한 뉴런에 관한 수학적 기술을 발표했다. 뉴런은 돌기 나무$^{dendritic\ tree}$의 연결을 통해 다른 뉴런의 입력을 받아 세포 몸체(또는 소마^{soma})에서 산출물을 만든다. 산출물 결과는 다른 뉴런의 돌기 나무에 하나 이상의 연결부(축삭 터미널$^{axon\ terminal}$)를 만들고, 분기^{branch}하는 긴 와이어(또는 축삭^{axon})를 통해 다른 뉴런에 전달된다.

다음 그림은 뉴런 그림의 예를 보여준다.

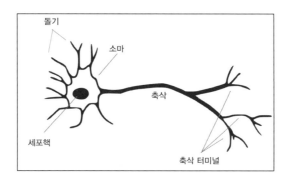

맥컬럭과 피츠는 그러한 뉴런의 내부 동작을 돌기 나무에서 받는 입력에 따라 켜지거나 꺼지는 간단한 논리 게이트로 설명했다. 구체적으로 뉴런은 모든 입력을 합산하고, 합계가 특정 임곗값을 초과하면 출력 신호가 생성돼 축삭에 의해 전달된다.

 오늘날 사용자는 실제 뉴런이 이보다 훨씬 복잡하다는 것을 알고 있다. 생물학적 뉴런은 수천 개의 입력에 대해 복잡한 비선형 수학 연산을 수행하며 입력 신호의 상황, 중요성, 참신성에 따라 동적으로 응답성을 변경할 수 있다. 실제 뉴런은 컴퓨터만큼 복잡하고 인간의 두뇌는 인터넷만큼 복잡하다고 생각할 수 있다.

정확히 두 개의 입력 x_0와 x_1을 받는 간단한 인공 신경을 생각해보자. 인공 뉴런의 역할은 두 입력의 합을 (일반적으로 가중 합계$^{weighted\ sum}$의 형태로) 계산하며, 이 합계가 특정 임곗값(종종 제로)을 초과하면 뉴런이 활성으로 간주돼 출력된다. 그렇지 않으면 침묵으로 간주돼 마이너스 1(또는 0)을 출력한다. 더 많은 수학적 용어로 맥컬럭과 피츠 뉴런의 출력 y는 다음처럼 설명할 수 있다.

$$y = \begin{cases} 1 & if\ x_0 w_0 + x_1 w_1 \geq 0 \\ -1 & otherwise \end{cases}$$

위의 방정식에서 w_0과 w_1은 가중 계수$^{weight\ coefficients}$며 x_0 및 x_1과 함께 가중 합을 구성한다. 교과서에서 출력 y가 +1과 −1인 두 가지 시나리오는 두 가지 다른 값을 취할 수 있는 활성화 함수$^{activation\ function}$ ϕ에 의해 구분된다.

$$y = \phi(x_0 w_0 + x_1 w_1) = \phi(z)$$
$$\phi(z) = \begin{cases} 1 & if\ z \geq \theta \\ -1 & otherwise \end{cases}$$

여기서 $z = w_0 x_0 + w_1 x_1$의 가중치 합과 동일한 새로운 변수 z(이른바 네트 입력$^{net\ input}$)를 소개한다. 가중치 합은 임곗값 θ와 비교돼 ϕ와 y 값을 결정한다. 그것과 별개로 두 방정식은 앞의 방정식과 정확히 동일하다.

이 방정식이 잘 이해되지 않을 경우 선형 분류기에 대해 1장을 다시 살펴본다.

맥컬럭과 피츠 뉴런은 본질적으로 선형, 이진 분류기다.

x_0과 x_1은 입력 특징이고, w_0과 w_1은 학습할 가중치며, 분류는 활성화 함수 ϕ에 의해 수행된다. 적절한 훈련 세트를 사용해 수행할 가중치를 잘 학습해두면 데이터를 양수나 음수 샘플로 분류할 수 있다. 이 시나리오에서 $\phi(z) = \theta$는 의사 결정 경계로 작용한다.

이러한 내용은 다음 그림을 통해 더 잘 이해할 수 있다.

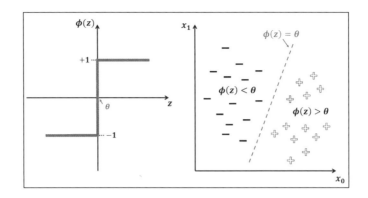

왼쪽에서 z축을 기준으로 그려진 뉴런의 활성화 함수 ϕ를 살펴보자. z는 두 입력 x_0과 x_1의 가중 합계 이상의 값을 갖진 않는다. 규칙을 보면 가중치 합이 일부 임곗값 θ보다 작은 경우 뉴런의 출력은 −1이 된다. θ보다 높다면 출력은 +1이 된다.

오른쪽 그림에서는 $\phi(z) = \theta$로 표현되는 의사 결정 경계를 볼 수 있다. 경계는 두 가지 영역으로 데이터를 나눈다. $\phi(z) < \theta$(모든 데이터 포인트는 음의 샘플로 예측)와 $\phi(z) > \theta$(모든 데이터 포인트는 양성 샘플로 예측)다.

TIP 의사 결정 경계는 수직이나 수평일 필요가 없고, 앞의 그림처럼 기울어진 모양을 가진다. 그러나 단일 맥컬럭과 피츠 뉴런의 경우 의사 결정 경계는 항상 직선 모양이다.

물론 모든 양의 데이터 포인트와 모든 음의 데이터 포인트 사이에 존재하는 의사 결정 경계에 대한 가중 계수 w_0과 w_1을 학습해야 한다.

신경망을 훈련시키려면 일반적으로 다음과 같은 세 가지가 필요하다.

- **훈련 데이터:** 분류기의 효율성 검증용 몇 가지 데이터 샘플이 필요하다.
- **비용 함수**[cost function]**(손실 함수**[loss function]**라고도 함):** 현재의 가중 계수[weight coefficient]가 얼마나 좋은지 측정한다. 사용 가능한 다양한 비용 함수가 있으며, 이 장의 마지막 부분에서 설명한다. 한 가지 해결책은 오분류[misclassification]가 얼마

나 발생했는지 파악하는 것이다. 또 다른 해결책으로는 제곱 오차의 합^{sum} ^{of squared errors}을 계산한다.

- **학습 규칙**: 수학적으로 가중 계수를 어떻게 업데이트해야 하는지 지정한 다. 학습 규칙은 일반적으로 훈련 데이터에서 관찰한 오차(비용 함수로 측 정)에 따라 다르다.

이제 유명한 연구원인 프랭크 로젠블랫^{Frank Rosenblatt}이 등장한다.

▌퍼셉트론의 이해

1950년대 미국의 심리학자이자 인공지능 연구원인 프랭크 로젠블랫은 정확한 이 진 분류를 수행하는 데 필요한 최적 가중치 계수 w_0과 w_1을 인지하는 알고리즘을 만들어냈다. 즉, 퍼셉트론 학습 규칙이다.

로젠블랫의 퍼셉트론 알고리즘은 다음처럼 요약할 수 있다.

1. 가중치를 0이나 임의의 작은 난수로 초기화한다.
2. 각 훈련 샘플 s_i에 대해 다음 단계를 수행한다.
    1. 예측된 목푯값 $\hat{y}_i$를 계산한다.
    2. $\hat{y}_i$를 실제 측정치^{ground truth[1]} y_i와 비교하고, 가중치를 업데이트한다.
        - 두 개가 동일하면(올바른 예측인 경우) 가중치 계수를 처리하지 않고 건너뛴다.
        - 두 개가 다른 경우(잘못된 예측), 가중치 계수 w_0과 w_1을 각각 포지티 브나 네거티브 대상 클래스 쪽으로 전달한다.

---

1. ground truth는 '실측 데이터'라는 말로도 해석할 수 있지만, 여기서는 '실제 측정치'라는 표현으로 번역했다. — 옮긴이

마지막 단계인 가중치 업데이트 규칙weight update rule을 자세히 살펴보자. 가중치 계수의 목표는 데이터를 성공적으로 분류할 수 있는 값을 취하는 것이다. 사용자가 가중치를 0이나 작은 난수 중 하나로 초기화하기 때문에 처음부터 100% 정확도를 얻을 수 있는 기회는 매우 낮다. 그러므로 분류 정확도가 향상되도록 가중치를 약간 변경해야 한다.

입력이 두 개인 경우 작은 변화 Δw_0에 의해 w_0을 갱신하고, 변화 Δw_1에 의해 w_1을 갱신한다.

$$w_0 = w_0 + \Delta w_0$$
$$w_1 = w_1 + \Delta w_1$$

로젠블랫은 분류를 더 정확한 방식으로 하려면 가중치를 업데이트해야 한다고 생각했다. 따라서 각 데이터 포인트 i의 실제 측정값 y_i에 대해 퍼셉트론의 예상 출력 $\hat{y}_i$를 비교할 필요가 있다. 두 값이 같으면 예측이 정확할 것이다. 이는 퍼셉트론이 이미 훌륭한 작업을 수행하고 있고, 어떤 것도 변경할 필요 없음을 의미한다. 그러나 두 값이 다른 경우에는 가중치를 양수 클래스나 음수 클래스에 더 가깝게 만들어야 한다. 이는 다음 방정식으로 요약할 수 있다.

$$\Delta w_0 = \eta(y_i - \hat{y}_i)x_0$$
$$\Delta w_1 = \eta(y_i - \hat{y}_i)x_1$$

여기서 매개변수 η는 학습률(일반적으로 0과 1 사이의 상수)을 나타낸다. 일반적으로 η는 모든 데이터 샘플 s_i에서 원하는 솔루션을 만들고자 작은 단계씩 진행되도록 충분히 작게 선택된다.

이 업데이트 규칙을 더 낮게 만들려면 특정 샘플 s_i를 고려해보자. $\hat{y}_i = -1$을 예측했지만 실제 측정값에서는 $y_i = +1$이었다. 여기서 $\eta = 1$로 설정하면 $\Delta w_0 = (1 - (-1))x_0 = 2x_0$이 된다. 바꿔 말하면 업데이트 규칙으로 가중치 값 w_0은 $2x_0$만큼 증가한다.

더 강한 가중치 값을 사용하면 다음에 가중치 합이 임곗값을 초과할 확률이 높아지므로, 다음번에는 $\hat{y}_i = -1$인 샘플을 잘 분류할 수 있을지 고민해봐야 한다.

다른 측면에서 $\hat{y}_i$가 y_i와 같다면 $(\hat{y}_i - y_i)$는 취소되고, $\Delta w_0 = 0$이 된다.

 퍼셉트론 학습 규칙은 데이터가 선형으로 분리 가능하고 학습률이 충분히 작은 경우에만 최적의 솔루션에 수렴하도록 보장된다.

가중 합계에서 용어의 개수를 확장해 퍼셉트론 학습 규칙을 두 개 이상의 입력 x_0과 x_1로 확장하는 것은 수학적 의미에서 매우 직접적인 방법이다.

$$z = x_0 w_0 + x_1 w_1 + \cdots + x_m w_m = \sum_{i=1}^{m} x_i w_i$$

$$\phi(z) = \begin{cases} 1 & if\ z \geq \theta \\ -1 & otherwise \end{cases}$$

가중치 계수 중 하나를 입력 특징(일반적으로 w_0이므로 $x_0 = 1$)에 의존하지 않게 함으로써 가중치 합에서 스칼라(또는 바이어스 항bias term)로 작용할 수 있게 하는 것이 일반적이다.

퍼셉트론 알고리즘을 인공 뉴런처럼 보이게 만들려면 다음 그림처럼 구성한다.

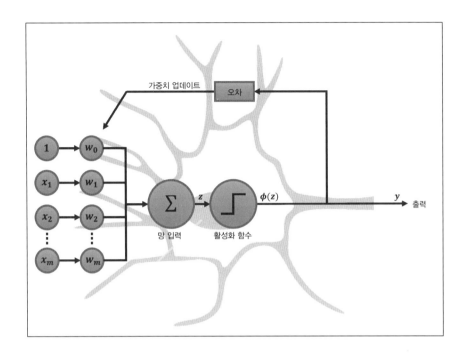

이 그림은 인공 뉴런으로 동작하는 퍼셉트론 알고리즘을 보여준다.

여기에서 입력 특징과 가중치 계수는 뉴런이 모든 입력을 가져오는 돌기 나무의 일부로 해석된다. 이러한 입력은 합산돼 셀 본체에서 발생하는 활성화 함수를 통해 전달된다. 그 결과 출력은 축색 돌기를 따라 다음 세포로 보내진다. 퍼셉트론 학습 규칙에서 뉴런의 출력을 사용해 오차를 계산하고 이를 통해 가중 계수를 업데이트한다.

 퍼셉트론의 1950년 버전과 현대 버전은 쌍곡선 탄젠트, 시그모이드 함수, 더 강력한 ReLU(Rectifier Linear Unit)와 같은 정교한 활성화 함수의 사용 여부로 구별할 수 있다.

이제 샘플 데이터를 사용하는 방법을 살펴본다.

▌첫 번째 퍼셉트론 구현

퍼셉트론 구현은 처음부터 어렵지 않다. 퍼셉트론 객체를 생성해 전형적인 OpenCV 나 scikit-learn의 분류기 구현을 모방할 수 있다. 이렇게 하면 `fit` 메서드를 통해 데이터를 학습하고 별도의 `predict` 메서드를 통해 예측을 수행할 수 있는 새로운 퍼셉트론 객체를 초기화할 수 있다.

새로운 퍼셉트론 객체를 초기화할 때는 학습률(앞 절에서 lr 또는 η)과 알고리즘 종료 후 반복 횟수(n_iter)를 전달해야 한다.

```
In [1]: import numpy as np
In [2]: class Perceptron(object):
...        def init (self, lr=0.01, n_iter=10):
...            self.lr = lr
...            self.n_iter = n_iter
...
```

`fit` 메서드는 대부분의 작업이 완료될 때 사용된다. 이 메서드는 일부 데이터 샘플(X)과 관련 목표 레이블(y)을 입력으로 사용한다. 그런 다음 각 특징(X.shape[1])에 대해 하나씩 가중치(self.weights) 배열을 만들고 0으로 초기화한다. 편의를 위해 바이어스 항(self.bias)을 가중치 벡터와 분리해 0으로 초기화한다. 바이어스를 0으로 초기화하는 이유는 가중치의 작은 랜덤 숫자가 망에 비대칭성을 제공하기 때문이다.

```
...        def fit(self, X, y):
...            self.weights = np.zeros (X.shape [1])
...            self.bias = 0.0
```

predict 메서드는 많은 데이터 샘플(X)을 가져와 각각에 대해 +1이나 –1 중 하나의 목표 레이블을 반환한다. 이러한 분류 작업을 수행하려면 $\phi(z) > \theta$ 조건을 구현해야 한다. 여기서는 $\theta = 0$을 선택할 것이고, 가중 합은 NumPy의 내적 값으로 계산될 수 있다.

```
...        def predict(self, X) :
...            return np.where(np.dot (X, self.weights) + self.bias> = 0.0,
...                        1, -1)
```

그런 다음 데이터 세트의 모든 데이터 샘플(xi, yi)에 대한 항을 계산하고, 이 단계를 반복 횟수(self.n_iter)만큼 반복한다. 이를 위해 실제 측정값에 대한 레이블(yi)과 예측 레이블(self.predict(xi))을 비교할 필요가 있다. 결과 델타 항resulting delta term은 가중치와 바이어스 항을 업데이트하는 데 사용한다.

```
...        for _ in range(self.n_iter):
...            for xi, yi in zip(X, y):
...                delta = self.lr * (yi - self.predict(xi))
...                self.weights += delta * xi
...                self.bias += delta
```

장난감 데이터 세트 생성

장난감 데이터 세트를 만들고 플로팅하는 방법을 다음 단계를 통해 살펴본다.

1. 퍼셉트론 분류기를 테스트하려면 모의mock 데이터를 생성해야 한다. 모의 데이터를 간단히 만들고자 scikit-learn의 make_blobs 함수를 다시 사용해 두 개의 블롭(centers) 중 하나에 속하는 100개의 데이터 샘플(n_samples)을 생성한다.

```
In [3]: from sklearn.datasets.samples_generator import make_blobs
   ...     X, y = make_blobs(n_samples=100, centers=2,
   ...                       cluster_std=2.2, random_state=42)
```

2. 퍼셉트론 분류기는 목표 레이블이 있어야 함을 주의해야 한다. 레이블은 +1이나 –1이 되고, make_blobs는 0과 1을 반환한다. 레이블을 조정하는 쉬운 방법은 다음 방정식을 사용하는 것이다.

```
In [4]: y = 2 * y - 1
```

3. 다음 코드에서는 먼저 데이터를 시각화할 수 있는 기능을 제공하는 Matplotlib의 **pyplot** 모듈을 가져온다.

4. 그리고 **ggplot**(데이터 시각화 패키지) 스타일을 사용해 데이터를 표시한다.

5. 다음에는 주피터 노트북 내에서 플롯을 할 수 있는 명령인 **%matplotlib inline**을 사용한다.

6. 그다음 산점도를 그리는 **plt.scatter**에 x1 축과 x2 축 모두에 대해 데이터 X를 입력한다.

7. x1 축은 X[:, 0]의 첫 번째 열의 모든 행을 X[:, 1]로 하고, x2 축은 X의 두 번째 열에 있는 모든 행을 X[:, 1]로 한다. **plt.scatter**의 다른 두 인수는 s이고, 이는 마커 크기(포인트 크기)며, c는 색상이다. y는 +1이나 –1의 두 값만 가질 수 있으므로 산점도에는 최대 두 개의 값이 있다.

8. 마지막으로 x축과 y축에 x1과 x2로 레이블을 붙인다.

이제 데이터를 살펴보자.

```
In [5]: import matplotlib.pyplot as plt
   ...     plt.style.use('ggplot')
```

```
...        %matplotlib inline
...        plt.scatter(X[:, 0], X[:, 1], s=100, c=y);
...        plt.xlabel('x1')
...        plt.ylabel('x2')
```

그러면 다음의 그림을 얻는다.

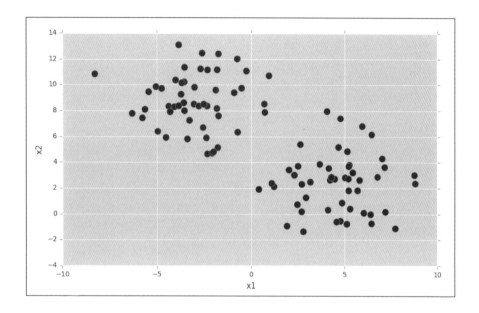

이 스크린샷은 퍼셉트론 분류기의 데이터 세트 예제를 보여준다. 퍼셉트론 분류기는 두 블롭을 구분하는 의사 결정 경계를 쉽게 찾을 수 있을까?

쉽게 찾을 수 있는 기회는 올 것이다. 앞서 퍼셉트론은 선형 분류기라고 이미 언급했다. 앞의 그림에서 두 개의 블롭을 분리하고자 직선을 그릴 수 있으면 퍼셉트론이 찾을 수 있어야 하는 선형 의사 결정 경계도 존재한다. 즉, 모든 것이 올바르게 구현됐다.

퍼셉트론을 데이터에 적용

주어진 데이터로 퍼셉트론을 사용하는 방법을 다음 단계를 통해 살펴본다.

1. OpenCV의 다른 분류기와 유사하게 퍼셉트론 객체를 인스턴스화한다.

```
In [6]: p = Perceptron(lr = 0.1, n_iter = 10)
```

여기서는 학습률을 0.1로 선택하고 10회 반복한 후 종료하도록 퍼셉트론에게 지시했다. 이 값들은 이 시점에서 다소 임의적으로 선택됐고, 잠시 후에 다시 살펴본다.

적절한 학습 률(learning rate)을 선택하는 것이 중요하지만 가장 적절한 선택이 무엇인지 항상 명확하진 않다. 학습률은 최적의 가중치 계수를 얻고자 이동하는 속도가 빠른지 또는 느린지를 결정한다. 학습률이 너무 높으면 실수로 최적의 솔루션을 건너뛸 수 있고, 너무 낮으면 최상의 값으로 수렴하고자 많은 수의 반복이 필요하다.

2. 퍼셉트론이 설정되면 fit 메서드를 호출해 가중치 계수를 최적화할 수 있다.

```
In [7]: p.fit(X, y)
```

3. 동작하는가? 이젠 학습된 가중치를 살펴보자.

```
In [8]: p.weights
Out[8]: array([2.20091094, -0.4798926])
```

4. 그리고 바이어스 항도 확인해보자.

```
In [9]: p.bias
Out[9]: 0.20000000000000001
```

ϕ를 갖는 방정식에 이 값들을 대입하면 퍼셉트론이 $2.2x_1 - 0.48x_2 + 0.2 >= 0$ 형태의 의사 결정 경계를 학습한 것이다.

퍼셉트론 분류기 평가

다음 단계를 통해 테스트 데이터로 훈련된 퍼셉트론을 평가하는 방법을 살펴본다.

1. 퍼셉트론의 성능이 얼마나 좋은지 알아내고자 모든 데이터 샘플의 정확도 점수를 계산한다.

```
In [10]: from sklearn.metrics import accuracy_score
...        accuracy_score(p.predict(X), y)
Out[10]: 1.0
```

완벽한 점수가 나왔다.

2. 8장의 `plot_decision_boundary`를 다시 가져와 다음처럼 의사 결정 결과를 살펴보자.

```
In [10]: def plot_decision_boundary(classifier, X_test, y_test):
...          # 플롯할 메시 만들기
...          h = 0.02 # 메시의 스텝 크기
...          x_min, x_max = X_test[:, 0].min() - 1, X_test[:, 0].max() + 1
...          y_min, y_max = X_test[:, 1].min() - 1, X_test[:, 1].max() + 1
...          xx, yy = np.meshgrid(np.arange(x_min, x_max, h),
...                               np.arange(y_min, y_max, h))
...
...          X_hypo = np.c_[xx.ravel().astype(np.float32),
```

```
...                    yy.ravel().astype(np.float32)]
...          zz = classifier.predict(X_hypo)
...          zz = zz.reshape(xx.shape)
...
...          plt.contourf(xx, yy, zz, cmap=plt.cm.coolwarm, alpha=0.8)
...          plt.scatter(X_test[:, 0], X_test[:, 1], c=y_test, s=200)
```

3. 의사 결정 경계를 플롯한다.

4. 퍼셉트론 객체(p), 데이터(X), 해당 목표 레이블(y)을 사용해 의사 결정 경계 결과를 볼 수 있다.

```
In [11]: plot_decision_boundary(p, X, y)
```

다음과 같은 결과를 볼 수 있다.

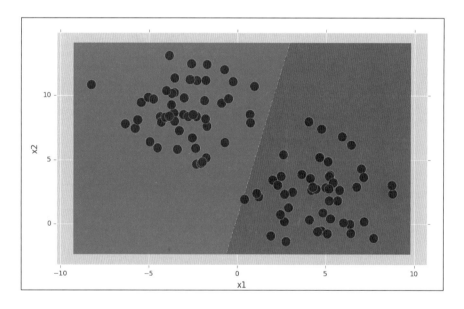

이 스크린샷은 두 클래스를 구분하는 선형 의사 결정 경계를 보여준다.

물론 여기서의 문제는 단순했고 단순 선형 분류기의 경우에서도 마찬가지였다. 더군다나 데이터를 훈련 세트와 테스트 세트로 나누지 않았음을 알 수 있다. 그렇지만 선형적으로 분리할 수 없는 데이터가 있다면 이야기가 조금 다를 수 있다.

선형으로 분리되지 않는 데이터에 퍼셉트론 적용

다음 단계를 통해 비선형 데이터를 분리하고자 퍼셉트론을 만드는 방법을 살펴본다.

1. 퍼셉트론은 선형 분류기이므로 선형으로 분리할 수 없는 데이터를 분류하는 데 문제가 있을 수 있다고 생각할 수 있다. 장난감 데이터 세트에서 두 블롭의 스프레드(cluster_std)를 증가시켜 두 블롭이 겹치기 시작하도록 테스트한다.

```
In [12]: X, y = make_blobs(n_samples=100, centers=2,
...          cluster_std=5.2, random_state=42)
...          y = 2 * y - 1
```

2. Matplotlib의 scatter 함수를 사용해 데이터 세트를 다시 플롯할 수 있다.

```
In [13]: plt.scatter(X[:, 0], X[:, 1], s=100, c=y);
...          plt.xlabel('x1')
...          plt.ylabel('x2')
```

다음 스크린샷에서 분명히 알 수 있듯이 이 데이터는 두 개의 블롭을 완벽하게 구분하는 직선을 가질 수 없기 때문에 더 이상 선형으로 분리하기는 어렵다.

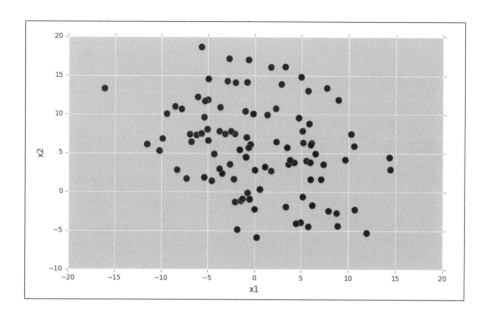

이 스크린샷은 선형으로 분리할 수 없는 예제 데이터를 보여준다. 따라서 여기서 퍼셉트론 분류기를 이 데이터 세트에 적용하면 어떻게 될까?

3. 앞의 단계들을 반복해 이 질문에 대한 답을 찾을 수 있다.

```
In [14]: p = Perceptron(lr=0.1, n_iter=10)
...       p.fit(X, y)
```

4. 실행 결과로 81%의 정확도 점수를 찾았다.

```
In [15]: accuracy_score(p.predict(X), y)
Out[15]: 0.81000000000000005
```

5. 잘못 분류된 데이터 포인트를 찾는 데 헬퍼 함수를 사용해 의사 결정 결과를 다시 시각화한다.

```
In [16]: plot_decision_boundary(p, X, y)
...      plt.xlabel('x1')
...      plt.ylabel('x2')
```

다음 그래프는 퍼셉트론 분류기의 한계를 분명히 보여준다. 선형 분류기이므로 직선을 사용해 데이터를 분리하려고 했지만 궁극적으로는 실패했다. 정확도 81%를 달성했음에도 불구하고 데이터가 선형적으로 분리되지 않았기 때문이다. 그렇지만 다음 그래프에서 붉은 점의 상당수가 푸른 지역에 있고 그 반대도 분명히 볼 수 있다. 따라서 퍼셉트론과는 달리 직선이 아닌 비선형(원형) 의사 결정 경계를 만들 수 있는 비선형 알고리즘이 필요하다.

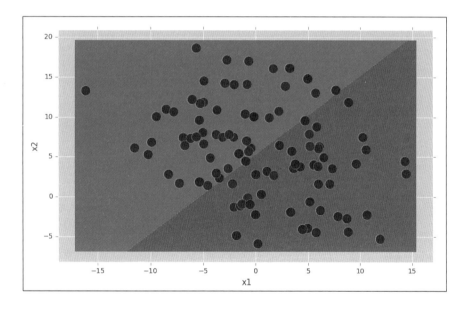

다행히도 퍼셉트론을 좀 더 강력하게 만들고 궁극적으로 비선형 의사 결정 경계를 만드는 방법이 있다. 다음 절에서 살펴보자.

▌다층 퍼셉트론의 이해

비선형 의사 결정 경계를 만들려면 여러 개의 퍼셉트론을 결합해 더 큰 망을 형성할 수 있다. 이 큰 망을 MLP$^{Multi-Perceptron}$라고 한다. MLP는 대개 세 개 이상의 레이어로 구성되며, 첫 번째 레이어에는 데이터 세트의 모든 입력 기능에 대한 노드(또는 뉴런)가 있고, 마지막 레이어에는 모든 클래스 레이블에 대한 노드가 있다. 중간에 있는 레이어를 히든 레이어$^{hidden\ layer}$라고 한다.

피드포워드 신경망$^{feedforward\ neural\ network}$ 아키텍처의 예는 다음 그림과 같다.

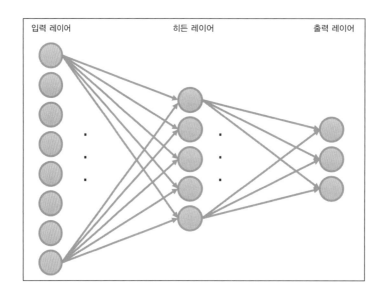

이 망(네트워크)에서 모든 원은 인공 뉴런(또는 퍼셉트론)이며, 하나의 인공 뉴런의 출력은 실제의 생물 뉴런이 어떻게 뇌에 배선돼 있는지와 마찬가지로 다음의 인공 뉴런에 대한 입력으로 사용될 수 있다. 퍼셉트론을 나란히 놓음으로써 사용자는 하나의 단일 레이어 신경망을 얻을 수 있고, 유사하게 하나의 1 레이어 신경망을 다른 리[이어에 쌓아 다층 신경망^{MLP}을 구성할 수 있다.

MLP의 주목할 만한 속성 중 하나는 망을 충분히 크게 만들면 수학적 함수로 표현할 수 있다는 것이다. 이를 보편적 근사 속성^{universal approximation property}이라고 한다. 예를 들어 앞 그림에 표시된 것과 같은 하나의 히든 레이어 MLP는 정확히 다음 함수를 나타낼 수 있다.

- 불리언 함수(예, AND, OR, NOT, NAND 등)
- 경계가 있는 연속 함수(사인 함수 또는 코사인 함수)

더 좋은 점은 다른 레이어를 추가하면 MLP가 임의의 함수를 근사할 수 있다는 것이다. 따라서 신경망이 왜 그렇게 강력한지 이해할 수 있다. 뉴런과 충분한 레이어를 제공하면 기본적으로 모든 입출력 기능 학습이 가능하다.

경사 하강법의 이해

이 장의 앞부분에서 언급한 퍼셉트론에 관해 이야기할 때는 훈련에 필요한 세 가지 필수 요소인 훈련 데이터^{training data}, 비용 함수^{cost function}, 학습 규칙^{learning rule}을 확인할 수 있었다. 학습 규칙은 단일 퍼셉트론에 효과적이지만 불행히도 MLP에서는 일반화되지는 않았으므로 좀 더 일반적인 규칙을 만들어야 한다.

분류 기준의 성공 여부 측정 방법은 비용 함수를 사용해 분류 기준 성공 확인에 적용할 수 있다. 일반적인 예로 망(네트워크)의 오분류나 평균 제곱 오차 수를 들 수 있다. 이 함수(손실 함수^{loss function}라고도 함)는 일반적으로 조정하려는 매개변수에 따라 달라진다. 신경망에서 이러한 매개변수는 가중치 계수가 사용된다. 간단한 신경망에서 하나의 가중치 계수 w를 사용한다고 가정해보자. 이때 가중치 함수로 비용을 시각화할 수 있다.

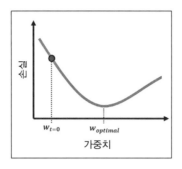

훈련이 시작되면 시간이 0일 때는 이 그래프의 왼쪽에서부터($w_{t=0}$) 시작한다. 그러나 이 그래프를 통해 사용자는 비용 함수를 최소화할 수 있는 $w_{optimal}$이 존재함을 알 수 있다. 최소 비용은 최저 오차를 의미하므로 학습을 통해 최적의 목표를 달성하고자 $w_{optimal}$에 도달해야 한다.

이는 경사 하강법에서 하려는 것과 정확히 같고, 경사gradient는 언덕을 가리키는 벡터로 생각할 수 있다. 경사 하강법은 산꼭대기에서 계곡까지 아래를 향해 언덕을 효과적으로 걷고, 경사의 반대쪽으로 걸어 나간다.

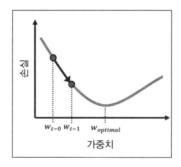

계곡에 도착하면 경사는 0이 돼 훈련이 완료된다.

계곡에 도달하는 방법에는 여러 가지가 있다. 왼쪽에서 접근할 수도 있고, 오른쪽에서 접근할 수도 있다. 하강의 시작점은 초기 가중치initial weight value에 의해 결정된다. 사용자는 너무 크게 걸음을 걷지 않도록 조심해야 한다. 그렇지 않으면 계곡에 도달하지 못할 수도 있다.

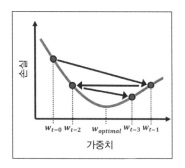

따라서 확률적 경사 하강법$^{\text{stochastic gradient descent}}$(때로는 반복^{iterative} 또는 온라인 경사 하강법이라고도 함)에서 목표는 작은 단계로 가능한 한 자주 수행해야 한다. 효과적인 스텝 크기는 알고리즘의 학습률에 의해 결정된다.

특히 다음과 같은 절차를 반복 수행한다.

1. 적은 수의 훈련 샘플을 망에 제공한다(배치 크기라고 함).
2. 작은 데이터 배치에서 비용 함수의 경사를 계산한다.
3. 계곡 쪽으로, 경사의 반대 방향으로 작은 단계로 진행함으로써 가중치 계수를 업데이트한다.
4. 가중치 비용이 더 이상 내려가지 않을 때까지 1-3단계를 반복한다. 더 이상 안 내려가면 계곡에 도착했음을 알 수 있다.

SGD를 개선하기 위한 다른 방법으로 케라스^{Keras} 프레임워크의 학습률 검색기를 사용해 에폭시 단계 크기(학습률)를 감소시키고, 앞에서 설명한 배치 크기(또는 미니 배치)를 사용한 가중치 업데이트를 더 빨리 계산하는 방법이 있다.

경사 하강법의 적용이 실패할 수 있는 경우를 생각해 본 적이 있는가?

한 가지 실패 시나리오는 다음 그림처럼 비용 함수에 다른 계곡보다 더 깊은 계곡이 있는 경우다.

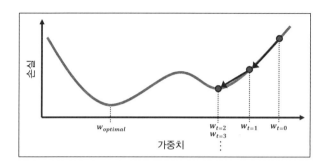

왼쪽부터 시작하면 이전과 동일한 계곡에 도착할 수 있다. 이렇게 할 때는 문제가 생기지 않는다. 그러나 출발점을 오른쪽에서 시작하면 다른 계곡과 마주친다. 경사 하강법은 계곡점으로 곧바로 갈 수 있지만, 지금처럼 만난 계곡을 넘어가는 방법은 없다.

 지금과 같은 방법은 지역적으로 낮은 곳에 도달할 수 있다고 알려져 있다. 많은 연구원은 앞선 문제를 해결하려고 여러 가지 방법을 시도해봤다. 그중 하나는 프로세스에 노이즈를 추가하는 것이다.

이제 한 조각의 퍼즐이 남았다. 현재의 가중치 계수를 감안할 때 비용 함수의 기울기를 어떻게 알 수 있을까?

역전파를 이용한 MLP 훈련

신경망에서 비용 함수의 경사도 추정용 알고리즘인 역전파[backpropagation]를 살펴본다. 어떤 사람은 기본적으로 하나 이상의 변수에 의존하는 편미분 함수[partial derivative]를 계산하는 방법인 체인 규칙[chain rule]을 나타내는 단어로 말한다. 그렇지만 체인 규칙은 인공 신경망 영역이 실제로 적용될 수 있도록 도움을 줄 수 있다.

역전파를 이해하려면 미적분을 많이 이해해야 한다. 따라서 여기서 기본적인 내용을 살펴본다.

비용 함수와 경사를 다시 생각해보자. 이는 모든 데이터 샘플 i에 대해 실제 출력(y_i)과 현재 출력($\hat{y}_i$) 사이의 차이 값에 의존한다는 것도 기억해야 한다. 비용 함수를 평균 제곱 오차로 정의하면 해당 방정식은 다음과 같다.

$$E = \frac{1}{2} \sum_i (y_i - \hat{y}_i)^2$$

여기서 합은 모든 데이터 샘플 i에 적용한 것이다. 물론 뉴런의 출력($\hat{y}_i$)은 입력(z)에 의존하며, 바꿔 이야기하면 입력 특징(x_j)과 가중치(w_j)에 의존한다.

$$\hat{y} = \phi(z)$$
$$z = \sum_j x_j w_j$$

따라서 앞의 수식에서와 같이 비용 함수의 기울기를 계산하려면 일부 가중치 w_j에 대한 E의 미분을 계산해야 한다. 이 계산을 하려면 꽤 많은 수학적 지식이 필요하다. E는 $\hat{y}$에 의존하기 때문인데, $\hat{y}$는 z에 의존하고 z는 w_j에 의존한다. 그러나 체인 규칙으로 인해 다음처럼 독립적인 방식으로 계산을 할 수 있다.

$$\frac{\partial E}{\partial w_j} = \frac{\partial E}{\partial \hat{y}} \frac{\partial \hat{y}}{\partial z} \frac{\partial z}{\partial w_j}$$

왼쪽의 항은 사용자가 계산하려고 하는 w_j에 대한 E의 편미분이다. 망에 더 많은 뉴런이 있다면 방정식은 w_j로 끝나지 않으며, 오차가 다른 히든 레이어를 통해 어떻게 전달되는지 설명하는 몇 가지 추가 용어가 포함될 수 있다.

이러한 방법을 통해 역전파라는 이름을 얻게 됐다. 이 동작은 히든 레이어를 통해 입력 레이어에서 출력 레이어로 흐르는 동작과 유사하다. 오차 경사 값은 망을 통해 역방향으로 전달된다. 즉, 히든 레이어의 오차 경사 값은 출력 레이어의 오차 경사 값 등에 따라 달라진다. 그러면 오차가 망을 통해 역전파된 것처럼 보인다.

하지만 아직도 전체적인 모습은 복잡해 보인다고 말할 수 있다. 그러나 좋은 소식은 앞의 방정식에서 w_j에 의존하는 유일한 항은 가장 오른쪽에 있는 항이므로 수학식을 좀 더 쉽게 만들 수 있다는 것이다. 하지만 아직 복잡하다는 말이 맞을 수도 있다. 이는 여전히 복잡하다. 하지만 여기서 더 자세히 살펴보진 않겠다.

 역전파에 대한 자세한 내용을 보려면 다음 책을 보기 바란다.
이안 굿펠로(Ian Goodfellow), 요슈아 벤지오(Yoshua Bengio), 에런 쿠빌(Aaron Courville)의
『Deep Learning(심층 학습)』(MIT Press, 2016)

결국 사용자가 정말 관심 있는 것은 이 모든 것이 실제로 어떻게 동작하는지에 대한 내용일 것이다.

OpenCV에서 MLP 구현

OpenCV에서 다층 퍼셉트론을 구현할 때 이전에도 많이 봤던 구문을 사용할 수 있다. MLP가 단일 퍼셉트론과 어떻게 비교되는지 확인하려면 이전과 동일한 장난감 데이터를 사용해야 한다.

```
In [1]: from sklearn.datasets.samples_generator import make_blobs
...     X_raw, y_raw = make_blobs(n_samples=100, centers=2,
...                               cluster_std=5.2, random_state=42)
```


데이터 전처리

그렇지만 OpenCV를 사용하고 있으므로 이번에는 입력 행렬에서 32비트 부동소수점 숫자를 사용한다. 그렇지 않으면 코드가 동작하지 않는다.

```
In [2]: import numpy as np
...     X = X_raw.astype(np.float32)
```

또한 4장을 다시 살펴보고 범주형 변수를 나타내는 방법을 기억해야 한다. 목표 레이블을 나타내는 방법을 찾아야 한다. 정수가 아닌 원핫one-hot 인코딩으로 목표 레이블을 표현한다. 이를 달성하는 가장 쉬운 방법은 scikit-learn의 **preprocessing** 모듈을 사용하는 것이다.

```
In [3]: from sklearn.preprocessing import OneHotEncoder
...     enc = OneHotEncoder(sparse=False, dtype=np.float32)
...     y = enc.fit_transform(y_raw.reshape(-1, 1))
```

OpenCV에서 MLP 분류기 만들기

OpenCV에서 MLP를 만드는 구문은 다른 모든 분류기와 동일하다.

```
In [4]: import cv2
...     mlp = cv2.ml.ANN_MLP_create()
```

망(네트워크)에서 원하는 레이어의 수와 레이어당 몇 개의 뉴런이 들어갈 것인지 지정해야 한다. 따라서 각 레이어의 뉴런 수를 지정하는 정수 목록을 사용해야 한다. 데이티 행렬 X에는 두 가지 기능이 있으므로 첫 번째 레이어에는 두 개의 뉴런이 있어야 한다(n_input). 출력에는 두 개의 다른 값이 있으므로 마지막 레이어에는 두 개의 뉴런이 있어야 한다(n_output).

이 두 개의 레이어 사이에 사용자가 원하는 만큼 많은 뉴런을 가진 히든 레이어를 넣을 수 있다. 10개의 임의의 뉴런이 있는 단일 히든 레이어를 선택해보자 (n_hidden).

```
In [5]: n_input = 2
...     n_hidden = 10
...     n_output = 2
...     mlp.setLayerSizes(np.array([n_input, n_hidden, n_output])))
```

MLP 분류기의 사용자 정의

분류기를 훈련하기 전에 다음과 같은 여러 옵션을 사용해 MLP 분류기를 사용자
정의할 수 있다.

- **mlp.setActivationFunction:** 망의 모든 신경 세포에 사용되는 활성화 함
  수를 정의한다.
- **mlp.setTrainMethod:** 적절한 훈련 방법을 정의한다.
- **mlp.setTermCriteria:** 훈련 단계의 종료 기준을 설정한다.

직접 만든 퍼셉트론 분류기는 선형 활성화 함수를 사용했으며, OpenCV에서는 세
가지 추가 옵션을 제공한다.

- **cv2.ml.ANN_MLP_IDENTITY:** 선형 활성화 함수 $f(x) = x$다.
- **cv2.ml.ANN_MLP_SIGMOID_SYM:** 대칭 시그모이드 함수(쌍곡선 탄젠트^{hyperbolic}
  ^{tangent}라고도 함)며, $f(x) = \beta(1 - \exp(-\alpha x))/(1 + \exp(-\alpha x))$로 표시된다. α는
  함수의 기울기를 제어하며, β는 출력의 상한과 하한을 정의한다.
- **cv2.ml.ANN_GAUSSIAN:** 가우시안 함수(종 곡선^{bell curve}이라고도 함)다. $f(x) = \beta$
  $\exp(-\alpha x^2)$이다. α는 함수의 기울기를 제어하지만 β는 출력의 상한을 정의
  한다.

이 예제에서는 입력값을 [0, 1] 범위로 축소시키는 적절한 시그모이드 함수를 사용한다. 사용자는 $\alpha = 2.5$와 $\beta = 1.0$ 값을 사용해 축소할 수 있다. 활성화 함수의 두 매개변수 α, β는 기본값 0을 가진다.

```
In [6]: mlp.setActivationFunction(cv2.ml.ANN_MLP_SIGMOID_SYM, 2.5, 1.0)
```

이 활성화 함수가 무엇인지 궁금하다면 Matplotlib을 사용해 확인할 수 있다.

```
In [7]: import matplotlib.pyplot as plt
...     %matplotlib inline
...     plt.style.use('ggplot')
```

활성화 함수가 어떻게 보이는지 알고자 [−1, 1] 범위의 x 값을 조밀하게 샘플링한 NumPy 배열을 만든 후 앞의 수학 표현식을 사용해 해당 y 값을 계산할 수 있다.

```
In [8]: alpha = 2.5
...     beta = 1.0
...     x_sig = np.linspace(-1.0, 1.0, 100)
...     y_sig = beta * (1.0 - np.exp(-alpha * x_sig))
...     y_sig /= (1 + np.exp(-alpha * x_sig))
...     plt.plot(x_sig, y_sig, linewidth=3);
...     plt.xlabel('x')
...     plt.ylabel('y')
```

다음 그림에서 볼 수 있듯이 출력값이 [-1, 1] 범위에 있을 멋진 스쿼시 함수^{squashing} ^{function}가 생성된다.

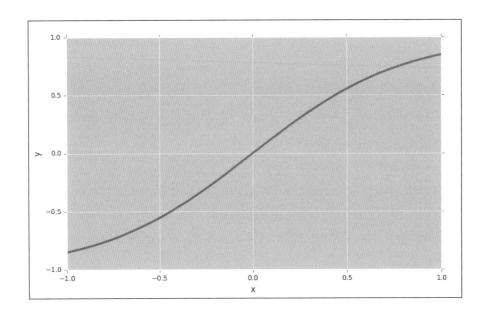

이 그래프는 $\alpha = 2.5$와 $\beta = 1.0$인 대칭 시그모이드 함수의 예다. 앞서 언급했듯이 `mlp.setTrainMethod`를 통해 훈련 방법을 설정할 수 있다. 이를 위해 다음 방법을 사용할 수 있다.

- **cv2.ml.ANN_MLP_BACKPROP:** 이전에 이야기했던 역전파 알고리즘이다. `mlp.setBackpropMomentumScale`과 `mlp.setBackpropWeightScale`을 통해 추가 배율 인수를 설정할 수 있다.
- **cv2.ml.ANN_MLP_RPROP:** Rprop 알고리즘으로, 탄성 역전파^{resilient backpropagation}의 약자다. 여기서는 이 알고리즘을 다룰 시간이 없지만 `mlp.setRpropDW0`, `mlp.setRpropDWMax`, `mlp.setRpropDWMin`, `mlp.setRpropDWMinus`, `mlp.setRpropDWPlus`를 통해 이 알고리즘의 추가 매개변수를 설정할 수 있다.

이 예제에서는 역전파 알고리즘을 선택했다.

```
In [9]: mlp.setTrainMethod(cv2.ml.ANN_MLP_BACKPROP)
```

마지막으로 `mlp.setTermCriteria`를 통해 훈련 종료 기준을 지정할 수 있다. 훈련 종료 기준은 OpenCV의 모든 분류기에서 동일하게 작동하며, 기본 C++ 기능과 밀접히 연결된다. 먼저 OpenCV에 어떤 기준을 지정할지 알려주겠다(예, 최대 반복 횟수). 그런 다음 이 기준의 값을 지정하고 모든 값은 튜플로 전달한다.

그러므로 사용자가 300번의 반복 횟수에 도달할 때까지 MLP 분류기를 실행하고 자 오차가 작은 값 범위 이상으로 증가하지 않도록 다음처럼 작성할 수 있다.

```
In [10]: term_mode = cv2.TERM_CRITERIA_MAX_ITER + cv2.TERM_CRITERIA_EPS
...        term_max_iter = 300
...        term_eps = 0.01
...        mlp.setTermCriteria((term_mode, term_max_iter, term_eps))
```

이제 분류기를 훈련할 준비가 됐다.

MLP 분류기 훈련과 테스트

훈련과 테스트 부분은 의외로 쉽다. MLP 분류기를 훈련하는 것은 다른 모든 분류 기와 동일하다.

```
In [11]: mlp.train(X, cv2.ml.ROW_SAMPLE, y)
Out[11]: True
```

목표 레이블을 예측하는 경우에도 마찬가지다.

```
In [12]: _, y_hat = mlp.predict(X)
```

정확도를 측정하는 가장 쉬운 방법은 scikit-learn의 헬퍼 함수를 사용하는 것이다.

```
In [13]: from sklearn.metrics import accuracy_score
...      accuracy_score(y_hat.round(), y)
Out[13]: 0.88
```

10개의 히든 레이어 뉴런과 두 개의 출력 뉴런으로 구성된 MLP를 통해 단일 퍼셉트론으로 81%에서 88%로 성능을 향상시킬 수 있었다. 무엇이 변경됐는지 보기 위해 한 번 더 의사 결정 경계를 확인할 수 있다.

```
In [14]: def plot_decision_boundary(classifier, X_test, y_test):
...          # 플롯하기 위한 메시 생성
...          h = 0.02 # 메시 스텝 크기
...          x_min, x_max = X_test[:, 0].min() - 1, X_test[:, 0].max() + 1
...          y_min, y_max = X_test[:, 1].min() - 1, X_test[:, 1].max() + 1
...          xx, yy = np.meshgrid(np.arange(x_min, x_max, h),
...                               np.arange(y_min, y_max, h))
...
...          X_hypo = np.c_[xx.ravel().astype(np.float32),
...                         yy.ravel().astype(np.float32)]
...          _, zz = classifier.predict(X_hypo)
```

그러나 zz가 원핫 인코딩된 행렬이라는 점에서 문제가 된다. 원핫 인코딩을 클래스 레이블(0이나 1)에 해당하는 숫자로 변환하고자 NumPy의 **argmax** 함수를 사용할 수 있다.[2]

```
...          zz = np.argmax(zz, axis = 1)
```

나머지는 동일하게 유지된다.

---

2. 원핫 인코딩은 해당하는 칸의 정보를 1로 표시하고 나머지는 0으로 표시하는 방법이다. – 옮긴이

```
...          zz = zz.reshape(xx.shape)
...          plt.contourf(xx, yy, zz, cmap = plt.cm.coolwarm, alpha = 0.8)
...          plt.scatter(X_test[:, 0], X_test[:, 1], c = y_test, s = 200)
```

그런 다음 이 함수를 다음처럼 호출할 수 있다.

```
In [15]: plot_decision_boundary(mlp, X, y_raw)
```

결과는 다음과 같다.

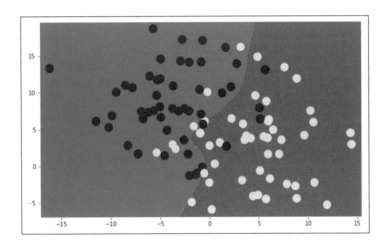

이 결과는 히든 레이어를 사용한 MLP 의사 결정 경계를 나타낸다.

이제 의사 결정 경계는 더 이상 직신이 아니다. 즉, 좋은 성능 향상을 얻을 뿐만 아니라 예상했던 것보다 성능이 더 크게 향상될 것이다. 그렇지만 여기서 멈출 수는 없다. 여기서부터 시도할 수 있는 적어도 두 가지 방법이 있다.

● 히든 레이어에 더 많은 뉴런을 추가할 수 있다. 6번 행의 **n_hidden**을 더 큰 값으로 바꾸고 코드를 다시 실행하면 된다. 일반적으로 말하면 뉴런을 망에 넣을수록 MLP가 더 강력해진다.

- 히든 레이어를 더 추가할 수 있다. 이로 인해 신경망이 실제로 힘을 얻을 수 있다. 이젠 딥러닝의 이야기로 넘어갈 것이다.

▮ 딥러닝에 익숙해지기

딥러닝이 아직 멋진 이름을 갖지 않았을 때는 인공 신경망이라고 불렸었다. 따라서 실제로 이미 인공 신경망에 대해서는 많은 것을 알고 있을 것이다.

결국 신경망에 대한 관심은 1986년 데이빗 러멜하트[David Rumelhart], 제프리 힌튼[Geoffrey Hinton], 로날드 윌리암스[Ronald Williams]가 앞서 언급한 역전파 알고리즘의 재발견과 보급에 관여했던 시기부터 다시 시작됐다. 최근에는 컴퓨터가 충분히 강력해져 대규모 네트워크에서 역전파 알고리즘을 실제로 실행할 수 있으므로 딥러닝 연구가 급증하게 됐다.

 딥러닝의 역사와 근원에 대한 더 자세한 정보는 'Wang & Raj (2017), On the Origin of Deep Learning, arXiv:1702.07800'과 같은 데이터에서 찾아볼 수 있다.

업계와 학계 모두에서 딥러닝이 인기를 얻고 있으므로 여기서 잠시 다양한 오픈 소스 딥러닝 프레임워크를 살펴보고 넘어간다.

- **구글 브레인의 텐서플로**[TensorFlow](http://www.tensorflow.org): 계산을 데이터 플로 그래프[dataflow graph]로 설명하는 머신러닝 라이브러리다. 지금까지 가장 많이 사용되는 딥러닝 라이브러리 중 하나며, 빠르게 발전하고 있으므로 소프트웨어 업데이트를 자주 확인해야 한다. 텐서플로는 파이썬, C++, 자바 인터페이스를 비롯한 모든 사용자 인터페이스를 제공한다.

- 마이크로소프트 리서치의 인지 툴킷[CNTK, Cognitive Toolkit](https://www.microsoft.com/ko-us/research/product/cognitive-toolkit): 신경망을 방향 그래프[directed graph]를 통해 일련의 계산 단계로 설명하는 딥러닝 프레임워크다.
- UC 버클리 대학교의 카페[Caffe](http://caffe.berkeleyvision.org): 순수한 딥러닝 프레임워크로서 C++로 작성됐으며 추가적인 파이썬 인터페이스가 있다.
- 몬트리올 대학교의 테아노[Theano3](http://deeplearning.net/software/theano): CPU와 GPU 아키텍처에서 효율적으로 실행되도록 컴파일된 수치 계산 라이브러리다. 테아노는 머신러닝 라이브러리 이상의 값어치를 가진다. 특수화된 컴퓨터 대수학[algebra] 시스템을 사용해 모든 계산을 표현할 수 있다. 따라서 처음부터 자신의 머신러닝 알고리즘을 작성하고자 하는 사람에게 가장 적합하다.
- 토치[Torch](http://www.torch.ch): 루아[Lua] 프로그래밍 언어를 기반으로 한 과학적 컴퓨팅 프레임워크다. 테아노와 마찬가지로 토치는 머신러닝 라이브러리 그 이상이지만 페이스북, IBM, 얀덱스[Yandex] 같은 회사의 딥러닝에 많이 사용된다.
- 파이토치[PyTorch](https://pytorch.org): 토치를 기반으로 하는 파이썬의 오픈소스 머신러닝 라이브러리로서 딥러닝을 위해 연구 업계에서 널리 사용되고 있다. 주로 페이스북의 인공지능 연구 그룹에 의해 개발됐다. 파이썬, C++, CUDA로 작성되며, 풍부한 도구와 라이브러리 생태계가 파이토치를 확장하고 컴퓨터 비전[CV], 자연어 처리[NLP] 등의 개발을 지원한다.

마지막으로 다음 절에서 사용할 케라스도 있다. 앞의 다른 프레임워크와 달리 케라스는 종단 간 딥러닝 프레임워크가 아니라 인터페이스로 사용할 수 있다. 이 인터페이스를 사용하면 쉽게 이해할 수 있는 API로 심층 신경망을 지정할 수 있다. 케라스 API는 텐서플로, CNTK, 테아노와 같은 백엔드에서 실행될 수 있다.

---

3. 출간 시점에서는 개발 중단됐다. - 편집 팀

케라스에 익숙해지기

케리스의 핵심 데이터 구조는 OpenCV의 분류기 객체와 비슷한 모델이지만, 신경망에만 초점을 둔다. 가장 간단한 유형의 모델은 시퀀셜^{Sequential} 모델이다. 시퀀셜 모델은 OpenCV의 MLP와 마찬가지로 신경망의 여러 레이어를 선형 스택에 배열한다.

```
In [1]: from keras.models import Sequential
...     model = Sequential()
Out[1]: Using TensorFlow backend.
```

그런 다음 서로 다른 레이어를 하나씩 모델에 추가할 수 있다. 케라스에서 레이어는 뉴런을 포함하지 않으면서 함수를 수행한다. 일부 핵심 레이어 유형에는 다음 항목들이 포함된다.

- **Dense:** 밀도가 높은 연결 레이어다. 이는 사용자가 MLP를 디자인할 때 사용한 것과 정확히 동일하다. 뉴런 레이어는 이전 레이어의 각 뉴런에 연결돼 있다.
- **Activation:** 활성화 함수를 출력에 적용한다. 케라스는 OpenCV의 식별 함수(linear), 쌍곡선 탄젠트(tanh), 시그모이드 스쿼싱 함수(sigmoid), 소프트맥스 함수(softmax) 등을 비롯한 모든 활성화 함수를 제공한다.
- **Reshape:** 출력을 특정 모양으로 바꾼다.

입력에 산술 연산이나 기하 연산을 수행하는 다른 레이어가 존재한다.

- **컨볼루션 레이어:** 이 레이어를 사용해 입력 레이어가 컨볼루션되는 커널을 지정할 수 있다. 이를 통해 소벨^{Sobel} 필터와 같은 작업을 수행하거나 1D, 2D, 3D로 가우시안 커널을 적용할 수 있다.
- **풀링 레이어:** 이 레이어는 입력에 대해 최대 풀링 작업을 수행하며, 여기서 출력 뉴런의 활동은 최대로 활동적인 입력 뉴런에 의해 주어진다.

딥러닝에서 널리 사용되는 다른 레이어들은 다음과 같다.

- **드롭아웃**^{Dropout}: 각 업데이트에서 입력 단위의 일부를 랜덤으로 0 값으로 설정한다. 이는 훈련 프로세스에 노이즈를 주입해 좀 더 강력하게 만드는 데 사용된다.
- **임베딩**^{Embedding}: scikit-learn의 preprocessing 모듈의 일부 기능과 비슷한 범주 데이터를 인코딩한다.
- **가우시안 노이즈**^{Gaussian noise}: '0' 중심의 가우시안 노이즈를 적용한다. 이는 훈련 프로세스에 노이즈를 주입하는 또 다른 방법이며, 더욱 강력하게 만든다.

앞의 것과 비슷한 퍼셉트론은 두 개의 입력과 한 개의 출력을 갖는 밀집^{Dense} 레이어들을 사용해 구현될 수 있다. 앞의 예에서와 같이 가중치를 0으로 초기화하고 쌍곡선 탄젠트를 활성화 함수로 사용한다.

```
In [2]: keras.layers from Dense
...        model.add(Dense(1, activation = 'tanh', input_dim = 2,
                    kernelinitializer = 'zeros'))
```

마지막으로 훈련 방법을 지정한다. 케라스는 다음을 포함해 많은 최적화 프로그램을 제공한다.

- **확률적 경사 하강법**^{SGD, Stochastic Gradient Descent}: 앞에서 이미 다뤘다.
- **평균 제곱근 편차 전파**^{RMSprop, Root Mean Square propagation}: 각 매개변수에 적용되는 학습률에 대한 메서드다.
- **적응 모멘트 추정**^{Adam, Adaptive moment estimation}: 평균 제곱근 전파에 대한 업데이트며 케라스는 다양한 손실 함수를 제공한다.

게다가 케라스는 여러 가지 다른 손실 함수를 제공한다.

- **평균 제곱 오차**^{mean_squared_error}: 앞에서 이미 다뤘다.
- **힌지 손실**^{hinge loss}: 6장에서 다룬 SVM에서 자주 사용되는 최대 마진 분류다.

사용자가 지정할 수 있는 많은 매개변수와 메서드를 선택할 수 있다. 앞서 언급한 퍼셉트론 구현에 충실하고자 옵티마이저로서의 확률적 경사 하강법, 비용 함수로서의 평균 제곱 오차, 점수화 함수로서의 정확도를 선택한다.

```
In [3]: model.compile(optimizer='sgd',
...                    loss='mean_squared_error',
...                    metrics=['accuracy'])
```

케라스 구현의 성능을 앞에서 직접 만든 버전과 비교하고자 동일한 데이터 세트에 분류기를 적용한다.

```
In [4]: from sklearn.datasets.samples_generator import make_blobs
...     X, y = make_blobs(n_samples=100, centers=2, cluster_std=2.2, random_ state=42)
```

마지막으로 케라스 모델은 익숙한 구문을 사용해 동일 데이터로 학습할 수 있다. 여기서 훈련할 반복 횟수(epoche), 오차 경사 값(batch_size)을 계산하기 전에 필요한 샘플 수, 데이터 세트의 셔플 여부(shuffle), 진행 업데이트의 출력 여부(verbos)를 선택할 수 있다.

```
In [5]: model.fit(X, y, epochs=400, batch_size=100, shuffle=False, verbose=0)
```

훈련이 끝나면 다음처럼 분류기를 평가할 수 있다.

```
In [6]: model.evaluate(X, y)
```

```
Out[6]: 32/100 [========>.....................] - ETA: 0s
        [0.040941802412271501, 1.0]
```

여기서 첫 번째 보고된 값은 평균 제곱 오차며, 두 번째 값은 정확도를 나타낸다. 즉, 최종 평균 제곱 오차는 0.04였고 정확도는 100%였다. 직접 구현했던 것보다 나은 결과를 얻었다.

 케라스에 대한 소스코드 문서와 여러 지습서에 관한 자세한 내용은 http://keras.io에서 찾아볼 수 있다.

이러한 도구를 사용해 실제 데이터 세트에 접근할 준비가 됐다.

숫자 필기 인식 분류

앞 절에서는 신경망에 관한 많은 이론을 다뤘는데, 이 주제를 처음 접하는 사람에게는 다소 많은 내용일 수 있다. 이번 절에서는 레이블을 갖고 손으로 쓴 숫자 60,000개 샘플이 들어 있는 유명한 MNIST 데이터 세트를 사용할 것이다. MNIST 데이터 세트는 머신러닝 알고리즘에서 널리 사용되는 벤치마크 데이터 세트다.

두 개의 서로 다른 망을 사용해 훈련시킨다.

- OpenCV를 이용한 MLP
- 케라스를 이용한 심층 신경망

MNIST 데이터 세트 가져오기

케라스를 사용해 MNIST 데이터 세트를 가장 쉽게 가져올 수 있다.

```
In [1]: from keras.datasets import mnist
...     (X_train, y_train), (X_test, y_test) = mnist.load_data()
Out[1]: Using TensorFlow backend.
        Downloading data from https://s3.amazonaws.com/img-datasets/mnist.npz
```

그러면 아마존 클라우드에서 데이터를 다운로드하고(인터넷 연결에 따라 시간이 걸릴 수 있음) 자동으로 데이터를 훈련 세트와 테스트 세트로 분할할 수 있다.

 MNIST는 사전 정의된 훈련-테스트 분할을 제공한다. 이 방법을 사용하면 훈련을 위해 모두 동일한 데이터를 사용하고, 테스트를 위해 동일한 데이터를 사용하므로 여러 분류 기준의 성능을 비교하기가 더 쉽다.

이 데이터는 이미 익숙한 형식으로 제공된다.

```
In [2]: X_train.shape, y_train.shape
Out[2]: ((60000, 28, 28), (60000,))
```

레이블은 0에서 9 사이의 정수 값(숫자 0-9에 해당)으로 나타난다.

```
In [3]: import numpy as np
...     np.unique(y_train)
Out[3]: array([0, 1, 2, 3, 4, 5, 6, 7, 8, 9], dtype=uint8)
```

그리고 몇 가지 예제 숫자를 볼 수 있다.

```
In [4]: import matplotlib.pyplot as plt
...     %matplotlib inline
In [5]: for i in range(10):
...         plt.subplot(2, 5, i + 1)
```

```
...         plt.imshow(X_train[i, :, :], cmap='gray')
...         plt.axis('off')
```

숫자는 다음과 같다.

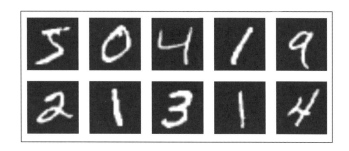

실제로 MNIST 데이터 세트는 이전에 사용했던 scikit-learn(sklearn.datasets. load_digits, 2장 참고)에서 제공한 MNIST 숫자 데이터 세트의 후속 모델이다. 몇 가지 주요 차이점은 다음과 같다.

- MNIST 이미지(28 × 28픽셀)는 NIST 이미지(8 × 8픽셀)보다 훨씬 크다. 따라서 왜곡과 같은 숫자의 이미지 간 차이 같은 세부 사항에 더 많은 주의를 기울여야 한다.
- MNIST 데이터 세트는 NIST 데이터 세트보다 훨씬 크다. 60,000개의 훈련 샘플과 10,000개의 테스트 샘플을 제공한다(총 5,620개의 NIST 이미지와 비교).

MNIST 데이터 세트 전처리

4장에서 배웠듯이 적용해야 하는 여러 가지 사전 처리 단계가 있다.

- **중심 맞춤**: 모든 숫자가 이미지의 가운데에 오게 하는 것이 중요하다. 예를 들어 위의 그림에서 숫자 1의 모든 예제 이미지를 보자. 이 이미지는 모두 거의 수직으로 세워져 만들어진다. 이미지가 정렬되지 않으면 스트라이

크가 이미지의 어느 곳에나 위치할 수 있으므로 신경망에서 훈련 샘플의 공통점을 찾을 수 없다. 다행히도 MNIST의 이미지는 이미 중심에 위치해 만들어져 있다.

- **크기 조정:** 숫자를 모두 크기가 같도록 조정해야 한다. 이렇게 하면 스트라이크, 곡선, 루프의 위치가 중요하다. 그렇지 않으면 신경망은 모두 하나 또는 두 개의 폐회로로 구성되기 때문에 8과 0을 쉽게 혼동할 수 있다. 다행히도 MNIST의 이미지들은 이미 확장돼 있다.

- **범주적 특징 표현:** 0-9 범위에 속하는 10개 다른 클래스에 해당하는 출력 레이어에 10개의 뉴런을 가질 수 있도록 목표 레이블을 원핫 인코딩하는 것이 중요하다. 이 단계는 사용자 스스로 실행해봐야 한다.

y_train과 y_test를 변환하는 가장 쉬운 방법은 scikit-learn의 원핫 인코더를 사용하는 것이다.

```
In [6]: from sklearn.preprocessing import OneHotEncoder
...     enc = OneHotEncoder(sparse=False, dtype=np.float32)
...     y_train_pre = enc.fit_transform(y_train.reshape(-1, 1))
```

이렇게 하면 훈련 세트의 레이블이 정수 0-9가 있는 <n_samples x 1> 벡터에서 부동소수점 수가 0.0이나 1.0인 <n_samples x 10> 행렬로 변환된다. 이와 유사하게 동일한 방법을 사용해 y_test를 변환할 수 있다.

```
In [7]: y_test_pre = enc.fit_transform(y_test.reshape(-1, 1))
```

또한 OpenCV를 사용하고자 X_train과 X_test를 사전 처리해야 한다. 현재 X_train과 X_test는 0에서 255 사이의 정수 값을 갖는 3차원 행렬 <n_samples x 28 x 28>이다. 그러나 이보다는 부동소수점 숫자를 갖는 2차원 행렬 <n_samples x n_features>

가 필요하다. 여기서 n_features는 784다. 기본적으로 28×28 이미지를 784차원의 벡터로 평탄화한다.

```
In [8]: X_train_pre = X_train_pre.reshape((X_train.shape[0], -1))
...     X_train_pre = X_train.astype(np.float32) / 255.0
...     X_test_pre = X_test_pre.reshape((X_test.shape[0], -1))
...     X_test_pre = X_test.astype(np.float32) / 255.0
```

이제 망을 훈련할 준비가 됐다.

OpenCV를 사용한 MLP 훈련

다음과 같은 방법으로 OpenCV에서 MLP를 설정하고 훈련할 수 있다.

1. 새 MLP 객체를 인스턴스화한다.

```
In [9]: import cv2
...     mlp = cv2.ml.ANN_MLP_create()
```

2. 망의 모든 레이어 크기를 지정한다. 원하는 만큼 많은 레이어를 추가할 수 있지만 첫 번째 레이어는 입력 특징(이 경우는 784개)과 동일한 수의 뉴런을 가지며, 마지막 레이어는 클래스 레이블(이 경우는 10)과 같은 수의 뉴런을 가져야 한다. 히든 레이어는 각각 512개 노드를 가진다.

```
In [10]: mlp.setLayerSizes(np.array([784, 512, 512, 10]))
```

3. 활성화 함수를 지정한다. 여기서는 이전부터 시그모이달^{sigmoidal} 활성화 함수를 사용했다.

```
In [11]: mlp.setActivationFunction(cv2.ml.ANN_MLP_SIGMOID_SYM, 2.5, 1.0)
```

4. 훈련 방법을 지정한다. 여기서는 앞에서 설명한 역전파 알고리즘을 사용한다. 또한 충분히 작은 학습률을 선택해야 한다. 10^5개의 훈련 샘플을 갖고 있기 때문에 학습률을 10^{-5} 이하로 설정하는 것이 좋다.

```
In [12]: mlp.setTrainMethod(cv2.ml.ANN_MLP_BACKPROP)
...        mlp.setBackpropWeightScale(0.00001)
```

5. 종료 기준을 지정한다. 여기서는 위와 같은 기준을 사용한다. 10회 반복 학습(term_max_iter) 또는 오차가 더 이상 크게 증가하지 않을 때(term_eps)까지로 기준을 정한다.

```
In [13]: term_mode = (cv2.TERM_CRITERIA_MAX_ITER +
...                      cv2.TERM_CRITERIA_EPS)
...        term_max_iter = 10
...        term_eps = 0.01
...        mlp.setTermCriteria((term_mode, term_max_iter, term_eps))
```

6. 훈련 세트(X_train_pre)에서 망을 훈련한다.

```
In [14]: mlp.train(X_train_pre, cv2.ml.ROW_SAMPLE, y_train_pre)
Out[14]: True
```

mlp.train을 호출하기 전에 다음을 주의해야 한다. 컴퓨터 설정에 따라 실행하는 데 몇 시간이 걸릴 수 있다. 내 주피터 노트북의 동작 시간을 비교해보면 한 시간도 채 걸리지 않았다. 샘플로 실제 데이터 세트 60,000개를 다뤄야 한다. 훈련할 때 100개를 사용한다면 600만 경사도 값을 계산해야 한다. 따라서 많은 데이터를 다루고 있다는 점을 주의하길 바란다.

훈련이 완료되면 훈련 세트의 정확도 점수를 계산해 얼마나 달성 가능한지 확인할 수 있다.

```
In [15]: _, y_hat_train = mlp.predict(X_train_pre)
In [16]: from sklearn.metrics import accuracy_score
...         accuracy_score(y_hat_train.round(), y_train_pre)
Out[16]: 0.92976666666666663
```

그러나 물론 실제로 중요하게 생각하는 것은 홀드아웃[holdout4] 테스트 데이터에 대한 정확도다. 홀드아웃 테스트 데이터는 훈련 프로세스에서는 고려하지 않는다.

```
In [17]: _, y_hat_test = mlp.predict(X_test_pre)
...         accuracy_score(y_hat_test.round(), y_test_pre)
Out[17]: 0.91690000000000005
```

여기서의 결과인 91.7%의 정확도는 전혀 나쁘지 않다. 먼저 이전의 **In [10]**에서 레이어 크기를 변경하고 테스트 점수가 어떻게 변하는지 확인해야 한다. 망에 더 많은 뉴런을 추가하면 학습 점수가 증가하는 것과 테스트 점수가 증가하는 것을 함께 볼 수 있다. 그러니 단일 레이어에서 N개의 뉴런을 갖는 것은 여러 레이어를 사용하는 것과는 다르다.

케라스를 이용한 심층 신경망 훈련

MLP로 엄청난 점수를 얻었지만 최상의 결과는 아니다. 현재 최상의 결과는 99.8%의 정확도에 가까우며, 오히려 인간보다 낫다. 이와 같은 필기체를 분류하는 작업은 이제 거의 해결된 것으로 보인다.

---

4. 홀드아웃 방법은 레이블된 데이터 세트를 훈련 세트와 테스트 세트 두 부분으로 나눈다. 그런 다음 훈련 데이터에서 모델을 학습시키고 테스트 세트의 레이블을 예측한다. ─ 옮긴이

최첨단 기술에 근접하려면 최첨단 기술을 사용해야 한다. 따라서 이제 다시 케라스로 돌아가고자 한다.

MNIST 데이터 세트 전처리

신경망에 데이터를 제공하기 전에 다음 단계를 통해 전처리 방법을 알아본다.

1. 실험을 실행할 때마다 동일한 결과를 얻도록 NumPy의 난수 생성기에 대해 임의의 시드를 선택한다. 이 방법은 MNIST 데이터 세트에서 훈련 샘플을 셔플링해 항상 동일한 순서로 나타날 수 있다.

```
In [1]: import numpy as np
...     np.random.seed(1337)
```

2. 케라스는 scikit-learn의 `model_selection` 모듈에서 `train_test_split`과 유사한 적재 함수를 제공한다. 다음 구문은 이상하게도 친숙하다.

```
In [2]: from keras.datasets import mnist
...     (X_train, y_train), (X_test, y_test) = mnist.load_data()
```

 지금까지 만난 다른 데이터 세트와 달리 MNIST는 미리 정의된 훈련-테스트 분할을 제공한다. 따라서 서로 다른 알고리즘에 의해 보고된 테스트 점수가 항상 동일한 테스트 샘플에 적용되므로 데이터 세트를 벤치마크로 사용할 수 있다.

3. 케라스의 신경망은 표준 OpenCV와 scikit-learn 추정기와 조금 다른 방식으로 동작한다. 케라스 특징 행렬의 행은 여전히 샘플 코드 수(다음 코드의 `X_train.shape[0]`)와 일치하지만, 특징 행렬에 더 많은 차원을 추가해 입력 이미지의 2차원 특성을 가질 수 있다.

```
In [3]: img_rows, img_cols = 28, 28
   ...     X_train = X_train.reshape(X_train.shape[0], img_rows, img_cols, 1)
   ...     X_test = X_test.reshape(X_test.shape[0], img_rows, img_cols, 1)
   ...     input_shape = (img_rows, img_cols, 1)
```

4. 여기서는 차원 행렬을 n_features × 28 × 28 × 1 크기의 4차원 행렬로 재구성했다. 또한 [0, 255]의 부호 없는 정수 대신 [0, 1] 사이의 32비트 부동소수점 숫자를 사용한다.

```
   ...     X_train = X_train.astype('float32') / 255.0
   ...     X_test = X_test.astype('float32') / 255.0
```

5. 그런 다음 이전처럼 훈련 레이블을 원핫 인코딩할 수 있다. 이렇게 하면 대상 레이블의 각 범주를 출력 레이어의 뉴런에 할당할 수 있다. scikit-learn의 사전 처리로 이 작업을 수행할 수 있지만, 이 경우에는 케라스의 자체 유틸리티 기능을 사용하는 것이 더 쉽다.

```
In [4]: from keras.utils import np_utils
   ...     n_classes = 10
   ...     Y_train = np_utils.to_categorical(y_train, n_classes)
   ...     Y_test = np_utils.to_categorical(y_test, n_classes)
```

컨볼루션 신경망(CNN) 만들기

다음 단계를 통해 신경망을 만들고 전처리한 데이터의 훈련 방법을 배운다.

1. 데이터를 사전 처리한 후에는 실제 모델을 정의해야 한다. 여기서는 다시 한 번 시퀀셜Sequential 모델을 사용해 피드포워드 신경망을 정의한다.

```
In [5]: from keras.models import Sequential
...     model = Sequential()
```

2. 이번에는 개별 레이어에 대해 더 똑똑하게 처리한다. 3×3 픽셀이며 2차원 컨볼루션인 커널을 사용해 컨볼루션 레이어 주위에서 신경망을 설계한다.

```
In [6]: from keras.layers import Convolution2D
...     n_filters = 32
...     kernel_size = (3, 3)
...     model.add(Conv2D(n_filters, (kernel_size[0], kernel_size[1]),
...                              border_mode='valid',
...                              input_shape=input_shape))
```

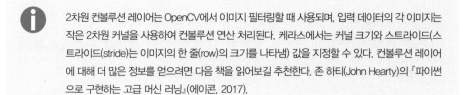

2차원 컨볼루션 레이어는 OpenCV에서 이미지 필터링할 때 사용되며, 입력 데이터의 각 이미지는 작은 2차원 커널을 사용하여 컨볼루션 연산 처리된다. 케라스에서는 커널 크기와 스트라이드(스트라이드(stride)는 이미지의 한 줄(row)의 크기를 나타냄) 값을 지정할 수 있다. 컨볼루션 레이어에 대해 더 많은 정보를 얻으려면 다음 책을 읽어보길 추천한다. 존 하티(John Hearty)의 『파이썬으로 구현하는 고급 머신 러닝』(에이콘, 2017).

3. 그다음에는 선형 수정 유닛^{linear rectified unit}을 활성화 함수로 사용한다.

```
In [7]: from keras.layers import Activation
...     model.add(Activation('relu'))
```

4. 깊은 컨볼루션 신경망에서는 원하는 만큼 많은 레이어를 가질 수 있다. MNIST에 적용된 이 구조의 보편적인 버전은 회선과 정류를 두 번 수행한다.

```
In [8]: model.add(Conv2D(n_filters, (kernel_size[0], kernel_size[1])))
...     model.add(Activation('relu'))
```

5. 마지막으로 활성화^{activation}를 풀링하고 드롭아웃^{Dropout} 레이어를 추가한다.

```
In [9]: from keras.layers import MaxPooling2D, Dropout
...     pool_size = (2, 2)
...     model.add(MaxPooling2D(pool_size=pool_size))
...     model.add(Dropout(0.25))
```

6. 그런 다음 모델을 평탄화하고 마지막으로 소프트맥스^{softmax} 함수를 통해 전달함으로써 출력 레이어에 도달한다.

```
In [10]: from keras.layers import Flatten, Dense
...      model.add(Flatten())
...      model.add(Dense(128))
...      model.add(Activation('relu'))
...      model.add(Dropout(0.5))
...      model.add(Dense(n_classes))
...      model.add(Activation('softmax'))
```

7. 여기서는 교차 엔트로피 손실^{cross-entropy loss}과 Adadelta 알고리즘을 사용한다.

```
In [11]: model.compile(loss='categorical_crossentropy',
...      optimizer='adadelta',
...      metrics=['accuracy'])
```

모델 요약

모델 요약도 시각화할 수 있으며, 이 요약 결과에는 각 레이어의 차수와 각 레이어가 구성하는 가중치의 수가 함께 나열된다. 또한 망의 총 매개변수 값(가중치와 바이어스) 정보도 제공한다.

```
Layer (type)                  Output Shape            Param #
=================================================================
conv2d_4 (Conv2D)             (None, 26, 26, 32)      320
_____
activation_5 (Activation)     (None, 26, 26, 32)      0
_____
conv2d_5 (Conv2D)             (None, 24, 24, 32)      9248
_____
activation_6 (Activation)     (None, 24, 24, 32)      0
_____
max_pooling2d_3 (MaxPooling2  (None, 12, 12, 32)      0
_____
dropout_3 (Dropout)           (None, 12, 12, 32)      0
_____
flatten_3 (Flatten)           (None, 4608)            0
_____
dense_3 (Dense)               (None, 128)             589952
_____
activation_7 (Activation)     (None, 128)             0
_____
dropout_4 (Dropout)           (None, 128)             0
_____
dense_4 (Dense)               (None, 10)              1290
_____
activation_8 (Activation)     (None, 10)              0
=================================================================
Total params: 600,810
Trainable params: 600,810
Non-trainable params: 0
```

사용자는 훈련을 받고 상당한 양의 계산 능력을 필요로 하는 총 600,810개의 매개변수가 있다는 것을 알 수 있다. 각 레이어의 매개변수 개수를 계산하는 방법은 이 책의 범위를 벗어난다.

모델 피팅

사용자는 다른 모든 분류기와 마찬가지로 모델을 훈련할 수 있다(여기서 주의할 점은 다소 시간이 걸릴 수 있다는 것이다).

```
In [12]: model.fit(X_train, Y_train, batch_size=128, epochs=12,
...          verbose=1, validation_data=(X_test, Y_test))
```

훈련이 끝나면 분류 기준을 평가할 수 있다.

```
In [13]: model.evaluate(X_test, Y_test, verbose=0)
Out[13]: 0.99
```

여기서는 99%의 정확도를 달성했으며, 이전에 구현한 MLP 분류기와 차별화된 결과를 보여준다. 이것은 방법 중 한 가지일 뿐이다. 보다시피 신경망은 많은 튜닝 매개변수를 제공하기 때문에 어떤 것이 최상의 성능으로 이어질지 명확하지 않다.

▌요약

9장에서는 머신러닝 실무자로서 목록에 올릴 만한 기술을 배웠다. 퍼셉트론과 MLP를 비롯한 인공 신경망의 기초를 다룰 뿐만 아니라 진보된 딥러닝 소프트웨어를 사용했다. 처음부터 간단한 퍼셉트론을 만드는 방법과 케라스를 사용해 최첨단 망을 구축하는 방법을 배웠다. 또한 신경망의 모든 세부 사항, 즉 활성화 함수, 손실 함수, 레이어 유형, 훈련 메서드를 학습했다. 9장은 가장 어려우면서 많은 내용을 배운 장이었다.

핵심 지도학습법의 대부분을 알게 됐으므로 다른 알고리즘을 좀 더 강력한 알고리즘으로 결합하는 방법을 알아볼 때다. 따라서 10장에서는 앙상블 분류기를 만드는 방법을 설명한다.

10

앙상블 기법으로 분류

지금까지 선형 회귀와 같은 고전적인 방법에서 심층 신경망과 같은 고급 기술에 이르기까지 다양하고 흥미로운 머신러닝 알고리즘을 살펴봤다. 다양한 지점에서 모든 알고리즘은 각각의 강점과 약점을 지니고 있고, 이제까지 이러한 취약점을 발견하고 극복하는 방법에 주목했다

그러나 훨씬 더 강력한 분류기의 앙상블^{ensemble}을 형성하는 데 평균 분류기^{average classifier}를 한꺼번에 쌓아 사용하면 좋지 않을까?

10장에서 그렇게 할 것이다. 앙상블 메서드는 공유된 문제를 해결하고자 여러 다른 모델을 함께 바인딩하는 기술이다. 이들의 사용은 경쟁력을 가진 머신러닝 기술에서는 일반적인 방법으로 자리 잡고 있다. 앙상블을 사용하면 일반적으로 개별 분류 기준의 성능이 다소 향상된다.

이러한 기법 중에는 이른바 배깅bagging 메서드가 있고 여러 분류기를 평균해 최종 결정을 내린다. 부스팅boosting 메서드는 하나의 분류 기준이 다른 분류기의 오차 값을 증폭rectify시킨다. 이러한 방법 중 하나는 여러 개의 의사 결정 트리가 결합된 랜덤 포레스트random forest[1]다. 이미 강력한 부스팅 기술인 OpenBoot의 적응형 부스트(AdaBoost라고도 함)에 익숙할 수도 있다.

10장에서 다루는 내용은 다음과 같다.

- 여러 모델을 결합한 앙상블 분류기 구성
- 랜덤 포레스트와 의사 결정 트리
- 얼굴 인식용 랜덤 포레스트 사용
- AdaBoost 구현
- 서로 다른 모델을 투표 분류기에 결합
- 배깅과 부스팅의 차이점

기술적 요구 사항

다음 링크에서 10장의 코드를 참고할 수 있다.

https://github.com/PacktPublishing/Machine-Learning-for-OpenCV-Second-Edition/tree/master/Chapter10

다음은 간략한 소프트웨어, 하드웨어 요구 사항이다.

- OpenCV 버전 4.1.x(4.1.0이나 4.1.1 모두 잘 작동한다)
- 파이썬 버전 3.6(모든 파이썬 버전 3.x는 괜찮다)

---

1. 랜덤 포레스트는 앙상블 학습 방법의 일종으로, 훈련 과정에서 구성한 다수의 의사 결정 트리에서 분류나 평균 예측치(회귀 분석)를 출력함으로써 동작한다. - 옮긴이

- 파이썬과 필수 모듈을 설치하기 위한 아나콘다 파이썬 3이 필요하다.
- 이 책에서는 맥OS, 윈도우, 리눅스 기반 OS 등 모든 OS를 사용할 수 있다. 시스템은 최소 4GB의 RAM를 가져야 한다.
- 이 책과 함께 제공된 코드를 실행하고자 GPU를 사용할 필요는 없다.

앙상블 메서드의 이해

앙상블 메서드의 목표는 여러 개의 공유 문제를 해결하고자 주어진 학습 알고리즘으로, 다수의 개별 추정기 결과를 결합하는 것이다. 일반적으로 앙상블은 두 가지 요소로 구성된다.

- 하나의 모델 세트
- 모델의 결과가 단일 출력으로 결합되는 방식을 결정하는 일련의 의사 결정 규칙

앙상블 메서드의 배경에는 군중(crowd)이라는 개념이 있다. 단일 전문가의 의견을 사용한다기보다는 여러 개인이 모인 집단의 의견을 고려한다. 머신러닝의 맥락에서 이들 개인은 분류기나 회귀자일 것이다. 충분히 많은 수의 분류기에 아이디어를 물어본다면 그중 하나는 올바른 답을 줄 수 있다.

이러한 여러 절차의 여러 문제점에 대한 다수의 의견을 얻을 수 있다. 그렇다면 어떤 분류기가 올바른지 어떻게 알 수 있을까?

이것이 의사 결정 규칙이 필요한 이유다. 어쩌면 모두의 평등하게 중요한 의견을 고려하거나 전문가의 지위에 따라 다른 사람의 의견에 비중을 두려고 할 것이다. 의사 결정 규칙의 특성에 따라 앙상블 방법은 다음처럼 분류할 수 있다.

- 평균화averaging 메서드: 병렬 모델을 개발하고 결합된 추정기를 사용하고자

평균이나 투표 기법을 사용한다. 이는 민주적인 앙상블 방법에 가깝다.

- **부스팅**^{boosting} **메서드:** 추가된 각 모델이 결합된 추정기의 점수를 향상시키는 것을 목표로 순차적으로 모델을 만든다. 이는 인턴의 코드를 디버깅하거나 학부 학생의 보고서를 읽는 것과 비슷하다. 인턴 코드나 학부생 보고서는 모두 오류를 범할 수밖에 없고, 주제를 전문가가 검토하게 함으로써 전문가가 본 이전 결과에서 무엇이 잘못됐는지 확인할 수 있다.

- **스태킹**^{stacking} **메서드:** 혼합 메서드라고도 하며, 여러 분류기의 가중 출력을 모델의 다음 레이어에 대한 입력으로 사용한다. 이는 전문가 그룹이 다음 전문가 그룹에 결정을 내리는 것과 유사하다.

앙상블 방법의 동일한 세 가지 범주가 다음 그림에 설명돼 있다.

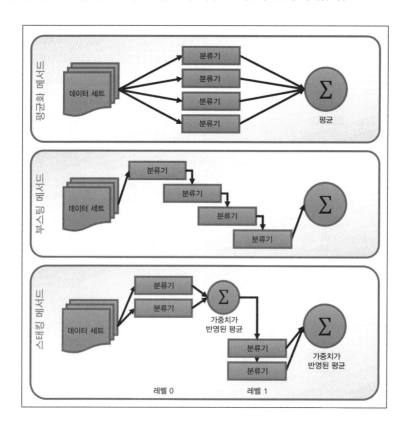

400

앙상블 분류기를 사용하면 제안된 솔루션 각각에서 최상의 요소를 선택해 단일 최종 결과를 얻을 수 있다. 결과적으로 사용자는 일반적으로 정확하고 강력한 결과를 훨씬 더 많이 만들 수 있다.

> 앙상블 분류기를 만들 때는 앙상블을 구성하는 모델보다 앙상블의 성능을 조정하는 것이 목표임을 염두에 둬야 한다. 따라서 개별 모델 성능은 앙상블의 전반적인 성능보다 덜 중요하다.

세 가지 유형의 앙상블 방법을 간략하게 알아보고, 데이터를 분류하는 데 사용하는 방법을 살펴보자.

평균 앙상블의 이해

평균화 메서드는 머신러닝에서 오랜 역사를 갖고 있으며 분자 역학과 오디오 신호 처리 같은 분야에 일반적으로 적용된다. 이러한 앙상블은 일반적으로 주어진 시스템과 거의 동일한 복제물이다.

평균 앙상블averaging ensemble은 본질적으로 동일한 데이터 세트에서 학습하는 모델 모음이다. 결과는 여러 가지 방법으로 집계된다.

일반적인 방법 중 하나는 입력으로 다른 매개변수 하위 집합을 사용하는 여러 모델 구성을 만드는 것이다. 이러한 접근 방식을 취하는 기술을 집합적으로 배깅bagging 메서드[2]라고 한다.

배깅 메서드는 여러 가지 다른 방식으로 제공된다. 그러나 일반적으로 학습 집합의 랜덤 하위 집합에 관련된 방식만 다르다.

---

2. bagging은 bootstrap aggregating의 줄임말로, 주어진 데이터에 대해 다수의 부트스트랩 데이터를 생성하고 각 부트스트랩 데이터를 모델링한 후 결합해 최종의 예측 모델을 산출하는 방법을 말한다. – 옮긴이

- 페이스팅^{pasting} 메서드는 대체하지 않고 데이터 샘플의 랜덤 하위 집합을 그린다.
- 배깅 메서드는 데이터 샘플을 대체해 랜덤 하위 집합을 추출한다.
- 랜덤 서브스페이스^{random subspace} 메서드는 특징의 랜덤 하위 집합을 사용한다. 모든 데이터 샘플로 훈련한다.
- 랜덤 패치^{random patches} 메서드는 샘플과 특징 둘 다의 랜덤 하위 집합을 사용한다.

 평균화 앙상블을 사용해 모델 성능의 가변성을 줄일 수 있다.

scikit-learn에서 메타 추정기^{meta-estimator}인 BaggingClassifier와 BaggingRegressor를 사용해 배깅 메서드를 구현할 수 있다. 이들은 다른 기본 추정기에서 앙상블을 만들 수 있기 때문에 메타 추정기라고 한다.

배깅 분류기 구현

예를 들어 다음처럼 10개의 k-최근접 이웃 분류기 모음을 사용해 앙상블을 만들 수 있다.

```
In [1]: from sklearn.ensemble import BaggingClassifier
...     from sklearn.neighbors import KNeighborsClassifier
...     bag_knn = BaggingClassifier(KNeighborsClassifier(), n_estimators=10)
```

BaggingClassifier 클래스는 앙상블을 커스터마이징하기 위한 여러 가지 옵션을 제공한다.

- **n_estimators:** 앞의 코드에서처럼 앙상블에서의 기본 추정기 수를 지정한다.

- **max_samples:** 각 기본 추정기를 훈련하기 위한 데이터 세트에서의 샘플 수를 지정한다. bootstrap = True로 설정하고 샘플을 대체(효과적으로 배깅을 구현)하거나 bootstrap = False로 설정해 붙여넣기를 구현할 수 있다.
- **max_features:** 각 기본 추정기를 훈련하고자 특징 행렬에서 사용하는 특징 개수(또는 분수 형태)를 나타낸다. 랜덤 부분 공간 방법을 구현하고자 max_samples=1.0과 max_features<1.0을 설정할 수 있다. 또는 랜덤 패치 방법을 구현하고자 max_samples<1.0과 max_features<1.0을 둘 다 설정할 수 있다.

이러한 방법은 어떤 종류의 평균 앙상블을 구현할 수 있는 최상의 자유를 부여한다. 그런 다음 앙상블은 다른 앙상블처럼 앙상블의 fit 메서드를 사용해 데이터에 맞출 수 있다.

예를 들어 모든 k-최근접 이웃 분류기가 데이터 세트의 샘플 중 50%를 훈련한 $k = 5$인 10개의 k-최근접 이웃 분류기로 배깅을 구현하려는 경우 다음처럼 이전 명령을 수정해야 한다.

```
In [2]: bag_knn = BaggingClassifier(KNeighborsClassifier(n_neighbors=5),
...                                  n_estimators=10, max_samples=0.5,
...                                  bootstrap=True, random_state=3)
```

성능 향상을 관찰하려면 앙상블을 5장의 유방암과 같은 일부 데이터 세트에 적용해본다.

```
In [3]: from sklearn.datasets import load_breast_cancer
...       dataset = load_breast_cancer()
...       X = dataset.data
...       y = dataset.target
```

평소처럼 데이터를 훈련 세트와 테스트 세트로 분할하는 것이 가장 좋다.

```
In [4]: from sklearn.model_selection import train_test_split
...         X_train, X_test, y_train, y_test = train_test_split(
...         X, y, random_state=3
...     )
```

그런 다음 fit 메서드를 사용해 앙상블을 학습하고 score 메서드를 사용해 일반화 성능을 평가할 수 있다.

```
In [5]: bag_knn.fit(X_train, y_train)
...     bag_knn.score(X_test, y_test)
Out[5]: 0.93706293706293708
```

성능 향상은 데이터에서 단일 k-최근접 이웃 분류기를 훈련해 얻을 수 있다.

```
In [6]: knn = KNeighborsClassifier(n_neighbors=5)
...     knn.fit(X_train, y_train)
...     knn.score(X_test, y_test)
Out[6]: 0.91608391608391604
```

기본 알고리즘을 변경하지 않고도 단일 k-최근접 이웃 분류기를 대신해 10개의 k-최근접 이웃 분류기를 사용함으로써 테스트 점수를 91.6%에서 93.7%로 향상시 킬 수 있다.

다른 배깅 앙상블을 시험적으로 사용해도 좋다. 예를 들어 이전 코드를 변경해 랜 덤 패치 방법을 구현하려면 어떻게 해야 할까?

깃허브의 주피터 노트북 10.00-Combining-Different-Algorithms-In-an-Ensemble.ipynb에서 답을 찾을 수 있다.

배깅 회귀자 구현

마찬가지로 BaggingRegressor 클래스를 사용해 회귀의 앙상블을 구성할 수 있다.

예를 들어 3장의 보스턴 데이터 세트에서 주택 가격을 예측하기 위한 의사 결정 트리의 앙상블을 만들 수 있다.

다음 단계를 통해 회귀자^{regressor} 앙상블을 형성하려고 배깅 회귀자를 사용하는 방법을 알아본다.

1. 구문은 배깅 분류기 설정 방법과 거의 동일하다.

```
In [7]: from sklearn.ensemble import BaggingRegressor
...     from sklearn.tree DecisionTreeRegressor
...     bag_tree = BaggingRegressor (DecisionTreeRegressor(),
...                                     max_features = 0.5, n_estimators = 10,
...                                     random_state = 3)
```

2. 물론 유방암 데이터 세트와 마찬가지로 데이터 세트를 적재하고 분할해야 한다.

```
In [8]: from sklearn.datasets import load_boston
...     dataset = load_boston()
...     X = dataset.data
...     y = dataset.target
In [9]: from sklearn.model_selection import train_test_split
...     X_train, X_test, y_train, y_test = train_test_split(
```

```
...          X, y, random_state=3
...      )
```

3. 그런 다음 X_train에 배깅 회귀자를 넣고 X_test에 점수를 매긴다.

```
In [10]: bag_tree.fit(X_train, y_train)
...          bag_tree.score(X_test, y_test)
Out[10]: 0.82704756225081688
```

앞의 예에서와 마찬가지로 단일 의사 결정 트리에서의 정확도가 77.3%에서 82.7%로 높아져 약 5% 성능이 향상된 것을 확인할 수 있다.

물론 사용자는 여기서 멈추지 않을 것이다. 10개의 개별 추정기를 구성하고자 앙상블이 필요하다고 아무도 말하지 않았다. 따라서 서로 다른 크기의 앙상블을 자유롭게 탐색할 수 있다. 또한 max_samples와 max_features 매개변수를 사용하면 많은 맞춤 설정이 가능하다.

 더 복잡한 버전의 의사 결정 트리를 랜덤 포레스트(random forest)라고 하며, 이에 대해서는 이 장의 뒷부분에서 알아본다.

부스터 앙상블의 이해

앙상블 제작을 위한 또 다른 접근 방법은 부스팅을 통한 것이다. 부스팅 모델은 반복적으로 앙상블의 성능을 높이고자 여러 개별 학습기를 순서대로 사용한다.

일반적으로 부스팅에 사용되는 학습기는 비교적 간단하다. 좋은 예는 단 하나의 노드, 즉 의사 결정 그루터기$^{decision\ stump}$만 있는 의사 결정 트리다. 또 다른 예는 간단한 선형 회귀 모델이 될 수 있다. 가장 강한 개별 학습기가 있는 것이 아니라 개별적인 약한 학습기가 되길 바란다. 따라서 많은 수의 사람을 고려할 때 우수한 성능을 얻을 수 있다.

사용 방법을 매번 반복하면서 훈련 세트가 조정돼 이전 분류기 사용 시 잘못됐던 데이터 포인트에 대해서는 다음 분류기에서 처리된다. 여러 번의 반복을 통해 앙상블은 각 반복마다 새로운 트리(앙상블 성능 점수를 최적화한 트리)로 확장된다.

 scikit-learn에서는 GradientBoostingClassifier와 GradientBoostingRegressor 객체를 사용해 부스팅 메서드를 구현할 수 있다.

약한 학습기

약한 학습기는 실제 분류와 약간 상관된 분류기를 의미한다. 랜덤한 예측보다 다소 좋은 결과를 얻을 수 있다. 반대로 강한 학습기는 올바른 분류와 잘 연관돼 있다.

여기서의 아이디어는 여러 세트를 사용하고 각각은 랜덤 학습보다는 약간 더 낫다는 점을 이용하는 것이다. 약한 학습기의 많은 인스턴스는 부스팅, 배깅 등을 이용해 통합적으로 강력한 앙상블 분류기를 만든다. 장점은 최종 분류기가 훈련 데이터에 과적합되지 않는다는 것이다.

예를 들어 AdaBoost는 약한 학습기의 순서를 다른 가중 훈련 데이터에 맞춘다. 훈련 데이터 세트를 예측하는 것으로 시작해 각 관찰/샘플과 동일한 가중치를 부여한다. 첫 번째 학습기 예측이 잘못된 경우 잘못 예측된 관찰/표본에 더 높은 가중치를 부여한다. 반복 과정이기 때문에 모델 수나 정확도 한계에 도달할 때까지 학습기를 계속 추가한다.

부스팅 분류기 구현

예를 들어 다음처럼 10개의 의사 결정 트리를 사용해 부스팅 분류기boosting classifier를 만들 수 있다.

```
In [11]: from sklearn.ensemble import GradientBoostingClassifier
    ...        boost_class = GradientBoostingClassifier(n_estimators=10,
    ...                                                 random_state=3)
```

이러한 분류기는 이진binary 분류와 다중 클래스multiclass 분류를 모두 지원한다.

BaggingClassifier 클래스와 마찬가지로 GradientBoostingClassifier 클래스는 앙상블을 사용자 정의하고자 여러 옵션을 제공한다.

- **n_estimators**: 앙상블의 기본 추정기 수를 나타낸다. 다수의 추정기를 사용하면 일반적으로 더 나은 성능을 제공할 수 있다.

- **loss**: 손실 함수(또는 비용 함수)를 최적화하고자 사용한다. loss= 'deviance'로 설정하면 확률적 산출물probabilistic output로 분류하기 위한 로지스틱 회귀를 구현할 수 있다. loss='exponential'로 설정할 경우에는 실제로 AdaBoost가 발생하며, 이에 대해서는 간단히 설명하겠다.

- **learning_rate**: 각 트리의 기여도 감소 비율을 나타낸다. learning_ate와 n_estimators 사이에는 상관관계(트레이드오프)가 있다.

- **max_depth**: 앙상블 내 개별 트리의 최대 깊이를 나타낸다.

- **criterion**: 노드 분할split의 품질을 측정하는 기능이다.

- **min_samples_split**: 내부 노드를 분할하는 데 필요한 샘플 수를 나타낸다.

- **max_leaf_nodes**: 각 개별 트리에서 허용되는 리프leaf 노드의 최대 수를 나타낸다.

부스트된 분류기boosted classifier를 이전의 유방암 데이터 세트에 적용해 앙상블을 배깅된 분류기^{bagged classifier}와 비교할 수 있다. 하지만 먼저 데이터 세트를 다시 가져 와야 한다.

```
In [12]: dataset = load_breast_cancer()
...        X = dataset.data
...        y = dataset.target
In [13]: X_train, X_test, y_train, y_test = train_test_split(
...            X, y, random_state=3
...        )
```

그리고 부스트된 분류기를 사용해 테스트 세트에서 94.4%의 정확도를 달성했고, 이 결과는 이전의 배깅된 분류기보다 1% 정도 낮다.

```
In [14]: boost_class.fit(X_train, y_train)
...        boost_class.score(X_test, y_test)
Out[14]: 0.94405594405594406
```

기본 추정기 수를 10개에서 100개로 늘리면 더 나은 점수를 기대할 수 있다. 또한 학습률과 트리의 깊이를 바탕으로 더 살펴볼 수도 있다.

부스팅 회귀자 구현

부스팅 회귀자^{boosting regressor}를 구현하려면 부스트된 분류기와 동일한 문법을 사용 하면 된다.

```
In [15]: from sklearn.ensemble import GradientBoostingRegressor
...        boost_reg = GradientBoostingRegressor(n_estimators=10,
...                                               random_state=3)
```

앞서 단일 의사 결정 트리를 통해 보스턴 데이터 세트에서 79.3%의 정확도를 달성할 수 있었다. 10개의 개별 회귀 트리로 구성된 배깅된 의사 결정 트리^{bagged decision tree} 분류기는 82.7%의 정확도를 달성했다. 그러나 부스트된 회귀자를 이용할 때는 어떻게 비교할 수 있을까?

보스턴 데이터 세트를 다시 가져와 훈련 세트와 테스트 세트로 나눠본다. random_state에 동일한 값을 사용해 데이터의 동일한 하위 집합에 대해 훈련과 테스트를 끝내고자 한다.

```
In [16]: dataset = load_boston()
...        X = dataset.data
...        y = dataset.target
In [17]: X_train, X_test, y_train, y_test = train_test_split(
...            X, y, random_state=3
...        )
```

결과적으로 부스트된 의사 결정 트리 앙상블은 실제로 이전 코드보다 성능이 떨어진다.

```
In [18]: boost_reg.fit(X_train, y_train)
...        boost_reg.score(X_test, y_test)
Out[18]: 0.71991199075668488
```

이 결과는 처음에는 혼란스러울 수 있다. 결국 단일 의사 결정 트리에 대해 수행한 것보다 10배를 더 사용했다. 그런데 왜 결과가 더 나빠졌을까?

보다시피 이는 약한 학습기^{weak learner} 그룹보다 더 똑똑한 전문가 분류기^{expert classifier}의 좋은 예다. 하나의 가능한 해결책은 앙상블을 더 크게 만들면 된다. 사실 부스터 앙상블에서 100명의 약한 학습기를 순서대로 사용하는 것이 일반적이다.

```
In [19]: boost_reg = GradientBoostingRegressor(n_estimators=100, random_state=3)
```

그런 다음 보스턴 데이터 세트에서 앙상블을 재훈련하면 테스트 점수는 89.8%가 된다.

```
In [20]: boost_reg.fit(X_train, y_train)
...        boost_reg.score(X_test, y_test)
Out[20]: 0.89984081091774459
```

n_estimators=500으로 숫자를 늘리면 어떻게 될까? 선택적 매개변수를 사용하면 훨씬 더 많은 작업을 수행할 수 있다.

보다시피 부스팅은 많은 수의 비교적 간단한 학습기를 결합해 엄청난 성능 향상을 얻을 수 있는 강력한 방법이다.

 부스트된 의사 결정 트리를 사용해 AdaBoost 알고리즘을 구체적으로 구현할 수 있다. 이에 대해서는 이 장의 뒷부분에서 설명한다.

스태킹 앙상블의 이해

지금까지 봐왔던 모든 앙상블 방법은 공통된 디자인 철학을 공유한다. 데이터에 여러 개의 개별 분류기를 적용하고 간단한 예측 규칙(예, 평균 또는 부스팅)을 사용해 최종 예측으로 통합한다.

반면 스태킹 앙상블stacking ensemble은 계층 구조를 갖고 앙상블을 만든다. 여기서 개별 학습기는 여러 레이어로 구성돼 학습기의 한 레이어 출력이 다음 레이어의 모델에 대한 훈련 데이터로 사용된다. 이렇게 하면 수백 가지 모델을 성공적으로 혼합할 수 있다.

불행히도 여기서는 스태킹 앙상블을 자세히 다룰 시간이 없다.

그러나 이러한 모델은 넷플릭스상^{Netflix Prize} 경쟁에서는 강력하다. 경쟁에서 가장 성공적인 모델은 다른 레이어를 결합하지 않고 각 레이어에서 가장 효과적인 매개변수를 추출해 다음 레이어를 훈련하기 위한 메타 기능으로 사용하는 스태킹 앙상블을 포함하는 모델이다.

 넷플릭스상에 대한 자세한 내용은 http://www.netflixprize.com에서 확인할 수 있다. 대회에서 2등 상을 받는 데 사용된 스태킹 모델 중 하나에 대한 논문은 Joseph Sill, Gabor Takacs, Lester Mackey, David Lin의 2009년 논문 「Feature-Weighted Linear Stacking」(https://arxiv.org/abs/0911.0460)이다.

이제 랜덤 포레스트와 AdaBoost 같은 인기 있는 배깅 기술과 부스팅 기술을 알아본다.

█ 의사 결정 트리를 랜덤 포레스트로 결합

배깅 의사 결정 트리의 인기 있는 변형은 랜덤 포레스트다. 이는 각각의 트리가 다른 트리와 조금 다른 의사 결정 트리 모음이다. 배깅 의사 결정 트리와 달리 랜덤 포레스트의 각 트리는 약간 다른 데이터 특징의 하위 집합에 대해 학습한다.

무제한 깊이의 단일 트리가 데이터를 잘 예측할 수도 있지만, 너무 과도하게 적용될 수도 있다. 랜덤 포레스트 뒤에 있는 아이디어는 수많은 트리를 만들 수 있고, 각 트리는 특징과 데이터 샘플의 랜덤 하위 집합에 대해 훈련된다. 랜덤하게 사용돼 포레스트의 각 트리는 약간 다른 방식으로 데이터를 과도하게 학습할 수 있다. 또한 개별 트리에 대한 예측 결과를 평균화해 과적합의 효과를 줄일 수 있다.

의사 결정 트리의 단점 이해

의사 결정 트리가 종종 피해를 입는 데이터 세트의 과적합 효과는 간단한 예제를 통해 가장 잘 나타날 수 있다.

이를 위해 scikit-learn의 datasets 모듈에서 make_moons 함수로 돌아가 보자. 8장에서는 데이터를 두 개의 인터리빙interleaving된 반원으로 만들었다. 여기서는 두 개의 반원에 속하는 100개의 데이터 샘플을 생성하고, 표준 편차가 0.25인 일부 가우시안 노이즈와 결합시킨다.

```
In [1]: from sklearn.datasets import make_moons
...     X, y = make_moons(n_samples=100, noise=0.25, random_state=100)
```

Matplotlib과 scatter 함수를 사용해 데이터를 시각화할 수 있다.

```
In [2]: import matplotlib.pyplot as plt
...     %matplotlib inline
...     plt.style.use('ggplot')
In [3]: plt.scatter(X[:, 0], X[:, 1], s=100, c=y)
...     plt.xlabel('feature 1')
...     plt.ylabel('feature 2');
```

결과에 대한 플롯은 속한 클래스에 따라 색상이 지정된 데이터를 가진다.

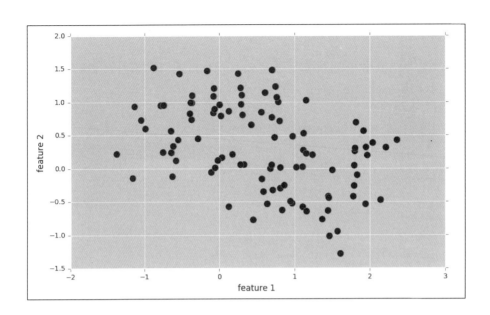

추가한 모든 노이즈로 인해 두 개의 반달 모양이 처음에는 분명하지 않을 수 있다. 이것은 의사 결정 트리가 데이터 포인트의 일반적인 배열(즉, 이들이 반원으로 구성돼 있다는 사실)임을 간과하고, 대신 데이터 노이즈에 초점을 맞춘다는 것을 보여주기 위한 의도가 포함된 완벽한 시나리오다.

이 점을 설명하려면 먼저 데이터를 훈련 세트와 테스트 세트로 분할해야 한다. 이전에 여러 번 했었던 것처럼 75-25 분할을 선택한다(train_size를 지정하지 않음).

```
In [4]: from sklearn.model_selection import train_test_split
...     X_train, X_test, y_train, y_test = train_test_split(
...         x, y, random_state=100
...     )
```

이제 재미있게 살펴보자. 사용자가 하고 싶은 것은 의사 결정 트리의 의사 결정 경계가 어떻게 더 깊어지는지 연구하는 것이다.

이를 위해 6장에서 plot_decision_boundary 함수를 가져올 것이다.

```
In [5]: import numpy as np
...     def plot_decision_boundary(classifier, X_test, y_test):
```

함수는 여러 가지 처리 단계를 포함한다.

1. (x_min, y_min)과 (x_max, y_max) 사이에서 데이터 포인트의 조밀한 2D 그리드를 만든다.

```
...     h = 0.02 # 메시의 스텝 크기
...     x_min = X_test[:, 0].min() - 1, x_max = X_test[:, 0].max() + 1
...     y_min = X_test[:, 1].min() ? 1, y_max = X_test[:, 1].max() + 1
...     xx, yy = np.meshgrid(np.arange(x_min, x_max, h),
...                          np.arange(y_min, y_max, h))
...
```

2. 그리드의 모든 포인트를 분류한다.

```
...     X_hypo = np.c_[xx.ravel().astype(np.float32),
...                    yy.ravel().astype(np.float32)]
...     ret = classifier.predict(X_hypo)
```

3. predict 메서드가 튜플을 반환하면 OpenCV 분류기를 사용해 처리할 수 있고, 그렇지 않으면 scikit-learn을 사용해야 한다.

```
...     if isinstance(ret, tuple):
...         zz = ret[1]
...     else:
...         zz = ret
...     zz = zz.reshape(xx.shape)
```

4. 예측된 목표 레이블(zz)을 사용해 의사 결정 환경에 색상을 추가한다.

```
...        plt.contourf(xx, yy, zz, cmap=plt.cm.coolwarm, alpha=0.8)
```

5. 테스트 세트의 모든 데이터 포인트를 색상이 추가된 화면 위에 그린다.

```
...        plt.scatter(X_test[:, 0], X_test[:, 1], c = y_test, s=200)
```

그런 다음 for 루프를 사용한다. 각 반복 루프에서 서로 다른 깊이의 트리를 맞춘다.

```
In [6]: from sklearn.tree import DecisionTreeClassifier
...        for depth in range(1, 9):
```

생성된 모든 의사 결정 트리에 대한 의사 결정 환경을 플로팅하고자 총 여덟 개의 서브그래프로 플롯을 만들어야 한다. 반복자 depth는 현재의 서브그래프에 대한 인덱스로 사용될 수 있다.

```
...        plt.subplot(2, 4, depth)
```

트리를 데이터에 맞추면 예측된 테스트 레이블을 plot_decision_boundary 함수에 전달할 수 있다.

```
...        tree = DecisionTreeClassifier(max_depth = depth)
...        tree.fit(X, y)
...        plot_decision_boundary(tree, X_test, y_test)
```

명확하게 하려면 축을 해제하고 각 플롯에 제목을 추가한다.

```
...        plt.axis('off')
...        plt.title('depth = %d' % depth)
```

그러면 다음 그림이 생성된다.

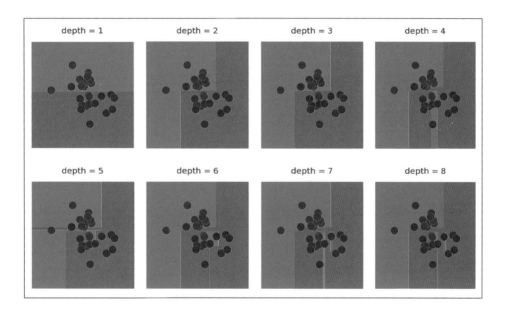

의사 결정 트리의 절차를 다시 기억해보자. 트리의 모든 노드에서 알고리즘은 x축이나 y축을 따라 분할할 특징을 선택한다. 예를 들어 depth = 1의 트리는 노드가 하나뿐이므로 결정을 한 번만 내린다. 그리고 이러한 특정 트리(상단 행, 가장 왼쪽 패널)는 두 번째 특징을 중심으로 결정 지형을 상단과 하단으로 구분하는 수평 의사 결정 경계를 만든다.

이와 비슷하게 depth = 2의 의사 결정 트리를 한 단계 더 나아가도록 작업한다. 레이어 1에서 두 번째 특징을 분할하기 위한 첫 번째 결정을 내리고, 알고리즘은 레이어 2에서 두 개의 추가 노드를 사용하고 완료한다. 이 특정 트리(왼쪽에서 두 번째 패널의 위쪽 행)는 레이어 2에서 첫 번째 특징을 분할해 두 개의 수직선을 추가로 만든다.

트리를 더 깊게 계속 만들 때 이상한 것이 발견될 수 있다. 트리가 깊어질수록 하단 행의 맨 오른쪽 패널에 크지만 얇은 패치와 같은 이상한 모양의 결정 영역이 나타날 가능성이 크다. 이러한 패치는 기본 데이터 배포 특성보다는 데이터의 노이즈로 인한 결과일 가능성이 더 크다. 이는 대부분의 트리가 데이터에 대해 과적합(오버피팅)됐음을 나타낸다. 결국 데이터는 두 개의 반원으로 구성된다. 이와 같이 depth = 3이나 depth = 5인 트리는 실제 데이터 분포와 가장 가깝다.

의사 결정 트리를 덜 강력하게less powerful 만드는 방법은 적어도 두 가지 이상이다.

- 데이터의 하위 집합에서만 트리를 훈련한다.
- 특징의 하위 집합에서만 트리를 훈련한다.

랜덤 포레스트에서 바로 이러한 일이 이뤄진다. 또한 트리 앙상블을 만들어 여러 번 실험을 반복할 수 있다. 트리 앙상블은 임의로 선택된 데이터 샘플이나 특징의 하위 집합으로 훈련받는다.

랜덤 포레스트는 강력한 앙상블 분류기며, 다음과 같은 여러 장점을 가진다.

- 훈련과 평가가 모두 빠르다. 기본 의사 결정 트리는 비교적 단순한 데이터 구조일 뿐만 아니라 포레스트의 모든 트리가 독립적이므로 병행해 쉽게 개발할 수 있다.
- 다수의 트리에서는 확률 분류를 사용한다. 이 장의 뒷부분에서는 앙상블이 데이터 포인트가 특정 클래스에 속할 확률을 예측할 수 있게 해주는 투표 절차voting procedure를 설명한다.

즉, 랜덤 포레스트의 단점 중 하나는 해석하기가 어렵다는 점이며, 상대적으로 깊은 개별 트리의 경우도 마찬가지다. 성가시다고 하더라도 특정 트리 내에서 의사 결정 경로를 조사하는 것은 여전히 가능하다. 5장을 확인해보자.

첫 번째 랜덤 포레스트 구현

OpenCV에서 랜덤 포레스트는 ml 모듈의 RTrees_create 함수를 사용해 빌드할 수 있다.

```
In [7]: import cv2
...     rtree = cv2.ml.RTrees_create()
```

트리 객체는 여러 가지 옵션을 제공하며, 가장 중요한 옵션은 다음과 같다.

- **setMaxDepth:** 앙상블에 있는 각 트리의 가능한 최대 깊이를 설정한다. 다른 종료 기준이 먼저 충족되면 실제 얻은 깊이는 더 작을 수 있다.
- **setMinSampleCount:** 노드가 분할할 수 있는 최소 샘플 수를 설정한다.
- **setMaxCategories:** 허용되는 카테고리의 최대 수를 설정한다. 카테고리 수를 데이터의 실제 클래스 수보다 작은 값으로 설정해 하위 집합을 추정한다.
- **setTermCriteria:** 알고리즘의 종료 기준을 설정한다. 또한 포레스트에 있는 트리의 수를 설정한다.

 포레스트의 트리 수를 설정하는 setNumTrees 메서드(매개변수 사용 방법이 중요함)가 필요할 수도 있지만, 대신 setTermCriteria 메서드를 사용할 수 있다. 혼란스럽게도 트리의 수는 cv2.TERM_CRITERA_MAX_ITER와 결합되며, 대개 알고리즘은 앙상블의 추정기 개수가 아닌 실행 반복 횟수를 사용한다.

정수 n_trees를 setTermCriteria 메서드에 전달해 포레스트의 트리 수를 지정할 수 있다. 여기서 점수가 어느 한 반복에서 다음 반복까지 적어도 eps만큼 증가되지 않으면 알고리즘은 종료된다.

```
In [8]: n_trees = 10
...     eps = 0.01
...     criteria = (cv2.TERM_CRITERIA_MAX_ITER + cv2.TERM_CRITERIA_EPS,
...                 n_trees, eps)
...     rtree.setTermCriteria(criteria)
```

그다음에는 앞 코드의 데이터 분류기를 훈련할 준비가 돼 있다.

```
In [9]: rtree.train(X_train.astype(np.float32), cv2.ml.ROW_SAMPLE, y_train);
```

테스트 레이블은 predict 메서드로 예측할 수 있다.

```
In [10]: _, y_hat = rtree.predict(X_test.astype(np.float32))
```

scikit-learn의 **accuracy_score**를 사용해 테스트 세트에서 모델을 평가할 수 있다.

```
In [11]: from sklearn.metrics import accuracy_score
...      accuracy_score(y_test, y_hat)
Out[11]: 0.84
```

훈련을 마친 후 예측된 레이블을 **plot_decision_boundary** 함수에 전달한다.

```
In [12]: plot_decision_boundary(rtree, X_test, y_test)
```

그러면 다음 그림을 얻는다.

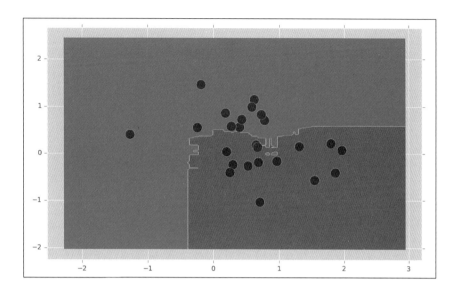

이 그림은 랜덤 포레스트 분류기의 결정 화면이다.

scikit-learn을 사용한 랜덤 포레스트 구현

scikit-learn을 사용해 랜덤 포레스트를 구현할 수 있다.

```
In [13]: from sklearn.ensemble import RandomForestClassifier
   ...      forest = RandomForestClassifier(n_estimators=10, random_state=200)
```

여기에는 앙상블을 맞춤 설정할 수 있는 다양한 옵션이 있다.

- **n_estimators:** 포레스트의 트리 수를 지정한다.
- **criterion:** 노드 분할 기준을 지정한다. criterion = 'gini'로 설정하면 지니^{Gini} 값이 불순물처럼 입력되고, criterion = 'entropy'로 설정하면 정보 이득을 가진다.
- **max_features:** 각 노드 분할 시 고려해야 할 특징 수(또는 일부)를 지정한다.

- **max_depth:** 각 트리의 최대 깊이를 지정한다.
- **min_samples:** 노드를 분할하는 데 필요한 최소 샘플 수를 지정한다.

그런 다음 랜덤 포레스트를 데이터에 맞추고 다른 추정기와 마찬가지로 점수를 매길 수 있다.

```
In [14]: forest.fit(X_train, y_train)
...      forest.score(X_test, y_test)
Out[14]: 0.84
```

이것은 OpenCV에서와 거의 동일한 결과를 제공한다. 헬퍼 함수를 사용해 의사 결정 경계를 그릴 수 있다.

```
In [15]: plot_decision_boundary(forest, X_test, y_test)
```

결과는 다음과 같다.

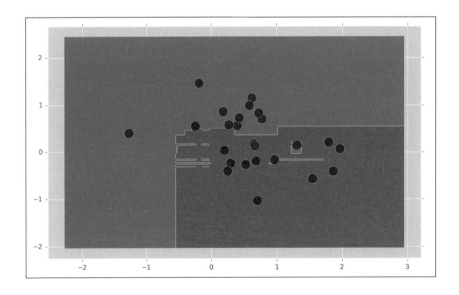

이 그림은 랜덤 포레스트의 의사 결정 경계를 나타낸다.

과랜덤화된 트리 구현

랜덤 포레스트는 임의적이라는 특성을 가진다. 그럼 임의성^{randomness}을 극대화화 려면 어떻게 해야 할까?

과랜덤화된 트리^{extremely randomized tree}(ExtraTreesClassifier와 ExtraTreesRegressor 클 래스 참고)에서 임의성은 랜덤 포레스트보다 훨씬 더 많이 발생한다. 의사 결정 트 리가 모든 특징의 임곗값을 어떻게 사용하는지 기억해 노드 분할을 매우 잘할 수 있다. 반면 과랜덤화된 트리는 임의로 임곗값을 선택할 수 있다. 이렇게 랜덤으로 생성된 임곗값 중 가장 좋은 값이 분할 규칙으로 사용될 수 있다.

다음과 같은 방법으로 과랜덤화된 트리를 만든다.

```
In [16]: from sklearn.ensemble import ExtraTreesClassifier
   ...     extra_tree = ExtraTreesClassifier(n_estimators=10, random_state=100)
```

단일 의사 결정 트리, 랜덤 포레스트, 과랜덤화된 트리의 차이점을 설명하고자 아 이리스 데이터 세트와 같은 간단한 데이터 세트를 사용한다.

```
In [17]: from sklearn.datasets import load_iris
   ...     iris = load_iris()
   ...     X = iris.data[:, [0, 2]]
   ...     y = iris.target
In [18]: X_train, X_test, y_train, y_test = train_test_split(
   ...          X, y, random_state=100
   ...     )
```

이전에 했던 것과 같은 방식으로 트리 객체에 적합한 점수를 매긴다.

```
In [19]: extra_tree.fit(X_train, y_train)
...        extra_tree.score(X_test, y_test)
Out[19]: 0.9210526315789473
```

비교를 위해 랜덤 포레스트를 사용하면 동일한 성능이 발생하는 것을 확인할 수 있다.

```
In [20]: forest = RandomForestClassifier(n_estimators=10, random_state=100)
...        forest.fit(X_train, y_train)
...        forest.score(X_test, y_test)
Out[20]: 0.92105263157894735
```

실제로 단일 트리에 대해서도 마찬가지 결과를 얻는 것을 확인할 수 있다.

```
In [21]: tree = DecisionTreeClassifier()
...        tree.fit(X_train, y_train)
...        tree.score(X_test, y_test)
Out[21]: 0.9210526315789473
```

따라서 그들 사이의 차이점은 무엇일까? 이 질문에 대답하려면 의사 결정 경계decision boundary를 살펴봐야 한다. 다행스럽게도 앞 절에서 plot_decision_boundary 헬퍼 함수를 이미 사용했으므로 이번에는 다른 분류기 객체를 사용한다.

목록의 각 항목에서는 인덱스, 분류기 이름, 분류기 객체를 포함하는 튜플을 갖고 이러한 데이터로 분류기 목록을 만든다.

```
In [22]: classifiers = [
...            (1, 'decision tree', tree),
...            (2, 'random forest', forest),
...            (3, 'extremely randomized trees', extra_tree)
```

```
...        ]
```

그런 다음 분류기의 목록을 헬퍼 함수에 전달하면 모든 분류기의 의사 결정 환경을 서브플롯에서 쉽게 볼 수 있다.

```
In [23]: for sp, name, model in classifiers:
...        plt.subplot(1, 3, sp)
...        plot_decision_boundary(model, X_test, y_test)
...        plt.title(name)
...        plt.axis('off')
```

결과는 다음과 같다.

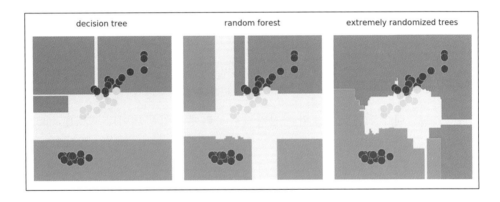

이제 세 가지 분류기 간의 차이점이 명확해졌다. 단 하나의 트리가 가장 단순한 의사 결정 경계를 그리고, 수평 의사 결정 경계를 사용해 화면을 분할한다. 랜덤 포레스트는 의사 결정 환경의 왼쪽 하단에 있는 데이터 포인트들을 좀 더 명확하게 구분할 수 있다. 그러나 과랜덤화된 트리가 모든 면에서 화면 중심을 향해 데이터 포인트들을 모은다.

이제 트리 앙상블의 모든 변형을 알았으므로 실제 데이터 세트를 살펴보자.

▎얼굴 인식을 위한 랜덤 포레스트 사용

사용자가 아직 많이 다루지 않았지만 인기가 높은 데이터 세트로 올리베티^{Olivetti} 얼굴 데이터 세트가 있다.

올리베티 얼굴 데이터 세트는 AT&T 캠브릿지 랩이 1990년에 수집했다. 이 데이터 세트는 서로 다른 시간과 조명 조건에서 촬영한 서로 다른 40개의 피사체 얼굴 이미지로 구성되며, 피사체의 얼굴 표정(눈 뜨기/눈 감기, 미소 지음/미소 짓지 않음)과 얼굴 세부 묘사(안경 있음/안경 없음)에 따른 다양한 데이터를 가진다.

그런 다음 이미지를 256 그레이스케일 수준으로 양자화하고, 부호 없는 8비트 정수로 저장했다. 40개의 서로 다른 주제가 있으므로 이 데이터 세트에는 40개의 목표 레이블이 있다. 따라서 얼굴을 인식하는 것은 다중 클래스 분류 작업^{multiclass classification task}의 한 예가 될 수 있다.

데이터 세트 불러오기

다른 많은 클래식 데이터 세트와 마찬가지로 올리베티 얼굴 데이터 세트는 scikit-learn을 사용해 불러올 수 있다.

```
In [1]: from sklearn.datasets import fetch_olivetti_faces
...     dataset = fetch_olivetti_faces()
In [2]: X = dataset.data
...     y = dataset.target
```

원본 이미지는 92 × 112 픽셀 이미지로 구성됐지만 scikit-learn을 통해 사용할 수 있는 버전은 64 × 64 픽셀로 축소된 이미지를 사용한다.

데이터 세트가 어떤 것인지 파악하고자 예제 이미지를 플롯할 수 있다. 랜덤 순서로 여덟 개의 인덱스를 데이터 세트에서 선택한다.

```
In [3]: import numpy as np
...        np.random.seed(21)
...        idx_rand = np.random.randint(len(X), size=8)
```

Matplotlib을 사용해 예제 이미지를 그릴 수 있지만, 플롯하기 전에 64×64 픽셀 이미지로 열벡터를 변경한다.

```
In [4]: import matplotlib.pyplot as plt
...        %matplotlib inline
...        for p, i in enumerate(idx_rand):
...            plt.subplot(2, 4, p + 1)
...            plt.imshow(X[i, :].reshape((64, 64)), cmap='gray')
...            plt.axis('off')
```

앞의 코드를 실행하면 다음 결과를 얻을 수 있다.

어두운 빛 속에서 똑바로 쳐다본 모든 얼굴을 찍은 사진을 볼 수 있다. 얼굴 표정은 각 미지마다 크게 다르므로 흥미로운 분류 문제다. 다만 일부 사진을 보고 웃지는 말자.

데이터 세트 전처리

데이터 세트를 분류기에 전달하기에 앞서 4장의 모범 사례에 맞춰 전처리해야 한다. 특히 모든 예제 이미지의 평균 그레이스케일 수준이 동일한지 확인해야 한다.

```
In [5]: n_samples, n_features = X.shape[:2]
...        X -= X.mean(axis=0)
```

각 이미지에 이 절차를 반복해 모든 데이터 요소(즉, X행)의 특징 값이 0 주위인지 확인한다.

```
In [6]: X -= X.mean(axis=1).reshape(n_samples, -1)
```

전처리된 데이터는 다음 코드를 사용해 시각화할 수 있다.

```
In [7]: for p, i in enumerate(idx_rand):
...            plt.subplot(2, 4, p + 1)
...            plt.imshow(X[i, :].reshape((64, 64)), cmap='gray')
...            plt.axis('off')
```

이는 다음 그림과 같은 결과를 보여준다.

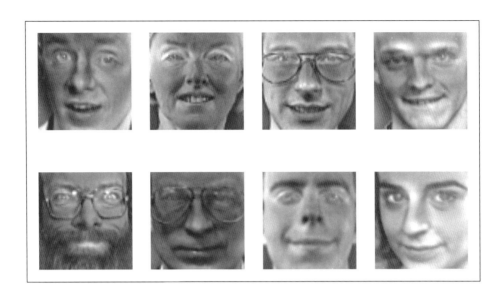

랜덤 포레스트 훈련과 테스트

데이터를 훈련 세트와 테스트 세트로 분리하는 최선의 방법을 계속 수행해야 한다.

```
In [8]: from sklearn.model_selection import train_test_split
   ...     X_train, X_test, y_train, y_test = train_test_split(
   ...         X, y, random_state=21
   ...     )
```

이제 랜덤 포레스트에서 데이터를 사용할 수 있다.

```
In [9]: import cv2
   ...     rtree = cv2.ml.RTrees_create()
```

50개의 의사 결정 트리로 앙상블을 만들어보자.

```
In [10]: n_trees = 50
...        eps = 0.01
...        criteria = (cv2.TERM_CRITERIA_MAX_ITER + cv2.TERM_CRITERIA_EPS,
...                     n_trees, eps)
...        rtree.setTermCriteria(criteria)
```

많은 카테고리(즉, 40)를 갖고 있기 때문에 랜덤 포레스트가 카테고리에 따라 처리
하도록 설정해야 한다.

```
In [11]: rtree.setMaxCategories(len(np.unique(y)))
```

분할하기 전에 노드에 필요한 데이터 요소 수와 같은 다른 선택 가능한 인수를 사
용할 수 있다.

```
In [12]: rtree.setMinSampleCount(2)
```

그러나 각 트리의 깊이를 제한하진 않지만 트리 깊이는 실험해야 할 매개변수다.
하지만 지금은 큰 정수 값으로 설정해 깊이를 제한하지 않는다.

```
In [13]: rtree.setMaxDepth(1000)
```

그리고 분류기를 훈련 데이터에 적용할 수 있다.

```
In [14]: rtree.train(X_train, cv2.ml.ROW_SAMPLE, y_train);
```

다음 함수를 사용해 트리의 깊이를 확인할 수 있다.

```
In [15]: rtree.getMaxDepth()
Out[15]: 25
```

이 결과는 트리 깊이로 1000까지 만들었지만 결국에는 단 25개의 레이어가 필요하다는 것을 의미한다.

분류기의 평가는 레이블(y_hat)을 먼저 예측함으로써 다시 한 번 수행되고, 다음 exact_score 함수에 전달한다.

```
In [16]: _, y_hat = rtree.predict(X_test)
In [17]: from sklearn.metrics import accuracy_score
...        accuracy_score(y_test, y_hat)
Out[17]: 0.87
```

87%의 정확도를 볼 수 있다. 단일 의사 결정 트리를 사용하는 것보다 훨씬 나은 수준이다.

```
In [18]: from sklearn.tree import DecisionTreeClassifier
...        tree = DecisionTreeClassifier(random_state=21, max_depth=25)
...        tree.fit(X_train, y_train)
...        tree.score(X_test, y_test)
Out[18]: 0.47
```

나쁘지 않다. 하지만 옵션 매개변수를 사용하면 더 나아질 수 있음을 알고 있다. 가장 중요한 것은 포레스트의 트리 개수다. 50개의 트리가 아닌 1000개의 트리로 만든 포레스트에서 실험을 반복할 수 있다.

```
In [19]: num_trees = 1000
...        eps = 0.01
```

```
...        criteria = (cv2.TERM_CRITERIA_MAX_ITER + cv2.TERM_CRITERIA_EPS,
...                    num_trees, eps)
...        rtree.setTermCriteria(criteria)
...        rtree.train(X_train, cv2.ml.ROW_SAMPLE, y_train);
...        _, y_hat = rtree.predict(X_test)
...        accuracy_score(y_test, y_hat)
Out[19]: 0.94
```

이 구성을 사용하면 94%의 정확도를 얻을 수 있다.

 여기서 창의적인 여러 시행 착오를 통해 모델의 성능을 향상시키려고 노력했다. 기대에 부응할 만한 구성을 찾을 때까지 중요하다고 생각하는 일부 매개변수를 변경하고 결과 성능 변화를 관찰했다. 11장에서는 모델을 개선하고자 좀 더 정교한 기법을 학습한다.

의사 결정 트리 앙상블의 또 다른 흥미로운 사용 사례는 AdaBoost다.

▌ AdaBoost 구현

포레스트의 트리가 깊이 1인 값(의사 결정 덩어리^{decision stump}라고도 함)을 갖고 배깅 대신 부스팅을 수행하는 알고리즘을 AdaBoost라고 한다.

AdaBoost는 다음 작업을 수행해 각 반복 작업에서 데이터 세트를 조정할 수 있다.

* 의사 결정 그루터기 선택하기
* 의사 결정 그루터기에서 올바르게 레이블링된 사례의 가중치를 줄이면서 잘못 레이블링된 경우의 가중치를 증가시킨다.

이 반복 가중치 조정을 통해 앙상블의 각 새 분류기가 잘못 레이블링된 사례를 먼저 학습한다. 결과적으로 모델은 가중치가 높은 데이터 포인트를 대상으로 조정된다.

결국 그루터기가 결합돼 최종 분류기를 만든다.

OpenCV에서 AdaBoost 구현

OpenCV는 AdaBoost를 매우 효율적으로 구현하지만 하르 캐스케이드^{Harr cascade} 분류기에서는 숨겨져 있다. 하르 캐스케이드 분류기는 얼굴 검출을 위한 매우 인기 있는 도구며, 레나 이미지 예제를 사용해 설명할 수 있다.

```
In [1]: import cv2
 ...    img_bgr = cv2.imread('data/lena.jpg', cv2.IMREAD_COLOR)
 ...    img_gray = cv2.cvtColor(img_bgr, cv2.COLOR_BGR2GRAY)
```

컬러와 그레이스케일로 이미지를 불러온 후 미리 훈련된 하르 캐스케이드를 불러온다.

```
In [2]: filename = 'data/haarcascade_frontalface_default.xml'
 ...    face_cascade = cv2.CascadeClassifier(filename)
```

그런 다음 분류기는 다음 함수 호출을 사용해 이미지에 있는 얼굴을 검출한다.

```
In [3]: faces = face_cascade.detectMultiScale(img_gray, 1.1, 5)
```

이 알고리즘은 그레이스케일 이미지에서만 작동한다. 따라서 사용자는 분류기(img_gray)를 적용한 레나 이미지와 결과 바운딩 박스(img_bgr)를 저장할 수 있다.

```
In [4]: color = (255, 0, 0)
 ...    thickness = 2
 ...    for (x, y, w, h) in faces:
 ...        cv2.rectangle(img_bgr, (x, y), (x + w, y + h),
```

```
...                  color, thickness)
```

이어서 다음 코드를 사용해 이미지를 플롯할 수 있다.

```
In [5]: import matplotlib.pyplot as plt
...     %matplotlib inline
...     plt.imshow(cv2.cvtColor(img_bgr, cv2.COLOR_BGR2RGB));
```

다음 결과에서 파란 경계 상자로 표시된 얼굴의 위치를 확인할 수 있다.

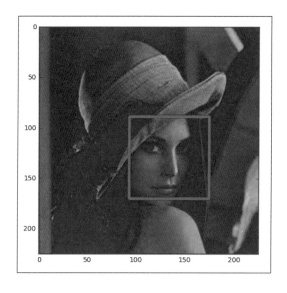

분명 이 스크린샷은 얼굴만을 포함한다. 앞의 코드는 여러 얼굴을 검출할 수 있는 이미지를 사용할 때도 동작한다.

scikit-learn에서 AdaBoost 구현

scikit-learn에서 AdaBoost는 또 다른 앙상블 추정기가 된다. 사용자는 다음처럼 50개의 의사 결정 그루터기에서 앙상블을 만들 수 있다.

434

```
In [6]: from sklearn.ensemble import AdaBoostClassifier
   ...     ada = AdaBoostClassifier(n_estimators=50,
   ...                              random_state=456)
```

사용자는 유방암 데이터 세트를 한 번 더 불러오고 75-25로 나눈다.

```
In [7]: from sklearn.datasets import load_breast_cancer
   ...     cancer = load_breast_cancer()
   ...     X = cancer.data
   ...     y = cancer.target
In [8]: from sklearn.model_selection import train_test_split
   ...     X_train, X_test, y_train, y_test = train_test_split(
   ...         X, y, random_state=456
   ...     )
```

그런 다음 익숙한 절차를 사용해 AdaBoost의 **fit**와 **score**를 적용한다.

```
In [9]: ada.fit(X_train, y_train)
   ...     ada.score(X_test, y_test)
Out[9]: 0.965034965034965
```

결과는 96.5%의 놀라운 정확도를 자랑한다.

이 결과를 랜덤 포레스트와 비교할 수 있다. 그러나 공정하려면 포레스트의 트리들을 모든 의사 결정 그루터기 형태로 만들어야 한다. 이제 배깅과 부스팅의 차이를 알 수 있다.

```
In [10]: from sklearn.ensemble import RandomForestClassifier
   ...      forest = RandomForestClassifier(n_estimators=50,
   ...                                      max_depth=1,
   ...                                      random_state=456)
```

```
...        forest.fit(X_train, y_train)
...        forest.score(X_test, y_test) Out[10]: 0.93706293706293708
Out[10]: 0.9370629370629371
```

물론 트리를 필요한 만큼 깊게 만들면 더 좋은 점수를 얻을 수 있다.

```
In [11]: forest = RandomForestClassifier(n_estimators=50,
...                                       random_state=456)
...        forest.fit(X_train, y_train)
...        forest.score(X_test, y_test)
Out[11]: 0.993006993006993
```

랜덤 포레스트 분류기가 가장 깊게 사용할 때 99.3%라는 놀라운 정확도 점수를 얻을 수 있었다.

이 장의 마지막 단계에서는 다양한 유형의 모델을 앙상블에 결합하는 방법을 설명한다.

▌다른 모델을 투표 분류기로 결합

지금까지 동일한 분류기나 회귀자의 서로 다른 인스턴스를 결합해 앙상블에 결합하는 방법을 살펴봤다. 이 장에서는 이 아이디어에서 한 걸음 더 나아가서 개념적으로 다른 분류기를 투표 분류기voting classifier에 결합한다.

투표 분류기가 갖고 있는 아이디어는 앙상블의 개별 학습기가 반드시 동일한 유형이어야 할 필요는 없다. 개별 분류기들로 어떻게 예측했는지에 상관없이 결국 개별 분류기의 모든 득표수를 통합하는 의사 결정 규칙을 적용할 것이다. 이것이 투표 방식voting scheme이다.

다양한 투표 방법의 이해

투표 분류기에는 두 가지 다른 투표 방식이 있다.

- **하드 투표**hard voting(대다수 투표majority voting라고도 함)에서는 모든 개별 분류기가 한 클래스에 대해 투표하고 많은 투표 결과가 승리한다. 통계적으로 앙상블의 예상 목표 레이블은 레이블이 개별 예측됐을 때의 분포 모드를 가진다.
- **소프트 투표**soft voting에서 모든 개별 분류기는 특정 데이터 포인트가 특정 대상 클래스에 속할 확률 값을 제공한다. 예측은 분류기 중요도의 가중치를 갖고 최종 합산된다. 그러면 가중치가 부여된 확률의 합산 결과를 가진 목표 레이블이 투표에서 이길 수 있다.

예를 들어 이진 분류 작업binary classification task의 한 앙상블에 세 개의 다른 분류 기준이 있다고 가정해본다. 하드 투표 방식에서 모든 분류기는 특정 데이터 포인트에 대한 목표 레이블을 예측한다.

분류기	예측된 목표 레이블
분류기 #1	클래스 1
분류기 #2	클래스 1
분류기 #3	클래스 0

그러면 투표 분류기는 표를 계산하고 다수의 표를 얻은 결과를 표시한다. 이 경우 앙상블 분류기는 클래스 1을 예측할 것이다.

소프트 투표 방식에서 수학은 좀 더 복잡하게 적용된다. 소프트 투표에서 모든 분류기는 투표 절차에서 분류기의 중요성을 나타내는 가중 계수가 할당된다. 단순화를 위해 세 개의 분류기 모두가 동일한 가중치를 갖는다고 가정하자. $w_1 = w_2 = w_3 = 1$ 값을 가진다.

다음 세 개의 분류기는 사용 가능한 클래스 레이블 각각에 속하는 특정 데이터 요소의 확률을 예측한다.

분류기	클래스 0	클래스 1
분류기 #1	$0.3w_1$	$0.7w_1$
분류기 #2	$0.5w_2$	$0.5w_2$
분류기 #3	$0.4w_3$	$0.6w_3$

이 예에서 분류기 #1은 클래스 1의 예에서 70% 값을 가진다. 분류기 #2는 50-50이고, 분류기 #3은 분류기 #1과 경향이 거의 일치한다. 모든 확률 점수는 분류기의 가중치 계수와 결합된다.

투표 분류기는 각 클래스 레이블의 가중 평균을 계산한다.

- 클래스 0의 경우 $(0.3w_1 + 0.5w_2 + 0.4w_3)/3 = 0.4$의 가중 평균을 얻는다.
- 클래스 1의 경우 $(0.7w_1 + 0.5w_2 + 0.6w_3)/3 = 0.6$이라는 가중 평균을 얻는다.

클래스 1의 가중 평균이 클래스 0에 대한 것보다 높으므로 앙상블 분류기는 클래스 1로 예측한다.

투표 분류기 구현

세 가지 알고리즘을 결합한 투표 분류기의 간단한 예를 살펴본다.

- 3장의 로지스틱 회귀 분류기
- 7장의 가우시안 나이브 베이즈 분류기
- 10장의 랜덤 포레스트 분류기

이 세 가지 알고리즘을 투표 분류기로 결합하고 다음 단계에 따라 유방암 데이터 세트에 적용할 수 있다.

1. 데이터 세트를 불러오고 훈련 세트와 테스트 세트로 나눈다.

```
In [1]: from sklearn.datasets import load_breast_cancer
...     cancer = load_breast_cancer()
...     X = cancer.data
...     y = cancer.target
In [2]: from sklearn.model_selection import train_test_split
...     X_train, X_test, y_train, y_test = train_test_split(X, y,
random_state=13)
```

2. 개별 분류기를 인스턴스화한다.

```
In [3]: from sklearn.linear_model import LogisticRegression
...     model1 = LogisticRegression(random_state=13)
In [4]: from sklearn.naive_bayes import GaussianNB
...     model2 = GaussianNB()
In [5]: from sklearn.ensemble import RandomForestClassifier
...     model3 = RandomForestClassifier(random_state=13)
```

3. 개별 분류기를 투표 앙상블로 지정한다. 여기서는 튜플(estimators) 리스트를 전달해야 하고, 모든 튜플은 분류기의 이름(각 분류기의 단축명을 나타내는 문자열을 사용)과 모델 객체로 구성된다. 투표 방식은 voting='hard'나 voting='soft' 중 하나일 수 있다. 지금은 voting='hard'를 사용한다.

```
In [6]: from sklearn.ensemble import VotingClassifier
...     vote = VotingClassifier(estimators=[('lr', model1),
...                    ('gnb', model2),('rfc', model3)],voting='hard')
```

4. 훈련 데이터에 앙상블을 맞추고 테스트 데이터의 점수를 매긴다.

```
In [7]: vote.fit(X_train, y_train)
...     vote.score(X_test, y_test)
Out[7]: 0.95104895104895104
```

95.1%가 우수한 정확도임을 이해하고자 앙상블의 성능을 각 개별 분류기의 이론적 성능과 비교할 수 있다. 사용자는 개별 분류기를 데이터에 적용해 작업을 수행할 수 있다.

그러면 로지스틱 회귀 모델이 자체적으로 94.4%의 정확도를 달성한다는 것을 알수 있다.

```
In [8]: model1.fit(X_train, y_train)
...     model1.score(X_test, y_test)
Out[8]: 0.94405594405594406
```

유사하게 나이브 베이즈 분류기는 93.0%의 정확도를 달성한다.

```
In [9]: model2.fit(X_train, y_train)
...     model2.score(X_test, y_test)
Out[9]: 0.93006993006993011
```

마지막으로 랜덤 포레스트 분류기는 94.4%의 정확도를 달성한다.

```
In [10]: model3.fit(X_train, y_train)
...      model3.score(X_test, y_test)
Out[10]: 0.94405594405594406
```

결론적으로 세 개의 무관한 분류기를 앙상블에 결합해 성능 면에서 좋은 % 값을 얻을 수 있었다. 이러한 각 분류 기준은 훈련 세트에 대해 서로 다른 실수를 했을 수도 있지만, 평균적으로 올바른 세 가지 분류 기준 중 두 가지만 필요하기 때문에 문제가 되지 않는다.

다원성

앞의 절에서는 주로 앙상블 기법을 다뤘다. 앙상블 기법에 의해 준비된 개별 모델에 그 결과가 어떻게 집계되는지는 앞에서 다루지 않았다. 이를 위해 사용되는 개념을 '다원성'이라고 하는데, 이는 실제로 투표와 동일하다. 한 클래스가 높은 표를 얻을수록 최종 클래스가 될 확률이 높아진다. 앙상블 기법 중에 3개의 모델을 준비하고 10개의 가능한 클래스를 준비했다고 가정한다(0부터 9까지의 숫자를 사용). 각 모델은 얻을 수 있는 가장 높은 확률에 기초해 하나의 클래스를 선택한다. 마지막으로 최대 득표수를 가진 클래스가 선정된다. 이것이 다원성의 개념이다. 실제로 다원성은 k-NN과 나이브 베이즈 분류 알고리즘 모두의 장점을 제공한다.

한마디로 다원 투표는 가장 많은 표를 가진 클래스가 이기는 방식이다. 즉, 다수결 투표의 한 형태다.

따라서 모든 분류자는 정확히 한 표를 행사한다. 가장 많은 표를 얻은 클래스가 앙상블의 예측 결과다.

▎요약

10장에서는 다양한 분류기를 앙상블로 결합해 개선하는 방법을 설명했다. 사용자는 배깅을 사용해 다른 분류기의 예측을 평균하는 방법과 다른 분류기가 부스팅을 사용해 서로의 실수를 수정하는 방법을 설명했다. 의사 결정 그루터기

(AdaBoost), 많은 트리, 랜덤 포레스트, 과랜덤화된 트리와 같은 의사 결정 트리를 결합하는 모든 가능한 방법을 다루는 데도 많은 시간을 들였다. 마지막으로 투표 분류기를 작성해 앙상블에서 여러 유형의 분류기를 결합하는 방법을 배웠다.

11장에서는 모델 선택과 하이퍼 매개변수 튜닝의 세계로 들어가 여러 가지 분류 기준 결과를 비교하는 방법을 자세히 설명한다.

11

하이퍼 매개변수 튜닝으로
올바른 모델 선택

지금까지 다양한 종류의 머신러닝 알고리즘을 살펴봤으며, 이제 대부분의 컴퓨터에서 선택할 수 있는 설정이 많다는 사실을 알고 있다. 선택 가능한 설정, 튜닝 노브와 같은 하이퍼 매개변수는 성능 최대화를 위해 알고리즘의 동작을 제어하는 데 도움이 된다.

예를 들어 의사 결정 트리에서 깊이depth, 분리 기준split criterion을 선택하거나, 신경망에서 뉴런의 수를 조정할 수 있다. 모델의 중요한 매개변수 값을 찾는 것은 까다로운 작업이지만, 거의 모든 모델과 데이터 세트에서 필요하다.

11장에서는 모델 평가model evaluation와 하이퍼 매개변수 튜닝hyperparameter tuning을 자세히 설명한다. 작업에 적용될 수 있는 두 가지 모델이 있다고 가정해보자. 어떤 것이 더 나은지 어떻게 알 수 있을까? 이 질문의 대답에는 교차 검증cross-validation과 부트스트래핑^{bootstrapping}처럼 데이터의 다른 하위 집합에 여러 다른 모델을 반복적으로 맞추는 것을 포함한다. 그리고 다른 점수화 함수^{scoring function}와 함께 사용자 모델의 일반화 성능에 대한 신뢰 가능 예상치를 얻을 수 있다.

그러나 두 모델이 비슷한 결과를 내면 어떻게 될까? 두 모델이 동등하거나 운이 좋았을 가능성이 있을까? 그중 하나가 다른 것보다 훨씬 낫다는 것을 어떻게 알 수 있을까? 이 질문에 답하려면 스튜던트 t-검정^{Students t-test}과 맥니마의 검정^{McNemar's test} 같은 유용한 통계 테스트 방법론을 토론해야 한다.

11장에서 다루는 내용은 다음과 같다.

- 모델 평가
- 교차 검증의 이해
- 부트스트래핑을 사용한 견고성 추정
- 그리드 검색을 통한 하이퍼 매개변수 조정
- 서로 다른 평가 메트릭을 사용한 모델 점수화
- 알고리즘을 결합해 파이프라인 형성

▌ 기술적 요구 사항

다음 링크에서 11장의 코드를 참고할 수 있다.

https://github.com/PacktPublishing/Machine-Learning-for-OpenCV-Second-Edition/tree/master/Chapter11

다음은 간략한 소프트웨어, 하드웨어 요구 사항이다.

- OpenCV 버전 4.1.x(4.1.0이나 4.1.1 모두 잘 작동한다)

- 파이썬 버전 3.6(모든 파이썬 버전 3.x는 괜찮다)
- 파이썬과 필수 모듈을 설치하기 위한 아나콘다 파이썬 3이 필요하다.
- 이 책에서는 맥OS, 윈도우, 리눅스 기반 OS 등 모든 OS를 사용할 수 있다. 시스템은 최소 4GB의 RAM를 가져야 한다.
- 이 책과 함께 제공된 코드를 실행하고자 GPU를 사용할 필요는 없다.

모델 평가

모델 평가 전략은 다양한 형태로 제공된다. 다음 절에서는 모델을 서로 비교하는 데 가장 일반적으로 사용되는 세 가지 방법을 알아본다.

- k-겹^{fold} 교차 검증
- 부트스트랩
- 맥니마의 검정

원칙적으로 모델 평가는 간단하다. 모델을 일부 데이터로 학습한 후 모델 예측과 일부 실제 측정값$^{ground\ truth\ value}$을 비교해 모델의 유효성을 평가하면 된다. 앞서 데이터를 훈련 세트와 테스트 세트로 나눠야 함을 배웠고, 그 방법을 따르고자 한다. 지금 다시 살펴보는 이유는 무엇일까?

잘못된 방식으로 모델 평가

훈련 세트에서 모델을 평가하지 않은 이유는 원칙적으로 사용자가 매우 강력한 모델을 사용하고자 하면 모든 데이터 세트를 학습할 수 있기 때문이다.

아이리스 데이터 세트를 사용해 간단한 데모를 해볼 수 있다. 이에 대해 3장에서 광범위하게 설명했으며, 아이리스 꽃의 종을 물리적 기준으로 분류하는 것이 목표다. 다음처럼 scikit-learn을 사용해 아이리스 데이터 세트를 불러올 수 있다.

```
In [1]: from sklearn.datasets import load_iris
...     iris = load_iris()
```

이 문제에 접근할 때는 모든 데이터 요소를 행렬 X에 저장하고 모든 클래스 레이블을 벡터 y에 저장한다.

```
In [2]: import numpy as np
...     X = iris.data.astype(np.float32)
...     y = iris.target
```

다음으로 모델과 하이퍼 매개변수를 선택한다. 예를 들어 3장에서 k-최근접 이웃 알고리즘을 사용한다. 이 알고리즘은 하나의 하이퍼 매개변수, 즉 이웃 수를 나타내는 k를 사용한다. $k = 1$인 경우 알 수 없는 점의 레이블을 가장 가까운 이웃과 동일한 클래스에 속한 것으로 분류하는 매우 간단한 모델을 가진다.

다음 단계를 통해 k-최근접 이웃$^{k-NN}$을 만들고 정확도를 계산하는 방법을 알 수 있다.

1. OpenCV에서 k-최근접 이웃은 다음처럼 인스턴스화된다.

```
In [3]: import cv2
...     knn = cv2.ml.KNearest_create()
...     knn.setDefaultK (1)
```

2. 그런 다음 모델을 훈련하고 이미 알고 있는 데이터의 레이블을 예측하는 데 사용한다.

```
In [4]: knn.train(X, cv2.ml.ROW_SAMPLE, y)
...         _, y_hat = knn.predict(X)
```

3. 마지막으로 정확하게 레이블된 점의 비율을 계산한다.

```
In [5]: from sklearn.metrics import accuracy_score
...         accuracy_score(y, y_hat)
Out[5]: 1.0
```

지금은 정확도 값으로 1.0을 얻었고, 이는 포인트 100%가 사용자 모델에 의해 올바르게 레이블됨을 나타낸다.

 모델이 훈련 세트를 통해 100% 정확도를 가지면 모델은 해당 데이터를 기억한다고 볼 수 있다.

그러나 이러한 결과로 예상 정확도만큼 정확하게 측정하고 있다고 볼 수 있을까? 100% 정확할 것으로 예상되는 모델을 실제로 만들었을까?

이미 대답은 알고 있기 때문에 '아니요'라고 할 수 있다. 이 예제는 간단한 알고리즘으로 실제 데이터 세트를 기억할 수 있었기 때문에 결과가 그렇게 나옴을 보여준다. 이 작업을 심층 신경망에 적용하기에 얼마나 쉬울지 상상해보자. 일반적으로 모델의 매개변수가 많을수록 강력한 결과를 얻을 수 있다. 곧 이 내용을 다시 살펴볼 것이다.

올바른 방식으로 모델 평가

모델의 성능이 어떤지 테스트 세트를 사용해 파악할 수 있지만, 지금은 이미 알고 있는 내용이다. 훈련 과정에서 제외된 데이터가 제공되면 모델이 보드 전체에 걸처 유지되는 데이터의 일부 종속성을 학습했는지 또는 훈련 세트를 방금 기억하고 있는지 여부를 확인할 수 있다.

scikit-learn의 `model_selection` 모듈에서 친숙한 `train_test_split`을 사용해 데이터를 훈련 세트와 테스트 세트로 나눌 수 있다.

```
In [6]: from sklearn.model_selection import train_test_split
```

그러나 올바른 훈련-테스트 비율은 어떻게 선택할까? 올바른 비율이 있는가? 아니면 모델의 다른 하이퍼 매개변수로 사용되는가?

여기에는 다음과 같은 두 가지 주요 고려 사항이 있다.

- 훈련 세트가 너무 작으면 모델은 관련 데이터 의존성을 추출하지 못할 수도 있다. 결과적으로 모델 성능은 실행할 때마다 크게 다를 수 있다. 따라서 실험을 다른 난수 시드로 여러 번 반복해야 한다. 극단적인 예로 아이리스 데이터 세트의 단일 데이터 포인트가 있는 훈련 세트를 고려해보자. 이 경우 모델이 데이터 세트에서 여러 종류[species]가 있음을 알릴 수 있는 방법은 없다.
- 테스트 세트가 너무 작으면 성능 메트릭은 실행할 때마다 크게 다를 수 있다. 결과적으로 모델이 평균적으로 얼마나 잘 수행되는지 확인하려면 실험을 여러 번 다시 해야 한다. 극단적인 예로 단일 데이터 포인트가 있는 테스트 세트를 생각해보자. 아이리스 데이터 세트에는 세 가지 다른 클래스가 있고 0%, 33%, 66%, 100%의 정확도를 얻을 수 있다.

보통 훈련-테스트를 80-20으로 분할하면 출발하기 좋다. 그러나 이 모든 것은 사용 가능한 데이터의 양에 달려 있다. 상대적으로 작은 데이터 세트의 경우 50-50 분할이 더 적합할 수 있다.

```
In [7]: X_train, X_test, y_train, y_test = train_test_split(
...          X, y, random_state=37, train_size=0.5
...      )
```

그런 다음 훈련 세트에서 이전 모델을 다시 훈련시킨다.

```
In [8]: knn = cv2.ml.KNearest_create()
...     knn.setDefaultK(1)
...     knn.train(X_train, cv2.ml.ROW_SAMPLE, y_train)
```

테스트 세트에서 모델을 테스트하면 다른 결과를 얻는다.

```
In [9]: _, y_test_hat = knn.predict(X_test)
...     accuracy_score(y_test, y_test_hat)
Out[9]: 0.96666666666666667
```

이제 여기서 더 합리적인 결과를 얻을 수 있으며, 97%의 정확도는 엄청난 결과다. 그러나 이것이 최선의 결과일까? 어떻게 확신할 수 있을까?

이 질문에 대답하려면 좀 더 자세히 파고들어야 한다.

최고의 모델 선택

모델 성능이 좋지 않은 경우는 성능을 더 향상시킬 방법이 분명치 않은 것이다. 이 책에서는 신경망에서 레이어(층) 개수를 변경하는 방법과 같은 비법을 소개해 왔다. 하지만 종종 직관적이지 않았기 때문에 더 나쁜 결과를 가져온 경우도 있었다. 예를 들어 망에 다른 레이어를 추가하면 결과가 더 나빠지고 훈련 데이터를 추가했을 때 성능이 전혀 변하지 않을 수 있었다.

이러한 문제가 왜 머신러닝에서 가장 중요한지 알 수 있다. 많은 시간이 흐른 이후에 어떤 단계가 사용자 모델을 개선할 수 있는지 또는 개선할 수 없는지 결정하려면 성공적으로 수행한 머신러닝 결과를 다른 결과와 분리시켜야 한다.

이와 관련된 구체적인 예를 살펴보자. 5장의 회귀 작업에서 의사 결정 트리를 사용한 것을 기억할 수 있는가? 두 가지 다른 트리를 sin 함수 형태에 맞출 수 있었다. 하나는 깊이가 2고, 다른 하나는 깊이가 5였다. 이때의 회귀 분석 결과는 다음과 같다.

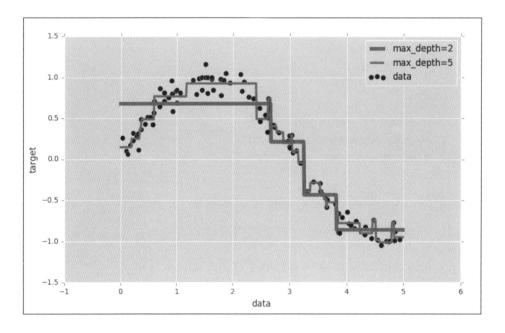

회귀분석의 결과가 일부분에서 좋은 것은 분명하다. 그러나 두 의사 결정 트리는 서로 다른 두 가지 방식을 사용했고 실패했다.

깊이 2인 의사 결정 트리(위 그림에서 굵은 선)는 데이터에 대해 네 개의 직선으로 형태를 맞추려고 시도하고 있다. 데이터가 본질적으로 몇 개의 직선들보다 복잡한 형태를 갖기 때문에 이 모델은 실패한다. 사용자는 생성할 수 있는 많은 훈련 샘플을 원할 때까지 사용해 충분히 훈련할 수 있다. 그렇지만 이 데이터 세트를 결코 잘 설명할 수는 없다. 이러한 모델은 데이터의 모든 특징을 설명할 수 있는 충분한 복잡도를 갖지 않기 때문에 적합하지 않다. 다른 표현으로 모델에 높은 바이어스^{bias}가 있다고 할 수 있다.

다른 의사 결정 트리(가는 선, 깊이 5)는 여러 실수를 한다. 이 모델은 데이터의 미세 구조를 거의 완벽하게 반영할 수 있는 충분하게 유연한 구조를 가진다. 그러나 일부 영역에서는 모델이 노이즈의 특정 패턴을 따른다. 사용자는 sin 함수 자체가 아닌 sin 함수에 노이즈가 더해진 것으로 볼 수 있고, 파란색 곡선(가는 선)에 많은 흔들림이 있음을 그래프의 오른쪽에서 볼 수 있다. 이러한 모델은 과적합됐다고 한다. 다시 말해 이 모델은 유연성이 뛰어나며 데이터의 랜덤 오차를 가진다고 설명할 수 있다. 또 다른 설명 방법으로는 모델의 분산이 높다고 볼 수 있다.

짧게 정리하면 여기서 훌륭한 해결 방법을 사용할 수 있다. 근본적으로 바이어스와 분산 사이의 절충점을 찾을 수 있는 올바른 모델을 선택해야 한다.

 모델의 유연성(모델 복잡도이라고도 함)은 대부분 해당 하이퍼 매개변수에 의해 결정된다. 따라서 매개변수를 조정하는 것이 중요하다.

k-NN 알고리즘과 아이리스 데이터 세트로 돌아가 보자. 가능한 모든 k 값에 대해 모델을 아이리스 데이터에 맞추는 절차를 반복하고 훈련과 테스트 점수를 모두 계산하면 결과는 다음과 같을 것이다.

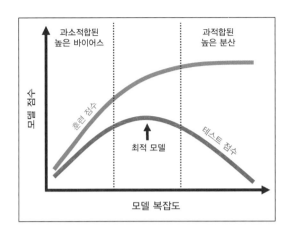

이 그림은 모델 복잡도 함수를 통해 모델 점수를 보여준다. 이 장에서 사용자가 꼭 기억해야 하는 것이 하나 있다면 이 그림이다. 이제 그림의 내용을 살펴보자.

그림은 모델 복잡도 함수로 모델 점수(훈련 점수나 테스트 점수)를 설명한다. 앞의 그림에서 언급했듯이 신경망의 모델 복잡도는 망의 뉴런 수에 비례해 커진다. k-NN의 경우에는 반대 논리가 적용된다. k의 값이 클수록 의사 결정 경계가 더 부드러워지므로 복잡도가 낮아진다. 즉, k = 1인 k-NN은 훈련 점수가 앞의 그림 내에서 오른쪽으로 갈 것이다. 훈련 세트에서는 확실히 100%의 정확도를 가진다.

모델 복잡도에는 다음과 같은 세 가지 구간이 있음을 앞의 그림에서 확인할 수 있다.

- 매우 낮은 모델 복잡도(높은 바이어스 모델)의 경우 훈련 데이터를 사용할 때 과소적합한다. 이 모델 복잡도에서 모델은 사용자가 훈련한 시간에 관계없이 훈련 세트와 테스트 세트 모두에서 낮은 점수만을 얻는다.

- 매우 높은 모델 복잡도(고분산 모델)의 경우 훈련 데이터가 과적합하므로 모델이 훈련 데이터를 매우 잘 예측하지만 이전 다른 데이터에 대해서는 실패할 수 있다. 여기서 모델은 훈련 데이터에만 나타나는 복잡도나 특징을 학습한다. 이러한 특성들은 보이지 않는 데이터에는 적용되지 않기 때문에 훈련 점수는 점점 낮아지게 된다.

- 일부 중간값의 경우 테스트 점수는 최댓값을 갖는다. 사용자가 찾고자 하는 테스트 점수가 최고인 중간 체제다. 이는 바이어스와 분산 사이의 절충점이다.

즉, 모델 복잡도를 매핑해 작업에 가장 적합한 알고리즘을 찾을 수 있다. 특히 다음과 같은 지표를 사용하면 사용자가 현재 어디에 있는지 알 수 있다.

- 훈련 점수와 테스트 점수가 모두 사용자의 기댓값보다 낮으면 앞의 그림에서 모델이 데이터에 부합하지 않는 가장 왼쪽 영역에 있게 될 것이다. 이경우 모델의 복잡도를 높이고 다시 시도하는 것이 좋다.
- 훈련 점수가 테스트 점수보다 훨씬 높으면 모델이 데이터를 과적합하는 선형 그림의 가장 오른쪽 영역에 있게 될 것이다. 이 경우 모델의 복잡도를 줄이고 다시 시도하는 것이 좋다.

이러한 과정은 일반적인 동작이지만 단순한 훈련–테스트보다 더 철저한 모델 평가를 위해 좀 더 정교한 전략을 사용해야 한다. 이는 다음 절에서 설명한다.

▌교차 유효성 검증의 이해

교차 유효성 검증cross-validation은 모델의 일반화 성능을 평가하는 방법이며, 데이터 세트를 훈련 세트와 테스트 세트로 분할하는 것보다 좀 더 안정적이고 철저하다.

교차 유효성 검증의 가장 일반적으로 사용되는 버전은 k-겹 교차 유효성 검증k-fold cross-validation이다. 여기서 k는 숫자로, 사용자가 지정한다(일반적으로 5나 10). 여기서 데이터 세트는 '겹fold, 폴드'라는 다소 비슷한 크기의 k 부분으로 분할된다. N 데이터 포인트를 포함하는 데이터 세트의 경우 각 겹은 대략 N/k 샘플을 가진다. 그런다음 훈련을 위해 $k-1$겹을 사용하고 테스트를 위해 나머지 겹들을 사용함으로써 데이터에 대해 일련의 모델을 사용해 학습한다. 이러한 절차는 모든 겹이 테스트 세트로 사용될 때까지 테스트를 위해 다른 겹을 선택할 때마다 k번 반복된다.

다음 다이어그램은 2겹 교차 유효성 검증의 예다.

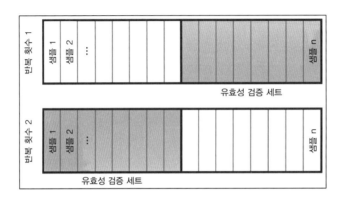

언뜻 보기에 이는 훈련 세트와 테스트 세트로 데이터를 분할하는 일반적인 절차처럼 보일 수 있지만, 교차 검증은 이와 같은 경우에 두 번 실행된다는 점에서 다르다. 모델은 일반적으로 훈련 세트를 갖고 훈련하고(그리고 테스트 세트로 테스트를 수행함), 호출한 테스트 세트로 훈련한다(그리고 훈련 세트로 테스트를 수행함).

유사하게 네 겹이 있는 교차 검증 절차에서는 훈련을 위해 처음 세 개의 겹을 사용하고 테스팅을 위해 네 번째 겹(첫 번째 반복)을 사용해 시작한다. 2번째 반복에서는 테스트용 세 번째 겹(다음 그림에 표시된 유효성 검증 세트)과 나머지 겹(겹 1, 2, 4)을 선택하는 등의 작업을 수행한다.

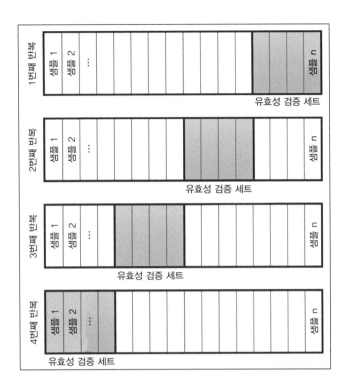

각 반복 작업 동안에 검증 세트의 정확도를 계산한다. 마지막 반복에서는 모델의 최종 평균 점수를 얻고자 모든 정확도 점수의 평균을 구한다. 이는 데이터의 여러 랜덤 분할에 대해 훈련 테스트 절차를 여러 번 반복했기 때문에 모델의 일반화 성능을 훨씬 더 견고하게 추정할 수 있다.

 교차 유효성 검증의 목적이 최종 모델을 작성하는 것은 아니며, 실제 예측을 수행하고자 훈련된 모델의 네 가지 인스턴스를 사용하지는 않는다. 교차 검증의 목적은 주어진 알고리즘이 특정 데이터 세트에서 훈련될 때 얼마나 잘 일반화될지 평가하는 것이다

데이터를 여러 번 분할하면 모델이 훈련 데이터 세트를 선택하는 데 얼마나 중요한지에 대한 정보도 얻을 수 있다. 임의적인 데이터 분할을 다루기 때문에 사용 방법이 영향을 받을 가능성도 고려해야 한다.

- 운이 좋으면 한 번의 반복으로 유효성 검증 세트의 모든 데이터 요소를 분류할 수 있다. 그러면 보고된 정확도가 부당히 높을 것이다.
- 반복 한 번으로도 불행해질 수 있으므로 검증 세트에서의 데이터 포인트들을 실제로 올바르게 분류하는 것은 거의 불가능하다. 그러면 보고된 정확도가 부당히 낮을 수 있다.

k-겹 동작을 반복한 결과가 훈련-테스트의 정확한 분할에 크게 의존하지 않는지 확인한다. 보너스로 한 겹에서 다음 겹까지 정확도의 차이를 살펴봄으로써 새로운 데이터에 적용될 때 모델이 동작할 수 있는 최악의 시나리오와 최상의 시나리오에서 어떻게 수행될지 알 수 있다.

단일 훈련-테스트 분할에 대한 교차 유효성 검증의 또 다른 이점은 데이터를 좀 더 효과적으로 사용할 수 있다는 것이다. 일반적으로 모델에 맞게 사용할 수 있는 데이터가 많을수록 모델은 더 정확해진다. 그러나 train_test_split 함수를 사용해 80-20의 훈련-테스트 분할을 수행한 경우 테스트를 위해 모든 데이터 요소의 20%를 예약해야 한다.

5겹 교차 유효성 검증에서 유효성 검증을 위해 데이터 요소의 20%를 설정할 수 있지만 반복 작업으로 순환하기 때문에 결국 모든 데이터 요소를 훈련에 사용한다. 10겹 교차 유효성 검증을 사용하면 데이터의 90%를 훈련에 사용할 수 있다.

OpenCV에서 교차 유효성의 매뉴얼 검증 구현

OpenCV에서 교차 검증을 가장 쉽게 하려면 직접 데이터를 분할해야 한다.

예를 들어 2겹 교차 유효성 검증을 구현하려면 다음처럼 수행한다.

1. 데이터 세트를 불러온다.

```
In [1]: from sklearn.datasets import load_iris
...     import numpy as np
...     iris = load_iris()
...     X = iris.data.astype(np.float32)
...     y = iris.target
```

2. 데이터를 동일한 크기의 두 부분으로 나눈다.

```
In [2]: from sklearn.model_selection import train_test_split
...     X_fold1, X_fold2, y_fold1, y_fold2 = train_test_split(
...         X, y, random_state=37, train_size=0.5
...     )
```

3. 분류기를 인스턴스화한다.

```
In [3]: import cv2
...     knn = cv2.ml.KNearest_create()
...     knn.setDefaultK(1)
```

4. 분류기를 첫 번째 겹에 맞춘 다음 두 번째 겹의 레이블을 예측한다.

```
In [4]: knn.train(X_fold1, cv2.ml.ROW_SAMPLE, y_fold1)
...     _, y_hat_fold2 = knn.predict(X_fold2)
```

5. 분류기를 두 번째 겹에 맞춘 후 첫 번째 겹의 레이블을 예측한다.

```
In [5]: knn.train(X_fold2, cv2.ml.ROW_SAMPLE, y_fold2)
...     _, y_hat_fold1 = knn.predict(X_fold1)
```

6. 두 겹의 정확도 점수를 계산한다.

```
In [6]: from sklearn.metrics import accuracy_score
...        accuracy_score(y_fold1, y_hat_fold1)
Out[6]: 0.92
In [7]: accuracy_score(y_fold2, y_hat_fold2)
Out[7]: 0.88
```

이러한 과정에서 첫 번째 겹(92% 정확도)과 두 번째 겹(88% 정확도)에 대해 각 정확도 점수를 산출할 수 있다. 평균적으로 분류기를 사용하면 보이지 않는 데이터에 대해 90%의 정확도를 가진다.

scikit-learn을 사용한 k-겹 교차 검증

scikit-learn에서 교차 검증은 다음 세 단계로 수행할 수 있다.

1. 데이터 세트를 불러온다. 하지만 이미 이전에 이 작업을 수행했으므로 지금은 다시 할 필요가 없다.

2. 분류기를 인스턴스화한다.

```
In [8]: from sklearn.neighbors import KNeighborsClassifier
...        model = KNeighborsClassifier(n_neighbors=1)
```

3. cross_val_score 함수를 사용해 교차 유효성 검증을 수행한다. 이 함수는 모델, 전체 데이터 세트(X), 목표 레이블(y), 겹 수(cv)에 대한 정수 값을 입력으로 사용한다. 이때 매뉴얼로 데이터를 분할할 필요는 없다. 이 함수는 겹의 수에 따라 자동으로 수행된다. 교차 유효성 검증이 완료된 후 함수는 테스트 점수를 반환한다.

```
In [9]: from sklearn.model_selection import cross_val_score
   ...     scores = cross_val_score(model, X, y, cv=5)
   ...     scores
Out[9]: array([ 0.96666667, 0.96666667, 0.93333333, 0.93333333, 1. ])
```

모델의 평균값을 얻고자 다섯 가지 점수의 평균과 표준 편차를 확인한다.

```
In [10]: scores.mean(), scores.std()
Out[10]: (0.96, 0.024944382578492935)
```

5겹을 사용해 분류기가 평균적으로 얼마나 튼튼한지 확인하려면 훨씬 더 좋은 아이디어가 있다. $k = 1$인 k-NN은 평균 96%의 정확도를 달성하며, 표준 편차 2.5%를 가진다.

단일 관측값 제거법 교차 검증의 구현

교차 검증을 구현하는 또 다른 보편적인 방법은 데이터 세트의 데이터 포인트 수와 동일한 겹 수를 선택하는 것이다. 즉, N개의 데이터 포인트가 있다면 $k = N$으로 설정한다. 따라서 교차 검증의 반복 작업을 N번 수행해야 하지만 모든 반복 작업에서 훈련 세트는 단일 데이터 요소로만 구성된다. 이러한 방법의 장점은 훈련을 위해 모든 데이터 포인트를 사용한다는 것이다. 따라서 이 절차는 **단일 관측값 제거법**leave-one out 교차 유효성 검사라고도 한다.

scikit-learn에서 이 기능은 model_selection 모듈의 LeaveOneOut 메서드가 제공한다.

```
In [11]: from sklearn.model_selection import LeaveOneOut
```

이 객체는 다음과 같은 방식으로 cross_val_score 함수에 직접 전달될 수 있다.

```
In [12]: scores = cross_val_score(model, X, y, cv=LeaveOneOut())
```

모든 테스트 세트에는 단일 데이터 요소가 포함돼 있으므로 데이터 세트의 각 데이터 요소에 대해 하나씩 150개의 값을 반환해야 한다. 각 포인트는 정확하거나 틀린 값을 가질 수 있다. 따라서 scores 값이 1과 0의 목록으로 될 것이라 예상할 수 있다. 이는 각각 정확하게 맞거나 잘못된 분류가 될 수 있다.

```
In [13]: scores
Out[13]: array([ 1., 1., 1., 1., 1., 1., 1., 1., 1., 1., 1., 1., 1.,
                 1., 1., 1., 1., 1., 1., 1., 1., 1., 1., 1., 1., 1.,
                 1., 1., 1., 1., 1., 1., 1., 1., 1., 1., 1., 1., 1.,
                 1., 1., 1., 1., 1., 1., 1., 1., 1., 1., 1., 1., 1.,
                 1., 1., 1., 1., 1., 1., 1., 1., 1., 1., 1., 1., 1.,
                 1., 1., 1., 1., 1., 0., 1., 0., 1., 1., 1., 1., 1.,
                 1., 1., 1., 1., 1., 0., 1., 1., 1., 1., 1., 1., 1.,
                 1., 1., 1., 1., 1., 1., 1., 1., 1., 1., 1., 1., 1.,
                 1., 1., 0., 1., 1., 1., 1., 1., 1., 1., 1., 1., 1.,
                 1., 1., 0., 1., 1., 1., 1., 1., 1., 1., 1., 1., 1.,
                 1., 1., 1., 0., 1., 1., 1., 1., 1., 1., 1., 1., 1.,
                 1., 1., 1., 1., 1., 1., 1.])
```

분류기의 평균 성능을 알고 싶다면 점수의 평균과 표준 편차를 계산하면 된다.

```
In [14]: scores.mean(), scores.std()
Out[14]: (0.96, 0.19595917942265423)
```

이 점수화 방식을 통해 5겹 교차 유효성 검증과 유사한 결과를 확인할 수 있다.

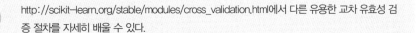
견고성 예측에 부트스트랩 사용

k-겹 교차 검증의 다른 방법은 부트스트래핑^{bootstrapping}이다.

데이터를 겹으로 분할하는 대신 부트스트래핑은 데이터 세트에서 샘플을 랜덤으로 추출해 훈련 세트를 작성한다. 일반적으로 부트스트랩은 샘플들을 교체한 후에 형성된다. 모든 데이터 포인트를 가방에 넣은 후 랜덤으로 꺼낸다고 상상해보자. 샘플을 꺼낸 후에 가방에 다시 넣는다. 이렇게 하면 일부 샘플은 훈련 세트에서 여러 번 나타날 수 있다. 이는 교차 검증에서 허용되지 않는다.

그런 다음 분류기는 부트스트랩의 일부가 아닌 모든 샘플(이른바 OOB^{Out-Of-Bag} 예제)을 사용해 매우 많은 횟수로 반복 테스트된다(예, 10,000번). 따라서 사용자는 모델의 견고성을 평가할 수 있는 모델 점수의 분포를 얻을 수 있다.

OpenCV에서 부트스트랩을 직접 구현

부트스트랩은 다음 절차로 구현할 수 있디.

1. 데이터 세트를 불러온다. 이미 앞서 이 작업을 수행했으므로 다시 할 필요는 없다.
2. 분류기를 인스턴스화한다.

```
In [15]: knn = cv2.ml.KNearest_create()
```

```
...        knn.setDefaultK (1)
```

3. N개의 샘플을 가진 데이터 세트에서 N개의 샘플을 대체해 랜덤으로 선택함으로써 부트스트랩을 만든다. 이는 NumPy가 지원하는 **random** 모듈의 **choice** 함수를 사용해 가장 쉽게 수행할 수 있다. 함수 내에서 [0, len(X) -1] 범위의 len(X) 샘플을 얻고자 (replace=True)로 대체 사용한다. 함수 결과로 인덱스 목록을 반환한다. 이 목록을 사용해 부트스트랩을 만들 수 있다.

```
In [16]: idx_boot = np.random.choice(len(X), size=len(X), replace=True)
...        X_boot = X[idx_boot, :]
...        y_boot = y[idx_boot]
```

4. 부트스트랩에 표시되지 않는 모든 샘플은 OOB 세트에 넣는다.

```
In [17]: idx_oob = np.array([x not in idx_boot
...        for x in np.arange(len(X))],dtype=np.bool)
...        X_oob = X[idx_oob, :]
...        y_oob = y[idx_oob]
```

5. 부트스트랩 샘플을 사용해 분류기를 훈련한다.

```
In [18]: knn.train(X_boot, cv2.ml.ROW_SAMPLE, y_boot)
Out[18]: True
```

6. OOB 샘플에서 분류기를 테스트한다.

```
In [19]: _, y_hat = knn.predict(X_oob)
...        accuracy_score(y_oob, y_hat)
Out[19]: 0.9285714285714286
```

7. 특정 반복 횟수로 3-6단계를 반복한다.

8. 부트스트랩을 반복한다. 이 단계를 최대 10,000번까지 반복해 10,000개의 정확도 점수를 얻은 후 점수의 평균을 구해 분류기의 평균 성능을 알 수 있는 점수를 얻는다.

편의상 3-6단계의 기능을 구현해 n_iter 횟수만큼 과정을 쉽게 수행할 수 있다. 또한 모델(*k*-NN 분류기, model), 특징 행렬(X), 모든 클래스 레이블(y)이 있는 벡터를 전달한다.

```
In [20]: def yield_bootstrap(model, X, y, n_iter=10000):
...          for _ in range(n_iter):
```

for 루프 내의 단계는 앞서 언급한 코드의 3-6단계에 해당된다. 분류기를 부트스트랩에서 훈련하고 OOB 예제로 테스트하는 것이 포함된다.

```
...          # 분류기에 대해 부트스트랩 훈련
...          idx_boot = np.random.choice (len (X), size = len (X),
...                                          replace = True)
...          X_boot = X[idx_boot, :]
...          y_boot = y[idx_boot]
...          knn.train(X_boot, cv2.ml.ROW_SAMPLE, y_boot)
...
...          # OOB(Out-Of-Bag) 예제의 테스트 분류기
...          idx_oob = np.array([x not in idx_boot
...                              for x in np.arange(len(X))],
...                              dtype = np.bool)
...          X_oob = X[idx_oob, :]
...          y_oob = y[idx_oob]
...          _, y_hat = knn.predict(X_oob)
```

그런 다음 정확도 점수를 반환한다. 여기서 return문이 사용될 수 있음을 예상할 수 있다. 그러나 yield문을 사용하는 것이 좀 더 고급 방법이다. yield문은 함수를 자동으로 생성기^{generator}로 변환한다. 즉, 빈 목록(acc = [])을 초기화할 필요 없고, 각 반복마다 새로운 정확도 점수를 추가(acc.append(accuracy_score(...)))할 필요가 없다. 북키핑^{bookkeeping}은 자동으로 수행된다.

```
...            yield accuracy_score(y_oob, y_hat)
```

모두가 동일한 결과를 얻으려면 난수 생성기의 시드를 수정한다.

```
In [21]: np.random.seed(42)
```

이제 함수 출력을 리스트로 변환해 n_iter=10의 횟수만큼 실행한다.

```
In [22]: list(yield_bootstrap(knn, X, y, n_iter=10))
Out[22]: [0.98333333333333328,
          0.93650793650793651,
          0.92452830188679247,
          0.92307692307692313,
          0.94545454545454544,
          0.94736842105263153,
          0.98148148148148151,
          0.96078431372549022,
          0.93220338983050843,
          0.96610169491525422]
```

보다시피 이 작은 샘플의 경우 정확도 점수는 92%와 98% 사이의 값을 가진다. 좀 더 신뢰성 있게 추정하려면 1,000번 반복하고 결과 점수의 평균과 표준 편차를 계산한다.

```
In [23]: acc = list(yield_bootstrap(knn, X, y, n_iter=1000))
   ...:      np.mean(acc), np.std(acc)
Out[23]: (0.95524155136419198, 0.022040380995646654)
```

항상 반복하는 횟수를 늘릴 수 있다. 그러나 일단 n_iter가 충분히 커지면 전체 과정은 샘플링 사용의 임의성에 강해야 한다. 이 경우에 예를 들어 n_iter를 10,000번 반복으로 늘리면 점수 값의 분포는 더 이상 변하지 않을 것으로 예상된다.

```
In [24]: acc = list(yield_bootstrap(knn, X, y, n_iter=10000))
   ...:      np.mean(acc), np.std(acc)
Out[24]: (0.95501528733009422, 0.021778543317079499)
```

일반적으로 부트스트래핑으로 얻은 점수는 통계적 테스트^statistical test에서 사용돼 결과의 중요성을 나타낸다. 이제 부트스트래핑이 어떻게 완료될 수 있는지를 살펴본다.

▌결과의 중요성 평가

k-NN 분류기의 두 버전에 대해 교차 검증 과정을 구현했다고 잠시 가정해보자. 결과 테스트 점수는 모델 A의 경우 92.34%, 모델 B의 경우 92.73%를 얻었다. 어떤 모델이 더 좋은지 어떻게 알 수 있을까?

여기서는 모델 B가 더 나은 테스트 점수를 갖고 있다고 할 수 있다. 그러나 두 모델이 크게 다르지 않다면 어떨까? 임의의 테스트 결과를 가질 수 있는 두 가지 근본 원인은 다음과 같다.

- 모두가 알고 있듯이 모델 B가 운이 좋았다고 할 수 있다. 교차 검증 절차를 위해 정말 낮은 k를 선택했을 것이다. 모델 B는 모델이 데이터를 분류하는

데 문제가 없게 하는 좋은 훈련-테스트 분할로 끝났을 것이다. 결과가 일반적으로 유지되는지 확인하는 데 부트스트래핑과 같은 수만 번의 반복 작업을 하지 않았다.

- 테스트 점수의 변동성이 너무 커서 두 결과가 본질적으로 같은지 확인할 수 없다. 이는 부트스트래핑에서 10,000회 이상 반복되는 경우일 수 있다. 테스트 과정이 본질적으로 노이즈를 많이 가질 경우에 결과 테스트 점수도 많은 노이즈를 가진다.

그렇다면 두 모델이 어떻게 다른지 확실히 알 수 있을까?

스튜던트 t-검정 구현

가장 유명한 통계 테스트 중 하나는 스튜던트 t-검정$^{Student's\ t\text{-}test}$이다. 이전에 한 번쯤 들어봤을 이 통계 테스트는 두 세트의 데이터가 서로 크게 다른지 여부를 결정할 수 있다. 이는 기네스 양조장에서 일했던 발명가인 윌리엄 실리 고셋$^{William\ Sealy}$ ^{Gosset}에게 있어 정말 중요한 테스트였다. 윌리엄은 두 번의 일괄 테스트로 품질 면에서 차이가 있는지를 구별하고 싶었다.

 여기서 'Student'가 대문자로 시작하는 점에 유의해야 한다. 고셋은 회사 정책으로 인해 테스트를 공개할 수 없었기 때문에 그의 필명인 Student를 사용했다.

실제로 t-검정을 통해 두 개의 데이터 샘플이 동일한 평균값이나 예상 값을 가진 기본 분포에서 왔는지 여부를 결정할 수 있었다.

목적을 위해 두 개의 독립 분류기의 테스트 점수가 동일한 평균값을 갖는지 여부를 결정하는 데 t-검정을 사용할 수 있음을 의미한다. 이는 두 세트의 테스트 점수가 동일하다는 가정하에 시작한다. 이것이 무효화^{nullify}하려는 가설이므로 **귀무가**

설^{null hypothesis}이라고 부른다. 즉, 사용자는 한 분류 기준이 다른 기준보다 훨씬 낮다는 것을 보장하고자 가설을 거부^{reject}할 증거를 찾고 있다.

t-검정이 반환하는 p 값으로 알려진 매개변수를 기반으로 귀무가설을 수락하거나 거부할 수 있다. p 값은 0과 1 사이의 값을 가진다. 0.05의 p 값은 귀무가설이 100번 중 다섯 번은 맞는다는 것을 의미한다. 따라서 작은 p 값은 가설을 안전하게 거절할 수 있다는 강력한 증거다. 귀무가설을 기각하고자 p = 0.05를 컷오프 값으로 사용하는 것이 일반적이다.

지금의 내용이 너무 혼란스럽다면 다음처럼 생각하면 된다. 분류기 테스트 점수를 비교하고자 t-검정을 실행할 때는 두 개의 분류기가 크게 다른 결과를 제공하므로 작은 p 값을 얻어야 한다.

stats 모듈에서 SciPy의 ttest_ind 함수로 스튜던트 t-검정을 구현할 수 있다.

```
In [25]: from scipy.stats import ttest_ind
```

간단한 예제부터 시작해보자. 두 분류기에 대해 5겹 교차 유효성 검증을 실행하고 나음과 같은 점수를 얻은 것으로 가정한다.

```
In [26]: scores_a = [1, 1, 1, 1, 1]
...       scores_b = [0, 0, 0, 0, 0]
```

즉, 모델 A는 5번 겹에서 100% 정확도를 얻었지만, 모델 B는 0% 정확도를 얻었다. 이 경우 두 결과가 크게 다름을 분명하게 알 수 있다. 이 데이터에 대해 t-검정을 실행하면 정말 작은 p 값을 얻어야 한다.

```
In [27]: ttest_ind(scores_a, scores_b)
Out[27]: Ttest_indResult(statistic = inf, pvalue = 0.0)
```

결과가 나왔다. 실제로 얻기에 가능한 가장 작은 p 값인 $p = 0.0$이다.

다른 한편으로 두 개의 분류기가 다른 겹(폴딩) 구간을 갖는 경우를 제외하고 동일한 값을 가지면 어떻게 될까? 이 경우 사용자는 두 분류기가 비슷할 것으로 예상되고 실제로 큰 p 값을 가진다.

```
In [28]: scores_a = [0.9, 0.9, 0.9, 0.8, 0.8]
...        scores_b = [0.8, 0.8, 0.9, 0.9, 0.9]
...        ttest_ind(scores_a, scores_b)
Out[28]: Ttest_indResult(statistic=0.0, pvalue=1.0)
```

앞서 언급한 내용과 비슷하게 가능한 가장 큰 p 값인 $p = 1.0$을 얻었다.

좀 더 현실적인 예제에서 어떤 일이 발생하는지 보려면 이전 예제에서 k-NN 분류기로 돌아가야 한다. 10겹 교차 검증 절차에서 얻은 테스트 점수를 사용해 다음두 가지 k-NN 분류기를 비교할 수 있다.

1. 모델 A에 대한 테스트 점수들을 얻는다. 모델 A를 $k = 1$인 k-NN 분류기로 선택한다.

   ```
   In [29]: k1 = KNeighborsClassifier(n_neighbors=1)
   ...        scores_k1 = cross_val_score(k1, X, y, cv=10)
   ...        np.mean(scores_k1), np.std(scores_k1)
   Out[29]: (0.96, 0.053333333333333323)
   ```

2. 모델 B에 대한 테스트 점수들을 얻는다. 모델 B를 $k = 3$인 k-NN 분류기로 선택한다.

   ```
   In [30]: k3 = KNeighborsClassifier(n_neighbors=3)
   ...        scores_k3 = cross_val_score(k3, X, y, cv=10)
   ```

```
...         np.mean(scores_k3), np.std(scores_k3)
Out[30]: (0.9666666666666666, 0.04472135954999579)
```

3. 두 점수 세트에 t-검정을 적용한다.

```
In [31]: ttest_ind(scores_k1, scores_k3)
Out[31]: Ttest_indResult(statistic=-0.2873478855663425,
            pvalue=0.7771278487505296)
```

보다시피 서로 다른 교차 유효성 점수(96.0% 및 96.7%)를 제공하는 두 가지 분류 기준의 좋은 예다. 큰 p 값($p = 0.777$)을 얻었기 때문에 두 분류기가 100번 중 77번은 동일하다고 예상할 수 있다.

맥니마의 검정 구현

더 진보된 통계 기법은 맥니마의 검정$^{McNemar's\ test}$이다. 이 테스트는 쌍을 이루는 데이터에 적용되며, 두 샘플 간에 차이가 있는지 여부를 결정할 수 있다. t-검정의 경우와 마찬가지로 맥니마의 검정을 통해 두 모델이 크게 다른 분류 결과를 제공하는지 확인할 수 있다.

맥니마의 검정은 한 쌍의 데이터 포인트를 사용하며, 두 분류기 모두에 대해 각 데이터 포인트를 어떻게 분류했는지 알 수 있다. 첫 번째 분류기가 올바르게 동작했지만 두 번째 분류기가 잘못 얻은 데이터 요소의 수를 기반으로 두 개의 분류기가 동일한지 여부를 결정할 수 있다.

앞의 모델 A와 모델 B가 동일한 다섯 가지 모델에 적용됐다고 가정해보자. 모델 A는 모든 데이터 포인트를 정확하게 분류했지만(1로 표시) 모델 B는 모두 잘못된 값으로 표시됐다(0으로 표시).

```
In [32]: from scipy.stats import binom
...         def mcnemar_midp(b, c):
...             n = b + c
...             x = min(b, c)
...             dist = binom(n, .5)
...             p = 2. * dist.cdf(x)
...             midp = p - dist.pmf(x)
...             return midp
In [33]: scores_a = np.array([1, 1, 1, 1, 1 ])
...         scores_b = np.array([0, 0, 0, 0, 0])
```

맥니마의 검정은 다음 두 가지를 알고자 한다.

- 모델 A는 올바른 데이터 요소들을 가졌지만 모델 B가 데이터 요소들을 잘못 얻게 된 경우는 얼마나 될까?
- 모델 A는 잘못된 데이터들을 얻었지만 모델 B는 올바른 데이터 요소를 얻게 된 경우는 얼마나 될까?

모델 A가 올바르게 동작했지만 모델 B가 잘못됐는지는 다음처럼 확인할 수 있다.

```
In [34]: a1_b0 = scores_a * (1 - scores_b)
...         a1_b0
Out[34]: array([1, 1, 1, 1, 1])
```

물론 이 방법은 모든 데이터 요소에 적용할 수 있다. 모델 B가 올바르게 동작했고 모델 A가 잘못 동작한 반대의 경우도 데이터 포인트를 기준으로 봤을 때 다음처럼 확인할 수 있다.

```
In [35]: a0_b1 = (1 - scores_a) * scores_b
...         a0_b1
```

```
Out[35]: array([0, 0, 0, 0, 0])
```

맥니마의 검정에 이 값을 넣으면 두 개의 분류기가 분명히 다르기 때문에 작은 p 값을 반환한다.

```
In [36]: mcnemar_midp(a1_b0.sum(), a0_b1.sum())
Out[36]: 0.03125
```

그리고 실제로도 예상한 대로 동작함을 알 수 있다.

맥니마의 검정을 좀 더 복잡한 예제에 적용할 수 있지만 교차 검증을 더 이상 수행할 수 없다. 평균이 아닌 모든 데이터 포인트에 대한 분류 결과를 알아야 하기 때문이다. 따라서 맥니마의 검정을 단일 관측값 제거법 교차 검증에 적용하는 것이 더 합리적이다.

$k = 1$이고 $k = 3$인 k-NN에서는 다음처럼 점수를 계산할 수 있다.

```
In [37]: scores_k1 = cross_val_score(k1, X, y, cv = LeaveOneOut())
   ...         scores_k3 = cross_val_score(k3, X, y, cv = LeaveOneOut())
```

분류기 중 하나만 올바르고 다른 것들은 잘못됐다면 데이터 포인트의 수는 다음과 같다.

```
In [38]: np.sum(scores_k1 * (1 - scores_k3))
Out[38]: 0.0
In [39]: np.sum((1 - scores_k1) * scores_k3)
Out[39]: 0.0
```

여기 결과에선 아무런 차이를 볼 수 없다. 이제 왜 t-검정을 사용했을 때 두 분류기들이 동일한지를 분명히 알게 됐다. 결과적으로 맥니마의 검정 함수에 두 합계 결과를 공급하면 최대 p 값으로 $p = 1.0$을 얻는다.

```
In [40]: mcnemar_midp(np.sum(scores_k1 * (1 - scores_k3)),
...                    np.sum((1 - scores_k1) * scores_k3))
Out[40]: 1.0
```

이제 결괏값이 얼마나 중요한지 평가하는 방법을 알았고, 다음 단계로 넘어가서 하이퍼 매개변수를 조정해 모델의 성능을 향상시킬 수 있다.

▌그리드 검색으로 하이퍼 매개변수 튜닝

하이퍼 매개변수hyperparameter 조정에 가장 일반적으로 사용되는 도구는 그리드 검색grid search이다. 이 검색은 기본적으로 for 루프를 통해 사용 가능한 모든 매개변수 조합을 찾는다.

조합 찾기가 실제로 어떻게 이뤄지는지 살펴본다.

간단한 그리드 검색 구현

k-NN 분류기는 튜닝할 하나의 하이퍼 매개변수만 가진다. 일반적으로 많은 수의 열린 매개변수가 필요하지만 k-NN 알고리즘은 그리드 검색을 충분히 간단하게 구현할 수 있다.

시작하기 전에 앞서 했던 것처럼 데이터 세트를 훈련 세트와 테스트 세트로 분할해야 한다.

1. 여기서는 75-25 분할을 선택한다.

```
In [1]: from sklearn.datasets import load_iris
...     import numpy as np
...     iris = load_iris()
...     X = iris.data.astype(np.float32)
...     y = iris.target
In [2]: from sklearn.model_selection import train_test_split
...     X_train, X_test, y_train, y_test = train_test_split(
...         X, y, random_state=37
...     )
```

2. 이제 다음 목표는 가능한 모든 k 값을 반복하는 것이다. 이를 통해 사용자가 관찰한 최고의 정확성뿐만 아니라 이 결과를 얻게 된 k 값을 추적한다.

```
In [3]: best_acc = 0.0
...     best_k = 0
```

3. 그리드 검색은 전체 훈련과 테스트 절차를 둘러싼 바깥 루프와 같다.

```
In [4]: import cv2
...     from sklearn.metrics import accuracy_score
...     for k in range(1, 20):
...         knn = cv2.ml.KNearest_create()
...         knn.setDefaultK(k)
...         knn.train(X_train, cv2.ml.ROW_SAMPLE, y_train)
...         _, y_test_hat = knn.predict(X_test)
```

테스트 세트(acc)의 정확도를 계산한 후 지금까지 발견된 최상의 정확도(best_acc)와 비교한다.

4. 새로운 값이 더 나으면 북키핑 변수를 업데이트하고 동작을 다시 반복한다.

```
...          acc = accuracy_score(y_test, y_test_hat)
...          if acc > best_acc:
...              best_acc = acc
...              best_k = k
```

5. 동작이 끝나면 최고의 정확도 값을 볼 수 있다.

```
In [5]: best_acc, best_k
Out[5]: (0.97368421052631582, 1)
```

k = 1을 사용해 97.4%의 정확도를 얻을 수 있다.

변수가 많을수록 중첩된 for 루프에서 코드를 래핑해 자연스럽게 사용 방법을 확장할 수 있다. 그러나 예상하듯이 이 방법은 계산 동작을 고려하면 비용이 비쌀 수 있다.

유효성 검증 세트의 값 이해

데이터를 훈련 세트와 테스트 세트로 나누는 모범 사례의 데이터 세트에서 97.4% 정확도로 수행될 수 있는 모델을 찾았음을 다른 사람에게 알려주고 싶을 수 있다. 그러나 결과가 반드시 새로운 데이터로 일반화되진 않는다. 이 내용은 앞부분에서 평가를 위해 독립적인 데이터 세트가 필요하고 훈련-테스트 분할을 해야 할 때와 동일하다.

그러나 바로 앞 절에서 그리드 검색을 구현할 때 테스트 세트를 사용해 그리드 검색의 결과를 평가하고 하이퍼 매개변수 k를 업데이트했다. 이는 더 이상 테스트 세트를 사용해 최종 데이터를 평가할 수 없음을 의미한다. 테스트 세트 정확도를 기반으로 한 모델을 선택해 테스트 세트의 정보를 모델로 전달할 수 있다.

최종 데이터를 평가하기 위한 방법은 데이터를 다시 분할하고 유효성 검증 세트 validation set를 사용하는 것이다. 검증 세트는 훈련 세트와 테스트 세트와 다르며 모델에서 최상의 매개변수를 선택하는 데만 사용된다. 이 유효성 검증 세트에서 모든 탐색 분석과 모델 선택을 수행하고, 최종 평가에만 사용되는 별도의 테스트 세트를 유지하는 것이 좋다.

즉, 데이터를 다음과 같은 세 가지 다른 세트로 분할해야 한다.

- 모델을 만드는 데 사용하는 훈련 세트 training set
- 모델 매개변수를 선택하는 데 사용하는 유효성 검증 세트 validation set
- 최종 모델의 성능을 평가하는 데 사용하는 테스트 세트 test set

3 방향 분할은 다음 그림에서 보여준다.

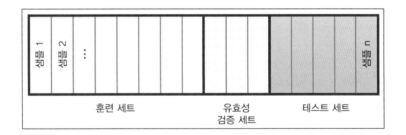

이 그림은 데이터 세트가 훈련 세트, 검증 세트, 테스트 세트로 나눠지는 것을 보여준다.

실제로 3 방향 분할은 다음과 같은 두 단계로 이뤄진다.

1. 데이터를 두 개의 덩어리로 나눈다. 하나는 훈련 및 유효성 검증 세트를 포함하고, 다른 하나는 테스트 세트를 포함한다.

```
In [6]: X_trainval, X_test, y_trainval, y_test =
...      train_test_split(X, y, random_state=37) \
In [7]: X_trainval.shape
Out[7]: (112, 4)
```

2. X_trainval을 적절한 훈련 및 검증 세트로 다시 분할한다.

```
In [8]: X_train, X_valid, y_train, y_valid = train_test_split(
...          X_trainval, y_trainval, random_state=37
...      )
In [9]: X_train.shape
Out[9]: (84, 4)
```

그런 다음 앞의 코드에서 매뉴얼 그리드 검색^{manual grid search}을 반복한다. 그러나 이번에는 유효성 검사 세트를 사용해 최상의 k를 찾는다.

```
In [10]: best_acc = 0.0
...        best_k = 0
...        for k in range(1, 20):
...            knn = cv2.ml.KNearest_create()
...            knn.setDefaultK(k)
...            knn.train(X_train, cv2.ml.ROW_SAMPLE, y_train)
...            _, y_valid_hat = knn.predict(X_valid)
...            acc = accuracy_score(y_valid, y_valid_hat)
...            if acc >= best_acc:
...                best_acc = acc
...                best_k = k
...        best_acc, best_k
Out[10]: (1.0, 7)
```

이제 k = 7(best_k)로 100% 유효성 검증 점수(best_acc)를 얻을 수 있다. 그러나 이 점수는 지나치게 낙관적일 수 있다. 모델이 실제로 얼마나 잘 수행되는지 확인하

476

려면 테스트 세트의 보류held-out 데이터에서 테스트해야 한다.

최종 모델에 도달하고자 그리드 검색 중에 찾은 *k* 값을 사용하고 훈련 및 유효성 검증 데이터에서 모델을 다시 조정할 수 있다. 이 방법으로 여전히 훈련 및 테스트 분할 원리를 사용해 가능한 한 많은 데이터를 사용해 모델을 구축한다.

이것은 X_trainval에서 모델을 재훈련해야 함을 의미한다. 훈련 세트와 테스트 세트를 모두 포함하고 테스트 세트에서 점수를 얻을 수 있다.

```
In [25]: knn = cv2.ml.KNearest_create()
   ...      knn.setDefaultK(best_k)
   ...      knn.train(X_trainval, cv2.ml.ROW_SAMPLE, y_trainval)
   ...      _, y_test_hat = knn.predict(X_test)
   ...      accuracy_score(y_test, y_test_hat), best_k
Out[25]: (0.94736842105263153, 7)
```

이 방법을 통해 테스트 세트에서 94.7% 정확도의 엄청나게 높은 점수를 가질 수 있었다. 훈련-테스트 분리 원칙을 사용했으며, 이제는 새로운 데이터에 적용할 때 분류기가 기대 성능을 제공할 수 있다고 확신할 수 있다. 유효성을 검증할 때 100% 정확도로 보고된 것만큼 높지는 않지만 여전히 좋은 점수다.

교차 유효성 검증과 함께 그리드 검색 결합

방금 구현한 그리드 검색의 한 가지 잠재적 위험은 데이터를 정확히 분리하는 방법에 결과가 상대적으로 민감할 수 있다는 것이다. 결국 우연히 테스트 세트의 분류하기 쉬운 데이터 포인트 대부분을 사용한 분할을 선택했을 수 있다. 결과적으로 지나치게 낙관적인 점수를 얻게 된 것이다. 처음에는 만족스럽지만 새로운 유출 데이터의 모델을 사용하면 분류기의 실제 성능이 예상보다 훨씬 낮음을 알 수 있다.

대신 그리드 검색과 교차 검증을 결합할 수 있다. 이렇게 하면 데이터가 여러 번 훈련 및 유효성 검증 세트로 분리되고, 그리드 검색의 모든 단계에서 교차 유효성 검증이 수행돼 모든 매개변수 조합을 평가할 수 있다.

전체 프로세스는 다음 그림과 같다.

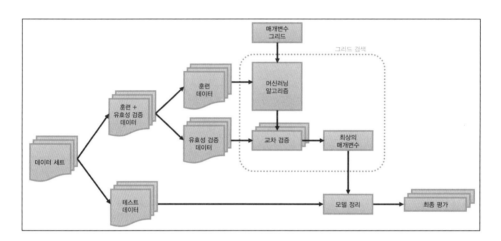

그림에서 알 수 있듯이 테스트 세트는 처음부터 생성돼 그리드 검색과 별도로 유지된다. 나머지 데이터는 이전과 마찬가지로 훈련 및 유효성 검증 세트로 분할돼 그리드 검색으로 전달된다. 그리드 검색 상자 내에서는 모든 가능한 매개변수 값 조합에 대해 교차 검증을 수행함으로써 최상의 모델을 찾는다. 그런 다음 선택한 매개변수를 사용해 최종 모델을 작성하고 테스트 세트에서 평가를 진행한다.

교차 유효성 검사를 통한 그리드 검색은 하이퍼 매개변수 튜닝에 일반적으로 사용되는 방법이므로 scikit-learn은 GridSearchCV 클래스를 제공한다. 이 클래스는 추정기estimator 형태로 구현된다.

사전dictionary을 사용해 GridSearchCV가 검색할 모든 매개변수를 지정할 수 있다. 사전의 각 항목은 {name : values} 형식이어야 한다. 여기서 name은 일반적으로 분류기에 전달되는 매개변수 이름과 동일해야 하는 문자열이고, values는 시도할 값의 목록이다.

예를 들어 KNeighborsClassifier 클래스의 매개변수 n_neighbors의 최적 값을 검색하려면 매개변수 사전을 다음처럼 설계해야 한다.

```
In [12]: param_grid = {'n_neighbors': range (1, 20)}
```

여기서는 범위 [1, 19] 내에서 최상의 k를 찾는다.

이어서 분류기(KNeighborsClassifier)뿐만 아니라 매개변수 그리드를 GridSearchCV 객체로 전달한다.

```
In [13]: from sklearn.neighbors import KNeighborsClassifier
...        from sklearn.model_selection import GridSearchCV
...        grid_search = GridSearchCV(KNeighborsClassifier(), param_grid, cv=5)
```

그리고 fit 메서드를 사용해 분류기를 학습할 수 있다. 대신 scikit-learn은 그리드 검색에 사용된 모든 매개변수를 알려줄 수 있다.

```
In [14]: grid_search.fit(X_trainval, y_trainval)
Out[14]: GridSearchCV(cv=5, error_score='raise',
                estimator=KNeighborsClassifier(algorithm='auto',
                    leaf_size=30, metric='minkowski',
                    metric_params=None, n_jobs=1, n_neighbors=5,
                    p=2, weights='uniform'),
                fit_params={}, iid=True, n_jobs=1,
                param_grid={'n_neighbors': range(1, 20)},
                pre_dispatch='2*n_jobs',
                    refit=True, return_train_score=True, scoring=None,
                    verbose=0)
```

이렇게 하면 k에 대한 최상의 유효성 검증 점수와 해당 값을 찾을 수 있다.

```
In [15]: grid_search.best_score_, grid_search.best_params_
Out[15]: (0.9642857142857143, {'n_neighbors': 3})
```

따라서 $k = 3$에서 검증 점수 96.4%를 얻었다. 교차 검증을 통한 그리드 검색은 이전 과정보다 훨씬 강력하므로 이전에 발견한 100% 정확도보다는 검증 점수가 더현실적이다.

앞 절에서 이 점수는 여전히 지나치게 낙관적이었으므로 지금은 분류기로 테스트 세트에 점수를 매겨야 한다.

```
In [30]: grid_search.score(X_test, y_test)
Out[30]: 0.9736842105263158
```

놀랍게도 테스트 점수는 훨씬 좋은 결과를 얻었다.

중첩된 교차 유효성 검증과 함께 그리드 검색 결합

교차 검증을 통한 그리드 검색이 훨씬 더 강력한 모델 선택 절차를 제공하지만, 훈련 및 검증 세트로 분할된 작업은 아직 한 번만 수행했다는 사실을 알 수 있다. 결과를 보면 여전히 데이터의 정확한 훈련-유효성 분할에 많이 의존하고 있다.

데이터를 훈련하고 검증하고자 분할하는 대신 여러 개의 분할을 사용할 수 있다. 중첩된 교차 유효성 검증으로 알려진 프로세스는 다음 그림과 같다.

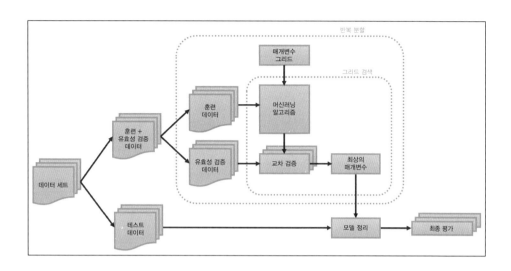

중첩된 교차 유효성 검증에는 반복적으로 데이터를 훈련 및 유효성 검증 세트로 분할하는 그리드 검색 상자 위에 외부 루프가 존재한다. 이러한 각각의 분할에 대해 그리드 검색이 실행돼 최상의 매개변수 값 세트를 보고한다. 그리고 각 외부 분할에 대해 최상의 설정을 사용해 테스트 점수를 얻는다.

 많은 매개변수와 큰 데이터 세트의 격자 검색 실행은 연산 작업에 집중돼 있다. 특정 교차 확인 분할의 특정 매개변수 설정은 다른 매개변수 설정 및 모델과 완전히 독립적으로 수행할 수 있다. 따라서 여러 CPU 코어나 클러스터를 통한 병렬 검색에는 그리드 검색 및 교차 유효성 검증이 매우 중요하다.

이제 모델에서 사용할 최상의 매개변수를 찾는 방법을 알았으므로 모델에서 점수로 사용할 수 있는 다양한 평가 메트릭을 자세히 살펴본다.

다양한 평가 메트릭을 사용한 점수화 모델

지금까지 사용자는 정확도(올바르게 분류된 샘플의 비율)와 R^2를 사용한 회귀 성능을 써서 분류 성능을 평가했다. 그러나 이것들은 지도 모델이 주어진 데이터 세트에서 얼마나 잘 수행되는지를 요약하는 여러 가지 가능한 방법 중 두 가지다. 실제로 이러한 메트릭은 사용자의 애플리케이션에 적합하지 않을 수 있으며, 모델과 매개변수 조정을 선택할 때 올바른 메트릭을 선택하는 것이 중요하다.

메트릭을 선택할 때는 항상 머신러닝 애플리케이션의 최종 목표를 염두에 둬야 한다. 실제로 정확한 예측을 하는 것뿐만 아니라 더 큰 의사 결정 프로세스의 일부로 예측을 사용한다. 예를 들어 오검출의 최소화는 정확성 극대화와 마찬가지로 중요하다.

 모델을 선택하거나 매개변수를 조정할 때는 비즈니스 메트릭에 가장 긍정적인 영향을 주는 모델이나 매개변수 값을 선택해야 한다.

올바른 분류 기준 선택

3장에서 여러 필수 점수화 기능을 이야기했다.

- **정확도**accuracy: 정확하게 예측된 테스트 세트의 데이터 포인트 수를 계산하고, 그 수를 테스트 세트 크기(sklearn.metrics.accuracy_score)의 일부로 반환한다. 이는 분류기의 가장 기본적인 점수화 함수며, 이 책 전반에 걸쳐 광범위하게 사용했다.
- **정확률**precision: 분류기가 양수 샘플을 음수로 레이블링하지 않는 기능(sklearn.metrics.precision_score)을 나타낸다.
- **재현율**recall(또는 **민감도**sensitivity): 모든 양성 샘플(sklearn.metrics.recall_score)을 검색하는 분류기의 능력을 설명한다.

482

정확률과 재현율은 매우 중요한 척도며, 이 둘을 함께 살펴봐야 한다. 정확률과 재현율은 f-점수 또는 f-측정치(sklearn.metrics.f1_score)를 통해 알 수 있으며, 정확률의 조화 평균^{harmonic mean}을 계산하고, 2(정확률 × 재현율)/(정확률 + 재현율)을 이용한다.

때로는 정확성을 극대화하는 것 이상을 해야 한다. 예를 들어 상용 애플리케이션에서 머신러닝을 사용하는 경우 의사 결정은 비즈니스 목표에 따라 이뤄져야 한다. 이러한 목표 중 하나는 90% 이상의 재현율을 보장하는 것이다. 모든 2차 요구사항을 만족시키면서 합리적인 정확성을 유지하는 모델을 개발하는 것이 문제다. 이와 같은 목표 설정을 종종 **작동 지점 설정**^{setting the operating point}이라고 한다.

그러나 새로운 시스템을 개발할 때 어떤 운영체제가 있어야 하는 것은 아니다. 따라서 이 문제를 더 잘 이해하려면 가능한 모든 정확률과 재현율의 균형을 조사해야 한다. 이는 **정확률-재현율 곡선**(sklearn.metrics.precision_recall_curve)이라는 도구를 사용해 할 수 있다.

 분류기의 동작을 분석하는 데 일반적으로 사용되는 또 다른 도구는 수신기 동작 특성(ROC) 곡선이다. 정확률-재현율 곡선과 마찬가지로 ROC 곡선은 주어진 분류기에 대해 사용 가능한 모든 임곗값을 고려하지만 정확률과 재현율 대신 정확한 검출률(true positive rate)에 대한 오검출률(false positive rate)을 나타낸다.

올바른 회귀 메트릭 선택

회귀에 대한 평가는 분류를 위해 수행한 것과 유사하다. 3장에서 회귀에 대한 몇 가지 기본 메트릭도 살펴봤다.

- **평균 제곱 오차:** 회귀 문제에서 가장 일반적으로 사용되는 오차 측정 항목은 예측값과 실제 목푯값 사이의 제곱 오차를 측정하는 것이다. 모든 데이터

포인트의 평균화된 훈련 세트(sklearn.metrics.mean_squared_error)에 대한 목푯값을 사용한다.

- **설명된 분산**^{explained variance}: 좀 더 정교한 측정 기준에서는 테스트 데이터의 변동이나 분산을 설명할 수 있다(sklearn.metrics.explained_variance_score). 종종 설명된 분산의 크기는 상관 계수를 사용해 측정된다.

- **R^2 점수**: 설명된 분산 점수와 밀접한 관계가 있지만, 비편향 분산 예측 (sklearn.metrics.r2_score)을 사용한다. 또한 이 점수는 **결정 계수**로 알려져 있다.

지금까지 본 대부분의 애플리케이션에서 기본 R^2 점수만 사용해도 충분했다. 그러나 평균 제곱 오차와 설명된 분산 같은 다른 회귀 메트릭을 사용해보자. 각 메트릭이 결과를 평가하는 방법을 확인해보자.

복잡한 평가 메트릭과 정교한 그리드 검색기를 결합하면 모델 선택 코드가 점차 복잡해질 수 있다. 다행스럽게도 scikit-learn은 파이프라인이라고 하는 유용한 구성을 사용해 모델 선택을 단순화하는 방법을 제공한다.

▎파이프라인을 형성하기 위한 체이닝 알고리즘

지금까지 다룬 대부분의 머신러닝 문제는 최소한 전처리 단계와 분류 단계로 구성된다. 문제가 복잡할수록 체인 처리^{processing chain}가 길어질 수 있다. 여러 프로세싱 단계를 함께 묶고 그리드 검색에 사용하는 편리한 방법 중 하나는 scikit-learn의 Pipeline 클래스를 사용하는 것이다.

scikit-learn에서 파이프라인 구현

Pipeline 클래스 자체는 fit, predict, score 메서드를 갖고 있으며, scikit-learn에서 다른 견적 도구와 똑같이 동작한다. Pipeline 클래스의 가장 일반적인 사용 방법은 분류기와 같은 지도^{supervised} 모델과 함께 다양한 전처리 단계를 연결하는 것이다.

5장의 유방암 데이터 세트로 돌아가 보자. scikit-learn을 사용해 데이터 세트를 가져와 훈련 세트와 테스트 세트로 나눈다.

```
In [1]: from sklearn.datasets import load_breast_cancer
...     import numpy as np
...     cancer = load_breast_cancer()
...     X = cancer.data.astype(np.float32)
...     y = cancer.target
In [2]: X_train, X_test, y_train, y_test = train_test_split(
...         X, y, random_state=37
...     )
```

k-NN 알고리즘 대신 서포트 벡터 머신^{SVM}을 데이터에 적용한다.

```
In [3]: from sklearn.svm import SVC
...     svm = SVC()
...     svm.fit(X_train, y_train)
Out[3]: SVC(C=1.0, cache_size=200, class_weight=None, coef0=0.0,
            decision_function_shape=None, degree=3, gamma='auto',
            kernel='rbf', max_iter=-1, probability=False, random_state=None,
            shrinking=True, tol=0.001, verbose=False)
```

지나치게 신경 쓰지 않더라도 이 알고리즘은 65%의 정확도 점수를 얻는다.

```
In [4]: svm.score(X_test, y_test)
Out[4]: 0.65034965034965031
```

몇 가지 전처리 단계(예, MinMaxScaler를 사용해 데이터를 먼저 확장)를 사용해 알고리
즘을 다시 실행하려면 전처리 단계를 직접 수행한 후 전처리된 데이터를 분류기
의 fit 메서드로 전달해야 한다.

대안은 파이프라인 객체를 사용하는 것이다. 여기서 처리 단계 목록을 지정해야
한다. 각 단계는 이름(사용자가 선택한 임의의 문자열)과 추정기의 인스턴스를 포함
하는 튜플로 구성된다.

```
In [5]: from sklearn.pipeline import Pipeline
...     from sklearn.preprocessing import MinMaxScaler
...     pipe = Pipeline(["scaler", MinMaxScaler(), ("svm", SVC())])
```

여기서는 두 단계로 구성된다. 첫 번째는 "scaler"이며 MinMaxScaler의 인스턴스
고, 두 번째는 "svm"이며 SVC의 인스턴스다.

이제 사용자는 다른 어떤 scikit-learn 추정기처럼 파이프라인을 적용할 수 있다.

```
In [6]: pipe.fit(X_train, y_train)
...     Pipeline(steps=[('scaler', MinMaxScaler(copy=True,
...     feature_range=(0, 1))), ('svm', SVC(C=1.0,
...     cache_size=200, class_weight=None, coef0=0.0,
...     decision_function_shape=None, degree=3, gamma='auto',
...     kernel='rbf', max_iter=-1, probability=False,
...     random_state=None, shrinking=True, tol=0.001,
...     verbose=False))])
```

여기서 fit 메서드는 첫 번째 단계(스케일러^{scaler})에 적합하게 호출해 스케일러를

사용해 훈련 데이터를 변환하고, 마지막으로 스케일된 데이터와 함께 SVM에 맞춘다.

이제 거의 다 됐다. 테스트 데이터에서 분류기를 점수화하고 성능 향상 정도를 확인할 수 있다.

```
In [7]: pipe.score(X_test, y_test)
Out[7]: 0.951048951048951
```

파이프라인에서 스케일러를 사용해 score 메서드를 호출하고, 먼저 스케일러를 사용해 테스트 데이터를 변환한 후에 SVM에서 스케일된 테스트 데이터를 사용한 score 메서드를 호출한다. scikit-learn에서는 코드 4줄만으로 이 모든 작업을 수행할 수 있다.

cross_val_score 또는 GridSearchCV의 단일 추정기를 사용할 수 있는 장점이 있기 때문에 파이프라인을 사용한다.

그리드 검색에서 파이프라인 사용

그리드 검색에서 파이프라인을 사용하는 것은 다른 추정기를 사용하는 것과 동일한 방식으로 이뤄진다.

파이프라인과 매개변수 그리드에서 GridSearchCV를 검색, 구성하는 매개변수 그리드를 정의한다. 그러나 매개변수 그리드를 지정할 때 약간의 변경이 필요하다. 각 매개변수에 파이프라인의 어느 단계가 속해야 하는지 지정해야 한다. 조정하려는 두 매개변수(C와 gamma)는 두 번째 단계인 SVC의 매개변수다. 앞 절에서는 이 단계에 "svm"이라는 이름을 지정했다. 파이프라인의 매개변수 그리드를 정의하는 구문은 각 매개변수에 단계 이름을 지정하고 __(밑줄 두 개)와 매개변수 이름을 차례로 지정한다.

따라서 다음처럼 매개변수 그리드를 구성할 수 있다.

```
In [8]: param_grid = {'svm__C': [0.001, 0.01, 0.1, 1, 10, 100],
   ...                'svm__gamma': [0.001, 0.01, 0.1, 1, 10, 100]}
```

이 매개변수 그리드로 다음처럼 GridSearchCV를 사용할 수 있다.

```
In [9]: from sklearn.model_selection import GridSearchCV
   ...    grid = GridSearchCV(pipe, param_grid = param_grid, cv = 10)
   ...    grid.fit(X_train, y_train);
```

그리드에서 가장 좋은 점수는 best_score_에 저장된다.

```
In [10]: grid.best_score_
Out[10]: 0.9765258215962441
```

마찬가지로 최상의 매개변수는 best_params_에 저장된다.

```
In [11]: grid.best_params_
Out[11]: {'svm C': 1, 'svm gamma': 1}
```

그러나 교차 유효성 검증 점수가 지나치게 낙관적으로 보일 수 있음을 기억해야 한다. 분류 기준의 실제 성능을 확인하려면 테스트 세트에서 점수를 확인해야 한다.

```
In [12]: grid.score(X_test, y_test)
Out[12]: 0.965034965034965
```

488

교차 검증의 각 분할에 대해 이전에 수행한 그리드 검색과 달리 MinMaxScaler는 훈련 분할만으로 다시 구성되며, 테스트 분할에서 매개변수 검색으로 정보가 누출되지 않는다.

따라서 다양한 단계를 하나로 묶는 파이프라인을 쉽게 만들 수 있다. 파이프라인은 추정기를 원하는 대로 조합하고 일치시킬 수 있다. 파이프라인의 모든 단계에서 transform 메서드(마지막 단계 제외)를 제공하면 된다. 이를 통해 파이프라인의 추정기는 데이터의 새로운 표현을 만들 수 있고, 이는 다시 다음 단계의 입력으로 사용할 수 있다.

Pipeline 클래스는 전처리와 분류에만 국한되지 않으며, 실제로 여러 추정기와 함께 사용할 수 있다. 예를 들어 특징 추출, 특징 선택, 확장, 분류를 포함한 파이프라인을 총 네 단계로 구축할 수 있다. 마찬가지로 마지막 단계는 분류 대신 회귀나 클러스터링이 될 수 있다.

▍요약

11장에서는 모델 선택과 하이퍼 매개변수 튜닝의 모범 사례를 토의해 기존의 머신러닝 기술을 보완하려고 했으며, OpenCV와 scikit-learn 모두에서 그리드 검색과 교차 유효성 검증을 사용해 모델의 하이퍼 매개변수를 조정하는 방법을 알아봤다. 또한 다양한 평가 메트릭과 알고리즘을 파이프라인에 연결하는 방법도 설명했다. 이제 실제 상황에 따른 작업을 시작할 수 있다.

12장에서는 새로운 주제인 OpenVINO 툴킷을 소개한다. 이 툴킷은 OpenCV 4.0의 핵심 릴리스 내용 중 하나다.

12

OpenCV의 OpenVINO 사용

1장에서는 OpenCV 4.0 릴리스에서 추가된 나양한 항목을 다뤘다. 주목해야 할 주요 릴리스 중 하나가 OpenVINO 툴킷이다. 임베디드 비전 얼라이언스가 선정한 '2019 올해의 개발자 도구'에 OpenVINO 툴킷이 선정된 것도 흥미로운 일이다.

12장에서는 OpenCV의 OpenVINO 툴킷을 사용하는 방법에만 초점을 맞춘다. 그리고 OpenVINO 툴킷을 설치한 후 이 툴킷과 함께 대화형 얼굴 검출 데모를 진행한다. 또한 OpenCV와 함께 OpenVINO 모델 동물원^{Zoo}을 사용하고 OpenCV와 함께 OpenVINO 추론 엔진$^{IE, Inference Engine}$을 사용하는 방법도 알아본다. 12장의 마지막 부분에서는 OpenVINO IE를 지원하는 OpenCV를 사용해 이미지 분류를 수행하는 방법을 알아본다.

12장에서 다루는 내용은 다음과 같다.

- OpenVINO 툴킷 설치 방법
- 대화형 얼굴 검출 데모
- OpenCV의 OpenVINO 모델 동물원 사용
- OpenCV의 OpenVINO IE 사용
- OpenVINO IE 지원 OpenCV를 사용한 이미지 분류

┃ 기술적 요구 사항

다음 링크에서 12장의 코드를 참고할 수 있다.

https://github.com/PacktPublishing/Machine-Learning-for-OpenCV-Second-Edition/tree/master/Chapter12

다음은 간략한 소프트웨어, 하드웨어 요구 사항이다.

- OpenCV 버전 4.1.x(4.1.0이나 4.1.1 모두 잘 작동한다)
- 파이썬 버전 3.6(모든 파이썬 버전 3.x는 괜찮다)
- 파이썬과 필수 모듈을 설치하기 위한 아나콘다 파이썬 3이 필요하다.
- 이 책에서는 맥OS, 윈도우, 리눅스 기반 OS 등 모든 OS를 사용할 수 있다. 시스템은 최소 4GB의 RAM를 가져야 한다.
- 이 책과 함께 제공된 코드를 실행하고자 GPU를 사용할 필요는 없다.

▌ OpenVINO 소개

OpenVINO(Open Visual Inconferencing and Neural Network Optimization의 줄임말)는
다양한 신경망을 최적화해 추론 단계를 앞당기기 위한 방법이다. 추론은 앞에서
설명한 것처럼 훈련된 신경망을 사용해 보이지 않는 입력 데이터의 결과를 생성
하는 과정이다. 예를 들어 개나 고양이를 분류하도록 망(네트워크)을 훈련시켰다
면 터피^{Tuffy}(이웃집 개)의 이미지를 보고, 그 이미지가 개의 이미지임을 유추할 수
있어야 한다.

오늘날 이미지와 비디오가 매우 보편화됐고, 다중 레이블 분류^{multilabel classification}와
움직임 추적^{motion tracking} 같은 다양한 작업을 수행하도록 훈련된 심층 신경망이 많
다. GPU는 매우 비싸고 보통 AI 엔지니어 개개인의 예산에 맞지 않기 때문에 일반
적으로 행해지는 추론의 대부분은 CPU에서 발생한다. 따라서 이러한 경우
OpenVINO 툴킷에서 제공하는 속도 향상이 매우 중요하다.

OpenVINO 툴킷에서 제공하는 스피드 업은 두 단계로 구성된다. 첫 번째 단계는 하드웨어 사양에 초
점을 맞추고, OpenVINO 툴킷과 함께 제공되는 모델 옵티마이저를 사용해 하드웨어에 구애받지 않는
방식으로 망을 최적화한다. 다음 단계에는 OpenVINO IE를 사용한 하드웨어별 가속이 포함된다.

OpenVINO 툴킷은 하드웨어뿐 아니라 최적화된 도구로 유명한 인텔이 개발했으
며 딥러닝과 인공지능에 주력하고 있다. VPU, GPU, FPGA도 인텔이 제조하고 있
다는 것은 놀라운 일이 아니다.

또한 OpenVINO는 가장 잘 알려진 두 개의 컴퓨터 비전 라이브러리인 OpenCV와
OpenVX 라이브러리에 대한 최적화된 호출 방법을 제공한다.

▎OpenVINO 툴킷 설치

이 절에서는 인텔의 공식 지침을 따라 OpenVINO 툴킷을 설치한다.

1. 시작 시에 먼저 OpenVINO 툴킷 다운로드 페이지(https://software.intel.com/content/www/us/en/develop/tools/openvino-toolkit/choose-download.html)를 방문한다. 그리고 시스템 사양에 따라 설치 프로그램을 선택하고 다운로드한다. 먼저 사용하고자 하는 툴킷을 등록해야 한다.

2. 설치 지침(https://docs.openvinotoolkit.org/latest/index.html)을 따라 시스템에 OpenVINO 툴킷을 설치한다.

 OpenVINO 툴킷은 OpenCV의 자체 인텔 최적화 버전을 설치한다. 사용자 시스템에 이미 OpenCV가 설치돼 있는 경우 설치 프로그램이 다른 버전의 OpenCV가 이미 설치돼 있음을 표시한다. 최적의 OpenCV 버전을 설치하는 것이 좋다. 사용하는 OpenCV 설치 위치를 나타내고자 `OpenCV_DIR` 변수를 편집할 수 있다.

3. 모델 옵티마이저를 설정한다. 모델 옵티마이저 디렉터리로 이동하고 `install_prerequisites` 스크립트를 사용해 옵티마이저를 설치한다.

 Ubuntu 18.04에는 OpenVINO 툴킷이 지원되지 않는다.

OpenVINO 구성 요소

OpenVINO 툴킷은 다음과 같은 주요 구성 요소를 갖고 있다.

- DLDT[Deep Learning Deployment Toolkit]는 모델 옵티마이저, IE, 사전 훈련된 모델과 모델의 정확도를 측정하는 데 도움이 되는 몇 가지 도구로 구성된다.

- Intel 라이브러리용(또한 최적화됨)으로 컴파일된 OpenCV의 최적화된 버전을 가진다.
- OpenCL 라이브러리를 가진다.
- 인텔의 미디어 SDK를 통해 비디오 처리 속도를 높일 수 있다.
- 최적화된 버전의 OpenVX가 있다.

▌ 대화형 얼굴 검출 데모

OpenVINO 툴킷 설치는 다양한 데모와 샘플 애플리케이션도 제공한다. 설치 테스트를 위해 대화형 얼굴 검출 데모를 실행할 수 있는지 확인하자.

먼저 deployment_tools/inference_engine 폴더에 있는 sample 디렉터리로 이동한다. 여기서 이미지 분류와 추론 파이프라인과 같은 다양한 데모 애플리케이션을 찾을 수 있다.

대화형 얼굴 검출 데모는 입력으로 영상을 촬영해 나이, 성별, 머리-포즈, 감정, 얼굴 랜드마크 검출과 결합된 얼굴 검출을 수행한다. 수행하려는 검출 유형에 따라 다음과 같은 사전 훈련된 모델 목록에서 모델을 사용할 수 있다.

- 얼굴 검출을 위해 face-detection-adas-0001을 사용할 수 있다.
- 다른 작업과 함께 얼굴 검출을 위해 다음 모델들을 사용할 수 있다.
  - **연령과 성별 인식:** age-gender-recognitionretail-0013
  - **머리-포즈 추정:** head-pose-estimation-adas-0001
  - **감정 인식:** emotions-recognition-retail-0003
  - **안면 랜드마크 검출:** facial-landmarks-35-adas-0002

그러나 목록은 이게 전부가 아니다. 모델 옵티마이저를 사용해 추론 엔진 포맷(.xml과 .bin 파일)으로 변환한 경우 자체 훈련된 모델을 사용할 수도 있다. OpenVINO를 사용할 때 최대 성능을 얻고 싶을 때마다 기억해야 한다. 모델은 추론 엔진 형식으로 변환돼야 한다. 좋은 소식은 OpenVINO와 호환되는 사전 훈련된 모델들의 컬렉션이 계속해서 늘어나고 있다는 점이다. 이 컬렉션을 개방형 모델 동물원(https://github.com/opencv/open_model_zoo/blob/master/demos/README.md) 이라고 한다.

데모로 돌아가면 OpenVINO 툴킷과 함께 제공되는 다른 샘플이나 데모 애플리케이션과 마찬가지로 이 애플리케이션은 터미널이나 명령 프롬프트에서 다음처럼 직접 호출할 수 있다.

```
./interactive_face_detection_demo -i inputVideo.mp4 -m face-detectionadas-0001.xml
-m_ag age-gender-recognition-retail-0013.xml -m_hp head-poseestimation-adas-0001.
xml -m_em emotions-recognition-retail-0003.xml -m_lm facial-landmarks-35-adas-
0002.xml
```

앞의 명령을 주의 깊게 살펴보면 다음과 같은 다양한 인수가 무엇을 의미하는지 알 수 있다.

- **-i:** 입력 영상
- **-m:** 얼굴 검출 모델
- **-m_ag:** 연령과 성별 인식 모델
- **-m_hp:** 머리-포즈 추정 모델
- **-m_em:** 감정 인식 모델
- **-m_lm:** 안면 랜드마크 검출 모델

다른 인수들의 목록은 다음 문서 페이지에서 샘플들을 확인할 수 있다.[1]

https://docs.openvinotoolkit.org/2019_R1/_inference_engine_samples_interactive_face_detection_demo_README.html

https://docs.openvinotoolkit.org/latest/omz_demos_interactive_face_detection_demo_README.html

샘플의 수행 결과는 다음 위치에서 확인할 수 있다.

https://docs.openvinotoolkit.org/2019_R1/_face_detection_adas_0001_description_face_detection_adas_0001.html

https://docs.openvinotoolkit.org/latest/omz_models_intel_face_detection_adas_0001_description_face_detection_adas_0001.html

이외에도 얼굴 검출과 관련된 다른 모델들을 살펴볼 수 있다. 표준 모델 face-detectionadas-0001은 다음 위치에서 볼 수 있다.

https://docs.openvinotoolkit.org/2019_R1/_face_detection_adas_0001_description_face_detection_adas_0001.html

https://docs.openvinotoolkit.org/latest/omz_models_intel_face_detection_adas_0001_description_face_detection_adas_0001.html

확장된 모델 face-detection-retail-0004는 다음 위치에서 볼 수 있다.

---

1. 원서 샘플의 URL은 접근이 안 되기 때문에 2019년과 2021년도의 샘플들로 교체했고, 가장 최신의 엔진 샘플들은 https://docs.openvinotoolkit.org/2021.1/openvino_docs_IE_DG_Samples_Overview.html 위치에서 확인할 수 있다. — 옮긴이

https://docs.openvinotoolkit.org/2019_R1/_face_detection_retail_0004_description_face_detection_retail_0004.html

https://docs.openvinotoolkit.org/latest/omz_models_intel_face_detection_retail_0004_description_face_detection_retail_0004.html

보행자 검출 person-detection-retail-0002는 다음 위치에서 볼 수 있다.

https://docs.openvinotoolkit.org/2019_R1/person-detection-retail-0002.html

https://docs.openvinotoolkit.org/latest/omz_models_intel_person_detection_retail_0002_description_person_detection_retail_0002.html

▍ OpenCV와 함께 OpenVINO 추론 엔진 사용

앞 절에서는 대화형 얼굴 검출 데모를 실행하는 방법을 알아봤다. 하지만 여전히 남아 있는 문제는 기존 OpenCV 코드에서 OpenVINO를 활용하는 방법이다. 여기서 사용자는 최소한의 코드 변경으로 OpenVINO의 장점 활용을 강조하고자 한다. 이는 OpenVINO가 OpenCV의 일반적으로 사용되는 버전 3.4.3을 포함해 이전 버전의 OpenCV에는 없었기 때문에 매우 중요하다. 훌륭한 개발자로서 프로그램이 적합한 버전의 시스템과 라이브러리를 지원하는지 확인할 필요가 있다.

다행히도 다음에 표시된 것처럼 OpenVINO 추론 엔진을 OpenCV 모델의 추론 코드에서 사용하려면 코드 한 줄만 있으면 된다.

```
cv::dnn::setPreferableBackend(DNN_BACKEND_INFORON_ENGINE);  // C++
setPreferableBackend(cv2.dnn).DNN_BACKEND_INVERSION_ENGINE) # 파이썬
```

이게 전부다. 전체 작업 예제에서 사용 방법은 다음과 같다.

```
net = cv2.dnn.readNetFromCaffe(prototxt,model)
net.setPreferableBackend(cv2.dnn.DNN_BACKEND_INFERENCE_ENGINE)
```

여기서 신경망을 읽을 수 있는 다른 방법을 사용할 수 있다. 이 경우에 .protxt와 .cafemodel 파일에서 카페 모델을 읽는다.

C++로 다음처럼 사용할 수 있다.

```
Net net = readNetFromCaffe(prototxt, model);
net.setPreferableBackend(DNN_BACKEND_INFERENCE_ENGINE);
```

▍ OpenCV와 함께 OpenVINO 모델 동물원 사용

앞 절에서는 OpenVINO 모델 동물원과 OpenCV 및 OpenVINO IE를 어떻게 사용할 수 있는지 간략히 설명했다. 이 절에서는 모델 동물원과 모델 동물원이 제공하는 것을 자세히 알아본다.

OpenVINO 모델 동물원은 추론을 위해 OpenVINO로 직접 가져올 수 있는 최적화된 사전 훈련된 모델의 모음이다. 이 특징의 중요성은 OpenVINO가 높은 성능을 내는 주요 원인 중 하나가 추론에 필요한 최적화된 모델 파일이라는 사실이기 때문이다. 기본적인 추론 원리는 여전히 OpenCV와 같은 대부분의 심층 추론 툴킷/언어와 동일하다. OpenCV의 **dnn** 모듈은 OpenVINO의 성능 향상 원리를 모든 추론 작업의 기본 백엔드로 사용한다.

모델 파일을 .xml과 .bin 파일로 변환하는 것은 가능하지만 쉽지는 않다. 이를 위해 주로 다음의 두 가지 문제점을 가진다.

- OpenVINO는 특정 신경망 레이어를 인식할 수 없다는 오류를 발생시킬 수 있다. 이 오류는 기본적으로 원래 모델이 OpenVINO와 호환되지 않는 하나 이상의 레이어들을 가진 신경망 아키텍처를 갖고 있었으므로 모델에 최적화된 .xml과 .bin 파일을 구축할 수 없기 때문이다.
- OpenVINO는 대부분의 모델 유형(Caffe, ONNX, 텐서플로^{TensorFlow} 등)을 .xml과 .bin 파일로 처리할 수 있는 방식을 제공하고 사용하지만 그렇다고 모든 유형을 포괄하진 않는다. OpenVINO와 호환되지 않을 수 있는 완전히 다른 아키텍처에 구축된 모델을 가질 수 있다.

이러한 문제점들은 OpenVINO가 직접 사용할 수 있는 OpenVINO 최적화 모델 파일 저장소의 중요성을 이해하는 데 도움이 된다. 모델 동물원에는 두 가지 주요 모델이 있다.

- **공개 모델 세트**: 커뮤니티가 제공하는 모델들로 구성된다.
- **무료 모델 세트**: OpenVINO 개발 팀이 준비한 모델들로 구성된다.

각 모델의 크기가 크기 때문에 OpenVINO를 설치할 때 함께 제공되지 않는다. 이러한 모델을 얻는 가장 좋은 방법은 OpenVINO 설치 디렉터리 내의 deployment_tools\tools\model_downloader 위치에 있는 model_downloader 스크립트를 사용하는 것이다.

OpenVINO 추론 엔진과 함께 OpenCV를 사용해 이미지를 분류하는 방법을 알아보자.

OpenVINO 추론 엔진이 있는 OpenCV를 사용한 이미지 분류

이 장에서 다룰 마지막 주제는 OpenVINO 추론 엔진을 장착한 OpenCV를 사용해 이미지 분류를 수행하는 방법이다.

자세한 내용을 살펴보기 전에 이미지 분류 문제를 간단히 살펴보자. 이미지 인식 이라고도 하는 이미지 분류는 딥러닝 작업의 일부분이며 가장 일반적인 작업 중 하나일 것이다. 이 작업에서 모델의 입력으로 영상 세트가 제공되고 모델은 입력 이미지의 클래스나 레이블을 출력한다.

가장 일반적인 예가 개와 고양이 분류 문제인데, 고양이와 개의 많은 이미지를 사용해 모델을 훈련시키고 테스트 단계에서 입력 이미지가 고양이의 이미지인지 개의 이미지인지를 예측한다.

이 방법은 매우 간단한 문제처럼 보일 수도 있지만 이미지 분류는 산업 응용 분야에서 많은 중요성을 지니고 있다. 예를 들어 사용자의 카메라가 AI 파워를 지원하고 있다면 자연 경관의 이미지든, 인스타그램에서 중요한 일부 음식의 스냅 사진이든 간에 이미지에 있는 물체를 인식하고 그에 따른 이미지 설정을 변경할 수 있음을 의미한다. 다음 이미지는 AI 휴대폰 카메라의 출력을 보여준다.

집 지붕을 찍은 이전의 이미지를 생각해보자. 카메라가 AI 모드로 전환하면 식물 사진을 찍고 있다는 것을 감지할 수 있었고 그에 맞게 자동으로 설정을 변경했다는 점을 유의해야 한다. 이 모든 것은 영상 분류만으로 가능하다. 컴퓨터 비전 엔지니어로서 카메라 내의 이미지가 식물인지, 폭포인지, 사람인지 인식할 수 있는 모델을 훈련하는 것을 생각해보자.

모델이 몇 밀리초 안에 이미지의 클래스나 레이블을 유추할 수 없다면 모델을 훈련시키는 데 쏟은 모든 노력은 낭비된 것이다. 카메라가 물체를 감지하고 설정을 변경할 때까지 몇 초라도 기다릴 사용자는 없다.

이로써 OpenVINO에서 제공하는 추론 엔진의 중요성을 다시금 깨닫게 됐다. OpenVINO는 다음처럼 사용할 수 있는 자체 버전의 이미지 분류 툴킷을 가진다.

OpenVINO를 사용한 이미지 분류

Open VINO의 설치 디렉터리에 있는 이미지 분류 데모를 어떻게 사용할 수 있는지 살펴보자.

1. 먼저 OpenVINO 설치 디렉터리의 deployment_tools/demo 디렉터리로 이동한다.
2. 다음 스크립트로 디렉터리에 이미 존재하는 데모 이미지의 이미지 분류를 실행한다.

```
./demo_squeezenet_download_convert_run.sh
```

실행한 결과는 다음과 같다.

```
Top 10 results:

Image /opt/intel/computer_vision_sdk_fpga_2018.2.298/deployment_tools/demo/../demo/car.png

817 0.8363345 label sports car, sport car
511 0.0946488 label convertible
479 0.0419131 label car wheel
751 0.0091071 label racer, race car, racing car
436 0.0068161 label beach wagon, station wagon, wagon, estate car, beach waggon, station waggon, waggon
656 0.0037564 label minivan
586 0.0025741 label half track
717 0.0016069 label pickup, pickup truck
864 0.0012027 label tow truck, tow car, wrecker
581 0.0005882 label grille, radiator grille

[ INFO ] Execution successful


##################################################
Demo completed successfully.
```

또한 동일한 이미지를 사용하는 다른 데모인 추론 파이프라인 데모도 실행해보자. 이 데모에서는 OpenVINO의 추론 엔진 속도가 상당히 잘 나타난다.

```
./demo_security_barrier_camera.sh
```

출력 이미지는 다음과 같다.

두 경우 모두 동일한 이미지를 사용하고 있으므로 잠시 이미지 분류를 위해 얻은 결과를 확인해보자. 예상한 클래스들이 얼마나 정확할까?

이미 이미지 분류에 대한 OpenVINO 데모를 갖고 있는데, 왜 OpenCV를 사용해야 할까? 이미지가 크지만 고정 프레임에 있는 객체만 분류하려는 시나리오를 생각해보자. OpenVINO 데모에서는 전체 이미지의 결과를 얻을 수 있다. 그러나 OpenCV를 사용하면 먼저 관심 영역^{ROI, Region Of Interest}을 잘라낸 다음 이미지 분류를 수행할 수 있다.

지금까지 설명했듯이 OpenVINO IE 자체는 그다지 유연하지 않으며, 컴퓨터 비전 작업에 있어서는 OpenCV보다 더 좋은 것은 없다. 다행히 OpenCV를 사용하면 OpenCV의 컴퓨터 비전 기능과 함께 OpenVINO 추론 엔진의 향상된 성능을 함께 사용할 수 있다.

'OpenCV와 함께 OpenVINO 추론 엔진 사용' 절로 돌아가 OpenCV의 dnn 모듈에서 OpenVINO 추론 엔진을 백엔드로 지정하는 방법을 살펴본다.

이를 어떻게 이미지 분류 문제에 사용할 수 있는지 살펴보자.

OpenVINO와 함께 OpenCV를 사용한 이미지 분류

먼저 OpenCV를 사용해 이미지 분류 추론 코드를 만든다. 지금은 추론에 관심이 있기 때문에 사전 훈련된 모델을 사용할 것이다.

1. 먼저 카페 모델 파일 deploy.protxt 및 bvlc_reference_cafenet.caffemodel 을 다운로드한다. 이는 버클리 비전의 저장소^{repository}(https://github.com/BVLC/caffe/tree/master/models/bvlc_reference_caffenet)에서 얻을 수 있다. 현재 작업 디렉터리에 두 파일을 모두 다운로드한다. 또한 클래스 레이블이 언급된 텍스트 파일이 필요하다. https://github.com/torch/tutorials/blob/

master/7_imagenet_classification/synset_words.txt에서 얻을 수 있다.

2. 이미지 분류에 기린의 샘플 이미지를 사용해보자.

다음으로 OpenVINO가 있는 OpenCV를 사용해 이미지 분류 코드를 만든다.

3. 몇 가지 모듈을 가져온다.

```
import numpy as np
import cv2
```

4. 다음 모델 파일을 지정한다.

```
image = cv2.imread("animal-barbaric-brown-1319515.jpg")
labels_file = "synset_words.txt"
prototxt = "deploy.prototxt"
caffemodel = "bvlc_reference_caffenet.caffemodel"
```

5. 이제 레이블 텍스트 파일에서 레이블을 읽는다.

```
rows = open(labels_file).read().strip().split("\n")
classes = [r[r.find(" ") + 1:].split(",")[0] for r in rows]
```

6. 추론에 사용할 백엔드를 지정한다.

```
net = cv2.dnn.readNetFromCaffe(prototxt,caffemodel)
net.setPreferableBackend(cv2.dnn.DNN_BACKEND_INFERENCE_ENGINE)
net.setPreferableTarget(cv2.dnn.DNN_TARGET_CPU)
```

7. 입력 이미지에 대한 기본적인 이미지 처리를 수행한다.

```
blob = cv2.dnn.blobFromImage(image,1,(224,224),(104,117,123))
```

8. 마지막으로 이 이미지를 모델에 전달하고 출력을 얻는다.

```
net.setInput(blob)
predictions = net.forward()
```

9. 모델에 전달한 기린 이미지에 대한 상위 10가지 예측 결과를 얻는다.

```
indices = np.argsort(predictions[0])[::-1][:5]
```

10. 마지막으로 상위 10가지 예측을 표시한다.

```
for index in indices:
    print("label: {}, prob.: {:.5}".format(classes[index],
predictions[0][index]))
```

그러면 놀랍게도 다음과 같은 결과를 얻는다.

```
label: cheetah, prob.: 0.98357
label: leopard, prob.: 0.016108
label: snow leopard, prob.: 7.2455e-05
label: jaguar, prob.: 4.5286e-05
label: prairie chicken, prob.: 3.8205e-05
```

모델은 사용자가 입력으로 전달했던 **giraffe** 이미지가 사실 cheetah 이미지라고 생각한다는 것을 주목해야 한다. 왜 그럴까? 그것은 클래스 목록에 **giraffe**가 없기 때문이다. 따라서 이 모델은 치타와 기린에게 있는 비슷한 색깔의 점들 때문에 가장 가까운 매칭을 한 것이다. 따라서 다음에 이미지 분류를 수행할 때 클래스가 실제로 레이블 목록에 있는지 확인해야 한다.

백엔드로서 OpenVINO 추론 엔진을 이용해 얻은 성능 향상을 보고자 다양한 백엔드를 비교해 볼 수 있다. 다음처럼 하면 된다. 앞의 코드에서 한 줄만 바꾸면 된다.

```
net.setPreferableBackend(cv2.dnn.DNN_BACKEND_INFERENCE_ENGINE)
```

다음 백엔드 중에서 선택할 수 있다.

- **cv2.dnn.DNN_BACKEND_DEFAULT:** OpenVINO가 설치돼 있으며, 이를 기본 백엔드로 사용할 경우다.

- **cv2.dnn.DNN_BACKEND_HALIDE:** 이를 사용하려면 할라이드와 함께 OpenCV

를 구축해야 한다. 자세한 설명은 https://docs.opencv.org/4.1.0/de/d37/tutorial_dnn_halide.html에서 찾을 수 있다.

- **cv2.dnn.DNN_BACKEND_OPENCV:** 양쪽 백엔드 간의 비교를 수행하기 위한 최선의 선택 방법이다.

따라서 동일한 코드를 실행할 때 코드의 앞줄을 다음처럼 교체할 수 있다.

```
net.setPreferableBackend(cv2.dnn.DNN_BACKEND_OPENCV)
```

이게 전부다. 이제 백엔드로서 OpenVINO 추론 엔진을 사용해 얻은 성능 향상을 비교할 수 있다.

 속도의 큰 차이는 볼 수 없을 것이다. 눈에 띄는 차이를 얻으려면 for 루프를 사용해 추론을 100회 수행하고 각 단계 동안 소요된 전체 시간을 합산한 후 100으로 나누면 평균이 나온다.

▍요약

12장에서는 OpenVINO 툴킷의 종류, 용도, 설치 방법을 간략히 살펴봤다. OpenVINO의 위력을 이해하고 살펴볼 수 있도록 툴킷과 함께 제공된 데모와 샘플의 실행 방법도 살펴봤다. 마지막으로 모델 추론에 사용할 백엔드를 지정하는 한 줄만 추가함으로써 기존 OpenCV 코드에서 활용하는 방법을 알아봤다.

12장에서 OpenVINO의 실제적인 내용을 많이 다루진 않았다. OpenVINO가 이 책의 범위에 포함되지 않는 딥러닝 애플리케이션에 더 적합하기 때문이다. 딥러닝 열성가라면 반드시 OpenVINO 툴킷에서 인텔이 제공하는 설명서를 살펴보고 시작해야 한다. 분명히 매우 유용하게 쓰일 것이다.

13장에서는 지금까지 이 책에서 다뤘던 모든 주제의 요약을 재빨리 훑어볼 것이다. 머신러닝과 컴퓨터 비전 영역으로 나아가면서 따라야 할 몇 가지 제안을 살펴보는 것으로 마무리한다.

13

결론

축하한다. 방금 머신러닝 개발자가 되기 위한 큰 걸음을 내디뎠다. 다양한 기본 머신러닝 알고리즘에 익숙해졌을 뿐만 아니라 지도학습과 비지도학습 문제에 적용하는 방법도 알게 됐다. 게다가 새롭고 흥미로운 주제인 OpenVINO 툴킷을 살펴봤다. 12장에서는 OpenVINO를 설치하고 대화형 얼굴 검출과 이미지 분류 데모를 실행하는 방법을 알아봤다. 그런 주제를 배우는 것을 즐겼을 것이라고 확신한다.

더 나아가기 위한 여정을 시작하기 전에 마지막 조언을 하고, 추가적인 몇 가지 자원을 알려주고, 머신러닝과 데이터 과학 기술을 어떻게 향상시킬 수 있는지 제안하고자 한다. 13장에서는 머신러닝 문제에 접근하는 방법과 자체 추정기를 구축하는 방법을 알아본다. 자신만의 OpenCV 기반 분류기를 C++로 작성하고, scikit-learn 기반 분류기를 파이썬으로 작성하는 방법을 배운다.

13장에서 다루는 내용은 다음과 같다.

- 머신러닝 문제점에 접근
- C++로 OpenCV 기반 분류기 작성
- 파이썬으로 Scikit-learn 기반 분류기를 직접 작성
- 다음 단계

▎ 기술적 요구 사항

다음 링크에서 13장의 코드를 참고할 수 있다.

https://github.com/PacktPublishing/Machine-Learning-for-OpenCV-Second-Edition/tree/master/Chapter13

다음은 간략한 소프트웨어, 하드웨어 요구 사항이다.

- OpenCV 버전 4.1.x(4.1.0이나 4.1.1 모두 잘 작동한다)
- 파이썬 버전 3.6(모든 파이썬 버전 3.x는 괜찮다)
- 파이썬과 필수 모듈을 설치하기 위한 아나콘다 파이썬 3이 필요하다.
- 이 책에서는 맥OS, 윈도우, 리눅스 기반 OS 등 모든 OS를 사용할 수 있다. 시스템은 최소 4GB의 RAM를 가져야 한다.
- 이 책과 함께 제공된 코드를 실행하고자 GPU를 사용할 필요는 없다.

▌머신러닝 문제점에 접근

실전에서 새로운 머신러닝 문제를 발견하면 바로 살펴보고 그 문제를 해결하기 위한 알고리즘을 생각할 수 있다. 일반적으로 이러한 과정을 거치면 문제를 가장 잘 이해할 수 있고 재미있게 구현할 수 있다. 그러나 어떤 알고리즘이 특정 문제에서 가장 잘 수행되는지 미리 알기는 어렵다.

그 대신 한 걸음 뒤로 물러나 큰 그림을 먼저 살펴봐야 한다. 너무 깊이 살펴보기 전에 해결하려는 실제 문제를 정의해야 한다. 예를 들어 이미 특정 목표를 염두에 두고 있는가? 아니면 단순히 탐색 분석을 수행하고 데이터에서 흥미로운 값을 찾고 있는가? 대부분은 소셜 미디어 플랫폼에 업로드된 사진에서 친구들에 대한 자동 태그 추가, 스팸 이메일 메시지 검색, 동영상 추천 같은 일반적인 목표로 시작한다. 그러나 이 책에서 봤듯이 이러한 문제들을 해결할 수 있는 방법은 이미 몇 가지가 있다. 예를 들어 사용자는 로지스틱 회귀, k-평균 클러스터링, 딥러닝을 사용해 숫자 필기의 자릿수를 인식할 수 있다. 문제를 정의하면 올바른 질문을 하고 그 길을 따라 올바른 선택을 할 때 도움이 될 수 있다.

일반적으로 다음의 다섯 단계를 통해 실전에서 머신러닝 문제를 해결할 수 있다.

1. **문제 분류:** 이것은 내부적으로 두 단계 프로세스를 가진다.
   - **입력으로 분류:** 간단히 말하면 데이터에 레이블을 지정할 경우에 지도학습 문제가 된다. 레이블이 지정되지 않은 데이터가 있고 구조를 찾고 싶다면 비지도학습 문제가 된다. 환경과 상호작용해 목적 함수^{objective function}를 최적화하려는 경우 이는 강화학습 문제^{reinforcement learning problem}다.
   - **출력으로 분류:** 모델의 출력이 숫자인 경우 회귀 문제가 된다. 모델 출력이 클래스(또는 카테고리)인 경우 분류 문제가 된다. 모델의 출력이 입력 그룹 집합인 경우 클러스터링 문제라고 보면 된다.

2. **사용 가능한 알고리즘 찾기:** 이제 문제를 분류했으므로 도구를 사용해 구현할 수 있는 방법을 적용할 수 있고, 실용적인 알고리즘을 식별할 수 있다. 마이크로소프트는 어떤 종류의 문제에 어떤 알고리즘을 사용할 수 있는지 보여주는 편리한 알고리즘 치트 시트를 만들었다. 치트 시트는 마이크로소프트 애저^{Microsoft Azure} 소프트웨어에 맞게 조정됐지만, 일반적으로도 유용하게 사용할 수 있다.

 머신러닝 알고리즘 치트 시트 PDF(마이크로소프트 애저 제공)는 http://aka.ms/MLCheatSheet에서 다운로드할 수 있다.

3. **적용 가능한 모든 알고리즘 구현(프로토타이핑):** 주어진 문제에 대해 일반적으로 작업을 수행할 수 있는 몇 가지 후보 알고리즘이 있다. 그러면 어느 것을 골라야 할까? 종종 이 문제에 대한 대답은 간단하지 않으므로 시행착오에 의존할 수밖에 없다. 프로토타이핑은 두 단계로 수행하는 것이 가장 좋다.

   1. 최소한의 특징 엔지니어링으로 몇 가지 알고리즘을 빠르게 구현할 수 있어야 한다. 이 단계에서 주로 어떤 알고리즘이 큰 동작 위주로 볼 때 더 잘 행동하는지 관심을 가져야 한다. 이 단계는 마치 채용과 비슷하며 후보 알고리즘 목록을 몇 개로 단축해야 하는 이유를 찾아야 한다. 일련의 목록을 몇 가지 후보 알고리즘으로 축소하면 실제 프로토타이핑이 시작될 수 있다.

   2. 이상적으로는 신중하게 선택한 평가 기준(11장 참고)을 사용해 데이터 세트의 각 알고리즘 성능을 비교하는 머신러닝 파이프라인을 설정하는 것이 좋다. 이 단계에서는 소수의 알고리즘만 다뤄야 하므로 실제 적용해야 하는 부분을 집중적으로 살펴봐야 한다.

4. **특징 엔지니어링:** 올바른 알고리즘을 선택하는 것보다 데이터를 표현하는 데 적합한 특징들을 선택하는 것이 더 중요하다. 특징 엔지니어링에 대한

모든 내용은 4장에서 확인할 수 있다.

5. **하이퍼 매개변수 최적화:** 마지막으로 알고리즘의 하이퍼 매개변수를 최적화한다. 예를 들어 PCA의 주성분 수, k-NN 알고리즘의 매개변수 k, 또는 신경망의 레이어 개수와 학습률을 들 수 있다. 자세한 내용은 11장을 참고한다.

▎ 자신만의 추정기 작성

이 책에서 OpenCV가 바로 사용할 수 있는 다양한 종류의 머신러닝 도구와 알고리즘을 살펴봤다. 그리고 OpenCV가 어떤 이유로든 사용자가 원하는 것을 정확하게 제공하지 않는다면 항상 scikit-learn으로 돌아가면 된다.

그러나 고급 문제를 해결할 때 OpenCV나 scikit-learn이 제공하지 않는 매우 특정한 데이터 처리를 수행하거나 기존 알고리즘을 약간 조정하려는 경우가 있을 수 있다. 이 경우 자체 추정기를 만들 수 있다.

자신만의 OpenCV 기반 분류기를 C++로 작성

이전의 OpenCV 코드들은 파이썬 라이브러리를 사용했지만, 지금의 라이브러리는 파이썬 코드를 단 한 줄도 포함하지 않는다(농담이긴 하지만 거의 그렇다). 따라서 C++로 사용자 정의 추정기를 구현한다. 이 작업은 네 단계로 구성된다.

1. 주요 소스코드가 포함된 C++ 소스 파일을 구현한다. OpenCV(opencv.hpp)의 핵심 기능을 모두 포함하는 헤더 파일과 머신러닝 모듈(ml.hpp)을 포함하는 헤더 파일 두 개를 포함해야 한다.

```
#include <opencv2/opencv.hpp>
#include <opencv2/ml/ml.hpp>
```

```
#include <stdio.h>
```

그런 다음 StatModel 클래스에서 상속해 추정기 클래스를 만들 수 있다.

```
class MyClass : public cv::ml::StatModel
{
    public:
```

다음으로 클래스의 constructor와 destructor를 정의한다.

```
    MyClass()
    {
        print("MyClass constructor\n");
    }
    ~MyClass() {}
```

이어서 몇 가지 방법을 정의한다. 분류기를 실제로 작동하게 하려면 다음 처럼 입력한다.

```
    int getVarCount() const
    {
        // 훈련 샘플에서 변수 개수를 반환한다.
        return 0;
    }

    bool empty() const
    {
        return true;
    }

    bool isTrained() const
    {
```

```
    // 모델이 훈련됐으면 false를 반환한다.
    return false;
}

bool isClassifier() const
{
    // 모델이 분류기면 true를 반환한다.
    return true;
}
```

주된 작업은 train 메서드에서 이뤄지며, 두 가지 종류가 있다(입력으로 cv::ml::TrainData 또는 cv::InputArray를 사용).

```
bool train (const cv::Ptr<cv::ml::TrainData>& trainData,
        int flags = 0) const
{
    // 모델을 훈련한다.
    return false;
}

bool train (cv::InputArray samples, int layout,
        cv::InputArray responses)
{
    // 모델을 훈련한다.
    return false;
}
```

또한 predict 메서드와 scoring 함수를 제공한다.

```
float predict (cv::InputArray samples,
        cv::OutputArray results = cv::noArray(), int flags = 0) const
{
    // 제공된 샘플에 대한 응답을 예측한다.
```

```
        return 0.0f;
    }

    float calcError (const cv::Ptr<cv::ml:: TrainData> & data,
            bool test, cv::OutputArray resp) {
        // 훈련 또는 테스트 데이터 세트의 오차를 계산한다.
        return f
    }
};
```

마지막으로 클래스를 인스턴스화하는 main 함수를 포함한다.

```
int main()
{
    MyClass myclass;
    return 0;
}
```

2. CMake 파일 CMakeLists.txt를 작성한다.

```
cmake_minimum_required(VERSION 2.8)
project(MyClass)
find_package(OpenCV REQUIRED)
add_executable(MyClass MyClass.cpp)
target_link_libraries(MyClass ${OpenCV_LIBS})
```

3. 다음을 입력해 커맨드라인에서 파일을 컴파일한다.

```
$ cmake
$ make
```

4. 마지막 명령에 의해 생성된 실행 가능 MyClass 메서드를 실행하면 다음과 같은 결과가 나온다.

```
$ ./MyClass
MyClass constructor
```

파이썬으로 자신만의 scikit-learn 기반 분류기 작성

scikit-learn 라이브러리를 사용해 고유 분류기를 작성할 수도 있다.

BaseEstimator와 ClassifierMixin을 가져와 이 작업을 수행할 수 있다. 후자는 모든 분류기에게 해당하는 score 메서드를 제공한다.

1. 원하는 경우 score 메서드를 덮어 쓴다.

```
In [1]: import numpy as np
...        from sklearn.base import BaseEstimator, ClassifierMixin
```

2. 그다음에는 BaseEstimator와 ClassifierMixin에서 상속한 클래스를 정의한다.

```
In [2]: class MyClassifier(BaseEstimator, ClassifierMixin):
...            """An example classifier"""
```

3. 생성자, fit 메서드, predict 메서드를 제공한다. 생성자는 분류기에 필요한 모든 매개변수를 정의한다. 여기서는 임의의 예제 매개변수인 param1과 param2를 사용하며, 실제로는 아무것도 하지 않는다.

```
...            def init (self, param1=1, param2=2):
...                """"분류기 초기화 시 호출
...
...                매개변수
...                ----------
...                param1 : int, optional, default: 1
...                    첫 번째 매개변수
...                param2 : int, optional, default: 2
...                    두 번째 매개변수
...                """
...                self.param1 = param1
...                self.param2 = param2
```

4. 이어서 분류기는 `fit` 메서드를 사용해 데이터를 맞춘다.

```
...            def fit(self, X, y=None):
...                """"데이터에 대해 분류기를 맞춤
...
...                매개변수
...                ----------
...                X : array-like
...                    훈련 데이터, 첫 번째 차원(항목)은 훈련 샘플의 수
...                    두 번째 차원(항목)은 특징의 수
...                y : array-like, optional, default: None
...                    클래스 레이블의 벡터
...
...                반환 값
...                -------
...                fit 메서드는 분류기 객체를 반환
...                """
...                return self
```

5. 마지막으로 분류기는 임의의 데이터 X의 목표 레이블을 예측하는 `predict` 메서드를 제공해야 한다.

```
...          def predict(self, X):
...              """목표 레이블 예측
...
...              매개변수
...              ----------
...              X : array-like
...                  목표 레이블을 예측하기 위한 데이터 샘플
...
...              반환 값
...              -------
...              y_pred : array-like
...                  `X` 내 각 데이터 샘플의 목표 레이블
...              """
...              return np.zeros(X.shape[0])
```

6. 그런 다음 다른 클래스와 마찬가지로 모델을 인스턴스화한다.

```
In [3]: myclass = MyClassifier()
```

7. 이어서 모델을 임의의 데이터에 맞춘다.

```
In [4]: X = np.random.rand(10, 3)
...     myclass.fit(X)
Out[4]: MyClassifier(param1 = 1, param2 = 2)
```

8. 목표 응답이 무엇인지를 예측할 수 있다.

```
In [5]: myclass.predict(X)
Out[5]: array([0., 0., 0., 0., 0., 0., 0., 0., 0., 0.])
```

회귀자, 클러스터링 알고리즘, 변환기는 비슷하게 작동하지만, `ClassifierMixin` 키워드 대신 다음 중 하나를 선택해야 한다.

- **`RegressorMixin`**: 회귀자를 작성하는 경우(회귀자에 적합한 기본 score 메서드를 제공한다)에 사용한다.
- **`ClusterMixin`**: 클러스터링 알고리즘을 작성하는 경우(클러스터링 알고리즘에 적합한 기본 `fit_predict` 메서드를 제공한다)에 사용한다.
- **`TransformerMixin`**: 변환기를 작성하는 경우(변환기에 적합한 기본 `fit_predict` 메서드를 제공한다)에 사용한다. 또한 `predict` 대신 `transform`을 구현한다.

 또한 이 방법들은 OpenCV 분류기를 scikit-learn 추정기를 사용해 대체할 수 있는 훌륭한 방법이다. 이렇게 하면 OpenCV가 기본 계산을 수행하는 동안 scikit-learn의 모든 편의 기능(예, 분류기를 파이프라인의 일부로 만들기)을 사용할 수 있다.

▌다음 단계

이 책의 목적은 머신러닝 세계를 소개하고, 머신러닝 개발자가 되기 위한 준비를 하게 돕는 것이다. 이제 근본적인 알고리즘의 대부분을 알게 됐으므로 좀 더 깊이 있는 주제를 살펴볼 수 있다.

이 책에서 구현한 모든 알고리즘의 세부 사항 모두를 완벽히 이해할 필요는 없지만, 뒷부분에 있는 이론 중 일부를 더 자세히 알고 있으면 더 나은 데이터 과학자가 될 수 있다.

좀 더 수준 높은 강의를 원할 경우 다음과 같은 자료들을 추천한다.

- Stephen Marsland, 『Machine Learning: An Algorithmic Perspective, Second Edition(알고리즘 중심의 머신러닝 가이드)』(Chapman and Hall/CRC, 2014)

- Christopher M. Bishop, 『Pattern Recognition and Machine Learning(패턴 인식과 머신 러닝)』(Springer, 2007)

- Trevor Hastie, Robert Tibshirani, Jerome Friedman, 『Elements of Statistical Learning, Second Edition』(Springer, 2016)

소프트웨어 라이브러리와 관련해 이미 OpenCV와 scikit-learn이라는 두 가지 필수 요소를 배웠다. 종종 파이썬을 사용하면 모델을 테스트해보고 평가할 수 있지만, 큰 웹 서비스와 애플리케이션은 자바나 C++로 작성하는 것이 일반적이다. 예를 들어 C++ 패키지는 자체 커맨드라인 인터페이스와 함께 제공되는 VW$^{\text{Vowpal Wabbit}}$를 사용할 수 있다. 클러스터에서 머신러닝 알고리즘을 실행하려면 사람들은 종종 스파크^{Spark} 위에 구축된 스칼라 라이브러리인 mllib을 사용한다. 꼭 파이썬을 써야 한다고 약속하지 않았다면 다른 일반적인 데이터 과학 도구인 R을 사용할 수도 있다. R은 통계 분석을 위해 특별히 고안된 언어며, 시각화 기능과 많은 특수화된 통계 모델링 패키지의 가용성으로 유명하다.

앞으로 어떤 소프트웨어를 선택하든 관계없이 가장 중요한 조언은 습득된 기술을 유지하는 것이다. 그러나 이미 알고 있겠지만, 이와 관련해 수많은 분석 데이터 세트가 존재하며, 이 데이터 세트는 분석을 기다리고 있다.

- 이 책 전반에 걸쳐 scikit-learn에 내장된 예제 데이터 세트를 최대한 활용했다. 또한 scikit-learn은 mldata.org와 같은 외부 서비스의 데이터 세트 적재 방법을 제공한다. 자세한 내용은 http://scikit-learn.org/stable/datasets/index.html을 참조한다.

- 캐글[Kaggle]은 웹 사이트(http://www.kaggle.com)에서 다양한 데이터 세트를 제공하고 여러 대회를 주최한다. 대회는 다양한 회사, 비영리 단체, 대학에서 개최되며, 수상자는 상금을 받을 수 있다. 최적화된 특정 메트릭으로 고정돼 있으며 사전 처리된 데이터 세트들을 이미 제공하고 있다는 것이 대회의 단점으로 꼽힌다.

- OpenML 플랫폼(http://www.openml.org)은 50,000개가 넘는 관련 머신러닝 작업을 하고 20,000개 이상의 데이터 세트들을 호스팅한다.

- 또 다른 인기 있는 선택은 UC 어바인[Irvine] 머신러닝 저장소(http://archive.ics.uci.edu/ml/index.php)로, 검색 가능한 인터페이스를 통해 370개의 인기 있고 유지 보수가 잘된 데이터 세트들을 호스팅한다.

 마지막으로 파이썬을 사용하는 더 많은 예제 코드를 찾고 있다면 다음의 깃허브 저장소에서 참고할 만한 훌륭한 책을 많이 찾을 수 있다.

- Jake VanderPlas, 『Python Data Science Handbook: Essential Tools for Working with Data』(O'Reilly, 2016), https://github.com/jakevdp/PythonDataScienceHandbook

- Andreas Muller and Sarah Guido, 『Introduction to Machine Learning with Python: A Guide for Data Scientists』(O'Reilly, 2016), https://github.com/amueller/introduction_to_ml_with_python

- Sebastian Raschka, 『Python Machine Learning』(Packt, 2015), https://github.com/rasbt/python-machine-learning-book

▌요약

13장에서는 머신러닝 문제에 접근하는 방법을 배우고 자신만의 추정기를 만들었다. C++로 OpenCV 기반 분류기를 작성하고 파이썬으로 Scikit-learn 기반 분류기를 작성하는 방법을 배웠다.

이 책에서는 많은 이론과 실습을 다뤘다. 지도학습이나 비지도학습과 같은 다양한 기본 머신러닝 알고리즘을 알아봤고, 공통된 함정을 피할 수 있는 방법과 모범 사례를 설명했으며 데이터 분석, 머신러닝, 시각화의 다양한 명령과 패키지를 다뤘다.

지금까지 다룬 이러한 내용을 숙지했다면 이미 머신러닝을 향해 큰 발걸음을 내디딘 것이다. 학습한 내용을 숙달했으면 지금부터는 스스로 잘할 수 있을 것이라고 확신할 수 있다. 이제 남은 것은 작별 인사뿐이다. 지금까지의 학습 과정을 충분히 즐겼길 바란다.

| 찾아보기 |

OpenCV 4를 활용한 머신러닝 입문 2/e

OpenCV 4, 파이썬, scikit-learn을 사용해 이미지 처리 앱을 만들기 위한 지능형 알고리즘

발 행 | 2020년 10월 30일

지은이 | 아디타 샤르마 · 비슈베쉬 라비 슈리말리 · 마이클 베이어
옮긴이 | 테크 트랜스 그룹 T4

펴낸이 | 권 성 준
편집장 | 황 영 주
편 집 | 조 유 나
디자인 | 박 주 란

에이콘출판주식회사
서울특별시 양천구 국회대로 287 (목동)
전화 02-2653-7600, 팩스 02-2653-0433
www.acornpub.co.kr / editor@acornpub.co.kr

한국어판 ⓒ 에이콘출판주식회사, 2020, Printed in Korea.
ISBN 979-11-6175-462-8
http://www.acornpub.co.kr/book/ml-opencv4

이 도서의 국립중앙도서관 출판시도서목록(CIP)은 서지정보유통지원시스템 홈페이지(http://seoji.nl.go.kr)와
국가자료공동목록시스템(http://www.nl.go.kr/kolisnet)에서 이용하실 수 있습니다.(CIP제어번호: CIP2020044620)

책값은 뒤표지에 있습니다.